독자의 1초를 아껴주는 정성!

세상이 아무리 바쁘게 돌아가더라도

책까지 아무렇게나 빨리 만들 수는 없습니다.

인스턴트 식품 같은 책보다는

오래 익힌 술이나 장맛이 밴 책을 만들고 싶습니다.

길벗이지톡은 독자여러분이 우리를 믿는다고 할 때 가장 행복합니다.

나를 아껴주는 어학도서, 길벗이지톡의 책을 만나보십시오.

독자의 1초를 아껴주는 정성을 만나보십시오.

미리 책을 읽고 따라해본 2만 베타테스터 여러분과 무따기 체험단, 길벗스쿨 엄마 2% 기획단,

시나공 평가단, 토익 배틀, 대학생 기자단까지!

믿을 수 있는 책을 함께 만들어주신 독자 여러분께 감사드립니다.

(주)도서출판 길벗 www.gilbut.co.kr

길벗 이지톡 www.gilbut.co.kr

길벗 스쿨 www.gilbutschool.co.kr

| QR 코드로 음성 자료 듣는 법 |

1 '스마트 폰에서 QR 코드 스캔' 애플리케이션을 다운받아 실행합니다.
[앱스토어나 구글 플레이어에서 'QR 코드'로 검색하세요]

2 애플리케이션의 화면과 본문에 있는 QR 코드를 맞춰 스캔합니다.

3 스캔이 되면 바로 유튜브 영상으로 연결됩니다.

4 재생 목록이 있는 경우, 원하는 영상을 클릭합니다.

| 길벗이지톡 홈페이지에서 자료 받는 법 |

1

길벗 홈페이지(www.gilbut.co.kr)에 접속하세요.

2

검색창에 〈일본어 상용한자 무작정 따라하기 1〉을 검색합니다.

3

해당 도서 페이지에서 자료실을 클릭합니다.

4

자료실의 '학습자료' 항목에서 도서에서 제공하는 추가 자료를 다운로드할 수 있습니다.

한자, 읽을 수 있다

**일본어 한자 읽기
우선순위 암기법**

일본어
상용한자

무작정 따라하기

권경배 (유튜브 자취생K) 지음

길벗
이지:톡

일본어 상용한자 무작정 따라하기 1

The Cakewalk series - Japanese Kanji 1

초판 발행 · 2021년 2월 25일
초판 7쇄 발행 · 2024년 5월 30일

지은이 · 권경배
발행인 · 이종원
발행처 · (주)도서출판 길벗
브랜드 · 길벗이지톡
출판사 등록일 · 1990년 12월 24일
주소 · 서울시 마포구 월드컵로 10길 56(서교동)
대표 전화 · 02)332-0931 | **팩스** · 02)323-0586
홈페이지 · www.gilbut.co.kr | **이메일** · eztok@gilbut.co.kr

기획 및 책임 편집 · 오윤희(tahiti01@gilbut.co.kr) | **디자인** · 강은경 | **제작** · 이준호, 손일순, 이진혁
마케팅 · 이수미, 최소영, 장봉석 | **유통혁신** · 한준희 | **영업관리** · 김명자, 심선숙 | **독자지원** · 윤정아

편집진행 및 교정교열 · 이경숙 | **표지 일러스트** · 애슝 | **본문 일러스트** · 최정을 | **전산편집** · 수(秀) 디자인
녹음 및 편집 · 와이알미디어 | **CTP 출력 및 인쇄** · 예림인쇄 | **제본** · 예림바인딩

ISBN 979-11-407-0305-0 03730
(길벗 도서번호 301157)

ⓒ 권경배, 2021

정가 26,000원

독자의 1초를 아껴주는 정성 길벗출판사

(주)도서출판 길벗 | IT교육서, IT단행본, 경제경영서, 어학&실용서, 인문교양서, 자녀교육서 www.gilbut.co.kr
길벗스쿨 | 국어학습, 수학학습, 어린이교양, 주니어 어학학습, 학습단행본 www.gilbutschool.co.kr

박원도 | 20대, 대학생

이해와 암기가 동시에 되는 책!

저에게 너무나도 필요한 완벽한 책인 것 같습니다. 무작정 단어를 외우라고 강요하는 책들과는 달리, 한자의 생성 원리를 하나하나 설명해 주어 암기하려고 노력하지 않아도 자연스럽게 이해와 암기가 동시에 되는 책이었습니다. 원리, 음/훈독, 획순, 한자의 레벨 및 사용 빈도, '잠깐만요'를 통한 추가 정보 제공 등 일본어 한자 교재가 포함할 수 있는 모든 구성이 다 담겨 있습니다. 음/훈독을 이해할 수 있는 히라가나 능력만 있다면 누구나 쉽게 공부할 수 있는 책이라고 생각합니다. 무조건 구매해서 공부하고 싶네요!

김민 | 30대, 프리랜서

독학자의 눈높이에 딱 맞아요!

형성 원리에 그림까지 있어서 한자를 기억하는 데 도움이 됩니다. 설명이 추가적으로 필요한 부분에 '잠깐만요' 코너가 있어서 헷갈릴 수 있는 부분이나 모르고 지나칠 수 있는 부분을 콕 짚어 주네요! 한자에 대해 어느 정도 선까지 알고 있어야 하는 것인지 감이 오지 않을 때가 있는데 그 부분도 명확하게 설명이 되어 있어요. 독학하는 사람에게 큰 도움이 될 것이라 생각합니다. '질문 있어요' 코너에서는 다른 책에서 잘 다루지 않는 부분까지 상세히 다뤄 한자 학습 시 참고할 부분이 많았어요.

이준영 | 20대, 대학생

한자를 쉽게 익힐 수 있는 구성!

목차 구성이 좋았습니다. 첫째 마당에서는 실생활에서 많이 사용되는 기본자들을 먼저 익힌 다음 둘째 마당에서 기본자들이 활용된 파생어들을 공부할 수 있어요. 어렵고 헷갈리는 파생어들을 좀 더 쉽게 익힐 수 있는 구성인 것 같습니다. 또한 각 마당의 소단원이 주제별로 분류되어 있어 헷갈리거나 잊어버린 한자를 나중에 찾기도 쉬울 것 같아요. 음독과 훈독을 학습할 때 자취생K 님의 유튜브 채널에서 언급했던 한자의 한국어 음훈을 먼저 익히고 대표 음독, 훈독, 예외 발음 순으로 학습하기 쉽도록 음독의 우선순위가 표시되어 있어서 공부하기 편했습니다.

하건우 | 20대, 초등학교 교사

일본어 한자 학습의 나침반 같은 책!

독학할 때 헤매기 십상인 부분을 정확히 찾아서 알려 주는 친절한 책이네요. 공부하면서 궁금한 것은 일본인 친구에게 한꺼번에 물어봤는데, 대부분의 해답이 '잠깐만요' 코너에 있더라고요. 또한 '이걸 외워야 해?'라든지 '이렇게는 잘 안 쓸 것 같은데?'라는 생각이 들어도 책에 있으니까 찜찜해서 외운 한자들이 많았는데, 이 책은 독학으로 공부하는 사람들에게 확신을 준다는 느낌이 들었습니다. 한자를 어떻게 공부해야 하는지 헤매는 독학자들에게 공부 방법과 헷갈리는 내용을 알맞게 제시해 주는 나침반 같은 책이네요!

베타테스트에 참여해 주신 모든 분들께 감사드립니다.
이 책을 만드는 동안 베타테스터로서 미리 학습해 보고 여러 좋은 의견을 주신
김민, 김학경, 박원도, 이준영, 하건우, 홍의진 님께 감사드립니다.

당신은 '암기'를 하고 있습니까, '습득'을 하고 있습니까?

日本語漢字学習の真髄は「彼を知り、己を知れば、百戦殆うからず」。
일본어 한자 학습의 핵심은 '지피지기면 백전불태(상대를 알고 나를 알면 백 번 싸워도 위태롭지 않다)'**입니다.**

일본어의 초급과 중급을 가르는 결정적인 벽이 한자 학습의 성공과 실패라고 해도 과언이 아닐 정도로 한자 학습은 일본어를 공부하는 데 피할 수 없는 중요한 부분입니다. 하지만 일본어 학습자의 대부분이 한자 학습에서 좌절합니다. 왜일까요? 바로 일본어 한자를 잘 모르고 의욕만으로 학습에 임하기 때문입니다.

일본어 한자는 복잡합니다. '**중국의 한자(형태)×중국의 시대별 발음 흉내(1~3개의 음독)×일본 고유의 발음(훈독)**'**이라는 구조이기 때문입니다.** 단순히 계산을 하자면 1000자의 한자를 외울 때 외워야 하는 정보량은 '1000×3×n개'라는 계산이 나옵니다. 거기에 예시 단어까지 외운다면 외워야 하는 정보량은 기하급수적으로 늘어나겠죠. 이러다 보니 학습자들의 학습 의욕이 아무리 높아도 무작정 한자를 학습하면 외워도 금방 까먹거나 압도적으로 많은 정보량에 질려 버리는 악순환에 빠집니다. 그러고는 "나는 일본어랑 안 맞아."라고 자책하며 포기해 버리는 분들이 대다수입니다.

그럼에도 포기하지 않는 분들은 인터넷이나 지인을 통해 망망대해와 같은 한자를 어떻게 돌파해 나갈지에 대해 질문을 합니다. "일본어 한자 공부 어떻게 해야 하나요?"라고요. **하지만 일본어 한자를 학습해 낸 선구자들도 정확히 어떻게 돌파한 건지 잘 모르는 경우가 많습니다.** 나름대로 방법들을 제시해 주고는 있지만 굉장히 단편적이고 왜 그렇게 해야 하는지에 대한 언급조차 없는 경우가 대부분이죠.

그렇기 때문에 일본어 한자 교재는 '단순한 정보의 나열'과 '암기의 강조'만으로 끝나서는 안 됩니다. 학습자를 혼란스럽게 하는 일본어 한자가 가진 고유의 특징을 제대로 정립하고 그에 맞춰 이해와 암기를 통해 자신의 것으로 만드는 '습득'이야말로 가장 효율적인 왕도입니다. 이 책이 바로 '습득'을 위한 구성과 정보를 포함한 교재입니다.

암기가 아닌 습득을 위한 책!

이 책은 일본어 한자가 가진 고유의 특징을 제시하고 그에 맞춰 이해와 암기를 모두 해 나갈 수 있도록 만들었습니다. 특징은 다음과 같습니다.

① **한자의 형성 원리에 맞춰서 구성했습니다.**

모든 한자를 한 가지 방법에만 억지로 끼워 맞춰 제시하는 것이 아니라 한자의 형성 원리에 맞춰 제시했습니다. 모양을 본떠 만든 한자에는 **그림을 제시**하여 이해를 도왔고, 둘 이상의 한자가 조합되어 만들어진 한자에는 **한자의 조합 원리를 제시**했습니다.

② **암기를 위한 스토리텔링 방식을 적용했습니다.**

한자 암기가 힘든 이유 중 하나는 복잡한 한자의 모양과 의미를 그저 암기만 하기 때문입니다. 이 책은 한자의 모양과 의미를 이어 주는 **이야기 형식으로 해설하여 보다 쉽고 재미있게 이해를 통한 암기가 가능합니다.**

③ **파생 한자들을 통해 자연스럽게 점진적인 학습을 할 수 있도록 했습니다.**

한자 학습이 힘든 이유 중 하나는 책에 형태가 굉장히 복잡한 것과 단순한 것이 랜덤으로 제시되는 점입니다. 하지만 **한자는 형태가 단순한 한자가 존재하고, 단순한 형태의 한자에 다른 한자가 결합되면서 파생되는 복잡한 한자들이 추가되는 구조**를 가지고 있습니다. 이 책은 그렇게 복잡해지는 한자들을 레벨별로 차근차근 학습할 수 있도록 구성했습니다.

④ **국내에서 유일하게 우선순위를 지정했습니다.**

어떤 교재에도 한자나 한자의 음독들이 어느 정도로 일상에서 자주 쓰이는지에 대한 정보가 없습니다. 그러다 보니 '모든 한자와 모든 읽는 법을 동일 순위에 두고' 무작정 외우는 분들이 대다수이고, "이런 것까지 외워야 해?"라는 의문을 느낍니다. 하지만 한자에는 분명 자주 쓰이는 한자, 단어 형성 시 자주 쓰이는 음독과 뜻에 우선순위가 존재합니다. **이 책에서는 학습자가 좀 더 집중해 익혀야 할 정보에 우선순위를 제시했습니다.**

⑤ **일본어 한자에 존재하는 법칙을 망라했습니다.**

단순히 "그냥 외워!"가 아니라 숨어 있는 원리와 법칙을 전문가의 입장에서 하나하나 해설했습니다. 한자의 획순 원칙, 한자의 형성 원리, 한자의 음독, 한국어와의 관련성, 갑자기 등장하는 이상한 발음의 이유, 비슷한 한자 간의 실제 사용상의 차이점 등 **학습자가 궁금하게 여길 수 있는 부분에 대해서 하나씩 분석하고 법칙화하여 제시했습니다.**

⑥ **학습 방법에 대한 명쾌한 해설을 담았습니다.**

모호한 학습법이 아니라 뇌과학, 언어습득론, 인지언어학, 응용언어학 등의 이론을 배경으로 실제로 많은 일본어 학습자들의 실패를 지켜보고 저자 스스로가 학습했던 노하우를 토대로 했습니다. 일본어 한자를 학습할 때 학습자가 빠지기 쉬운 잘못된 공부법, 학습자가 학습하면서 의문으로 여기는 포인트 등에 대해서 구체적인 방법론을 제시했습니다.

한자가 거대한 벽처럼 느껴졌던 분들도 이 책과 함께 한자가 가진 특징과 흐름에 발맞춰 가다 보면 어느 순간 한자가 내 일본어 실력의 든든한 뿌리가 되어 줄 것입니다.

권경배

첫째 마당
둘째 마당 : 가능한 힘들이지 않고 공부할 수 있도록 꼼꼼하고 친절한 설명과 적재적소에 배치된 코너로 풀어냈습니다.

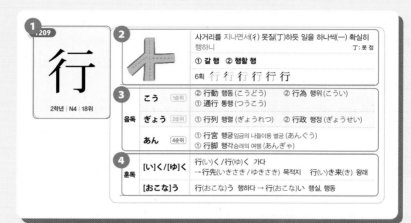

1 ,209

行

2학년 | N4 | 18위

2

사거리를 지나면서(彳) 못질(丁)하듯 일을 하나씩(一) 확실히 행하니
丁 : 못 정

① 갈 행 ② 행할 행

6획 行 行 行 行 行 行

3

음독	こう	1순위	② 行動 행동 (こうどう) ② 行為 행위 (こうい) ① 通行 통행 (つうこう)
	ぎょう	2순위	① 行列 행렬 (ぎょうれつ) ② 行政 행정 (ぎょうせい)
	あん	4순위	① 行宮 행궁 임금의 나들이용 별궁 (あんぐう) ① 行脚 행각 승려의 여행 (あんぎゃ)

4

| 훈독 | [い]く/[ゆ]く | 行(い)く/行(ゆ)く 가다 → 行先(いきさき/ゆきさき) 목적지   行(い)き来(き) 왕래 |
| | [おこな]う | 行(おこな)う 행하다 → 行(おこな)い 행실, 행동 |

0058 🔊 제부수

巴/巳

중학 | N1 | 842위

뱀이 똬리를 틀고 있는 모습

뱀 파(巴) / 뱀 사(巳)

4획 巴 巴 巴 巴

| 음독 | パ | 1순위 | *巴里 파리 (지명) (パリ) |
| 훈독 | ともえ | 巴(ともえ) 소용돌이치는 모양 |

5 |잠깐만요|
• '뱀'을 나타낼 때에는 더 복잡한 「蛇(へび)」를 사용하고, 巳/巴을 단독으로 쓰지는 않습니다.
• 巳는 부수로 사용되고, 巴는 지명/인명 정도로만 사용합니다.

0625

切

2학년 | N3 | 157위

묶인 쇠사슬을 일곱(七) 번의 칼질(刀)로 끊어내듯 절실하게 모든 마음을 다하니
七 : 일곱 칠

① 끊을 절 ② 마음 다할 절 ③ 모두 체

4획 切 切 切 切

음독	せつ	1순위	① 切断 절단 (せつだん) ① 切開 절개 (せっかい) ① 適切 적절 (てきせつ)
	せつ	2순위	② 切実 절실 (せつじつ) ② 親切 친절 (しんせつ) ② *大切 대절 소중함/중요함 (たいせつ)
	さい	4순위	③ 一切 일체 (いっさい) ③ *合切 합체 남김없이 (がっさい)
훈독	[き]る	切(き)る 베다, 자르다, 끊다, 깎다 → 皮切(かわき)り 개시, 시작 首切(くびき)り ⓐ 망나니 ⓑ 참수, 해고
	[き]れる	切(き)れる ⓐ 끊어지다 ⓑ (비축분이) 다 떨어지다 ⓒ 유능하다 ⓓ 날이 잘 들다 → 切(き)れ味(あじ) 칼이 잘 드는 정도, 솜씨의 날카로움 切(き)れ者(もの) 수완가 品切(しなぎ)れ 품절

|잠깐만요|
• '모두'라는 의미일 때는 한국어로 '체'가 되고 「さい」로 읽히는 위의 두 단어 외에는 사용되지 않습니다.
• '切'자는 '끊다'에서 파생되는 의미가 아주 다양하니 한 번에 다 외우려 하기보다는 의미의 확장을 이해하면서 예시 단어들을 잘 곱씹으세요. 또한 훈독도 그 의미가 다양하니 사전에서

|잠깐만요|

① 한자 정보

① **일련번호** : 개별 한자의 고유 번호입니다. 1~1214까지 번호를 달았습니다.

② **한자 종류** : 제부수(◗)/부수자(●)는 별도로 기호를 표기했습니다.

> ● 부수자 : 독립되어서는 사용할 수 없고, 자립 한자의 구성 요소로 사용되는 한자의 부속 글자.
> ◗ 제부수 : 부수자처럼 기본적으로 자립 한자의 구성 요소로 쓰이는 한자. 부수자와 달리 독립되어 사용할 수 있으나 특수한 경우에만 사용된다.

③ **표제한자** : 한자 모양이 여러 가지로 쓰이거나 부수로 쓰일 경우도 함께 표기했습니다.

④ **학년** : 일본 교육한자 레벨을 표기했습니다(초등 1~6학년/중학).

⑤ **JLPT 급수** : N1~N4까지 표기하되 급수에 들어가지 않는 한자는 '급수 외'로 표기했습니다.

⑥ **실사용빈도 순위** : 각 한자의 서적/인터넷에서의 실사용빈도(출현빈도)를 나타냈습니다.

(사용빈도 조사는 일본 문화청에서 실시한 「한자출현빈도조사 ver 1.3」을 기준으로 했습니다.)

② 형성 원리와 한국 음훈, 획순

⑦ **원리** : 한자의 형성 원리를 풀이해 제시하고 있습니다.

⑧ **훈음** : 한자의 의미(훈) + 읽는 법(음)을 나타내고 있습니다.

⑨ **총획/획순** : 총 획수와 획순을 정리했습니다.

⑩ **참고 그림** : 원리를 이해하거나 모양을 기억하는 데 도움이 되는 그림을 실었습니다. (약 300컷)

③ 일본어 음독

⑪ **1~4순위** : 각 음독이 가지고 있는 「단어 생산력」의 레벨

> 1순위 단어 생산력이 가장 높은 음독. 해당 음독으로 읽히는 단어가 적어도 25개 이상
> 2순위 단어 생산력이 두 번째로 높은 음독. 해당 음독으로 읽히는 단어가 적어도 15개 이상
> 3순위 단어 생산력이 1~2위보다 낮은 음독. 생산력이 낮아 해당 음독으로 읽히는 단어가 10개 이하
> 4순위 단어 생산력이 극도로 낮은 예외적인 음독. 해당 음독으로 읽히는 단어가 5개 이하

⑫ **단어의 표기 순서** : 「한자 + 뜻 + (히라가나)」 순으로 표기했습니다. 한자를 보고 → 한국어의 음을 떠올리고 → 한국어의 음을 통해 자연스럽게 일본어의 음을 떠올리는 과정을 머리에 익힐 수 있습니다.

⑬ ***** : 한국어의 음과 일본의 음독이 맞지 않는 경우는 별표(*)로 표시했습니다.

④ 일본어 훈독

⑭ **[   ]** : 용언(형용사/동사)의 한자로 대체되는 부분

⑮ **→** : 기본 훈독에서 파생되는 단어

⑯ **단어의 표기 순서** : 「한자 + (히라가나) + 뜻」 순으로 표기했습니다.

⑰ **예외** : 예외적인 음으로 생산성이 없고 해당 어휘에만 쓰이는 것을 따로 정리했습니다.

⑤ 잠깐만요

학습에 필요한 보충 설명 코너입니다. 의미 해설, 실제 사용과 학습 시 주의점, 동음이훈어의 구분, 형태가 비슷한 한자 등을 정리했습니다.

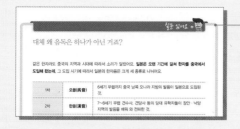

질문 있어요

본문 학습 내용과 관련해 학습자들이 궁금해할 법한 사항들을 질의응답 형식으로 정리했습니다.

확인문제

각 과의 한자를 학습하고 난 후 제대로 익혔는지 문제로 확인하는 코너입니다. 정답은 〈특별 부록〉에 있습니다. 틀린 부분은 꼭 본문으로 돌아가서 다시 한 번 확인하고 넘어가세요.

준비 마당 기타

: 기본적으로 알아야 할 한자의 특징, 구체적인 학습 방법, 읽기 법칙 등 일본어 한자 학습을 위한 다양한 정보를 폭넓게 담았습니다.

학습법

방대한 양의 한자 앞에서 막막해할 학습자들을 위해 일본어 한자를 효율적으로 공부할 수 있는 학습법을 정리했습니다. QR을 찍으면 저자의 유튜브 강의로 연결됩니다.

준비 마당

일본어 한자를 본격적으로 학습하기 전에 알아야 할 일본어 한자 읽기의 특징과 획순 원칙을 소개했습니다.

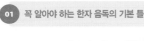

01 꼭 알아야 하는 한자 음독의 기본 틀

이 장에서는 한국어를 통해서 유추할 수 있는 일본어 한자를 읽는 기본 법칙을 제시해요. 시작하기 앞서 일본 한자음에는 벗어날 수 없는 일정한 틀이 존재한다는 점을 알아

일본 한자음(음독)의 절대 법칙

1. 한 글자의 일본 한자는 히라가나로 1~2자로만 읽을 수 있다. (한자 → ○ or ○○)
2. 머리에는 ん과 ら행은 올 수 없다.

특별 보너스

한국어를 통해 유추할 수 있는 일본어 한자 읽기의 기본 법칙 24가지를 두자음(초성), 모음(중성), 받침(종성)의 3요소로 나누어 제시했습니다.

특별 부록 01 확인문제 정답

첫째 마당

01 숫자

1 1.ⓐ 2.ⓑ 3.ⓒ 4.ⓑ 5.ⓑ 6.ⓒ 7.ⓑ 8.ⓒ
2 1.백만 - ⓐ   2.십자가 - ⓒ   3.만사 - ⓑ
4.유일 - ⓐ   5.구월 - ⓒ   6.사계 - ⓑ
7.십일 - ⓒ   8.일곱 가지 맛 향신료 - ⓑ

특별 부록 02 한자 찾아보기

ㄱ		개	
가		介	147
		個	222
可	099	開	326
街	156	改	402
仮	242	皆	430
加	269	객	
家	314	客	481

특별 부록

확인문제 정답과 본서에 수록된 1214자의 한자를 가나다 순으로 찾아볼 수 있도록 정리했습니다.

핵심정리 :
소 책 자 :
홈페이지에서 핵심정리 소책자를 무료로 다운 받을 수 있습니다.
핵심을 담은 소책자로 가볍게 복습하세요!

주제별 한자를 한 페이지에 정리했습니다.

일본어 한자,
어떻게 공부해야
하나요?

방대한 양의 한자를 어떻게 다 외워야 하나… 시작부터 막막한 분들이 많을 겁니다.
'자취생K' 유튜브 채널에 올라온 한자에 대한 고민을 모아 이 책의 학습법으로
제안합니다. 자세한 내용은 QR코드를 찍어 유튜브 영상을 확인하세요!

유튜브 강의

일본어 한자를 학습하는 데 가장 큰 난관은 한자 하나당 외워야 할 내용이 너무 많다는 것입니다. 처음 한자를 접하는 분들은 한자의 모양·한국어의 음과 뜻·일본어의 음독과 훈독· 거기다 단어들까지 외워야 하다 보니 외워야 할 것들이 너무 많아서 당황하게 돼요. 많은 학습자들이 일본어를 포기하는 가장 큰 이유는 그런 문제들로 인해서 학습 진도가 안 나가고 기껏 외웠던 한자도 금방 까먹어 버리기 때문이에요.

그럼 어떻게 하면 이런 문제를 극복할 수 있을까요? 저는 **분할 순환 학습**을 추천드려요. 한자 하나에 딸린 정보가 많아서 진도가 안 나가고 외워도 금방 잊어버리는 게 주 원인이라면 딸린 정보들을 쪼개서 학습을 진행하는 것이죠.

분할 순환 학습	
1차 학습	한자의 모양, 한국어의 음과 뜻 외우기
2차 학습	일본어 음독 외우기
3차 학습	일본어 훈독 외우기

우선 **1차 학습으로** 음독이나 훈독과 같은 일본어는 잠시 접어 놓고 **한자의 모양과 한국어의 음·뜻만 외워 주세요.** 엄청 많아 보이는 한자도 사실 한자의 모양과 한국어의 음·뜻만 외우고 넘어간다면 부담감이 훨씬 줄겠죠? 이때 중요한 점은 '완벽하게 외우겠다'는 생각보다는 **'70~80% 정도의 암기를 목표로 우선 1회독을 하겠다'는 데 포인트를 두는 거예요.** 후에 학습할 2차, 3차 학습에서도 한자의 모양과 한국어의 음과 뜻은 자연스럽게 복습하게 되기 때문이에요. 중요한 것은 전체적으로 한자를 훑어봄으로써 '아, 한자가 그렇게 어려운 게 아니구나' 하는 것을 알게 되는 것, 그리고 한자의 모양과 뜻, 소릿값의 대략적인 감각을 몸에 익히는 것이랍니다.

그 후 **2차 학습으로 일본어의 음독을 외워 주세요.** 마구잡이로 외우는 것보다는 훨씬 편하게 외워질 거예요. 한자의 모양과 의미를 이미 알고 있기 때문에 거기에 단순히 발음을 붙여서 외우는 것이니까요. **〈특별 보너스〉에서 한국어의 음과 일본어 음독 간의 상관관계와 경향성을 법칙으로 기술했으니 참고하세요.**

마지막 **3차 학습으로 일본어의 훈독을 외워 주세요.** 훈독은 사실상 한자 학습의 영역이 아니라 어휘 학습의 영역에 가까워요. 그래서 '이 어휘를 외워 주겠다!'는 생각보다는 '아, 이 단어에 이 한자가 쓰여서 이런 의미를 가지는구나!' 정도의 이해 수준으로 임하기 바랍니다.

이처럼 3차로 분할해서 학습을 하면 무엇이 좋을까요?

첫째, 학습 부담을 줄일 수 있어요. 일단 정해진 범위를 1회독할 때 외우는 분량이 3분의 1로 줄어들고, 보다 빠르게 1회독을 하고 돌아왔을 때는 한자 모양이 익숙하기 때문에 보다 편하게 학습에 임할 수 있어요.

둘째, 3회독 이상 하는 학습 습관이 정착됩니다. 암기의 기본은 반복 학습이에요. 반복 학습을 하면서 부족한 부분을 체크할 수도 있고, 알고 있는 것을 보다 단단히 기억할 수 있죠. 각기 다른 부분을 세 번 학습한다고는 하지만 자신도 모르게 1회독 때 외웠던 것들을 점검하면서 학습에 임하게 될 것이기 때문에 단순히 한꺼번에 외울 때보다 기억이 선명할 거예요.

이 책은 학습자 본인이 원하는 분량으로 학습할 수 있도록 한자들을 세분화해서 그룹으로 묶어 놓았어요. 2~8자의 의미와 형태가 유사한 작은 그룹, 20~30자 내외의 뿌리자 그룹, 마지막으로 150자 내외로 구성된 주제별 그룹으로 학습자의 취향에 맞게 분할 순환 학습의 범위를 지정할 수 있도록 했으니 본인의 1일 한자 암기량에 맞춰서 적극 활용해 보세요.

한자 모양을 외우는 것은 처음 한자를 접하는 초보 학습자들에게는 굉장히 고된 일이에요. 모양도 복잡하고 비슷한 것들도 많다 보니 정말 고역일 수밖에 없죠. 그러다 보니 몇 번을 봐도 외워지는 것 같지 않고 막상 써 보면 모양도 이상하고, 이래저래 진도가 나가지 않게 됩니다. 그럼 무엇이 문제일까요?

이 문제는 본질적으로 생각해 보면 답이 보입니다. 한자에서 의미와 소리를 빼면 무엇이 남을까요? 획으로 구성된 하나의 복잡한 '도형'만 남게 됩니다. 결국 한자는 선이 복잡하게 그려 내는 하나의 복잡한 도형에 불과해요.

잠시 별 모양을 생각해 볼까요? 우리는 흔히 별을 그릴 때 꼭지점이 5개인 오망성과 6개인 육망성을 그리곤 합니다. 이 두 가지 모양의 별을 우리가 쉽게 그리는 이유에 한자 모양을 기억하는 원리가 숨어 있답니다.

아이들이 처음 별을 그릴 때는 순서나 선을 제멋대로 그어서 대충 별 모양을 흉내 내려고 하기 때문에 삐뚤삐뚤하게 그려 내거나 별의 모습을 제대로 갖추지 못한 형태가 많죠? 하지만 우리가 별을 그리는 '순서'를 익히고 난 후에는 모두가 비슷한 모양으로 쉽게 별을 그려 낸 경험이 있을 거예요.

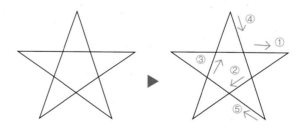

이처럼 사람이 어떠한 '모양'을 기억하기 위해서는 **일정한 순서**를 부여해서 외우는 것이 큰 도움이 된답니다. 단순히 모양을 대충 기억해서 마구잡이로 그려 내는 것이 아니라 **항상 일정한 순서를 부여해서 그려 내는 것**을 반복하면서 그 형태를 정확히 기억하고 인출해 낼 수 있게 되는 것이죠. 마찬가지로 한자 모양을 외울 때에는 매번 일정한 순서로 그려 내는 것을 통해서 한자 모양을 좀 더 쉽게 기억할 수 있습니다. 일정한 순서란 획순을 말하는 것인데, 획순에 관한 내용은 〈준비 마당〉을 참고하세요.

또 육망성을 그릴 때 우리는 2개의 역삼각형을 겹쳐 간단히 그려 냅니다. 즉, 삼각형 2개라는 구성 요소로 육망성을 분해하고 그것을 재조합하는 것으로 하나의 복잡한 도형을 기억하고 쉽게 인출해 내는 것이죠.

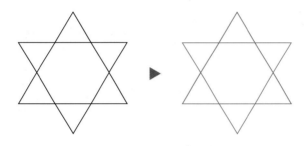

星 ▶ 日(해 일) + 生(날 생)
: 해(日) 같은 행성이 터지고 태어난(生) 작게 빛나는 별이니, **별 성**

한자도 이와 같아서 복잡한 한자의 경우는 그것들을 **의미 단위로 분해**하고 **조합**하는 과정을 통해서 한자 모양이 가진 원리를 이해하는 것이 암기에 훨씬 도움이 됩니다. 이때, 단순히 분해와 조합에서 끝내기보다는 분해한 구성 요소들이 가지는 의미들을 조합해서 '하나의 스토리'를 만든다면 보다 한자를 받아들이기 쉬워집니다. 이야기를 구성해서 암기를 하는 것은 인지심리학에서 자주 언급하는 검증된 암기법 중 하나랍니다.

03 한자를 외울 때 빠지기 쉬운 함정들

유튜브 강의

의욕에 불타는 학습자들 중에는 한자 교재에 쓰여진 모든 내용을 완벽히 외우려는 자세로 임하는 분들이 많습니다. 하지만 이런 태도는 스스로를 너무 가혹하게 몰아붙이게 되고, 노력에 비해 기억에 남는 것도 별로 없어서 더 헷갈리는 결과를 초래하기 쉽답니다.

함정 ① : 훈독을 완벽하게 외워야 한다?

모든 공부에는 **우선순위**가 있어요. 이 교재는 '일본어 한자' 교재예요. 한자 교재의 주된 목적은 ① 한자 그 자체가 가지는 형태와 의미를 알게 하는 것 ② 한자 읽는 방법을 알려 주는 것(음독) ③ 한자가 어휘에서 어떻게 쓰이는지를 알려 주는 것(음독 예시 단어)이랍니다. **즉, 훈독은 교재의 주요 학습 대상이 아니라는 거죠.**

훈독에 나온 어휘들을 가만히 보면 일반적인 '일본어 단어장'에 등장하는 어휘들임을 쉽게 알 수 있어요. 즉, 훈독은 일반 단어장을 통해서 우선순위, 학습 레벨, 예문, 동의어, 반의어 관계 등을 유념하면서 학습하는 것이지 한자 교재에서 중점적으로 다루는 것이 아닙니다. 다만, 해당 한자가 훈독으로 어떻게 쓰이는지에 대해서 한자를 기준으로 하는 내용 정리가 반드시 필요하기 때문에 간략하게 기술해 두었어요. 그러니 훈독을 마치 어휘를 외우듯 너무 완벽하게 익히려고 하는 것은 한자 교재를 활용하는 방법으로는 효율적이지 못하답니다. **가볍게 암기하고, 한자가 가진 의미와 훈독의 의미를 대조해 가면서 왜 이 한자가 훈독 어휘에 사용되는 것인지 이해하는 것을 목표로 학습하세요.**

함정 ② : 한자는 보지 않고 쓸 수 있어야 한다?

한자를 보지 않고 써 낼 수 있어야 한다는 강박관념에 빠진 분들도 정말 많은데요. 전자매체가 발달한 현대 사회에서 한자를 손으로 직접 써야 하는 경우는 일본에 거주하거나, 일본과 비즈니스를 하는 몇몇 분들을 제외하고는 그리 많지 않아요.

만약 유학이나 일본어를 손으로 많이 써야 하는 상황을 목표로 한자를 익히는 분들이 아니라면 일본어 한자의 1차적인 목표는 '형태를 기억해 두는 것'과 '의미와 읽는 법을 명확히 아는 것'이겠죠. 즉, 한자를 보고 그 한자가 정확히 어떤 한자인지를 알면 되는 레벨이 목표가 되어야 해요.

그렇기 때문에 일반적인 경우, 한자를 보지 않고 쓸 수 있을 만큼 외우는 것을 목표로 삼는 것은 상당히 비효율적이랍니다. 여러분의 학습목표는 한자를 쓰는 것이 아니라 한자를 보고 아는 것이라는 사실을 명심하세요.

함정 ③ : 한자는 몇 번이고 쓰면서 외워야 한다?

한자를 한 글자씩 열 번이고 스무 번이고 쓰면서 외우는 분들이 있죠? 이런 방식이 과연 효과적일까요? **인지심리학적으로 '하나를 붙잡고 파고들듯 한꺼번에 익히는 것'은 되레 학습 효과가 떨어진다**는 연구 결과가 있습니다(R. Kerr&B.Booth 1978, N.J.Cepeda, H. Pashler, Evul, J.T.Wixted&D.Rohrer 2006).

그렇기 때문에 **적정 개수의 한자를 교차적으로 번갈아 학습하는 것**이 효과적이에요. 예를 들면, 5개의 한자를 하나의 그룹으로 지정하고, 하나의 한자에 최소한의 시간을 들여 외운 후에 다음 한자로 넘어가는 방식으로 몇 번이고 반복해서 한 그룹 내의 한자를 외우는 것이 더 효과적이라는 의미입니다.

이때 중요한 점은 **한 글자를 한 번 볼 때 최소한의 시간을 들이는 것**입니다. 같은 글자를 손으로 써가며 외우는 것은 분명 좋은 암기 방법이지만, 그 횟수가 많아지면 의미 없는 노동으로 전락해 버리기 때문에 오히려 비효율적입니다. **한자 모양을 외우기 위해서는 써 보는 게 분명 필요하지만, 그것은 어디까지나 '최소 한도'로 한정해야 해요.**

그렇다면 한자 1글자당 한 번에 몇 번 정도를 써 보는 게 도움이 될까요? **심리학적으로 인간의 작업 기억 용량은 7±2라고 해요**(Miller 1994). 즉, 5~9개 정도가 기억에 영향을 끼치는 양인 거죠. 이와 같은 연구 결과를 고려한다면 **'한자 하나를 외울 때는 5~9번을 적는 것'**이 마지노선이겠죠? 또한, 하나의 그룹도 5~9개 정도의 한자로 구성하는 것이 효과적이라는 것을 알 수 있어요.

예를 들어 〈첫째 마당〉의 '물과 불(水雨川州火光)'을 외운다면,

水(20번 쓰며 암기) → **雨**(20번 쓰며 암기) … ▶ **光**(20번 쓰며 암기)

위의 방식으로 하나씩 집중적으로 외우는 것보다 6개의 한자를 하나의 그룹으로 묶어서

水(5번 쓰며 암기) → **雨**(5번 쓰며 암기) … ▶ **光**(5번 쓰며 암기)

위와 같은 루틴을 반복하는 식으로 암기하는 것이 훨씬 효과적이라는 것을 알 수 있습니다.
(본 교재는 이런 점을 감안해서 가장 작은 그룹의 구성 한자가 2~8자가 되도록 했습니다.)

유튜브 강의

간혹 학습자들 중에는 **원리 해설까지 일일이 다 외워 가며 공부**하는 분들이 있습니다. 하지만 가뜩이나 외울 것이 많은데 길디 긴 원리 해설까지 다 외우길 바라고 교재에 원리 해설을 넣은 것이 아닙니다. 원리 해설은 어디까지나 '한자를 어떻게 쪼개는가?'를 보여줌과 동시에, '한자 모양을 통해서 의미를 이해하기 쉽도록 유도'하기 위한 **예시이자 참고사항**이에요.

한자는 결국 '이런 모양은 앞으로 이런 의미를 가질 거야'라고 지정한 것에 지나지 않기 때문에 무작정 외우려고 한다면 '그림(한자 모양)'과 '글(뜻)'을 무턱대고 1,000자 넘게 결부시키는 어려운 작업이 될 것입니다. 그렇다고 해서 그 두 사항을 링크시키기 위해서 한자가 어떻게 만들어졌는지를 문자사적인 측면에서 일일이 기술하자면 책은 백과사전에 준하는 두께가 될 수밖에 없어요. 그렇기에 원리 해설과 같은 방식을 추가한 것입니다.

이 책의 원리 해설과 같은 '이야기 형식'으로 한자를 풀이하는 것은 익히 알려진 효과적인 학습법입니다. 이야기 형식이 중요한 이유는 '하나의 흐름을 가지고 머릿속에서 이미지화시키는 작용'을 하기 때문이에요.

예를 들어 볼까요? '사과–원숭이–바나나–길–코끼리–집–붕괴–지하실–아이–무사'라는 단어가 무작위로 나열되었을 때, 이것들을 그저 단순하게 외우는 것보다는 '사과 맛에 반한 원숭이가 들고 있던 바나나를 길에 버리자, 코끼리가 그것을 밟고 넘어지면서 집이 붕괴되었지만 지하실에서 놀고 있던 아이들은 무사했다'라는 식의 이야기를 만들면 어떨까요? 지금 여러분들 머릿속에는 글을 읽으면서 한편의 '이미지(동영상)'가 재생되듯 지나가면서 자연스럽게 무작위로 나열된 단어를 좀 더 쉽게 순차적으로 떠올릴 수 있었을 거예요.

이와 같이 작은 의미를 가진 한자의 구성 요소들을 이야기 형식으로 만들고 한자가 지닌 '의미' 쪽으로 스토리를 설정하는 것은 선명한 '이미지화'가 가능하다는 장점이 있습니다. 여기서 중요한 것은 '스토리 자체를 외우는 것'이 아니라 '스토리를 통해서 한자의 구성 요소와 의미를 접목시킬 수 있는 이미지를 떠올리도록 노력하는 것'이에요. 즉, **'외우는 것'이 아니라 '이해하는 것'을 돕기 위해서 원리 해설이 존재하는 거죠.** 원리 해설은 어디까지나 제가 제안하는 예시일 뿐이에요. 만약 여러분들에게 좀 더 그럴 듯한 원리 해설이 있다면 과감히 그쪽을 우선해서 한자의 의미를 외워 주세요.

이런 '이미지화'라는 것은 뇌과학적으로 한자를 학습하는 데 아주 중요합니다. 신경뇌과학적으로 한자의 모양은 우뇌 지향적이고 한자의 의미는 좌뇌 지향적이에요(海保·野村 1983). 우뇌는 주로 공간 감각이나 이미지와 같은 추상적인 정보 지향적이고, 좌뇌는 언어와 같은 객관적인 정보를 지향하죠. 그렇기 때문에 한자를 학습하는 데는 좌뇌뿐만 아니라 우뇌를 충분히 활용하는 학습이 유리해요. 그리고 그런 우뇌 지향적인 학습법에 중요한 것이 '이미지화'랍니다.

이런 점에 착안해 이 책의 〈첫째 마당〉과 〈둘째 마당〉 일부 한자에 삽화를 넣었습니다. 이미지화를 하는 방법 중 하나는 한자의 모양과 의미를 나타낼 수 있는 '이미지'를 보여 주는 직접적인 방법과 머릿속으로 이미지를 떠올릴 수 있도록 도와주는 간접적인 방법이 있어요. 원리 해설은 간접적인 방법을 택한 것이라고 볼 수 있죠. **그렇기 때문에 원리 해설을 단순히 외우는 것이 아니라 머릿속으로 그러한 장면이나 의미를 '이미지화'하면서 한자를 써 보고 의미를 떠올려 보는 방식으로 활용하는 것이 좋습니다.**

참고문헌
- R. Kerr & B.Booth. 1978. Specific and varied practies of motor skill, Perceptual and motor Skills, 46.
- N.J.Cepeda, H. Pashler, Evul, J.T.Wixted, & D.Rohrer. 2006. Distributed practic in verbal recall tasks: A review and quantitative synthesis, Psychological Bulletin, 132.
- Miller George A. 1994. The magical number seven, plus or minus two: some limits on our capacity for processing information. Psychological Review, 101 (2). American Psychological Association.
- 海保博之·野村幸正 (1983) 『漢字情報処理の心理学』. 教育出版.

시작 전에
알아야 할 두 가지

01 일본어 한자의 음독과 훈독

음독과 훈독이란?

일본 한자를 학습할 때 가장 당황스러운 것은 '음독(音読み)'과 '훈독(訓読み)'이에요. 이 두 가지가 대체 무엇인지부터 알아야 헤매지 않고 학습할 수 있습니다.

한자는 중국에서 만들어진 문자가 각 나라별로 독자적인 경로와 시기를 통해 도입되었어요. 우리가 영어를 받아들여서 그 발음을 나름대로 본떠 표기하고 사용하듯, 한자는 받아들인 당시의 중국 발음을 본떴습니다. 이것이 바로 **음독**이에요. 그리고 한자의 음독을 안다고 해도 그 뜻은 알 수 없기에 해당 한자가 가지고 있는 의미를 모국어와 융합시켜서 알게 한 것이 **훈독**이지요.

한국어를 통해 설명하자면 火라는 한자는 우리말로 하면 '불 화' 자입니다. 여기서 '불'은 한국의 고유어로 나타낸 훈독의 개념이고, '화'는 음독에 해당한다고 보면 됩니다. 한편 일본에서는 火라는 한자가 들어왔을 때, 중국의 발음을 본떠 か라는 음독이 생겼고, 훈독으로 원래 사용되던 고유어 ひ를 가져다 붙인 거예요.

中国	→	韓国	日本
火 (hua)	의미 해석(訓)	불	ひ
	중국의 발음 흉내(音)	화	か

음독과 훈독은 어떤 특징이 있나요?

일본의 한자는 한자 하나에 훈독 n개, 음독 n개가 존재해요. 그렇기 때문에 각각의 특징을 모르고 접근한다면 굉장히 학습이 까다로워집니다. 학습 전에 알아야 할 음독과 훈독에 관한 4가지 특징을 다음에 정리했어요.

1. 기본적으로 한자가 단독으로 쓰일 때는 훈독으로 읽는다

한국어와 마찬가지로 **일본어 한자는 한자 1글자가 단어로 제시된 경우에는 기본적으로 훈독으로 읽는 게 원칙이에요**. 위에서 예로 든 火를 볼까요? 한국에서도 火를 하나의 단어로 이야기할 때는 훈독에 해당하는 '불'이라고 이야기하지 '화'라고 하지 않죠. 하지만 '화재, 화상' 등 다른 한자와 조합해서 사용할 때는 자연스럽게 음독인 '화'를 사용하게 됩니다. 마찬가지로 일본에서도 火라는 한자가 단독으로 쓰일 때에는 특수한 경우가 아닌 한 훈독인 ひ로 읽는 게 기본이에요.

다만, 몇몇 한자의 경우는 음독 그 자체가 자주 쓰이면서 일종의 훈독처럼 자리잡아 그대로 쓰이기도 합니다. 한국어와 동일한 단어를 예로 들면 '상을 주다'에 쓰이는 賞이란 한자는 한국에서도 음독에 해당하는 '상'이란 발음이 하나의 단어로 자리잡아서 그대로 쓰이는데, 일본에서도 마찬가지로 賞은 しょう라는 음독으로 읽혀요. 하지만 그 수가 많지는 않습니다.

2. 음독의 단어 생산성이 훨씬 더 높다

그렇다면 훈독 위주로 공부하면 되겠다고 생각할 수도 있지만, 사실 **일본어 한자 교재의 주 목적은 '한자와 음독을 익히는 것'**입니다. 한자의 음독이 중요한 이유는 무엇보다도 **단어의 생산 능력**이 일본어 어휘에서 아주 큰 부분을 차지하기 때문이에요. 2개 이상의 한자가 조합되어 생성된 단어들의 경우는 한일 모두 거의 대부분이 음독으로 읽힙니다. 특히 일본어의 명사 어휘 중에서 음독으로 읽히는 2자 한자어나 접두사, 접미사로 쓰이는 음독 발음 단어는 수만 단어를 대상으로 하는 대사전을 기준으로 어휘 전체의 절반 이상을 차지합니다. 수만 가지 단어들을 일일이 외우기는 너무나 힘겹죠. 하지만 한자와 음독을 잘 알아두면 의미를 이해하고 읽을 수 있는 어휘가 무한대로 확장됩니다.

火를 예로 들면 '화재, 화력, 화구, 화기, 화요일' 등등의 단어는 모두 火災(かさい), 火力(かりょく), 火口(かこう), 火器(かき), 火曜日(かようび) 등 か라는 음독을 안다면 일일이 외우지 않아도 얼마든지 생산적으로 단어들을 읽을 수 있게 됩니다. 이처럼 '한자 그 자체가 가지는 단어 생산성'에 의해 생산된 수많은 단어를 읽는 법은 보통 음독이기 때문에 음독을 숙지하는 것은 일본어 한자 학습에서 선결 과제가 되어야 합니다.

3. 한자의 음독과 훈독에는 우선순위가 존재한다

하나의 한자에는 복수의 음독과 훈독들이 존재해요. 쓸 수 있는 모든 음독과 훈독을 끌어 올 경우 사실상 학습이 불가능할 정도이지요. 실제로 '愛(사랑 애)'라는 한자를 읽는 법은 100가지 이상 존재한다고 합니다. 그렇기 때문에 여러분은 '자주 쓰이는' 음독과 훈독을 선별해서 학습해야 해요. 그리고 그 역할을 해 주는 것이 바로 한자 교재랍니다.

그런데 거기서 한걸음 더 나아가서 생각해야 하는 점이 있습니다. 바로 교재에 수록된 **일반적으로 자주 쓰이는 음독과 훈독들 사이에도 우선순위가 존재한다**는 점이에요. 가령, '**여자 여(女)**' 자의 경우, 음독으로는 じょ・にょ・にょう의 3가지, 훈독으로는 おんな・め의 2가지로 총 5가지 읽는 법이 존재합니다. **이때 음독의 경우, 이 3가지 발음은 모두 어느 정도 자주 쓰이는 편이지만, '단어의 생산력'이라는 측면에서는 엄연히 차이가 존재해요.** 즉, じょ라고 읽는 경우는 대다수의 단어들에서 쓰이기 때문에 생산성이 굉장히 높지만, にょ・にょう로 읽는 단어는 그 수가 굉장히 한정적입니다. 당연히 **학습상의 우선순위도 じょ가 にょ나 にょう보다 우선되어야 한다**는 것을 알고 학습에 임해야 해요.

4. 음독은 '딱딱하고 문어적'이고 훈독은 '캐주얼하고 구어적'이다

같은 의미를 지닌 단어를 표현할 때에도 음독과 훈독이 모두 같은 것을 가리킬 때가 있어요. 가령 '여자'를 지칭할 때 훈독으로 おんな(女)라고 해도 되고, 음독으로 じょし(女子)라고 해도 됩니다. 둘 다 지칭하는 대상은 같아요. 이럴 때 음독을 사용한 じょし는 좀 더 딱딱하고 공적인 느낌이 들며 문어체에 가깝습니다. 실제로 구어보다는 문어로 자주 사용돼요. 반면 훈독인 おんな는 보다 일상적이고 캐주얼한 느낌이 들기 때문에 구어로 많이 사용됩니다.

또, 똑같은 한자를 음독과 훈독으로 읽는 경우가 있습니다. 예를 들면 山下(산하)라는 한자는 음독으로는 さんか, 훈독으로는 やました로 읽을 수 있습니다. 한국어로 생각하면 음독의 경우는 '**산하**의 촌락'과 같은 굉장히 문어적인 느낌이고, 훈독은 '**산 아래** 마을'이라는 일상적이고 캐주얼한 느낌을 줍니다. **그렇기 때문에 사용하는 상황, 상대, 문장에 맞춰서 사용해야 하는 문제이지, 어느 쪽으로 읽는 게 옳다거나 하는 정답과 오답의 개념이 아니라는 점을 숙지해야 합니다.**

대체 왜 음독은 하나가 아닌 거죠?

같은 한자라도 중국의 지역과 시대에 따라서 소리가 달랐어요. **일본은 오랜 기간에 걸쳐 한자를 중국에서 도입해 왔는데,** 그 도입 시기에 따라서 일본의 한자음은 크게 세 종류로 나뉘어요.

1차	오음(呉音)	6세기 무렵까지 중국 남쪽 오나라 지방의 발음이 일본으로 도입된 것.
2차	한음(漢音)	7~8세기 무렵 견수사, 견당사 등의 당대 유학자들이 장안·낙양 지역의 발음을 배워 와 전파한 것.
3차	당음(唐音)	11세기 이후, 송·명·청나라와 교류한 승려나 상인에 의해 전해진 장강 하류 지역의 발음

이렇게 오랜 기간을 두고 각기 다른 지역에서 다른 발음을 다른 계층(귀족, 승려, 상인) 사람들이 들여와 썼는데, 당시의 학문은 정통성을 중시하면서도 중국이라는 선진 문물을 빠르게 받아들이려는 경향이 강했기 때문에 **계층이나 분야에 따라서 한자음이 복수로 존재하게 되었어요.**
현재 대부분의 **기본 한자음은 한음(漢音)**입니다. 이 교재에서는 생산성 1~2순위에 해당하는 대부분의 음독은 한음이라고 생각하면 돼요. 반면 3~4순위에 주로 위치하는 것이 오음과 당음으로, 주로 불교 용어나 관료적 용어와 같은 특수 분야에서 살아남은 단어 생산성이 극히 낮은 일종의 관용적으로 쓰이고 있는 음이에요.

한자	오음(呉音)	한음(漢音)	당음(唐音)
明	みょう	めい	みん
예	明日(みょうにち) 내일〈문어적〉 明朝(みょうちょう) 다음 날 아침〈문어적〉	説明(せつめい) 설명 明瞭(めいりょう) 명료	明朝(みんちょう) 명조 〈명나라 왕조, 명조체의 약어〉

사실 학습자 입장에서는 어떤 음이 오음이고 한음인지가 중요한 게 아니라 '**어떤 발음이 기본 발음인지, 또 얼마나 단어 생산성이 높은지**'가 중요하기 때문에 **본 교재에서는 생산성에 초점을 두고 1~4순위를 지정했어요.** 그러니 이러한 구분은 기초 상식 정도로 알아두면 좋겠죠? 적어도 왜 한자의 발음이 여러 가지인지에 관한 의문은 해결할 수 있으니까요.

02 한자 획순의 기본 10원칙

유튜브 강의

획순이란 한자를 쓰는 순서를 말해요. 획순에는 몇 가지 대원칙이 존재하는데, 무작정 한자마다 획순을 외우기보다는 이 원칙을 제대로 알아두는 것이 중요합니다. 획순의 대원칙을 숙지하면 다음과 같은 이점이 있어요.

> ① 무작정 쓸 때보다 바르고 예쁘게 한자를 쓸 수 있다.
> ② 암기를 할 때에도 옳은 획순으로 쓰는 것이 도움이 된다.
> ③ 처음 보는 한자도 쓰기 쉬워진다.
> ④ 한자의 구조와 구성 요소를 보다 정확하게 알게 되어 학습 · 복습 · 사용 시에도 도움이 된다.

우리가 한글을 쓸 때에도 처음 글자를 배웠을 때는 제멋대로 뒤죽박죽으로 쓰다가 지금은 자신만의 규칙대로 일정한 순서에 따라 쓰지요. 물론 '일정한 순서=예쁜 글씨'라는 법칙이 반드시 성립되는 것은 아니지만, 기본적인 쓰기 순서를 무시하고 글씨를 쓰면 예쁜 글씨가 될 가능성은 낮겠죠? 또 우리가 일정한 순서로 한글을 계속해서 써 오면서 의식하지 않아도 자연스럽게 한글을 써 내려가듯 한자도 일정한 원칙 하에서 글자를 반복 연습하다 보면 의식하지 않아도 한자를 잘 쓰게 된답니다.

또 하나 중요한 점은 학습과 복습 시에 한자를 같은 순서로 적게 된다는 점이에요. 학습 시마다 획순이 달라지면 매번 새로운 도로를 달려서 목적지에 도착하는 법을 익히는 것과 같아요. 매번 획순을 달리 외우면 그만큼 학습 효과도 떨어지는 반면, 동일한 획순으로 외우면 학습 효과가 높아집니다. 게다가 획순은 기본적으로 구성 요소 순서를 따라가기 때문에 구조와 구성 요소를 인지하면서 학습하는 데 도움이 된답니다.

한자를 쓸 때에는 기본적으로 10가지 대원칙을 따라요. 하지만 대원칙을 따르지 않는 예외적인 한자들도 굉장히 많습니다.

〈한자 획순의 기본 10원칙〉

1. 위에서 아래로 쓴다.

三 三 三 三   工 工 工 工

2. 왼쪽에서 오른쪽으로 쓴다.

川 川 川 川   州 州 州 州 州 州 州

3. 가로 획과 세로 획이 교차될 때는 가로 획을 먼저 쓴다.

十 十 十   大 大 大 大

4. 좌우 대칭을 이루는 글자는 가운데→좌→우 순으로 쓴다.

小 小 小 小   水 水 水 水 水

5. 테두리가 있는 한자는 테두리→안쪽 글자→테두리의 마지막 획 순으로 쓴다.

区 区 区 区 区   国 国 国 国 国 国 国 国

6. 글자 가운데를 꿰뚫는 세로 획은 마지막에 쓴다.

中 中 中 中 中   手 手 手 手 手

7. 글자 가운데를 꿰뚫는 가로 획은 마지막에 쓴다.

女 女 女 女   母 母 母 母 母 母

8. 대각선을 가로지르는 획은 왼쪽→오른쪽 순으로 쓴다.

人 人 人   父 父 父 父 父

9. 하나만 떨어져 있는 점은 각 요소의 마지막에 찍는다.

犬 犬 犬 犬 犬   博 博 博 博 博 博 博 博 博 博 博 博

10. 받침으로 쓰이는 글자 중 辶(뛸 착)과 廴(천천히 걸을 인)은 나중에 쓴다.

近 近 近 近 近 近 近 近   延 延 延 延 延 延 延 延

묻지도 따지지도 말고 익히자!

기본 부수와 상형자

한글을 익힐 때는 한글을 구성하는 가장 기본적인 자음과 모음부터 익히죠? 마찬가지로 한자에도 기본자들이 존재해요. 첫째 마당에서는 이런 기본자들을 정리했어요.

이런 한자들의 특징은 '어떤 대상의 모양을 본떠' 만들었다는 점과, 그것이 다시금 그대로 혹은 간략화되면서 한글의 자음ㆍ모음처럼 한자를 구성하는 부수 혹은 기본 요소로 사용된다는 점이에요. 예를 들어 '사람 인(人)' 자는 사람의 모습을 본뜬 글자로, 그것이 다시금 간략화되면서 [亻] 혹은 [儿]로 부수화가 되어 兄(형 형), 仕(섬길 사) 등에 쓰이게 되죠.

기본 중의 기본에 해당하는 한자들이기 때문에 형태가 복잡하지 않고, 대부분이 상형자이기 때문에 '이것저것 따지지 말고 우선 외우는 것'이 필요해요. 가끔씩은 무모하게 접근하는 것도 필요한 거죠!

숫자 [13자]

01 일~십(一~十)

0001

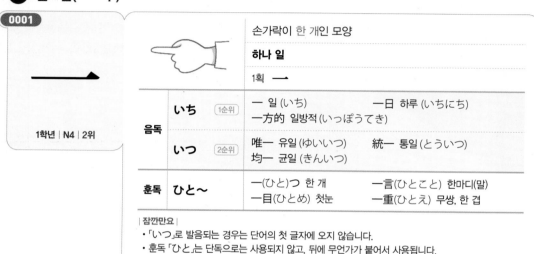

		손가락이 한 개인 모양
		하나 일
		1획 一
음독	いち [1순위]	一 일 (いち)　　一日 하루 (いちにち) 一方的 일방적 (いっぽうてき)
	いつ [2순위]	唯一 유일 (ゆいいつ)　　統一 통일 (とういつ) 均一 균일 (きんいつ)
훈독	ひと〜	一(ひと)つ 한 개　　一言(ひとこと) 한마디(말) 一目(ひとめ) 첫눈　　一重(ひとえ) 무쌍, 한 겹

1학년 | N4 | 2위

| 잠깐만요 |
・「いつ」로 발음되는 경우는 단어의 첫 글자에 오지 않습니다.
・훈독 「ひと」는 단독으로는 사용되지 않고, 뒤에 무언가가 붙어서 사용됩니다.

0002

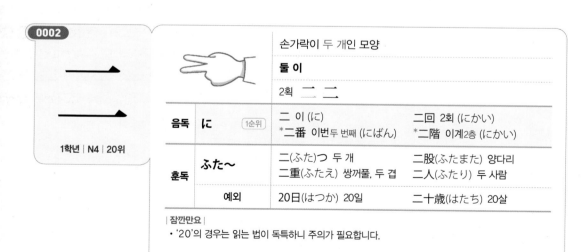

		손가락이 두 개인 모양
		둘 이
		2획 二 二
음독	に [1순위]	二 이 (に)　　二回 2회 (にかい) *二番 이번·두 번째 (にばん)　　*二階 이계·2층 (にかい)
훈독	ふた〜	二(ふた)つ 두 개　　二股(ふたまた) 양다리 二重(ふたえ) 쌍꺼풀, 두 겹　　二人(ふたり) 두 사람
	예외	20日(はつか) 20일　　二十歳(はたち) 20살

1학년 | N4 | 20위

| 잠깐만요 |
・'20'의 경우는 읽는 법이 독특하니 주의가 필요합니다.

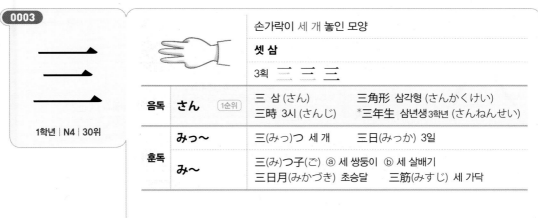

0003

三

1학년 | N4 | 30위

손가락이 세 개 놓인 모양

셋 삼

3획 三 三 三

음독	さん	1순위	三 삼 (さん)　　三角形 삼각형 (さんかくけい) 三時 3시 (さんじ)　　*三年生 삼년생 3학년 (さんねんせい)
훈독	みっ〜		三(みっ)つ 세 개　　三日(みっか) 3일
	み〜		三(み)つ子(ご) ⓐ 세 쌍둥이 ⓑ 세 살배기 三日月(みかづき) 초승달　　三筋(みすじ) 세 가닥

0004

四

1학년 | N4 | 103위

양손에 두 손가락씩 겹쳐 네 개를 나타낸 모양

넷 사

5획 四 四 四 四 四

음독	し	1순위	四 사 (し)　　　　　　四季 사계 (しき) 四角 사각 (しかく) 四捨五入 사사오입반올림 (ししゃごにゅう)
훈독	よん		四(よん) 4, 사 四回(よんかい) 4회　　四拍子(よんびょうし) 4박자
	よっ〜		四(よっ)つ 네 개　　四日(よっか) 4일
	よ〜		四(よ)つ角(かど) 네 모퉁이, 네거리 四年生(よねんせい) 4학년　　四次元(よじげん) 4차원 四字熟語(よじじゅくご) 사자숙어

0005

五

1학년 | N4 | 75위

세(三) 손가락과 두(ㅣㅣ) 손가락을 겹쳐서 다섯 개를 나타낸 모양

다섯 오

4획 五 五 五 五

음독	ご	1순위	五 오 (ご)　　　　　　五十音 오십음 (ごじゅうおん) 五感 오감 (ごかん)　　五重 오중다섯 겹 (ごじゅう)
훈독	いつ〜		五(いつ)つ 다섯 개　　五日(いつか) 5일 五重(いつえ) 오중, 다섯 겹

0006

六

1학년 | N4 | 173위

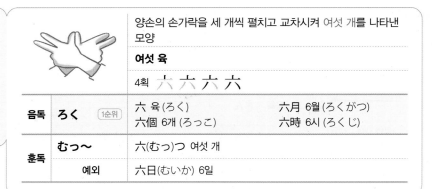

양손의 손가락을 세 개씩 펼치고 교차시켜 여섯 개를 나타낸 모양

여섯 육

4획 六 六 六 六

음독	ろく 〔1순위〕	六 육 (ろく)	六月 6월 (ろくがつ)
		六個 6개 (ろっこ)	六時 6시 (ろくじ)
훈독	むっ〜	六(むっ)つ 여섯 개	
	예외	六日(むいか) 6일	

0007

七

1학년 | N4 | 199위

한 손바닥(一) 위에 엄지와 검지손가락(乚)을 펼쳐 일곱 개임을 나타낸 모양

일곱 칠

2획 七 七

음독	しち 〔1순위〕	七 칠 (しち)	七時 7시 (しちじ)
		七面鳥 칠면조 (しちめんちょう)	
		*七味 칠미 일곱 가지 맛의 향신료 (しちみ)	
훈독	なな	七(なな) 일곱	七(なな)つ 일곱 개
		七光(ななひかり) 부모의 후광	
		七不思議(ななふしぎ) 7대 불가사의	
	예외	七日(なのか) 7일	

0008

八

1학년 | N4 | 199위

양손을 네 손가락씩 나누어 펴 여덟 개를 나타낸 모양

① 여덟 팔 ② 나눌 팔

2획 八 八

음독	はち 〔1순위〕	八 팔 (はち)	八時 8시 (はちじ)
		八方美人 팔방미인 (はっぽうびじん)	
		七転八起 칠전팔기 (しちてんはっき)	
훈독	やっ〜	八(やっ)つ 여덟 개	
	や〜	八(や)つ裂(ざ)き 갈가리 찢음	八重歯(やえば) 덧니
		八百屋(やおや) 채소 가게	
		七転(ななころ)び八起(やお)き 칠전팔기	
	예외	八日(ようか) 8일	

| 잠깐만요 |
- '팔방미인(八方美人)'은 일본에서는 주로 누구에게나 비위를 잘 맞추는 사람이라는 부정적 의미로 쓰입니다.
- 한자에서는 숫자 8을 넘어가면 의미상 '많다'는 의미로 쓰입니다.
- 부수로 쓰일 때는 '② 나눌 팔'의 의미로 쓰입니다.

0009

九

1학년 | N4 | 144위

한 손은 손가락을 네 개 펴고, 다른 손은 다섯 개를 편 채 교차하여 아홉 개를 나타낸 모양

아홉 구

2획 九 九

음독	きゅう [1순위]	九 구 (きゅう)	九回 9회 (きゅうかい)
		九死一生 구사일생 (きゅうしいっしょう)	
		*九州 구주규슈(지명) (きゅうしゅう)	
	く [2순위]	九月 9월 (くがつ)	九時 9시 (くじ)
훈독	ここの~	九(ここの)つ 아홉 개	九日(ここのか) 9일

0010

十／ナ

1학년 | N4 | 137위

| 잠깐만요 |
한자에서는 특히 '십/백/천/만'은 숫자만이 아니라 '많다'는 의미로도 많이 쓰입니다.

양손을 겹쳐서 열 손가락을 나타낸 모양

열 십·많을 십

2획 十 十

음독	じゅう [1순위]	十 십 (じゅう)　十人十色 십인십색 (じゅうにんといろ)	
		十分 10분 (じゅっぷん)　十字架 십자가 (じゅうじか)	
	じっ [2순위]	十中八九 십중팔구 (じっちゅうはっく)	
		十進法 십진법 (じっしんほう)	
훈독	と~	十人十色(じゅうにんといろ) 십인십색	
		十一(といち) 10일에 10%의 이자	
	예외	十日(とおか) 10일	

八(はち)는 왜 八方美人(はっぽうびじん) 때는 はっ이 되나요?

두 개의 한자가 결합하여 하나의 단어를 이룰 때, 그 사이의 발음이 촉음(っ)이 되는 경우가 있습니다. 이것을 '촉음화 (促音化)'라고 해요. 촉음화는 한자를 발음할 때 '하나의 단어를 좀 더 편하게 발음하기 위해' 발생하는 음운 현상으로, 「き・く・ち・つ」로 끝나는 한자나 단어 뒤에 か・さ・た・は행으로 시작하는 말이 붙어 하나의 단어가 될 때 발생합니다. 좀 더 세분화하면 아래와 같은 3가지 조건 규칙을 만들 수 있습니다.

① **き・く＋か행 → っ＋か행**
せき(石)＋き(器) → せっき (石器: 석기)　　がく(学)＋こう(校) → がっこう (学校: 학교)

② **ち・つ＋か・さ・た행 → っ＋か・さ・た행**
いち(一)＋こ(個) → いっこ (一個: 한 개)　　ざつ(雑)＋し(誌) → ざっし (雑誌: 잡지)

③ **ち・く＋は행 → っ＋ぱ행**
はち(八)＋ほう(方) → はっぽう (八方: 팔방)　　ろく(六)＋ほう(法) → ろっぽう (六法: 육법)

0011

百

1학년 | N4 | 279위

나뭇가지(一)에 달린 벌집(白)에 벌이 백 마리는 있는 모습에서

일백 백 · 많을 백

6획 百 百 百 百 百 百

음독	ひゃく	1순위	百 백 (ひゃく)	数百 수백 (すうひゃく)
			百科事典 백과사전 (ひゃっかじてん)	
			百発百中 백발백중 (ひゃっぱつひゃくちゅう)	

0012

千

1학년 | N4 | 307위

전쟁 때는 사람(イ)을 셀 때 한 단위(一)를 천으로 세니

일천 천 · 많을 천

3획 千 千 千

음독	せん	1순위	千 천 (せん)	千里眼 천리안 (せんりがん)
			一千万 일천 만천 만 (いっせんまん)	
			海千山千 해천산천산전수전 (うみせんやません)	

훈독	ち~	千切(ちぎ)る ⓐ 잘라떼다, 뜯어내다, 찢어발기다 ⓑ [동사 어간+] 몹시 ~하다 → 褒(ほ)め千切(ちぎ)る 몹시 칭찬하다 千切(ちぎ)れる 갈기갈기 찢어지다 千鳥(ちどり) 새떼 → 千鳥足(ちどり・あし) 술에 취한 걸음걸이, 갈지자걸음

0013

万

2학년 | N4 | 193위

밤하늘(一)을 감싼(勹) 수만 개의 별만큼 많은 수이니

勹: 감쌀 포

일만 만 · 많을 만

3획 万 万 万

음독	ばん	1순위	万事 만사 (ばんじ)	万能 만능 (ばんのう)
			万人 만인 (ばんにん)	
	まん	2순위	万(まん) 만	万一 만일 (まんいち)
			万病 만병 (まんびょう)	万年筆 만년필 (まんねんひつ)

| 잠깐만요 |
· 일본에서는 10,000을 말할 때는 '만'이 아니라 '일만'이라고 합니다.
예 一万円(いちまんえん) 만 엔 一千万(いっせんまん) 천 만

(정답은 506쪽에)

1 빈칸에 들어갈 한자로 적절한 것을 고르시오.

1. ___日 (일일)　　　ⓐ 一　　　ⓑ 二　　　ⓒ 三

2. ___角 (사각)　　　ⓐ 六　　　ⓑ 四　　　ⓒ 八

3. ___月 (육월)　　　ⓐ 八　　　ⓑ 大　　　ⓒ 六

4. ___能 (만능)　　　ⓐ 友　　　ⓑ 万　　　ⓒ 勹

5. ___感 (오감)　　　ⓐ 五　　　ⓑ 工　　　ⓒ ヨ

6. ___千 (칠천)　　　ⓐ 十　　　ⓑ ム　　　ⓒ 七

7. ___方 (팔방)　　　ⓐ 八　　　ⓑ 父　　　ⓒ 六

8. 数___ (수백)　　　ⓐ 百　　　ⓑ 頁　　　ⓒ 首

2 다음 한자의 뜻을 (　　)에 적고, 일본 음독을 a, b, c 중에 하나 고르시오.

1. 百万 (　　　)　　　ⓐ ひゃくまん　ⓑ ひゃくばん　ⓒ はくまん

2. 十字架 (　　　)　　ⓐ じっじか　　ⓑ じゅじか　　ⓒ じゅうじか

3. 万事 (　　　)　　　ⓐ まんじ　　　ⓑ ばんじ　　　ⓒ なんじ

4. 唯一 (　　　)　　　ⓐ ゆいいつ　　ⓑ ゆいいち　　ⓒ ゆいとつ

5. 九月 (　　　)　　　ⓐ きゅうがつ　ⓑ きゅがつ　　ⓒ くがつ

6. 四季 (　　　)　　　ⓐ しき　　　　ⓑ さき　　　　ⓒ よんき

7. 十日 (　　　)　　　ⓐ じゅうじつ　ⓑ じっか　　　ⓒ とおか

8. 七味 (　　　)　　　ⓐ しちみ　　　ⓑ しつみ　　　ⓒ ななみ

자연 [28자]

03 하늘 (天日夕月)

0014

天

6학년 | N4 | 1377위

		사람 위의 제일(一) 커다란(大) 자연은 하늘이니
		하늘 천
		4획 天 天 天 天
음독	てん [1순위]	*天 천하늘 (てん) *天気 천기날씨 (てんき) 天地 천지 (てんち) 天国 천국 (てんごく)
훈독	あめ	天(あめ) 하늘 天地(あめつち) 하늘과 땅
	あま~	天下(あまくだ)り 윗선의 강압적 명령 天(あま)の川(がわ) 은하수

| 잠깐만요 |
• 단독으로 '하늘'을 지시할 때에는 회화체에서는 「空(そら)」를 사용하며, 문어적으로는 「天(てん)」을 씁니다. 훈독의 경우는 일반적으로 단독으로 사용되기보다는 「あめ/あま(の)+단어」의 형태로 사용되는 경우가 대부분입니다.

0015

日

1학년 | N4 | 3위

		해(口)의 모습과 해가 뜨고 지는 하루(一)의 의미를 담아
		① 해 일 ② 날 일 (③ 일본 일)
		4획 日 日 日 日
음독	にち [1순위]	① 日光 일광 (にっこう) ② 毎日 매일 (まいにち) ③ *来日 내일일본에 옴 (らいにち)
	じつ [2순위]	② 平日 평일 (へいじつ) ② 当日 당일 (とうじつ) ② *昨日 작일어제 (さくじつ)
	예외	③ 日本 일본 (にほん)
훈독	ひ	日(ひ) 해 日にち(ひにち) 며칠 (ⓐ일정 ⓑ기간) 日の出(ひので) 일출 日々(ひび) 나날
	숫자+か	二日(ふつか) 2일 八日(ようか) 8일
	예외	明日(あした/あす) 내일 昨日(きのう/さくじつ) 어제 今日(きょう/こんにち) 오늘 一日(ついたち/いちにち) 1일

| 잠깐만요 |
「日本(일본)」은 예외적으로 「にほん」으로 읽습니다. 하지만 강조하거나 머리글자만 떼서 쓸 때에는 「にち」가 됩니다. 예를 들면, '일본'을 강조해서 발음 시에는 「にっぽん」이 되며, '방일'을 말할 때는 「来日(らいにち)」라고 합니다.

| 잠깐만요 |
• 1순위와 2순위 간에 단어 생산성 자체는 둘 다 비슷하지만, 사용 빈도는 にち 쪽이 좀 더 많이 쓰입니다.
• 「じつ」는 거의 모든 쓰임이 '② 날'의 의미로 쓰입니다.

0016

夕

1학년 | N3 | 861위

달이 구름 뒤에서 나타나기 시작하는 저녁 무렵이니

저녁 석

3획 夕 夕 夕

음독	せき	3순위	夕陽 석양 (せきよう) *一朝一夕 일조일석하루아침 (いっちょういっせき)
훈독	ゆう		夕(ゆう) 저녁　　　　　　夕方(ゆうがた) 저녁 夕飯(ゆうはん) 저녁밥

| 잠깐만요 |
- '저녁'은 보통 「夕方(ゆうがた)」를 씁니다. 「ゆう」만 쓰는 경우는 문어체에서 사용됩니다.
- 음독은 생산성이 낮습니다.

0017

月

1학년 | N4 | 49위

구름(二)을 뚫고 빛나는 초승달의 모습

① 달 월　② 월 월

4획 月 月 月 月

음독	げつ	1순위	① 月光 월광 (げっこう)　　① 満月 만월 (まんげつ) ② 月給 월급 (げっきゅう)
	がつ	2순위	① 正月 정월설 (しょうがつ)　② 三月 3월 (さんがつ) ② 生年月日 생년월일 (せいねんがっぴ)
훈독	つき		月(つき) 달 月日(つきひ) 세월　　　　　月見(つきみ) 달구경

| 잠깐만요 |
- 부수로 쓰일 때는 '고기 육(肉)'의 변형으로 쓰입니다.
  예 胸 가슴 흉　脳 두뇌 뇌

---

04 물과 불(水雨川州火光)

0018

水 / ⺡
氺

1학년 | N4 | 146위

떨어지는 물방울(丨)과 옆으로 퍼지는 물방울(氵く)로 물을 나타내니

물 수

4획 水 水 水 水

음독	すい	1순위	水分 수분 (すいぶん)　　　　水道 수도 (すいどう) 海水 해수 (かいすい)
훈독	みず		水(みず) 물 水色(みずいろ) 물색　　　　生水(なまみず) 생수

雨

1학년 | N4 | 798위

하늘(一)에서 세상을 덮으며(冖) 내리는 물(氺)의 모습으로
비를 나타내니 　　　　　　　　　　　　　　　冖: 덮을 멱

비 우

8획 雨 雨 雨 雨 雨 雨 雨 雨

음독	う	1순위	雨天 우천 (うてん)	*梅雨 매우,장마 (ばいう)
			暴風雨 폭풍우 (ぼうふうう)	
훈독	あめ		雨(あめ) 비	
			雨風(あめかぜ) 비바람	
	あま〜		雨水(あまみず) 빗물	
			雨具(あまぐ) 비막이 용품	雨戸(あまど) 비막이 덧문
	예외		小雨(こさめ) 가랑비	氷雨(ひさめ) 찬 비
			梅雨(つゆ) 장마	

川

1학년 | N4 | 109위

물이 흘러내려 냇물을 만드는 모양

냇물 천

3획 川 川 川

음독	せん	3순위	河川 하천 (かせん)	山川 산천 (さんせん)
훈독	かわ		川(かわ) 강, 냇물	
			川筋(かわすじ) 강줄기	小川(おがわ) 개울

州

3학년 | N2 | 488위

냇가(川) 사이에 점점이(丶丶丶) 자리잡은 마을의 모습이니

마을 주

6획 州 州 州 州 州 州

음독	しゅう	4순위	州 주(しゅう)	州立 주립(しゅうりつ)
훈독	す		洲(す) 물속에 퇴적된 토사가 수면에 드러난 것	
			→ 三角州(さんかくす) 삼각주	

0022

火 / 灬
ツ

1학년 | N5 | 465위

불의 모양을 본떠

불 화

4획 火 火 火 火

음독	か	1순위	火災 화재 (かさい)	火山 화산 (かざん)
			放火 방화 (ほうか)	
훈독	ひ		火(ひ) 불	
			炭火(すみび) 숯불	花火(はなび) 불꽃놀이
	ほ〜		火影(ほかげ) 등불(빛)에 비친 그림자	
			火照(ほて)る (몸·얼굴이) 달아오르다	
	예외		火傷(やけど) 화상	

| 잠깐만요 |
• 〔灬〕는 아래쪽(예 燃 불탈 연)에 쓰이고, 〔ツ〕는 윗부분(예 光 빛 광)에 쓰이는 부수입니다.

0023

光

2학년 | N3 | 280위

불꽃(ツ) 같은 것이 위에서 타올라 사람(儿)을 비추는 빛이니
ツ: 불 화   儿: 사람 인

① 빛 광 ② 광경 광

6획 光 光 光 光 光 光

음독	こう	1순위	① 光線 광선 (こうせん)	① *光栄 광영영광 (こうえい)
			① 月光 월광 (げっこう)	
		3순위	② 観光 관광 (かんこう)	② 光景 광경 (こうけい)
훈독	[ひか]る		光(ひか)る 빛나다	光(ひかり) 빛
			七光(ななひかり) 부모의 후광	

05 땅과 광물(土丘阜厂石岩金)

0024

土

1학년 | N4 | 284위

많은(十) 흙이 지면(一) 위에 있는 모습이니

흙 토

3획 土 十 土

음독	ど	1순위	土木 토목 (どぼく)	土台 토대 (どだい)
			風土 풍토 (ふうど)	
	と	4순위	土地 토지 (とち)	土佐 토사〈지명〉 (とさ)
훈독	つち		土(つち) 흙	土遊(つちあそ)び 흙 놀이
			土臭(つちくさ)い 흙냄새	

0025

丘

중학 | N1 | 1399위

지면(一) 위에 꽂힌 도끼(斤)마냥 솟아 있는 언덕 모양이니

斤: 도끼 근

언덕 구

5획 丘 丘 丘 丘 丘

음독	きゅう	3순위	丘陵 구릉 (きゅうりょう)　　砂丘 사구 (さきゅう)
훈독	おか		丘(おか) 언덕

0026

阜 / 阝

4학년 | 급수 외 | 2075위

경사면에 있는 바위와 나무(𠂤)가 많은(十) 언덕의 모습이니

① 언덕 부　(② 고을 부)

8획 阜 阜 阜 阜 阜 阜 阜 阜

음독	ふ	4순위	*岐阜県 기부현기후현〈지명〉 (ぎふけん)

| 잠깐만요 |
- 실사용보다는 부수자로 많이 쓰이며, '기후현'의 현명에 들어가기에 4학년 한자로 채택된 경우이니 음독을 따로 외우기보다는 어휘 레벨로 알아두세요.
- 부수가 된 [阝]의 경우, 한자의 왼편(예 陸 육지 륙)에 쓰이면 '언덕'의 의미, 오른편(예 都 도시 도)에 쓰이면 '고을'의 의미입니다. 고을이 언덕마다 있었다는 데에서 기인한 쓰임이에요.

0027　● 부수자

厂

굴바위의 모습을 본떠서

굴바위 엄

2획 厂 厂

사용 예시	圧(누를 압)　石(돌 석)

0028

石

1학년 | N2 | 233위

굴바위(厂→ 丆)에서 떨어지는 돌덩이(口)를 본떠서

丆: 굴바위 엄(厂)의 변형　口: 입 구(여기서는 돌의 모습)

돌 석

5획 石 石 石 石 石

음독	せき	1순위	石炭 석탄 (せきたん)　　　石油 석유 (せきゆ) 宝石 보석 (ほうせき)
	しゃく	4순위	磁石 자석 (じしゃく)
훈독	いし		石(いし) 돌　　　　　　黒石 (くろいし) 흑석 石頭(いしあたま) 돌머리

| 잠깐만요 |
- 「しゃく」는 「磁石」 정도로만 쓰이는 예외적 음독입니다.
- 계량 단위의 하나로 「こく」로 읽는 법이 존재하지만 현재는 거의 쓰이지 않아요.

0029

岩

2학년 | N2 | 772위

산(山) 만한 크기의 크고 단단한 돌(石)은 바위이니

바위 암

8획 岩岩岩岩岩岩岩岩

음독	がん	1순위	岩石 암석 (がんせき)	奇岩 기암 (きがん)
			溶岩 용암 (ようがん)	
훈독	いわ		岩(いわ) 바위	

0030

金

1학년 | N4 | 79위

쇠를 녹여 만드는 용광로의 모습을 본떠 금속을 나타내니

① 금(속) 금 ② 돈 금

8획 金金金金金金金金

음독	きん	1순위	① 金 금 (きん)	① 金属 금속 (きんぞく)
			② 現金 현금 (げんきん)	② 料金 요금 (りょうきん)
	こん	2순위	① 金銅 금동 (こんどう)	① 黄金 황금 (おうごん)
			① 金剛石 금강석 (こんごうせき)	
훈독	かね		(お)金(かね) 돈	針金(はりがね) 철사
	かな~		金具(かなぐ) 금속 장식	金槌(かなづち) 쇠망치

| 잠깐만요 |
· 「こん」은 금속이나 금으로 만든 무언가를 나타낼 때, 특히 불교적인 무언가를 나타낼 때 주로 쓰입니다.

06 산과 나무(山木片氏竹艹茶)

0031

山

1학년 | N4 | 60위

높이 솟은 여러 산의 모습

산 산

3획 山 山 山

음독	さん	1순위	山中 산중산속 (さんちゅう) 山林 산림 (さんりん)
			登山 등산 (とざん)
훈독	やま		山(やま) 산
			山川(やまかわ) 산천 山登(やまのぼ)り 등산

木

1학년 | N4 | 162위

뿌리와 기둥(|)이 크게(大) 자라 있는 나무의 모습에서

나무 목

4획 木 木 木 木

음독	もく	1순위	木材 목재 (もくざい)　　木造 목조 (もくぞう) 木曜日 목요일 (もくようび)	
	ぼく	2순위	木石 목석 (ぼくせき)　　大木 대목큰 나무 (たいぼく) 土木 토목 (どぼく)	
훈독	き		木(き) 나무 木(き)の香(か) 나무 향　　並木(なみき) 가로수	
	こ〜		木(こ)の葉(は) 나뭇잎　　木陰(こかげ) 나무 그늘	

| 잠깐만요 |
• 「もく」는 '나무로 ～함', '목재의 ～'의 의미로, 「ぼく」는 보통 단어 끝에 쓰여서 '～한 나무'의 의미로 쓰이는 경향이 있습니다.

片 / 丬

6학년 | N2 | 674위

나무(木)를 세로로 나눈 오른쪽 조각이니

조각 편

4획 片 片 片 片

| 음독 | へん | 1순위 | 片鱗 편린 (へんりん)　　破片 파편 (はへん)
断片 단편 (だんぺん) | |
| 훈독 | かた | | 片(かた) (두 쌍 중) 한쪽　　片方(かたほう) (둘 중) 한쪽
片道(かたみち) 편도 | |

氏

4학년 | N1 | 177위

나무 뿌리를 그려 뿌리를 함께하는 혈족을 의미하니

① 뿌리 씨　② 성씨 씨

4획 氏 氏 氏 氏

| 음독 | し | 2순위 | *氏 씨〈앞의 사람을 의미〉 (し)　　氏族 씨족 (しぞく)
氏名 씨명성명 (しめい)　　姓氏 성씨 (せいし) | |
| 훈독 | うじ | | 氏(うじ) 성 → 氏神(うじがみ) 그 고장의 수호신 | |

| 잠깐만요 |
• 이름과 성을 말할 때의 '성'은 일반적으로 「姓(せい)」나 「名字(みょうじ)」를 우선적으로 사용합니다. 「氏(うじ)」의 경우는 단순한 성이라기보다는 '일족/가문'을 의미하는 성씨를 나타낼 때 주로 사용합니다.
• 부수로 쓰일 때는 '① 뿌리'로 사용됩니다.

044

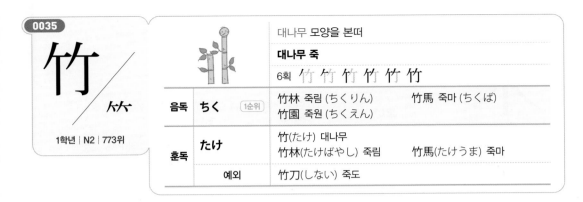

0035

竹 / ⺮

1학년 | N2 | 773위

대나무 모양을 본떠

대나무 죽

6획 竹 竹 竹 竹 竹 竹

음독	ちく	1순위	竹林 죽림 (ちくりん)　　竹馬 죽마 (ちくば) 竹園 죽원 (ちくえん)
훈독	たけ		竹(たけ) 대나무 竹林(たけばやし) 죽림　　竹馬(たけうま) 죽마
	예외		竹刀(しない) 죽도

0036　● 부수자

⺿ / ⺾

땅에 난 풀의 모습을 본떠

풀 초

3획 ⺾ ⺿ ⺾

사용 예시	葉(잎 엽)　花(꽃 화)　草(풀 초)

추가자 1

茶

2학년 | N3 | 571위

풀잎(⺾)을 우려내 사람(人)이 호~(ホ) 불어가며 마시는 따뜻한 차이니　　　　　　　⺾: 풀 초

① 차 차 ② 차 다

9획 茶 茶 茶 茶 茶 茶 茶 茶 茶

음독	ちゃ	1순위	① 茶 차 (ちゃ)　　　① *無茶 무차 터무니없음, 형편없음 (むちゃ) ① *茶色 차색 갈색 (ちゃいろ) ① 紅茶 홍차 (こうちゃ)
	さ~	3순위	② *喫茶店 낏다점찻집 (きっさてん)　② 茶道 다도 (さどう) ② 日常茶飯事 일상다반사 (にちじょう・さはんじ)

| 잠깐만요 |
• 「さ」는 좀 더 격식이 있고 고풍스러운 느낌이 있는 '다도'의 영역에서 사용되던 단어에 쓰이는 경향이 있어요.

07 곡물(田米禾豆)

0037

田

1학년 | N3 | 50위

고랑으로 나뉜 너른 논밭의 모습에서

논 전 · 밭 전

5획 田 田 田 田 田

음독	でん	1순위	田園 전원 (でんえん)　　　油田 유전 (ゆでん) 水田 수전무논 (すいでん)
훈독	た~		田畑(たはた) 논밭, 농토　　水田(みずた) 수전무논 田(た)んぼ 논

045

米

2학년 | N2 | 308위

되의 나뉜 구역(十) 속 쌀알(丷 丷)의 모습을 본떠

① 쌀 미 ② 미국 미

6획 米 米 米 米 米 米

음독	まい	1순위	① 白米 백미흰쌀 (はくまい) ① 玄米 현미 (げんまい)
			① *新米 신미햅쌀/신참, 풋내기 (しんまい)
	べい	2순위	① 米穀 미곡 (べいこく) ② 米国 미국 (べいこく)
			② 南米 남미 (なんべい)
훈독	こめ		米(こめ) 쌀
			米粒(こめつぶ) 쌀알　　　米印(こめじるし) ※기호

禾

급수 외

익어서 고개 숙인 벼의 모습

벼 화

5획 禾 禾 禾 禾 禾

| 음독 | か～ | 3순위 | 禾穀類 화곡류 (かこくるい) |

| 잠깐만요 |
• 부수로 쓰이고 단독으로는 거의 사용하지 않습니다.

豆

3학년 | N1 | 1185위

지면(一) 아래 열매(口)와 풀뿌리(丷)가 얽힌 콩의 모습丷: 풀 초

콩 두

7획 豆 豆 豆 豆 豆 豆 豆

음독	とう	3순위	豆腐 두부 (とうふ) 　　　*納豆 납두낫토 (なっとう)
	ず	4순위	大豆 대두 (だいず) 　　　*伊豆 이두이즈〈지명〉 (いず)
훈독	まめ		豆(まめ) 콩 　　　枝豆(えだまめ) 풋콩
	예외		小豆(あずき/しょうず) 팥

| 잠깐만요 |
• 원래는 '땅콩'이 아니라 그냥 '콩'의 의미지만, 학습의 용이성을 위해서 땅콩으로 끌고 왔어요. 원래는 제사용 그릇을 본뜬 글자이지만, 제기라는 의미로는 거의 사용되지 않는답니다.
•「ず」의 경우는「大豆(だいず)」외에는 지명에 쓰이는 정도입니다.
•「小豆」는 작은 콩이 아니라 '팥'을 의미하며, 일반적으로「あずき」라는 예외 훈독으로 읽히니 주의하세요.

1 빈칸에 들어갈 한자로 적절한 것을 고르시오.

1. ＿＿陽 (석양)　　ⓐ 夕　　ⓑ 多　　ⓒ 日

2. 海＿＿ (해수)　　ⓐ 水　　ⓑ 氷　　ⓒ 永

3. ＿＿災 (화재)　　ⓐ 光　　ⓑ 火　　ⓒ 炎

4. 現＿＿ (현금)　　ⓐ 石　　ⓑ 岩　　ⓒ 金

5. ＿＿陵 (구릉)　　ⓐ 土　　ⓑ 丘　　ⓒ 阜

6. 水＿＿ (수전)　　ⓐ 田　　ⓑ 曲　　ⓒ 曰

7. ＿＿材 (목재)　　ⓐ 米　　ⓑ 木　　ⓒ 禾

8. ＿＿腐 (두부)　　ⓐ 口　　ⓑ 早　　ⓒ 豆

2 다음 한자의 뜻을 (　　)에 적고, 일본 음독을 a, b, c 중에 하나 고르시오.

1. 平日 (　　　)　　ⓐ へいにつ　　ⓑ へいにち　　ⓒ へいじつ

2. 山林 (　　　)　　ⓐ さんりん　　ⓑ さんてん　　ⓒ さんちん

3. 土地 (　　　)　　ⓐ とち　　ⓑ どち　　ⓒ とし

4. 月光 (　　　)　　ⓐ がっこう　　ⓑ げっこ　　ⓒ げっこう

5. 破片 (　　　)　　ⓐ はへん　　ⓑ ぱぺん　　ⓒ ぱへん

6. 土木 (　　　)　　ⓐ ともく　　ⓑ どもく　　ⓒ どぼく

7. 石炭 (　　　)　　ⓐ しゃくたん　　ⓑ せきたん　　ⓒ てきたん

8. 大豆 (　　　)　　ⓐ だいとう　　ⓑ だいず　　ⓒ だいど

동물 [26자]

08 가축들(犬羊牛件兔)

0041

犬 / 犭

1학년 | N3 | 851위

	귀(丶)가 처지고 큰(大) 개의 모습을 본떠	
	개 견	
	4획 犬 大 大 犬	
음독	けん ［1순위］	犬猿 견원개와 원숭이 (けんえん)
		愛犬 애견 (あいけん)　　番犬 번견파수견 (ばんけん)
훈독	いぬ	犬(いぬ) 개
		犬死(いぬじ) 개죽음　　野良犬(のらいぬ) 들개

| 잠깐만요 |
• 부수가 되면 [犭]로 쓰이고, '짐승'이란 의미가 됩니다. **예** 猿(원숭이 원), 犯(범할 범)

0042

羊 / 羊

3학년 | N1 | 1720위

	긴 얼굴 양쪽에 뿔(丷)이 난 양의 모습을 본떠	
	양 양	
	6획 羊 羊 羊 羊 羊 羊	
음독	よう ［1순위］	羊毛 양모 (ようもう)　　羊肉 양육양고기 (ようにく)
		羊皮紙 양피지 (ようひし)
훈독	ひつじ	羊(ひつじ) 양
		羊肉(ひつじにく) 양고기　　羊座(ひつじざ) 양자리〈별자리〉

0043

牛 / 牛

2학년 | N3 | 1127위

	긴 얼굴에 한쪽 뿔(丿)만 있는 소의 모습을 본떠	
	소 우	
	4획 牛 牛 牛 牛	
음독	ぎゅう ［1순위］	*牛 우소 (ぎゅう)　　牛肉 우육소고기 (ぎゅうにく)
		牛乳 우유 (ぎゅうにゅう)　　牛脂 우지소의 지방 (ぎゅうし)
훈독	うし	牛(うし) 소
		牛車(うしぐるま) 소달구지　牛小屋(うしごや) 외양간

| 잠깐만요 |
• 「午(낮 오)」와의 구분에 주의하세요!

사람(亻)이 소(牛)를 몇 마리 팔았나 건수를 헤아리는 모습에서　　　　　　　亻: 사람 인

헤아릴 건 · 건수 건

6획 件 件 件 件 件 件

| 음독 | けん | 1순위 | 条件 조건 (じょうけん)　　事件 사건 (じけん)
案件 안건 (あんけん) |

5학년 | N2 | 244위

0045

귀가 뿔처럼 솟은 채 앉아 있는 토끼의 모습을 본떠

토끼 토

7획 兎 兎 兎 兎 兎 兎 兎

| 음독 | と | 3순위 | *兎(と)に角(かく) 어쨌든 |
| 훈독 | うさぎ | | 兎(うさぎ) 토끼　　　　　兎飛(うさぎと)び 토끼뜀 |

학년 외 | 급수 외 | 2156위

---

⑨ 돼지와 코끼리(豕豚象像隊)

0046　◑ 제부수

돼지의 모습을 본떠

돼지 시

7획 豕 豕 豕 豕 豕 豕 豕

| 잠깐만요 |
• 단독으로는 거의 쓰이지 않고 부수로 활용됩니다.

참고자 | 급수 외

0047

살(月)이 포동포동한 돼지(豕)를 본떠 먹는 가축인 돼지를 나타내니　　月: 고기 육 · 달 월

돼지 돈

11획 豚 豚 豚 豚 豚 豚 豚 豚 豚 豚 豚

음독	とん	1순위	豚カツ 돈가스 (とんかつ)　　養豚 양돈 (ようとん) *豚汁 돈즙돈지루〈요리명〉 (とんじる)
훈독	ぶた		豚(ぶた) 돼지　　　　　　豚肉(ぶたにく) 돼지고기 豚箱(ぶたばこ) ⓐ 돼지우리 ⓑ 감옥
	예외		海豚(いるか) 돌고래　　　河豚(ふぐ) 복어

중학 | N1 | 1815위

| 잠깐만요 |
• 月은 부수로 쓰일 때는 '고기 육(肉)' 자가 되는 게 일반적입니다.

象

5학년 | N2 | 485위

칼날(ク) 같은 상아와 큰 귀(口)가 달린 얼굴과 돼지(豕) 같은 큰 몸을 가진 코끼리의 모습을 본떠

ク: 칼 도

① 코끼리 상　② (추상적) 모습 상 · 본뜰 상

12획　象象象象象象象象象象象象

| 음독 | しょう [1순위] | ② 象徴 상징 (しょうちょう)　② 現象 현상 (げんしょう)
② 印象 인상 (いんしょう) |
| | ぞう [2순위] | ① *象 상코끼리 (ぞう)　① 象牙 상아 (ぞうげ)
① *巨象 거상큰 코끼리 (きょぞう) |

|잠깐만요|
• 「ぞう」는 '① 코끼리', 「しょう」는 '② 모습'을 의미합니다. 이때 「しょう」는 인상/상징과 같이 디테일하지 않은 추상적인 느낌인 '(이미지적인 의미의) 모습'으로 사용됩니다.

像

5학년 | N2 | 431위

사람(イ)이 코끼리(象)를 본떠 조각하는 모습에서

イ: 사람 인

(구체적) 모습 상 · 본뜰 상

14획　像像像像像像像像像像像像

| 음독 | ぞう [1순위] | 仏像 불상 (ぶつぞう)　　未来像 미래상 (みらいぞう)
映像 영상 (えいぞう) |

隊

4학년 | N1 | 410위

조교가 언덕(阝) 위에서 두 눈(丷) 시퍼렇게 뜨고 돼지(豕) 다루듯 엄하게 무리를 정렬시키고 훈련시키는 군대이니

阝: (왼편) 언덕 부　（丷: 두 눈의 모습）豕: 돼지 시

무리 대 · 군대 대

12획　隊隊隊隊隊隊隊隊隊隊隊隊

| 음독 | たい [1순위] | 隊 대 정렬된 무리 (たい)　　軍隊 군대 (ぐんたい)
部隊 부대 (ぶたい)　　隊員 대원 (たいいん) |

---

❿ 호랑이와 사슴(虎劇鹿馬)

虎

중학 | N1 | 1109위

호피 무늬(虍)를 가진 다리(儿) 달린 동물인 호랑이이니

虍: 호피 호　儿: 사람 인(여기서는 다리 모양)

호랑이 호 · 범 호

8획　虎虎虎虎虎虎虎虎

| 음독 | こ [1순위] | *虎穴 호혈호랑이 굴 (こけつ)　　竜虎 용호 (りゅうこ)
猛虎 맹호 (もうこ) |
| 훈독 | とら | 虎(とら) 호랑이　　虎猫(とらねこ) 호랑이 무늬의 고양이 |

劇

6학년 | N2 | 826위

호피 무늬(虍)를 돼지(豕)에게 그려넣고 칼질(刂)을 하는 건 그 정도가 너무 심한 연극이니

虍:호피 호 豕:돼지 시 刂:칼 도

① 연극 극   ② 극심할 극

15획 劇 劇 劇 劇 劇 劇 劇 劇 劇 劇 劇 劇 劇 劇 劇

음독	げき	1순위	② 劇的 극적 (げきてき)　② 劇薬 극약 (げきやく) ① 演劇 연극 (えんげき)

鹿

4학년 | N1 | 1022위

사슴의 모습을 본떠

사슴 록

11획 鹿 鹿 鹿 鹿 鹿 鹿 鹿 鹿 鹿 鹿 鹿

음독	ろく	4순위	鹿茸 녹용 (ろくじょう)　　馴鹿 순록 (じゅんろく)
훈독	しか		鹿(しか) 사슴
	예외		馬鹿(ばか) 바보

| 잠깐만요 |
• '바보(ばか)'의 한자 표기가 '말(馬)'과 '사슴(鹿)'인 이유는 「ばか」라는 소리를 표기하기 위해 의미 없이 한자를 빌려 쓴 것입니다.

馬

2학년 | N2 | 298위

발길질하며 꼬리(灬)를 이리저리 움직이는 말의 모습을 본떠

말 마

10획 馬 馬 馬 馬 馬 馬 馬 馬 馬 馬

음독	ば	1순위	馬車 마차 (ばしゃ)　　　馬力 마력 (ばりき) 競馬 경마 (けいば)
훈독	うま		馬(うま) 말　　　　　　馬車馬(ばしゃうま) 마차를 끄는 말 馬方(うまかた) 마부　　白馬(しろうま) 백마
	ま		馬子(まご) 마부 馬糞(まぐそ/ばふん) 말똥　　走馬灯(そうまとう) 주마등

| 잠깐만요 |
• 「ま」로 읽히는 경우는 위의 세 가지 외에는 일반적으로 쓰지 않는 단어들이니 참고하세요.

0054

角

2학년 | N2 | 700위

칼(⺈)처럼 두 선이 만나 날카롭게 살 위에 돋아 있는 뿔이니

⺈: 칼 도

① 뿔 각 ② 두 선이 교차할 각·각도 각

7획 角 角 角 角 角 角 角

음독	かく	1순위	角度 각도 (かくど)	頭角 두각 (とうかく)
			三角 삼각 (さんかく)	
훈독	かど		角(かど) 모퉁이, 구석	街角(まちかど) 길모퉁이, 구석
	つの		角(つの) 뿔	

| 잠깐만요 |
• 뿔은 '두 개의 선이 만나서 뾰족한 각도를 이룬 모양'이죠? 그래서 두 선이 교차하며 생기는 '각도'나 '모퉁이'라는 의미를 지닙니다.

0055

解

5학년 | N2 | 185위

각진 뿔(角)을 갈아 만든 칼(刀)로 소(牛)를 분해하고 풀어내 그 구조를 이해하니

① 풀 해·분해할 해 ② 이해할 해

13획 解 解 解 角 角 角 解 解 解 解 解

음독	かい	1순위	① 解体 해체 (かいたい)	① 解決 해결 (かいけつ)
			② 理解 이해 (りかい)	
	げ	4순위	① 解毒 해독 (げどく)	① 解熱 해열 (げねつ)
			① 解脱 해탈 (げだつ)	
훈독	[と]く		解(と)く (문제·끈 등을) 풀다	
	[と]ける		解(と)ける (문제, 끈 등이) 풀리다	
	[ほど]く		解(ほど)く (물리적으로 엉켜 있거나 묶인 것을) 풀어내다	
	[ほぐ]す		解(ほぐ)す (긴장, 팽팽함 등을) 이완시키다, 풀다	

| 잠깐만요 |
• 「げ」로 읽는 경우는 일반적으로 위의 세 단어 정도뿐입니다.

0056

牙

중학 | 급수 외 | 2198위

짐승의 송곳니 모습을 본떠서

송곳니 아

4획 牙 牙 牙 牙

음독	が	3순위	歯牙 치아 (しが)	毒牙 독아독니 (どくが)
	げ	4순위	象牙 상아 (ぞうげ)	
훈독	きば		牙(きば) 송곳니	

0057

芽

4학년 | N1 | 1762위

풀(艹)이 송곳니(牙)처럼 땅을 뚫고 나와 싹트니   艹: 풀 초

싹 아

8획 芽芽芽芽芽芽芽芽

음독	が	1순위	発芽 발아 (はつが)　　　麦芽 맥아 (ばくが) 萌芽 맹아 (ほうが)
훈독	め		芽(め) 싹　　　　　　芽生(めば)え 싹틈, 움틈

---

⑫ 뱀과 새(巴隹鳥羽)

0058 ◑ 제부수

巴/巳

중학 | N1 | 842위

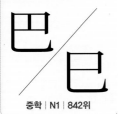

뱀이 똬리를 틀고 있는 모습

뱀 파(巴) / 뱀 사(巳)

4획 巴巴巴巴

음독	パ	4순위	*巴里 파리〈지명〉(パリ)
훈독	ともえ		巴(ともえ) 소용돌이치는 모양

| 잠깐만요 |
- '뱀'을 나타낼 때에는 더 복잡한「蛇(へび)」를 사용하고, 巳/巴를 단독으로 쓰지는 않습니다.
- 巳는 부수로 사용되고, 巴는 지명/인명 정도로만 사용합니다.

0059

鳥

꼬리깃(灬)을 아래로 늘어뜨린 채 나뭇가지에 앉아 있는 멋진
새의 모습을 본떠   灬: 불 화(여기서는 꼬리깃)

새 조 · 조류 조

11획 鳥鳥鳥鳥鳥鳥鳥鳥鳥鳥鳥

음독	ちょう	1순위	鳥類 조류 (ちょうるい)　　　不死鳥 불사조 (ふしちょう) 一石二鳥 일석이조 (いっせきにちょう)
훈독	とり		鳥(とり) 새 小鳥(ことり) 작은 새　　　鳥肌(とりはだ) 소름

| 잠깐만요 |
- '닭'은 일반적으로「とり」라고 하지만, 한자는「鶏(닭 계)」자를 써요.
- 「島(섬 도)」와의 구분에 주의하세요.

隹

작은 새의 모습을 본떠

작은 새 추

8획 隹 隹 隹 隹 隹 隹 隹

사용 예시	進(나아갈 진) 曜(요일 요)

0061

羽

2학년 | N2 | 761위

새의 날개와 깃 모양을 본떠

날개깃 우

6획 羽 羽 羽 羽 羽 羽

음독	う	〔3순위〕	羽毛 우모깃털 (うもう) 羽化登仙 우화등선 (うかとうせん)
훈독	はね		羽(はね) 날개
	は		羽根(はね) 셔틀콕 羽織る(はおる) 외투를 걸쳐 입다
	わ		一羽(いちわ) 한 마리 〈날개 있는 동물/토끼를 헤아리는 단위〉

| 잠깐만요 |
• '우화등선'이란 '날개가 돋아 신선이 된다'는 의미입니다.
• 훈독의 경우 단독 사용 시는 「はね」로, 다른 단어와 붙어 복합어로 사용 시는 「は」로 씁니다.

---

⑬ 물고기와 조개(魚漁貝虫)

0062

魚

2학년 | N4 | 935위

칼날(⺈) 같은 주둥이를 달고 논(田)처럼 넙데데한 몸에 꼬리
(灬)를 단 물고기 모양을 본떠

⺈: 칼 도(칼 같은 주둥이)
田: 논 전(비늘 달린 몸통) 灬: 불 화(지느러미)

물고기 어

11획 魚 魚 魚 魚 魚 魚 魚 魚 魚 魚 魚

음독	ぎょ	〔1순위〕	魚類 어류 (ぎょるい) *金魚 금어금붕어 (きんぎょ)
훈독	さかな		魚(さかな) 생선 魚屋(さかなや) 생선 가게 魚釣(さかなつ)り 물고기 낚시
	うお		魚市場(うおいちば) 어시장 魚座(うおざ) 물고기자리〈별자리〉

| 잠깐만요 |
•「うお」는 고전적인 어휘/관용어/속담 등에 사용되는 오래된 훈독입니다.

漁

4학년 | N2 | 1290위

물(氵)에 나가 물고기(魚)를 잡는 어부의 모습이니　　　　氵：물 수

고기 잡을 어

14획 漁漁漁漁漁漁漁漁漁漁漁漁漁漁

| 음독 | ぎょ [1순위] | 漁夫 어부 (ぎょふ)　　　　漁船 어선 (ぎょせん)
漁業 어업 (ぎょぎょう) |
| | りょう [2순위] | *漁 어고기잡이 (りょう)　　*漁師 어사어부 (りょうし)
密漁 밀어불법 고기잡이 (みつりょう) |

貝

1학년 | N2 | 1850위

살이 살짝 나온 조개는 옛날에는 돈이었으니

① 조개 패　② 돈 패

7획 貝貝貝貝貝貝貝

| 음독 | かい [1순위] | ① 貝 패조개 (かい)　　　　① 貝殻 패각조개껍데기 (かいがら)
① 魚貝類 어패류 (ぎょかいるい) |

| 잠깐만요 |
• 단독 사용 때는 '조개'지만, 부수로 사용될 때는 '돈'의 의미로 사용됩니다. (예 財 재물 재)

虫

1학년 | N2 | 1192위

과일(口)을 벌레가 먹는 모습을 본떠

벌레 충

6획 虫虫虫虫虫虫

| 음독 | ちゅう [1순위] | 昆虫 곤충 (こんちゅう)　　殺虫剤 살충제 (さっちゅうざい)
害虫 해충 (がいちゅう) |
| 훈독 | むし | 虫(むし) 벌레
虫歯(むしば) 충치　　　弱虫(よわむし) 겁쟁이 |

(정답은 506쪽에)

1 빈칸에 들어갈 한자로 적절한 것을 고르시오.

1. ___乳 (우유)　　ⓐ 牛　　ⓑ 件　　ⓒ 羊

2. 猛___ (맹호)　　ⓐ 鹿　　ⓑ 虎　　ⓒ 劇

3. ___牙 (상아)　　ⓐ 豕　　ⓑ 象　　ⓒ 像

4. 不死___ (불사조)　　ⓐ 佳　　ⓑ 島　　ⓒ 鳥

5. ___車 (마차)　　ⓐ 馬　　ⓑ 鹿　　ⓒ 虎

6. 昆___ (곤충)　　ⓐ 牙　　ⓑ 虫　　ⓒ 角

7. ___類 (어류)　　ⓐ 貝　　ⓑ 漁　　ⓒ 魚

8. 愛___ (애견)　　ⓐ 大　　ⓑ 太　　ⓒ 犬

2 다음 한자의 뜻을 (　　)에 적고, 일본 음독을 a, b, c 중에 하나 고르시오.

1. 象徴 (　　)　　ⓐ さんちん　　ⓑ ぞうちょう　　ⓒ しょうちょう

2. 演劇 (　　)　　ⓐ よんぐっく　　ⓑ えんぐっく　　ⓒ えんげき

3. 角度 (　　)　　ⓐ がくど　　ⓑ かくど　　ⓒ がっと

4. 馬力 (　　)　　ⓐ まりょく　　ⓑ まりき　　ⓒ ばりき

5. 発芽 (　　)　　ⓐ はつか　　ⓑ はつが　　ⓒ はつあ

6. 条件 (　　)　　ⓐ じょうけん　　ⓑ じょうげん　　ⓒ じょけん

7. 魚貝 (　　)　　ⓐ ぎょかい　　ⓑ ぎょぺい　　ⓒ おかい

8. 漁師 (　　)　　ⓐ ぎょし　　ⓑ ぎょうし　　ⓒ りょうし

신체 [30자]

 14 이목구비(目鼻耳口)

0066

1학년 | N4 | 39위

눈과 목차의 모양을 본떠 한눈에 보이도록 정리한 목차이니

① 눈 목 ② 목차 목

5획 | 目 目 目 目 目

음독	もく	1순위	① 目標 목표 (もくひょう) ① 注目 주목 (ちゅうもく) ② 目次 목차 (もくじ)
	ぼく	4순위	① 面目 면목 (めんぼく)
훈독	め		目(め) 눈 目立(めだ)つ 눈에 띄다 目玉焼(めだまや)き 계란프라이 人目(ひとめ) 타인의 시선
	ま		目蓋(まぶた) 눈꺼풀

0067

3학년 | N2 | 1030위

자신(自)의 너른 얼굴(田)에 존재하는 코(廾)의 모습이니

自: 스스로 자 田: 논 전 廾: 받쳐 들 공(코의 모양)

코 비

14획 鼻 鼻 鼻 鼻 鼻 鼻 鼻 鼻 鼻 鼻 鼻 鼻
鼻 鼻

| 음독 | び | 1순위 | 鼻音 비음 (びおん)   鼻炎 비염 (びえん)
耳鼻科 이비과이비인후과 (じびか) |
| 훈독 | はな | | 鼻(はな) 코   鼻毛(はなげ) 코털   鼻血(はなぢ) 코피 |

0068

1학년 | N4 | 735위

복잡하게 생긴 귀의 모습을 본떠

귀 이

6획 耳 耳 耳 耳 耳 耳

| 음독 | じ | 1순위 | 耳目 이목 (じもく)   耳鼻科 이비과이비인후과 (じびか)
内耳 내이 (ないじ) |
| 훈독 | みみ | | 耳(みみ) 귀
寝耳(ねみみ) 잠결   初耳(はつみみ) 처음 듣는 일 |

0069

口

1학년 | N4 | 108위

		말하는 입 구멍의 모습이니	
		입 구·구멍 구	
		3획 口 口 口	
음독	こう 〔1순위〕	口述 구술 (こうじゅつ) 人口 인구 (じんこう)	口頭 구두 (こうとう)
	く 〔3순위〕	口伝 구전 (くでん)	口調 구조어조 (くちょう)
훈독	くち	口(くち) 입, 입구 悪口(わるくち) 험담	入口(いりぐち) 입구

| 잠깐만요 |
• 「く」의 경우, 단어 생산성은 높지만 위의 두 단어 외에는 대부분 불교 용어에 사용됩니다.

⑮ 머리(彡毛頁面首亠)

0070 ● 부수자

彡

	바람에 흩날리는 굵은 수염이나 머리카락을 본떠
	터럭 삼
	3획 彡 彡 彡
사용 예시	髪(머리 발) 髭(윗수염 자)

0071

毛

2학년 | N2 | 775위

		털 뭉치(彡)가 신체에 뿌리내려(乚) 털이 난 모습이니	
		털 모	
		4획 毛 毛 毛 毛	
음독	もう 〔1순위〕	毛皮 모피 (もうひ) 羊毛 양모 (ようもう)	毛髪 모발 (もうはつ)
훈독	け	毛(け) 털 髪(かみ)の毛(け) 머리카락	毛先(けさき) 머리끝 赤毛(あかげ) 붉은 머리, 붉은 털

0072 ◑ 제부수

頁

N1 | 1615위

		모자(一)와 눈(目) 밑에 수염(八)을 그려 머리를 나타내니
		머리 혈
		9획 頁 頁 頁 頁 頁 頁 頁 頁 頁
훈독	ページ	1頁(いちページ) 1page, 1쪽 *page를 한자로 표기할 때 사용

| 잠깐만요 |
• 부수로만 쓰이거나, 논문/서적 등의 쪽수(page)를 나타낼 때 씁니다.
• 顔/頭/題 등 어휘 생산성이 높은 부수 중 하나이니 알아두세요.

0073

面

3학년 | N2 | 130위

눈(目)과 낯면(囗)을 강조해 그린 얼굴을 정면으로 마주하는 모습이니

① 얼굴 면·표면 면 ② 마주할 면

9획 面 面 面 面 面 面 面 面 面

음독	めん	1순위	① 面前 면전(めんぜん) ① 面目 면목(めんもく/めんぼく) ① 表面 표면(ひょうめん)
		2순위	② 正面 정면(しょうめん) ② *面(めん)する 면하다
훈독	つら		面(つら) 낯짝
	おも		面白(おもしろ)い 재미있다
	おもて		面(おもて) ⓐ(고풍스러운 표현) 얼굴 ⓑ겉, 표면(=表：おもて)

| 잠깐만요 |
• 눈을 중심으로 한 얼굴(표정)을 마주해서 바라보고 그린 모습입니다. 단순히 얼굴의 모습만이 아니라 표정, 표면, 겉모습 등의 의미를 파생적으로 가집니다.

0074

首

2학년 | N3 | 281위

특이한 관모(⺊)와 그 아래 눈(目)을 강조해 그려 우두머리의 머리를 나타내니   ⺊:풀 초 目:눈 목

(우두)머리 수

9획 首 首 首 首 首 首 首 首 首

| 음독 | しゅ | 1순위 | 首尾 수미 처음과 끝(しゅび)   首席 수석(しゅせき)
自首 자수(じしゅ) |
| 훈독 | くび | | 首(くび) 목   手首(てくび) 손목
足首(あしくび) 발목 |

| 잠깐만요 |
• 한자 자체는 '머리'를 의미하지만, 훈독으로는 '목'을 의미하기 때문에 한자(음독)와 훈독의 의미가 어긋나 있는 글자이니 주의가 필요합니다. 이는 '우두머리의 목을 베어 머리를 취한다'는 데서 나온 거라고 생각하면 납득이 가죠?
• 밖으로 보이는 '목'은 『首(くび)』, '목구멍' 쪽은 『喉(のど)』예요.

0075 ● 부수자

⺊

머리의 상투를 본떠

머리 두

2획 ⺊ ⺊

| 사용 예시 | 玄(검을 현) |

0076

手 / 扌

1학년 | N4 | 16위

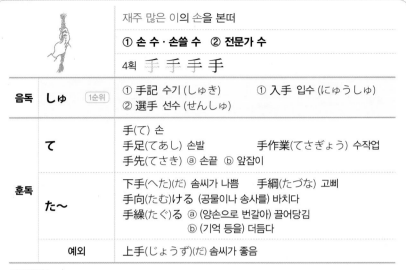

재주 많은 이의 손을 본떠

① 손 수 · 손쓸 수   ② 전문가 수

4획 手 手 手 手

음독	しゅ [1순위]	① 手記 수기 (しゅき) ① 入手 입수 (にゅうしゅ) ② 選手 선수 (せんしゅ)
훈독	て	手(て) 손 手足(てあし) 손발 手作業(てさぎょう) 수작업 手先(てさき) ⓐ 손끝 ⓑ 앞잡이
	た〜	下手(へた)(だ) 솜씨가 나쁨 手綱(たづな) 고삐 手向(たむ)ける (공물이나 송사를) 바치다 手繰(たぐ)る ⓐ (양손으로 번갈아) 끌어당김 ⓑ (기억 등을) 더듬다
	예외	上手(じょうず)(だ) 솜씨가 좋음

| 잠깐만요 |
• 부수로 쓰일 때는 [扌] 모양이 돼요. ⓔ 打 (때릴 타)

0077

足 / 뜨

1학년 | N4 | 207위

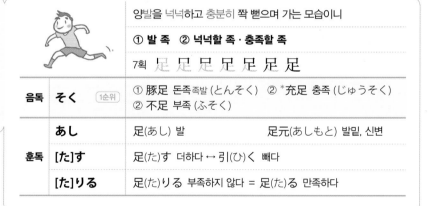

양발을 넉넉하고 충분히 쫙 뻗으며 가는 모습이니

① 발 족   ② 넉넉할 족 · 충족할 족

7획 足 足 足 足 足 足 足

음독	そく [1순위]	① 豚足 돈족족발 (とんそく) ② *充足 충족 (じゅうそく) ② 不足 부족 (ふそく)
훈독	あし	足(あし) 발 足元(あしもと) 발밑, 신변
	[た]す	足(た)す 더하다 ↔ 引(ひ)く 빼다
	[た]りる	足(た)りる 부족하지 않다 = 足(た)る 만족하다

0078

捉

중학 | 급수 외 | 1824위

눈을 감고 손(扌)으로 발(足)을 붙잡아 누구인지 파악하던 데서

扌: 손 수

① 붙잡을 착   ② 파악할 착

10획 捉 捉 捉 捉 捉 捉 捉 捉 捉 捉

음독	そく [1순위]	① 捕捉 포착 (ほそく) ② 把捉 파착파악 (はそく)
훈독	[とら]える	捉(とら)える ⓐ 붙잡다 ⓑ 파악하다, 받아들이다

17 손과 손(又크爪寸)

0079 ● 제부수

又

물건을 쥔 손의 모습을 본떠

① 오른손 우 (② 또 우)

2획 又 又

| 훈독 | また | 又(また) 또 |

|잠깐만요|
• 부수로 사용될 때는(예) 収 거둘 수) 오른손을 의미하고, 단독으로 쓰일 때는 '또'라는 접속사, 부사로 쓰입니다. 다만, 현대 일본어에서는 한자로 표기하기보다는 히라가나로 쓰는 게 일반적입니다.

0080 ● 부수자

크

오른손의 모습을 본떠

오른손 계

3획 ㄱ ㄱ 크

| 사용 예시 | 事(일 사)　婦(부인 부) |

0081

爪 / 爪

중학 | 급수 외 | 1796위

손톱 끝까지 활용해서 무언가를 잡는 모습이니

① 손톱 조　② 잡을 조

4획 爪 爪 爪 爪

| 훈독 | つめ | 爪(つめ) 손톱　爪痕(つめあと) 할퀸 자국, 강한 흔적 |

|잠깐만요|
• 「爪」로 쓰일 때에는 '① 손톱'의 의미이지만, 부수[爫]로 사용될 때에는 '(무언가를 손끝까지 써서 쥐는) 손'(예) 採 뽑을 채)이라는 의미로 쓰이는 경우가 많습니다. 그러니 단순히 '손톱'만 떠올리기보다는 '손톱 끝까지 써서 무언가를 쥐는' 이미지로 기억해 두는 게 좋아요.

0082

寸

6학년 | N1 | 1478위

손목(寸)의 맥박(')은 한 마디 거리 부분을 재니

마디 촌 · (아주) 조금 촌

3획 寸 寸 寸

| 음독 | すん 　1순위 | *寸前 촌전직전 (すんぜん)　*寸法 촌법치수 (すんぽう)
*寸歩 촌보약간의 걸음 (すんぽ) |

|잠깐만요|
• '마디'란 약 3cm 정도의 짧은 거리를 말합니다. 그래서 '(수치가) 아주 조금'이라는 의미로 보통 사용됩니다.

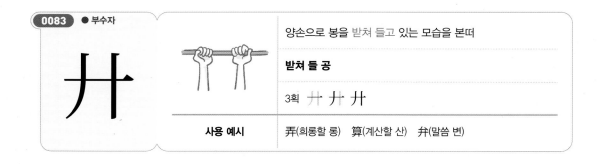

양손으로 봉을 받쳐 들고 있는 모습을 본떠

받쳐 들 공

3획 廾 廾 廾

사용 예시	弄(희롱할 롱) 算(계산할 산) 弁(말씀 변)

---

18 뼈와 살(心血骨肉皮革歹)

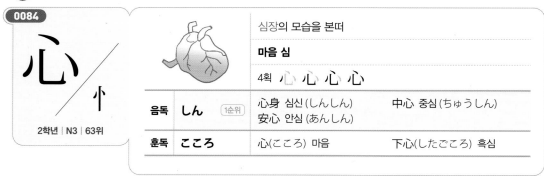

0084

心 / 忄

2학년 | N3 | 63위

심장의 모습을 본떠

마음 심

4획 心 心 心 心

음독	しん	1순위	心身 심신 (しんしん) 中心 중심 (ちゅうしん) 安心 안심 (あんしん)
훈독	こころ		心(こころ) 마음 下心(したごころ) 흑심

0085

血

3학년 | N3 | 471위

(의식에서) 핏방울(丶)을 그릇(皿)에 넣는 피의 모습이니

皿:그릇 명

피 혈

6획 血 血 血 血 血 血

음독	けつ	1순위	血液 혈액 (けつえき) 血圧 혈압 (けつあつ) 流血 유혈 (りゅうけつ)
훈독	ち		血(ち) 피 血走(ちばし)る 핏발이 서다. 충혈되다

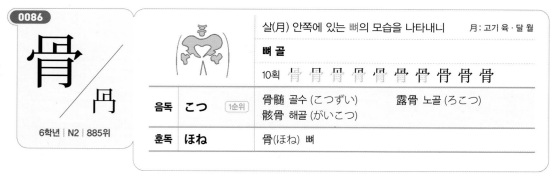

0086

骨 / 冎

6학년 | N2 | 885위

살(月) 안쪽에 있는 뼈의 모습을 나타내니

月:고기 육·달 월

뼈 골

10획 骨 骨 骨 骨 骨 骨 骨 骨 骨 骨

음독	こつ	1순위	骨髄 골수 (こつずい) 露骨 노골 (ろこつ) 骸骨 해골 (がいこつ)
훈독	ほね		骨(ほね) 뼈

肉／月

2학년 | N3 | 550위

단단한 복근(冂)에 드러난 근육(人人)과 살(고기)이니

冂 : 단단한 모양 경 人 : 사람 인(여기서는 복근 모양)

고기 육

6획 肉 肉 肉 肉 肉 肉

음독	にく	1순위

*肉 육고기 (にく)   肉体 육체 (にくたい)
肉感 육감 (にくかん)   皮肉 피육가죽과 살 (ひにく)

| 잠깐만요 |
• 부수로 쓰일 때는 '달 월(月)' 자의 모양으로 사용됩니다.

皮

3학년 | N2 | 982위

굴바위(厂)에 매달아(丨) 손(又)으로 벗기는 피부 가죽이니

厂 : 굴바위 엄 又 : 오른손 우

피부 피

5획 皮 皮 皮 皮 皮

음독	ひ	1순위

皮革 피혁 (ひかく)   皮膚 피부 (ひふ)
外皮 외피 (がいひ)

훈독	かわ

皮(かわ) 피부

革

6학년 | N2 | 657위

꼬챙이에 꿰여(廿) 몸통(中) 아래로 벗겨진 가죽(一)의 모습이니

① 가죽 혁 ② 고칠 혁

9획 革 革 革 革 革 革 革 革 革

음독	かく	1순위

② 革命 혁명 (かくめい)   ② 革新 혁신 (かくしん)
① 皮革 피혁 (ひかく)

훈독	かわ

革(かわ) 가죽
革靴(かわぐつ) 가죽신   革財布(かわざいふ) 가죽 지갑

| 잠깐만요 |
• 皮는 가공 처리 전의 피부/가죽(SKIN), 革는 가공 처리 후의 가죽(LEATHER)을 의미해요.

歹

땅(一) 아래에 묻혀 해가 지듯(夕) 삶이 끝나 뼈만 남은 모습이니

죽음 사 · 앙상할 사

4획 歹 歹 歹 歹

사용 예시	残(남을 잔)

⑲ 자신과 몸(自厶身己尸)

0091

自

2학년 | N3 | 17위

손가락 끝(ノ)으로 본인의 눈(目)을 가리켜 자기 자신을 나타내니

스스로 자 · 자기 자

6획 自 自 自 自 自 自

음독	じ	1순위	自身 자신(じしん)	自他 자타(じた)
			自由 자유(じゆう)	
	し	4순위	自然 자연(しぜん)	
훈독	みずから		自(みずか)ら 스스로	
	おのずと		自(おのず)と 저절로	

0092 ● 부수자

厶

팔을 안으로 굽히고(ㄥ) 손으로 자신을 가리키는(ヽ) 모습이니

사사로울 사 · 나 사

2획 厶 厶

| 사용 예시 | | 私(나 사) 広(넓을 광) 公(공평할 공) |

0093

身

3학년 | N2 | 106위

임신한 여자의 신체를 본떠

몸 신 · 신체 신

7획 身 身 身 身 身 身 身

음독	しん	1순위	身体 신체(しんたい)	心身 심신(しんしん)
			長身 장신(ちょうしん)	
훈독	み		身(み) 몸	
			身(み)なり 옷차림	中身(なかみ) 알맹이, 내용

| 잠깐만요 |
• 「身」은 '몸'을 의미하는 다른 글자와 달리, 임신한 임부의 몸을 본뜬 글자이기 때문에 그 쓰임도 단순히 '몸'에서 끝나지 않고, 아이를 밴 몸이라는 의미에서 '속에 든 내용물'이라는 의미도 가지고 있어요. 그래서 「中身(なかみ)」라고 하면, '내용물'이나 '알맹이'를 의미하게 됩니다.

자기를 알리고자 자기 몸을 굽히는 모습에서

① 몸 기 ② 자기 기

3획 己 己 己

음독	こ	4순위	② 自己 자기 (じこ)　② 利己 이기 (りこ)
	き	4순위	② 知己 지기 (ちき)　② 克己 극기 (こっき)
훈독	おのれ		己(おのれ) 자기 자신

| 잠깐만요 |
• 음독은 사실상 위의 4가지 예시 단어 정도밖에 없어요.

일에 지쳐 허리를 숙인 사람의 몸이니

지친 몸 시 · 시체 시

3획 尸 尸 尸

| 사용 예시 | 屍(주검 시)　刷(인쇄 쇄)　居(살 거) |

| 잠깐만요 |
• 의미 자체는 '시체/주검'의 의미를 지니고 있지만, 부수로 사용될 때에는 단순히 '숙인 몸' 정도의 의미로 사용되는 경우가 많습니다. 그러니 '죽을 듯이 지쳐 몸을 숙인 몸' 즉, '지친 몸' 정도가 합리적인 의미라고 볼 수 있어요.

질문 있어요 ●

한국어에는 없는 한자 단어들이 왜 이리 많나요?

아래 제시된 단어들처럼 일본어에는 한국어에는 없는 어휘들이 많이 있죠? 이들 중 대다수는 일본에서 만든 한어, 즉 「和制漢語(わせいかんご)」예요. 이런 어휘들은 막부 시대부터 만들어졌어요. 무사 정권이 들어서면서 기존의 문관들이 쓰던 길고 하늘하늘한 어휘를 변형하여 무사적 · 남성적인 느낌이 나는 짧고 강인한 어휘를 만들어 사용하면서 새로운 특권의식을 표출하려고 했어요. 이런 한어들은 기존의 일본어를 한자의 배합으로 재해석한 것이기 때문에 한국어와는 다른 한자 구성을 가진답니다.

비교적 오래된 和制漢語(わせいかんご) (일본어 → 한어)

화재	▶ 火(ひ)の事(こと) → 火事(かじ)
답장	▶ 返(かえ)り事(こと) → 返事(へんじ)
화나다	▶ 腹(はら)を立(た)つ → 立腹(りっぷく)
무	▶ 大根(おおね) → 大根(だいこん)

(정답은 506쪽에)

1 빈칸에 들어갈 한자로 적절한 것을 고르시오.

1. ___標 (목표)　　ⓐ 目　　　ⓑ 自　　　ⓒ 耳

2. 羊___ (양모)　　ⓐ 手　　　ⓑ 毛　　　ⓒ 彡

3. ___尾 (수미)　　ⓐ 頁　　　ⓑ 面　　　ⓒ 首

4. 流___ (유혈)　　ⓐ 皿　　　ⓑ 血　　　ⓒ 皿

5. ___痕 (조흔)　　ⓐ 爪　　　ⓑ 寸　　　ⓒ 又

6. 骸___ (해골)　　ⓐ 歹　　　ⓑ 骨　　　ⓒ 滑

7. ___記 (수기)　　ⓐ 手　　　ⓑ 毛　　　ⓒ 爪

8. ___他 (자타)　　ⓐ 目　　　ⓑ 自　　　ⓒ 耳

2 다음 한자의 뜻을 (　　)에 적고, 일본 음독을 a, b, c 중에 하나 고르시오.

1. 面目 (　　　)　　ⓐ めんもく　　ⓑ めんむく　　ⓒ めんみょく

2. 耳鼻科 (　　　)　　ⓐ しひか　　　ⓑ じひか　　　ⓒ じびか

3. 心身 (　　　)　　ⓐ しんしん　　ⓑ しんじん　　ⓒ じんしん

4. 捕捉 (　　　)　　ⓐ ほじょく　　ⓑ ほそく　　　ⓒ ほぞく

5. 自己 (　　　)　　ⓐ しこ　　　　ⓑ しご　　　　ⓒ じこ

6. 肉体 (　　　)　　ⓐ ゆってい　　ⓑ ゆくたい　　ⓒ にくたい

7. 皮革 (　　　)　　ⓐ ひかく　　　ⓑ ぴかく　　　ⓒ ひひょく

8. 不足 (　　　)　　ⓐ ふそく　　　ⓑ ふぞく　　　ⓒ ぶそく

동작 [18자]

20 보고 말하기(見示曰唱言云)

0096

見

1학년 | N4 | 10위

		눈(目)으로 사람(儿)이 하는 것은 보는 것이니　　　儿: 사람 인
		볼 견
		7획　見 見 見 見 見 見 見
음독	けん　[1순위]	見学 견학 (けんがく)　　　見解 견해 (けんかい) 発見 발견 (はっけん)
훈독	[み]る	見(み)る 보다 → お見舞(みま)い 병문안　　花見(はなみ) 벚꽃놀이
	[み]える	見(み)える 보이다 → 見(み)え ⓐ 외양, 외관　ⓑ 허식, 겉치레
	[み]せる	見(み)せる 보여 주다 → 見(み)せしめ 본때, 본보기

0097

示 / ネ

5학년 | N2 | 428위

		신에게 보이도록 제물을 올리는 제단의 모습이니
		① 보일 시 · 보여 줄 시　② 신 시
		5획　示 示 示 示 示
음독	じ　[1순위]	① 暗示 암시 (あんじ)　　　① 告示 고시 (こくじ) ① 提示 제시 (ていじ)
	し　[3순위]	① 示唆 시사 (しさ)　　　① 黙示的 묵시적 (もくしてき)
훈독	[しめ]す	示(しめ)す ⓐ 가리키다　ⓑ 보여 주다

| 잠깐만요 |
• [ネ]와 [衤](옷 복)의 구분에 주의하세요. 부수로 사용 시 '신'의 의미도 지닙니다. (예 神 귀신 신)

0098　◑ 제부수

曰

급수 외 | 2537위

		입(口)을 벌리고 혀(一)가 움직이며 말하는 모습이니　　　口: 입 구
		아뢸 왈 · 말할 왈
		4획　曰 曰 曰 曰
훈독	[いわ]く	曰(いわ)く (~가) 말하길

| 잠깐만요 |
• 음독으로 「えつ」가 있으나 실질적으로는 쓰이지 않습니다.

唱

4학년 | N1 | 1320위

입(口)으로 햇빛(日)처럼 뻗어나며 불러지는(曰) 노래이니 口: 입 구 日: 해 일 曰: 말할 왈

노래 부를 창

11획 唱 唱 唱 唱 唱 唱 唱 唱 唱 唱 唱

음독	しょう [1순위]	合唱 합창 (がっしょう) 提唱 제창 (ていしょう) 歌唱力 가창력 (かしょうりょく)
훈독	[とな]える	唱(とな)える ⓐ 소리내어 읽다 ⓑ 제창하다 ⓒ 큰 소리로 외치다, 부르다

言

2학년 | N4 | 12위

머리(亠)로 두(二) 번 생각하고 입(口)으로 꺼내는 말(씀)이니 亠: 머리 두 口: 입 구

말(씀) 언 · 언어 언

7획 言 言 言 言 言 言 言

음독	げん [1순위]	言語 언어 (げんご) 発言 발언 (はつげん) 方言 방언 (ほうげん)
	ごん [2순위]	遺言 유언 (ゆいごん) 伝言 전언 (でんごん) 無言 무언 (むごん)
훈독	こと	言(こと) 말, 이야기 言葉(ことば) 말, 언어 一言(ひとこと) 한마디 泣(な)き言(ごと) 우는 소리, 푸념
	[い]う	言(い)う 말하다 → 言(い)い方(かた) 말투, 말씨 　言(い)い回(まわ)し 말주변

| 잠깐만요 |
• 「言(こと)」는 단독으로는 잘 쓰이지 않습니다. 보통 '말'이라고 할 때는 「言葉(ことば)」를 사용합니다.

◑ 제부수

云

N1 | 890위

둘(二)이 모여서 사적(厶)으로 들은 뜬구름 잡는 말들을 하니
二: 두 이 厶: 나 사 · 사사로울 사

말할 운 · 이를 운

4획 云 云 云 云

음독	うん [4순위]	云々 운운 (うんぬん)
훈독	[い]う	云(い)う 말하다

| 잠깐만요 |
• 단독 사용보다는 부수로 사용되는 경우가 많습니다.
• 본래 구름 모양을 본떠서 만들었어요.
• 「いう」는 「言う」로 쓰는 것이 기본입니다. 「言う」는 '자신이 말할 때' 사용하고, 「云う」는 '타인이 말한 내용을 끌어와서 말할 때' 사용하는 차이가 있습니다.

21 걷고 뛰기(彳夊辶廴屮癶)

0102 ● 부수자

彳

길의 일부만 걸었다는 의미에서

조금 걸을 척

3획 彳 彳 彳

사용 예시	往(갈 왕) 行(갈 행)

0103 ● 부수자

夊

새들이 어미 뒤를 따라 종종걸음으로 걷는 모습을 본떠

뒤따라올 치 · 걸어올 치

3획 夊 夊 夊

사용 예시	冬(겨울 동) 条(조항 조)

| 잠깐만요 |
• 「久(오랠 구)」와 구분에 주의하세요.

0104 ● 부수자

辶

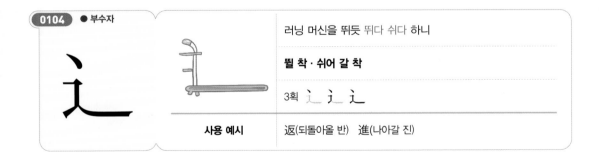

러닝 머신을 뛰듯 뛰다 쉬다 하니

뛸 착 · 쉬어 갈 착

3획 辶 辶 辶

사용 예시	返(되돌아올 반) 進(나아갈 진)

0105 ● 부수자

廴

노인이 산책하듯 천천히 걸으니

천천히 걸을 인

3획 廴 廴 廴

사용 예시	廷(법정 정) 延(길게 늘일 연)

0106 ● 부수자

걷고 나서 찍혀 있는 발자국의 모습을 본떠

걸을 과

3획 㐄 㐄 㐄

| 사용 예시 | 衛(지킬 위)   降(내릴 강) |

0107 ● 부수자

신발을 포개서 앞으로 걸어 나아가는 모습을 나타내니

걸어갈 발 · 나아갈 발

5획 癶 癶 癶 癶 癶

| 사용 예시 | 登(오를 등)   發(쏠 발) |

㉒ 들어가고 나오고(入出立止巳服)

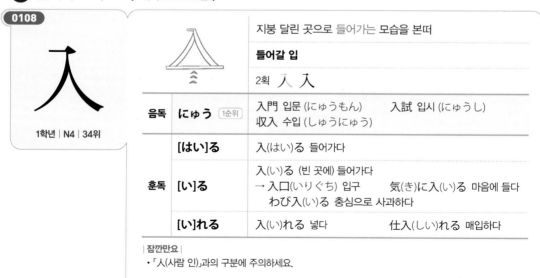

0108

入

1학년 | N4 | 34위

지붕 달린 곳으로 들어가는 모습을 본떠

들어갈 입

2획 入 入

음독	にゅう [1순위]	入門 입문 (にゅうもん) 入試 입시 (にゅうし) 収入 수입 (しゅうにゅう)
훈독	[はい]る	入(はい)る 들어가다
	[い]る	入(い)る (빈 곳에) 들어가다 → 入口(いりぐち) 입구 気(き)に入(い)る 마음에 들다 わび入(い)る 중심으로 사과하다
	[い]れる	入(い)れる 넣다 仕入(しい)れる 매입하다

|잠깐만요|
· 「人(사람 인)」과의 구분에 주의하세요.

0109

出

1학년 | N4 | 6위

땅(土)을 뚫고 나오는 생명의 시작인 새싹들(出)을 본떠 그리니

① 나올 출 ② 시작할 출

5획

음독	しゅつ [1순위]	出動 출동 (しゅつどう)　　　出発 출발 (しゅっぱつ) 外出 외출 (がいしゅつ)
	すい [4순위]	出納 출납 (すいとう)
훈독	[だ]す	出(だ)す ⓐ 내다, 내밀다 ⓑ ~하기 시작하다
	[で]る	出(で)る 나가다, 나아가다 → 出入(でい)り 출입　　　日(ひ)の出(で) 일출
	[い]でる	出(い)でる 나오다 *「出(で)る」의 고풍스런 표현

| 잠깐만요 |
• 「すい」는 「出納」 정도에서만 사용되는 극히 출현 빈도가 적은 음독이니 예외 어휘로 알아 두세요.

0110

立

1학년 | N4 | 45위

땅(一)에 사람(宀)이 똑바로 서 있는 모습

바로 설 립

5획

음독	りつ [1순위]	自立 자립 (じりつ)　　　国立 국립 (こくりつ) 対立 대립 (たいりつ)
	りゅう [3순위]	*建立 건립〈절/신사〉 (こんりゅう) *立木 입목그 땅에 자라는 나무의 집단 (りゅうぼく)
훈독	[た]つ	立(た)つ 서다 → 立場(たちば) 입장
	[た]てる	立(た)てる 세우다 → 気立(きだ)て 마음씨

| 잠깐만요 |
• 「りゅう」는 일부 불교 용어에 사용되는 음독입니다. 위의 예시 단어는 둘 다 많이 쓰이니 외워 두세요.

0111

止

2학년 | N4 | 393위

지면 위(上)에서 발이 우뚝 서(丨)며 멈추어 버려 정지하니
上: 위 상　丨: 뚫을 곤(여기서는 땅에 박혀 선 모습)

멈출 지 · 정지할 지

4획

음독	し [1순위]	止血 지혈 (しけつ)　　　中止 중지 (ちゅうし) 禁止 금지 (きんし)
훈독	[と]まる	止(と)まる 멈추다 → 行(い)き止(ど)まり 막다른 길
	[と]める	止(と)める 멈추게 하다 → 口止(くちど)め 입막음　寸止(すんど)め 직전에 멈춤

巳/卩

무릎을 꿇고 몸을 웅크린 모습

무릎 꿇을 절

2획 コ 巳 / ㄱ 卩

사용 예시	犯(범할 범·어길 범) 厄(재앙 액) 即(바로 즉)

추가자 3

服

3학년 | N3 | 555위

주인의 몸(月)에 하인이 무릎을 꿇은 채(卩) 손(又)수 옷을 입혀주는 모습이니

月: 고기 육 卩: 무릎 꿇을 절 又: 오른손 우

① 옷 복 ② 복종할 복 ③ 가질 복

8획 服 服 服 服 服 服 服 服

음독	ふく	1순위	① *服 복옷 (ふく)	① 衣服 의복 (いふく)
			① 服装 복장 (ふくそう)	② 服従 복종 (ふくじゅう)
			② 克服 극복 (こくふく)	② 不服 불복 (ふふく)
		3순위	③ 服用 복용 (ふくよう)	③ 着服 착복, 횡령 (ちゃくふく)
			③ 服薬 복약 (ふくやく)	

│ 잠깐만요 │

- '②복종할 복'은 '노예 옷을 입다'에서 의미가 확장된 것이라고 이해해 주세요. 사실 어원은 '복종하다'가 먼저고, '옷'이 후에 나온 의미이지만, 지금은 옷이라는 의미가 기본이니 의미 확장의 방향을 '옷 → 입히다 → 가지다 → 복종하다'로 생각하는 것이 자연스럽겠죠?
- '③가질 복'은 「(옷 등을) 입다 → 자신의 것으로 함」의 의미 확장입니다. 자신의 것으로 하는 의미가 되기 때문에 복용(服用)은 '먹는 것', 착복(着服)은 '입는 것, '(자신의 것으로 만들어 버리다) → 횡령하다'는 의미로 확장됩니다. 제시된 3가지 단어 외에는 이 의미로 쓰이는 어휘는 별로 없어요.
- 의미에 따라 어휘 생산성의 차이가 많이 나는 경우는 의미별로 순위를 분리했어요.

(정답은 506쪽에)

1 빈칸에 들어갈 한자로 적절한 것을 고르시오.

1. ___語 (언어)　　ⓐ 口　　ⓑ 言　　ⓒ 古

2. 合___ (합창)　　ⓐ 曰　　ⓑ 晶　　ⓒ 唱

3. ___門 (입문)　　ⓐ 入　　ⓑ 人　　ⓒ 云

4. 外___ (외출)　　ⓐ 企　　ⓑ 出　　ⓒ 立

5. ___解 (견해)　　ⓐ 児　　ⓑ 見　　ⓒ 貝

6. 中___ (중지)　　ⓐ 止　　ⓑ 企　　ⓒ 立

7. 暗___ (암시)　　ⓐ 丁　　ⓑ 云　　ⓒ 示

8. 自___ (자립)　　ⓐ 立　　ⓑ 出　　ⓒ 止

2 다음 한자의 뜻을 ( )에 적고, 일본 음독을 a, b, c 중에 하나 고르시오.

1. 見学 ( )　　ⓐ けんがく　　ⓑ げんがく　　ⓒ きょんがく

2. 暗示 ( )　　ⓐ あんし　　ⓑ あんじ　　ⓒ あんぢ

3. 云々 ( )　　ⓐ うんうん　　ⓑ うんぬん　　ⓒ うんむん

4. 提唱 ( )　　ⓐ ていちょう　　ⓑ ていしょ　　ⓒ ていしょう

5. 示唆 ( )　　ⓐ しさ　　ⓑ しいさ　　ⓒ じさ

6. 伝言 ( )　　ⓐ でんげん　　ⓑ でんご　　ⓒ でんごん

7. 出入 ( )　　ⓐ しゅついつ　　ⓑ しゅつにゅ　　ⓒ しゅつにゅう

8. 中止 ( )　　ⓐ ちゅうし　　ⓑ ちゅうじ　　ⓒ じゅうし

도구 [41자]

㉓ 무기 1(斤弓矢失)

0113 ◑ 제부수

斤 / 厂

N1 | 3357위

도끼날(厂)과 손잡이(T)를 본떠 그린 도끼의 모양

① 도끼 근　② 무게 단위 근(600g)

4획　斤 斤 斤 斤

| 음독 | きん | 3순위 | ② 斤量 근량무게 (きんりょう)　② 半斤 반근 (はんきん) |

| 잠깐만요 |

• 부수로 사용 시는 '① 도끼'로, 음독에서는 '② 무게 단위'로 쓰입니다. 다만 한국에서는 고기를 재는 단위로 빈번하게 사용되나 일본에서는 잘 사용하는 편은 아니에요.

0114

弓

2학년 | N1 | 1604위

이리저리 휜 활의 모습

활 궁

3획　弓 弓 弓

| 음독 | きゅう | 1순위 | 弓道 궁도 (きゅうどう)　　洋弓 양궁 (ようきゅう)
強弓 강궁 (ごうきゅう) |
| 훈독 | ゆみ | | 弓(ゆみ) 활　　　　　　　弓矢(ゆみや) 활과 화살 |

0115

矢 / ㄴ

2학년 | N1 | 948위

화살 모양을 본떠 그려

화살 시

5획　矢 矢 矢 矢 矢

| 음독 | し | 4순위 | *一矢 일시화살 한 개 (いっし)　弓矢 궁시활과 화살 (きゅうし) |
| 훈독 | や | | 矢(や) 화살　　　　　　　弓矢(ゆみや) 활과 화살
矢先(やさき) 화살촉, 화살의 목표, ~하기 직전 |

0116

失

4학년 | N2 | 424위

활(矢)의 촉이 한 뼘(')은 살 속에 박힌 모습을 본떠
사람을 잃어 손실이 발생함을 나타내니

잃을 실 · 손실 실

5획 失 失 失 失 失

음독	しつ 1순위	失業 실업 (しつぎょう)　　　失敗 실패 (しっぱい) 損失 손실 (そんしつ)
훈독	[うしな]う	失(うしな)う 잃다 → 見失(みうしな)う ⓐ (시야에서) 놓치다 ⓑ (자태 · 모습을) 잃다

| 잠깐만요 |
• 「矢(화살 시)」와의 구분에 주의하세요.

㉔ 무기 2(刀カ乂攵前)

0117

刀 / ⌐⼅

2학년 | N1 | 796위

칼날(丿)과 칼등(⼅)으로 네모난 칼을 나타내니

칼 도

2획 刀 刀

음독	とう 1순위	刀剣 도검칼과 검 (とうけん)　　　木刀 목도목검 (ぼくとう) 執刀医 집도의 (しっとうい)
훈독	かたな	刀(かたな) 외날의 칼, 검
	예외	竹刀(しない) 죽도

| 잠깐만요 |
• [⼅]는 글자의 좌우변(예 刻 깎아새길 각)에, [⌐]는 글자의 머리변(예 争 다툴 쟁)에 쓰이는 부수입
니다.

0118

力

1학년 | N3 | 77위

다부진 손(ㄱ)으로 등에서 칼(丿)을 뽑는 모습을 본떠
힘을 나타내니

힘 력

2획 力 力

음독	りょく 1순위	実力 실력 (じつりょく)　　　体力 체력 (たいりょく) 協力 협력 (きょうりょく)
	りき 2순위	力量 역량 (りきりょう) 怪力 괴력 (かいりき)　　　馬力 마력 (ばりき)
훈독	ちから	力(ちから) 힘 力仕事(ちからしごと) 힘 쓰는 일. 육체 노동

● 부수자

칼로 두 번 휘둘러 베는 모습이니

벨 예

2획 乂 乂

사용 예시	凶(흉할 흉)

0120 ● 부수자

화살(乛) 같은 회초리로 베듯(乂) 매질하며 때리니

칠 복 · 때릴 복

4획 攵 攵 攵 攵

사용 예시	攻(칠 복) 敗(패할 패)

| 잠깐만요 |
• 「夊(뒤따라올 치 · 걸어올 치)」와의 구분에 주의하세요.

추가자 4

前

2학년 | N4 | 31위

미리 풀(丷) 아래 몸(月)을 숨겼다 칼(刂)을 뽑아 적에게 휘두르며 **앞으로** 뛰쳐나가는 모습이니
丷: 풀 초 月: 고기 육 刂: 칼 도

앞 전

9획 前 前 前 前 前 前 前 前 前

음독	ぜん [1순위]	前後 전후 (ぜんご)	前提 전제 (ぜんてい)
		前進 전진 (ぜんしん)	以前 이전 (いぜん)
훈독	まえ	前(まえ) (시 · 공간) 앞	前金(まえきん) 선금
		名前(なまえ) 이름	手前(てまえ) 바로 앞

㉕ 무기 3(干弋戈マ矛)

0121

干

6학년 | N2 | 1260위

천장(一)에 매달아 열 번(十) 말려서 만드는 방패의 모양이니

① 방패 간 ② 마를 간

3획 干 干 干

음독	かん [1순위]	① 干戈 간과창과 방패 (かんか) ② 干潮 간조 (かんちょう)
		① 干渉 간섭 (かんしょう)	
훈독	[ほ]す	干(ほ)す (햇볕 등에) 말리다 → 干(ほ)し物(もの) 볕에 물기를 말려 원래대로 돌리는 것, 세탁물
	[ひ]る	干(ひ)る 마르다, 바닥이 드러나다 → 干物(ひもの) 건어물

| 잠깐만요 |
'방패'를 단독으로 일본어로 말할 때는 일반적으로 '방패 순' 자를 써서 「盾(たて)」라고 합니다.

| 잠깐만요 |
• 옛날 방패는 나무나 가죽에 특수한 약품 처리를 하고 말리고를 반복해서 만들었어요.
• '간섭'은 예외적으로 방패가 적과 나 '사이에서 막는다'는 부수적인 의미를 활용한 단어예요.

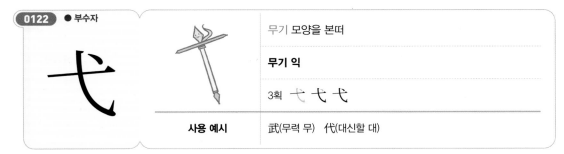

0122 ● 부수자

弋

	무기 모양을 본떠
사용 예시	**무기 익** 3획 弋 弋 弋
사용 예시	武(무력 무) 代(대신할 대)

0123 ◐ 제부수

戈

급수 외 | 3396위

	무기(弋) 중에서 팔(丿)로 몸통을 잡고 휘두르는 창이니 弋: 무기 익 丿: 삐침 별
	창 과
	4획 戈 戈 戈 戈
음독	**か** 〔4순위〕	干戈 간과방패와 창 (かんか)
훈독	**ほこ**	戈(ほこ) 미늘창

| 잠깐만요 |
• 「弋(무기 익)」과는 원류가 다른 글자예요. 점을 찍는 획순이 다른 것만 봐도 알 수 있죠?
• 거의 부수로만 쓰이는 글자입니다.

0124 ● 부수자

マ

	무기의 뾰족한 머리날 부분이니
사용 예시	**머리날 마** 2획 マ マ
사용 예시	矛(창 모)

0125

矛

중학 | N1 | 1818위

	술(丿)이 달린 창의 모습 マ: 머리날 마 丿: 갈고리 궐(여기서는 창대)
	창 모
	5획 矛 矛 矛 矛 矛
음독	**む** 〔4순위〕	矛盾 모순 (むじゅん)
훈독	**ほこ**	矛(ほこ) 창 矛先(ほこさき) 창끝, 공격의 대상

| 잠깐만요 |
• 「予(미리 예)」와의 구분에 주의하세요.

0126

車

1학년 | N4 | 234위

수레를 위에서 본 모습

① 차 차 ② 수레 거

7획 車 車 車 車 車 車 車

음독	しゃ	1순위	① 車庫 차고 (しゃこ) ① 電車 전차전철 (でんしゃ) ① 自動車 자동차 (じどうしゃ)
		4순위	② 自転車 자전거 (じてんしゃ)
훈독	くるま		車(くるま) 차 車椅子(くるまいす) 휠체어

| 잠깐만요 |
· 한국어는 읽는 법이 두 개지만 '② 수레 거'로 읽는 경우는 '자전거' 외에는 거의 없고, 일본어는 음독 발음이 하나이니 주의하세요.

0127

舟

중학 | N2 | 1196위

나룻배를 위에서 내려다본 모습을 본떠 배를 나타내니

배 주

6획 舟 舟 舟 舟 舟 舟

음독	しゅう	3순위	*舟行 주행뱃놀이 (しゅうこう) *漁舟 어주고기잡이배 (ぎょしゅう)
훈독	ふね		舟(ふね) 배 浮舟(うきふね) 물 위에 떠 있는 쪽배
	ふな〜		舟歌(ふなうた) 뱃노래

| 잠깐만요 |
· 훈독은 「船(배 선: ふな・ふね)」와 교체되어 사용돼요. 하지만 「ふな」는 단독으로 사용되지 않고, 뒤에 무언가 붙어서 사용돼요.

0128

方

2학년 | N3 | 33위

깃발을 통해 말 머리(亠)를 돌려 칼(ク)을 휘두를 방향과 방법을 알리니

亠: 머리 두 ク: 칼 도

① 방향 방 ② 방법 방

4획 方 方 方 方

음독	ほう	1순위	① *方 방방향, 쪽 (ほう) ① 方向 방향 (ほうこう) ① 地方 지방 (ちほう)
		2순위	② 方法 방법 (ほうほう) ② 方式 방식 (ほうしき) ② 方針 방침 (ほうしん)
훈독	かた		方(かた) ⓐ 방법, 수단 ⓑ 쪽, 편 見方(みかた) 견해 仕方(しかた) 방법, 수단 味方(みかた) 아군 親方(おやかた) 우두머리

向

3학년 | N2 | 119위

지휘관의 손끝(㇐)이 가리키는 방향으로 단단하게 진영(冂)을 짠 군이 입(口)으로 함성을 지르며 향하는 모습이니

冂 : 단단한 모양 경

향할 향 · 방향 향

6획 向 向 向 向 向 向

음독	こう	1순위	方向 방향 (ほうこう)　　　指向 지향 (しこう) 傾向 경향 (けいこう)
훈독	[む]く		向(む)く　ⓐ (방향) 향하다　ⓑ (마음) 내키다　ⓒ (능력) 적합하다 → 向(む)き 방향　　　風向(かざむ)き 바람의 방향, 전세의 흐름
	[む]ける		向(む)ける　ⓐ (~쪽으로) 향하게 하다　ⓑ 보내다, 파견하다
	[む]かう		向(む)かう　ⓐ (~쪽으로) 향하다　ⓑ (~에게) 맞서다, 대항하다
	[む]こう		向(む)こう 반대쪽　　　向(む)こう側(がわ) 맞은편 向(む)こう岸(ぎし) 맞은편 기슭

27 공구(工 亅 丁尺)

工

2학년 | N3 | 402위

장인이 물건을 만들 때 쓰는 모루의 모습을 본떠

① 만들 공　② 장인 공 · 장비 공

3획 工 工 工

음독	こう	1순위	① 工業 공업 (こうぎょう)　① 加工 가공 (かこう) ② *工夫 공부_{공사 인부} (こうふ)
	く	2순위	① *工夫 공부_{궁리} (くふう)　② 大工 대공_{목공} (だいく) ① 細工 세공 (さいく)

| 잠깐만요 |
- 한국어의 '공부'는 「勉強(べんきょう)」라고 합니다.
- 일본어의 「工夫」는 '궁리함(くふう)', '공사 인부(こうふ)'를 의미합니다.

● 부수자

亅

갈고리나 바늘 모양을 본떠

갈고리 궐

1획 亅

사용 예시	争(다툴 쟁)

0132

丁／丁

3학년 | N1 | 971위

못의 모양을 본뜬 것으로, 못으로 박으면 굳건히 고정되니

① 못 정 ② 굳건할 정 ③ 단위 정

2획 丁 丁

음독	ちょう [1순위]	② *丁度 정도꼭, 정확히 (ちょうど)
		① *包丁 포정식칼 (ほうちょう)
		③ *一丁目 일정목1번가(주소) (いっちょうめ)
	てい [2순위]	② 丁重 정중 (ていちょう) ② *丁寧 정녕겸양 (ていねい)
		② 壮丁 장정 (そうてい)
	예외	丁稚(でっち) 도제, 견습

| 잠깐만요 |
· 「丁(ちょう)」는 두부나 주소 등을 나타내는 단위입니다.
· 「包丁(포정)」은 본래 도축 솜씨가 빼어난 중국 고사 속 인물의 이름으로, 한자와 '식칼' 사이에는 의미적 연관성은 없습니다.

0133

尺／月

6학년 | N1 | 1534위

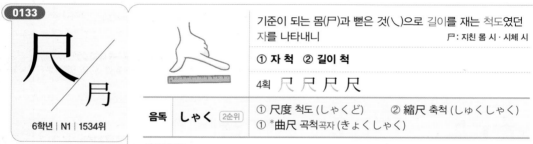

기준이 되는 몸(尸)과 뻗은 것(乀)으로 길이를 재는 척도였던 자를 나타내니
尸: 지친 몸 시 · 시체 시

① 자 척 ② 길이 척

4획 尺 尺 尺 尺

| 음독 | しゃく [2순위] | ① 尺度 척도 (しゃくど) ② 縮尺 축척 (しゅくしゃく) |
| | | ① *曲尺 곡척곱자 (きょくしゃく) |

| 잠깐만요 |
· 「尺(しゃく)」는 'ⓐ 30cm ⓑ (시간적 · 공간적) 길이'의 단위로 장인이나 연극, 연예계 등의 특수 직종에서 자주 사용됩니다. 특히 '길이(長さ)'나 '시간(時間)' 대신 많이 사용됩니다.

---

28 용구(几冂冊用)

0134 ◑ 제부수

几

조그마한 책상의 모습이니

책상 궤

2획 几 几

| 음독 | き [4순위] | *几帳面 궤장면꼼꼼함 (きちょうめん) |

| 잠깐만요 |
· 「几帳面」 외에는 거의 부수로만 쓰입니다. 「几帳面」이란 귀족이 쓰던 바람막이용 차양으로, 길다란 천 몇 장을 봉에 걸어서 하나의 커튼을 만들어야 했기에 세심하고 꼼꼼한 작업이 필요했다고 해요.

0135 ● 부수자

冂

집이나 건축물의 단단한 골조 모양을 본떠

단단한 모양 경

2획 冂 冂

사용 예시	内(안 내) 再(다시 재)

0136

冊

6학년 | N2 | 1377위

글을 적은 길다란 나무판을 엮어 만든 책의 모습

① 책 책   (② 작위 내릴 책)

5획 冊 冊 冊 冊 冊

음독	さつ	3순위	① 分冊 분책 (ぶんさつ) ① 書冊 서책 (しょさつ)
	さく	4순위	② 冊立 책립책봉 (さくりつ)

| 잠깐만요 |
• '② 작위 내릴 책'은 '책립(冊立)' '책봉(冊封)' 정도에만 쓰이는 고풍스런 말이니 참고만 하세요.

0137

用

2학년 | N3 | 83위

나무로 된 단단한 통(冂)의 이음새가 벌어질(丯) 만큼 사용한 데서   冂: 단단한 모양 경 (여기서는 나무통)

쓸 용

5획 用 用 用 用 用

음독	よう	1순위	*用 용용건, 볼일 (よう) 用法 용법 (ようほう) 無用 무용쓸데없음 (むよう) 用件 용건 (ようけん)
훈독	[もち]いる		用(もち)いる 사용하다

㉙ 의류(幺糸衣巾罒)

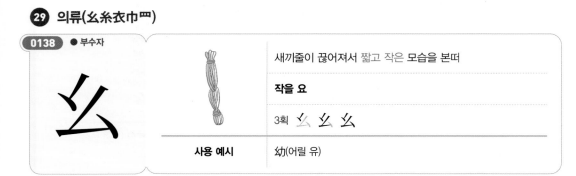

0138 ● 부수자

幺

새끼줄이 끊어져서 짧고 작은 모습을 본떠

작을 요

3획 幺 幺 幺

사용 예시	幼(어릴 유)

0139

糸

1학년 | N2 | 1379위

가는 실을 길게 꼬아 만든 실타래의 모습

실 사

6획 糸 糸 糸 糸 糸 糸

음독	し	1순위	金糸 금사금실 (きんし) 　　菌糸 균사 (きんし) 絹糸 견사 (けんし)
훈독	いと		糸(いと) 실 糸筋(いとすじ) 실낱　　　糸口(いとぐち) 실마리

0140

衣 / ネ

4학년 | N2 | 879위

깃과 옷고름이 있는 저고리 옷의 모습을 본떠

옷 의

6획 衣 衣 衣 衣 衣 衣

음독	い	1순위	衣服 의복 (いふく)　　　白衣 백의 (はくい) 法衣 법의 (ほうい)
훈독	ころも		衣(ころも) ⓐ 의복　ⓑ 튀김옷

| 잠깐만요 |
• 부수로 사용되는 [ネ]와 [ネ](보일 시·신 시)의 구분에 주의하세요.

0141 ● 부수자

四 / 网
罒

그물 모양을 본떠서

그물 망

5획 罒 罒 罒 罒 罒

사용 예시	罪(죄 죄)　罰(벌할 벌)

0142 ● 부수자

巾

목에 걸친 수건의 모습에서

수건 건 · 천 건

3획 巾 巾 巾

음독	きん	3순위	*雑巾 잡건걸레 (ぞうきん)　　頭巾 두건 (ずきん) *布巾 포건행주 (ふきん)

30 식음(酉井皿匕)

0143 ● 부수자

酉

술이 든 병의 모습을 본떠

술병 유

7획	酉 酉 酉 酉 酉 酉 酉

| 사용 예시 | 酒(술 주) |

0144

井

4학년 | N1 | 272위

우물 입구의 나무틀이 가지런한 모습

① 우물 정 ② 가지런할 정

4획	井 井 井 井

음독	**せい** 〔3순위〕	② 井然 정연 (せいぜん) ① 油井 유정 (ゆせい)
	じょう 〔4순위〕	② 天井 천정천장 (てんじょう)
훈독	**い**	井戸(いど) 우물

| 잠깐만요 |
• 음독은 단어 생산성이 낮고, 부수로 쓰일 때는 '② 가지런한 모양'의 의미로 쓰입니다.
•「じょう」는 天井 외에는 사용되지 않으니 음독을 따로 외우기보다 예외 어휘로 외워 주세요.

0145

皿

3학년 | N2 | 1521위

받침 있는 그릇의 모양을 본떠

그릇 명

5획	皿 皿 皿 皿 皿

| 훈독 | **さら** | 皿(さら) 접시, 그릇 |

| 잠깐만요 |
•「血(피 혈)」과 구분에 주의하세요.

0146 ◑ 제부수

匕

끝이 뾰족한 숟가락(匕)이 밥에 비수처럼 푹 꽂히는(丿) 것을 본떠

숟가락 비 · 비수 비

2획	匕 匕

| 음독 | **ひ** 〔4순위〕 | 匕首 비수 (ひしゅ) |

0147 ◑ 제부수

戶

2학년 | N2 | 251위

각 집을 대표하는 문을 본떠 만든 것이니

집문 호

4획 戶 戶 戶 戶

음독	こ 1순위	戶外 호외 (こがい) 　　戶籍 호적 (こせき) 門戶 문호 (もんこ)
훈독	と	戶(と) 문 　　戶板(といた) 덧문짝 戶惑(とまど)い 갈피를 못 잡고 망설임

| 잠깐만요 |
• 「門(문 문)」의 한쪽 모습으로도 봐요.
• 「尸(몸 시)」와 구분에 주의하세요.

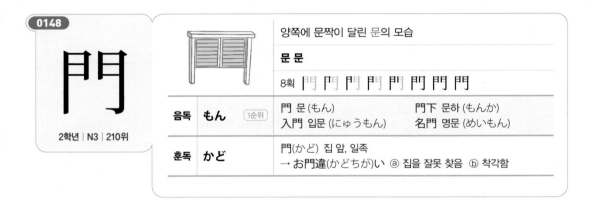

0148

門

2학년 | N3 | 210위

양쪽에 문짝이 달린 문의 모습

문 문

8획 門 門 門 門 門 門 門 門

음독	もん 1순위	門 문 (もん) 　　門下 문하 (もんか) 入門 입문 (にゅうもん) 　名門 명문 (めいもん)
훈독	かど	門(かど) 집 앞, 일족 → お門違(かどちが)い ⓐ 집을 잘못 찾음 ⓑ 착각함

0149 ● 부수자

冖

무언가를 덮은 모습에서

덮을 멱

2획 冖 冖

사용 예시	軍(군대 군)

0150 ● 부수자

宀

집을 덮고 있는 지붕의 모습을 본떠

지붕 면 · 집 면

3획 宀 宀 宀

사용 예시	家(집 가)　室(집 실 · 방 실)

0151 ● 부수자		
	집의 지붕과 한쪽 벽의 모습을 본떠	
	집 엄	
	3획 广 广 广	
	사용 예시	広(넓을 광)　底(밑바닥 저)

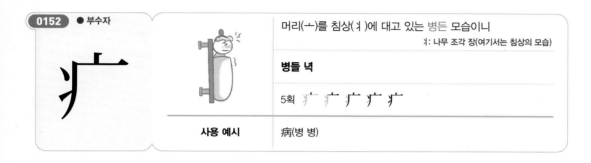

0152 ● 부수자		
	머리(亠)를 침상(丬)에 대고 있는 병든 모습이니	
	丬: 나무 조각 장(여기서는 침상의 모습)	
	병들 녁	
	5획 疒 疒 疒 疒 疒	
	사용 예시	病(병 병)

(정답은 506쪽에)

1 빈칸에 들어갈 한자로 적절한 것을 고르시오.

1. ＿＿業 (실업)   ⓐ 矢   ⓑ 失   ⓒ 夫

2. 木＿＿ (목도)   ⓐ 刀   ⓑ 力   ⓒ 刃

3. ＿＿盾 (모순)   ⓐ 戈   ⓑ 予   ⓒ 矛

4. 電＿＿ (전차)   ⓐ 申   ⓑ 車   ⓒ 軍

5. ＿＿件 (용건)   ⓐ 冂   ⓑ 冊   ⓒ 用

6. 壯＿＿ (장정)   ⓐ 亅   ⓑ 丁   ⓒ 工

7. ＿＿下 (문하)   ⓐ 門   ⓑ 戸   ⓒ 問

8. 白＿＿ (백의)   ⓐ 衣   ⓑ 糸   ⓒ 裾

2 다음 한자의 뜻을 (　)에 적고, 일본 음독을 a, b, c 중에 하나 고르시오.

1. 用法 (　　)   ⓐ よほう   ⓑ ようほう   ⓒ よんぽう

2. 実力 (　　)   ⓐ じつりょく   ⓑ じつりゃく   ⓒ じつりき

3. 干戈 (　　)   ⓐ かんか   ⓑ がんが   ⓒ かんが

4. 自転車 (　　)   ⓐ じてんきょ   ⓑ じてんちゃ   ⓒ じてんしゃ

5. 方向 (　　)   ⓐ ほうこう   ⓑ ぼうほう   ⓒ ばんこう

6. 天井 (　　)   ⓐ てんじょ   ⓑ てんじょう   ⓒ てんぞう

7. 門戸 (　　)   ⓐ もんほ   ⓑ もんこ   ⓒ もんご

8. 工業 (　　)   ⓐ こうおう   ⓑ こうぎょ   ⓒ こうぎょう

07

사회 [18자]

32 노인과 남녀(老人男女)

0153

老 / 耂

4학년 | N2 | 426위

흙(土)에 지팡이(丿)를 비수(匕)처럼 푹푹 꽂을 만큼 늙었으니

土: 흙 토   丿: 삐침 별(여기서는 지팡이)   匕: 비수 비·숟가락 비

늙을 로

6획 老 老 老 老 老 老

음독	ろう [1순위]	老人 노인 (ろうじん) 老母 노모 (ろうぼ) 長老 장로 (ちょうろう)
훈독	[お]いる	老(お)いる 늙다, 노쇠하다 〈나이적〉 → 年老(としお)い 늙은이
	[ふ]ける	老(ふ)ける 나이를 먹다, 늙다 〈외견적〉 → 老(ふ)け顔(がお) 노안

0154

人 / 儿 イ

1학년 | N4 | 1위

서 있는 사람의 모습을 본떠

사람 인

2획 人 人

음독	にん [1순위]	人間 인간 (にんげん) 人相 인상 (にんそう) 本人 본인 (ほんにん)
	じん [2순위]	人生 인생 (じんせい) 人格 인격 (じんかく) 成人 성인 (せいじん)
훈독	ひと	人(ひと) ⓐ 사람 ⓑ 다른 사람 人目(ひとめ) 남의 눈 人質(ひとじち) 인질
	예외	1人(ひとり) 한 명 2人(ふたり) 두 명 大人(おとな) 어른 若人(わこうど) 젊은이 素人(しろうと) 초보, 아마추어 玄人(くろうと) 전문가, 프로 仲人(なこうど) 중매인 商人(あきんど) 상인

0155

男

1학년 | N4 | 84위

밭(田)에 나가 힘(力)쓰는 일을 하는 건 사내였으니

田: 밭 전 力: 힘 력

남자 남

7획 男 男 男 男 男 男 男

음독	だん	1순위	男性 남성 (だんせい)　　　男子 남자 (だんし) 男女 남녀 (だんじょ)
	なん	2순위	長男 장남 (ちょうなん)　　　次男 차남 (じなん) *老若男女 노약남녀남녀노소 (ろうにゃくなんにょ)
훈독	おとこ		男(おとこ) 남자 男前(おとこまえ) 남자답고 잘난 사람 色男(いろおとこ) 색기 있는 남자

0156

女

1학년 | N4 | 29위

저고리를 입은 여성의 모습을 본떠서

여자 녀

3획 女 女 女

음독	じょ	1순위	女子 여자 (じょし)　　　女医 여의여의사 (じょい) 美男美女 미남미녀 (びなんびじょ)
	にょ	3순위	女人象 여인상 (にょにんぞう)　天女 천녀선녀 (てんにょ) 善男善女 선남선녀 (ぜんなんぜんにょ)
	にょう	4순위	*女房 여방궁녀 (にょうぼう)
훈독	おんな		女(おんな) 여자 女物(おんなもの) 여성용품　　女心(おんなごころ) 여심 色女(いろおんな) 색적인 여자
	め		女々(めめ)しい 계집애 같다, 사내답지 않다 女神(めがみ) 여신

| 잠깐만요 |
• 「にょ」는 일반적으로 불교 용어에서 한정적으로 사용됩니다. 「善女(선녀)」 또한 원래 불교 용어입니다. 일반 어휘로 쓰이는 경우는 「女人象(여인상)」과 「老若男女(노약남녀)」 정도입니다.

0157

父

2학년 | N4 | 227위

아버지의 짙은 눈썹(八)과 수염(乂)을 그려 아버지를 나타내니

아비 부

4획 父 父 父 父

음독	ふ	1순위	父性 부성 (ふせい) 神父 신부 (しんぷ)	父兄 부형 아버지와 형 (ふけい)
훈독	ちち		父(ちち) 아빠	父親(ちちおや) 아버지
	예외		お父(とう)さん ⓐ 아빠, 아버지 ⓑ 아버님	

0158

母

2학년 | N4 | 238위

여성(女→ロ) 중 한결(一) 같은 사랑으로 아이를 가슴에 품고 젖(丶丶)을 물리는 어머니의 모습이니

어미 모

5획 母 母 母 母 母

음독	ぼ	1순위	母校 모교 (ぼこう) 祖母 조모 (そぼ)	母性愛 모성애 (ぼせいあい)
훈독	はは		母(はは) 엄마 母方(ははかた) 외가 쪽	母親(ははおや) 모친
	예외		お母(かあ)さん ⓐ 엄마, 어머니 ⓑ 어머님	

0159

夫

4학년 | N4 | 220위

아내보다 머리 하나(一)는 더 커(大) 듬직하게 일하는 사내이자 남편이니

大 : 클 대

① 남편 부 ② 사내 부 · 인부 부

4획 夫 夫 夫 夫

음독	ふ	1순위	① *夫妻 부처 부부 (ふさい) ② 鉱夫 광부 (こうふ)	① 夫人 부인 (ふじん)
	ふう	3순위	① 夫婦 부부 (ふうふ)	② *工夫 공부 궁리 (くふう)
훈독	おっと		夫(おっと) 남편	

| 잠깐만요 |
• 일반적으로 '부부'는 「夫婦(ふうふ)」를 씁니다. 「夫妻(ふさい)」는 유명인 부부를 딱딱하게 부르는 말로, 특히 정치적 인물의 부부를 말할 때 많이 사용합니다.
예 トランプ夫妻 트럼프 부부

妻

5학년 | N2 | 531위

한(一) 손(크)으로 집안 살림의 중심(丨)을 잡는 여성(女)은 **아내**이니

크: 오른손 계 · 女: 여자 여

아내 처

8획 妻 妻 妻 妻 妻 妻 妻 妻

음독	さい	1순위	悪妻 악처 (あくさい)　　愛妻家 애처가 (あいさいか) 一夫多妻 일부다처 (いっぷたさい)
훈독	つま		妻(つま) 아내　　　人妻(ひとづま) 남의 아내, 유부녀

実

3학년 | N2 | 66위

집안(宀)을 실제로 유지하기 위해 제일(一) 중요한 것은 남편(夫)의 일이 결실(열매)을 맺는 것이니

宀: 지붕 면 · 집 면 · 一: 하나 일 · 夫: 남편 부 · 사내 부

① 열매 실 ② 실제 실

8획 実 実 実 実 実 実 実 実

음독	じつ	1순위	② 実(じつ)+は/に 실은 / 실로　② 実力 실력 (じつりょく) ② 現実 현실 (げんじつ)　　② 事実 사실 (じじつ)
		4순위	① 果実 과실 (かじつ)　　① 充実 충실 (じゅうじつ)
훈독	み		実(み) 열매, 과실
	[みの]る		実(みの)る 열매를 맺다, 결실을 얻다 → 実(みの)り 결실, 성과

| 잠깐만요 |
- 음독의 경우는 「果実(과실)」「充実(충실)」외에는 대부분 '②실제 실'의 의미로, 훈독의 경우는 대부분 '①열매 실'의 의미로 쓰입니다.
- 의미에 따라 어휘 생산성의 차이가 많이 나는 경우는 의미별로 순위를 분리했어요.

34 아이와 형제(了子兄弟第)

了

중학 | N2 | 1168위

갓 태어난 아기의 모습으로, 산통이 끝나 출산을 마쳤다는 의미에서

마칠 료 · 끝날 료

2획 了 了

음독	りょう	1순위	*了解 요해양해, 이해 (りょうかい) 終了 종료 (しゅうりょう)　完了 완료 (かんりょう)

어미의 팔(一)에 안긴 아이(了)로 자식을 나타내니

① 자식 자   ② 사람 자

3획 子 子 子

子

1학년 | N4 | 9위

음독	し	1순위	子孫 자손 (しそん)	*妻子 처자처자식 (さいし)
			弟子 제자 (でし)	
	す	3순위	椅子 의자 (いす)	*様子 양자모양/징조 (ようす)
			*扇子 선자부채 (せんす)	
훈독	こ		子(こ) 자식, 아이	子供(こども) 아이
			息子(むすこ) 아들	親子(おやこ) 부모 자식

동생에게 항상 입(口)버릇처럼 아랫사람(儿) 대하듯 핀잔하는 형이니

口: 입 구 儿: 사람 인

형 형

5획 兄 兄 兄 兄 兄

兄

2학년 | N3 | 643위

음독	けい	1순위	*兄姉 형자형과 누이 (けいし)	義兄 의형 (ぎけい)
			父兄 부형아비와 형 (ふけい)	
	きょう	4순위	兄弟(きょうだい) 형제	
훈독	あに		兄(あに) 형	兄弟子(あにでし) 동문 선배
			兄嫁(あによめ) 형수	兄貴(あにき) 형님
	예외		お兄(にい)さん 형, 오빠	

머리를 땋고(ㅛ) 무슨 일에든 활(弓)처럼 뛰어다니며 손을 뻗어대는(丿) 호기심 많은 아우이니

弓: 활 궁

동생 제

7획 弟 弟 弟 弟 弟 弟 弟

弟

2학년 | N3 | 725위

음독	てい	1순위	*弟妹 제매남동생과 여동생 (ていまい)	
			*義弟 의제의동생 (ぎてい)	師弟 사제스승과 제자 (してい)
	だい	4순위	兄弟 형제 (きょうだい)	
	で	4순위	弟子 제자 (でし)	
훈독	おとうと		弟(おとうと) 남동생	

0165

第

3학년 | N1 | 203위

대나무(竹) 마디가 자라는 1년마다 동생(弟)이 차례차례 생기는 데서

⺮: 대나무 죽 弟: 동생 제

① 차례 제 (② 시험 제)

11획 第 第 第 第 第 第 第 第 第 第 第

음독	だい	1순위	① 第一次 제일차 (だいいちじ)	①*次第 차제순서 (しだい)
		4순위	② 落第 낙제 (らくだい)	

| 잠깐만요 |
• '② 시험'의 의미는 '급제(及第: きゅうだい)' '낙제(落第)' 정도로만 쓰입니다.

---

35 왕과 백성(王臣士民)

0166

王

1학년 | N2 | 433위

하늘과 땅(二) 사이에서 가장 많이(十) 뛰어난 존재는 임금이니

二: 두 이(여기서는 하늘과 땅) 十: 열 십·많을 십

임금 왕

4획 王 王 王 王

음독	おう	1순위	王子 왕자 (おうじ)　　王女 왕녀공주 (おうじょ) 女王 여왕 (じょおう)
	のう	4순위	天王星 천왕성 (てんのうせい)

| 잠깐만요 |
• 「のう」라는 발음은 [～ん+おう]의 환경에서 발음 편의상 음가가 변한 것이 소수의 일부 어휘에서 정착되었기 때문이에요. (227P 질문있어요 코너 참조)

0167

臣

4학년 | N2 | 746위

옷소매(丨) 속에 손(匚)과 주먹(コ)을 마주 잡고 서 있는 신하의 모습이니

신하 신

7획 臣 臣 臣 臣 臣 臣 臣

음독	しん	1순위	臣民 신민 (しんみん)　　忠臣 충신 (ちゅうしん) 家臣 가신 (かしん)
	じん	4순위	*大臣 대신장관 (だいじん)

| 잠깐만요 |
• 「巨(클 거)」와 구분에 주의하세요.

선비와 군사가 쓰던 망건(一)과 관모(十)를 본떠 그린 것이니

선비 사 · 군사 사

3획 士 士 士

士 | 5학년 | N1 | 262위

| 음독 | し | 1순위 | 士大夫 사대부 (したいふ)　　博士 박사 (はくし)
紳士 신사 (しんし) |
| | 예외 | | 博士 (はかせ) 박사 |

| 잠깐만요 |
· 「はかせ」는 '만물박사'처럼 어떤 방면의 전문가를, 「はくし」는 '석박사'와 같은 학위를 말합니다.
· 「土(흙 토)」와 구분에 주의하세요.

몸을 숙인(已) 채 농기구(七)를 휘두르며 일하는 백성의 모습이니

백성 민

5획 民 民 民 民 民

民 | 4학년 | N3 | 105위

| 음독 | みん | 1순위 | 民間 민간 (みんかん)　　民衆 민중 (みんしゅう)
民主 민주 (みんしゅ) |
| 훈독 | たみ | | 民 (たみ) 백성 |

| 잠깐만요 |
· 「艮(멈출 간)」과 구분에 주의하세요.

(정답은 506쪽에)

1 빈칸에 들어갈 한자로 적절한 것을 고르시오.

1. ___子 (여자)   ⓐ 女   ⓑ 汝   ⓒ 姦

2. 長___ (장로)   ⓐ 孝   ⓑ 老   ⓒ 教

3. ___婦 (부부)   ⓐ 妻   ⓑ 夫   ⓒ 父

4. 神___ (신부)   ⓐ 妻   ⓑ 夫   ⓒ 父

5. ___一 (제일)   ⓐ 弟   ⓑ 第   ⓒ 佛

6. 義___ (의형)   ⓐ 兄   ⓑ 兌   ⓒ 児

7. ___女 (왕녀)   ⓐ 王   ⓑ 玉   ⓒ 主

8. 紳___ (신사)   ⓐ 土   ⓑ 士   ⓒ 仕

2 다음 한자의 뜻을 (　　)에 적고 일본 음독을 a, b, c 중에 하나 고르시오.

1. 老人 (　　)   ⓐ ろうにん   ⓑ ろうじん   ⓒ のいん

2. 男女 (　　)   ⓐ なんにょう   ⓑ なんじょ   ⓒ だんじょ

3. 夫妻 (　　)   ⓐ ふさい   ⓑ ふうふ   ⓒ ふてい

4. 王子 (　　)   ⓐ おうざ   ⓑ あんじ   ⓒ おうじ

5. 兄弟 (　　)   ⓐ きょうてい   ⓑ きょうだい   ⓒ ひょうだい

6. 臣民 (　　)   ⓐ しんみん   ⓑ じんみん   ⓒ ちんみん

7. 博士 (　　)   ⓐ はくさ   ⓑ ばくし   ⓒ はくし

8. 母性 (　　)   ⓐ もせい   ⓑ ぼせい   ⓒ もぜい

08

상태 [19자]

36 크기와 개수(大中央小少多)

0170

大

1학년 | N4 | 4위

팔다리를 크게 벌린 모습에서

클 대

3획 大 大 大

음독	だい 1순위	大学 대학 (だいがく)　　*大事 대사중요함 (だいじ) 大体 대체대체로 (だいたい)
	たい 2순위	大量 대량 (たいりょう)　　大会 대회 (たいかい) 大抵 대저대개 (たいてい)
훈독	おお〜	大勢(おおぜい) 많은 사람　　大通(おおどお)り 큰길 大型(おおがた) 대형 ↔ 小型(こがた) 소형
	[おお]きい	大(おお)きい 크다
	[おお]いに	大(おお)いに 대단히, 매우, 많이, 크게

| 잠깐만요 |
• 「大」는 「だい・たい」의 사용 순위에 큰 차이가 없고, 상당히 생산적이라 구분이 힘들어 학습에 노력이 필요해요.

0171

中

1학년 | N4 | 8위

사물(口)의 가운데를 뚫어(|) 전체를 관통해서 적중시키는 이미지이니

① 가운데 중　② (전체에) 걸칠 중

4획 中 中 中 中

음독	ちゅう 1순위	① 中間 중간 (ちゅうかん)　　① 中心 중심 (ちゅうしん) ① 中毒 중독 (ちゅうどく)
	じゅう 2순위	② 世界中 세계중전 세계 (せかいじゅう) ② 年中 연중 (ねんじゅう)
훈독	なか	中(なか) 가운데　　　　中身(なかみ) 알맹이, 내용 背中(せなか) 등　　　　夜中(よなか) 한밤중

| 잠깐만요 |
• 전체를 관통하는 '② 전체에 걸쳐'의 의미로 쓰일 때는 주로 「じゅう」로 읽는 경향이 있어요.

0172

央

3학년 | N2 | 883위

한(一) 사람(人)이 나무칼(冖) 가운데에 목을 넣은 모습에서

冖: 덮을 멱

가운데 앙 · 중앙 앙

5획 央 央 央 央 央

| 음독 | おう | 1순위 | 中央 중앙 (ちゅうおう) | 震央 진앙 (しんおう) |

| 잠깐만요 |
• 사실상 위의 두 단어를 제외하고는 생산성이 없습니다. 다만, 만들어내는 두 단어의 사용 빈도가
높으니 통째로 외워 두세요.

0173

小

1학년 | N4 | 35위

작은 바늘(亅) 하나를 손가락(八)으로 잡고 있는 모습이니

작을 소

3획 小 小 小

음독	しょう	1순위	小説 소설 (しょうせつ) *小学校 소학교초등학교 (しょうがっこう) *小(しょう)テスト 소테스트쪽지 시험
훈독	[ちい]さい		小(ちい)さい 작다
	こ〜		小鳥(ことり) 작은 새　　　小指(こゆび) 새끼손가락
	예외		小川(おがわ) 도랑

| 잠깐만요 |
• 「小」는 크기의 개념으로 「大」와 반대의 의미입니다.

0174

少

2학년 | N4 | 152위

숫자에 작게(小) 획(亅)을 그어 개수가 적음을 표시한 것이니

亅: 삐침 별 (여기서는 마이너스 표시)

적을 소

4획 少 少 少 少

음독	しょう	1순위	少数 소수 (しょうすう)　　　少年 소년 (しょうねん) 多少 다소 (たしょう)
훈독	[すく]ない		少(すく)ない (수가) 적다
	[すこ]し		少(すこ)し 조금, 약간, 좀

| 잠깐만요 |
• 「小」는 크기의 개념, 「少」는 숫자의 개념이에요.

0175

매 저녁(夕夕)마다 하루의 끝을 표시한 수가 많아지는 것을 그려

夕 : 저녁 석

많을 다

6획 多 多 多 多 多 多

음독	た	1순위	多量 다량 (たりょう)　　多才 다재 (たさい) 過多 과다 (かた)
훈독	[おお]い		多 (おお)い 많다

2학년 | N4 | 112위

㊲ 위아래와 원(卜上下円丸)

0176 ◑ 제부수

나뭇가지가 넘어지는 방향으로 길흉화복을 점치니

점칠 복

2획 卜 卜

음독	ぼく	3순위	*卜占 복점점 (ぼくせん)　　*卜者 복자점쟁이 (ぼくしゃ)

급수 외 | 2818위

0177

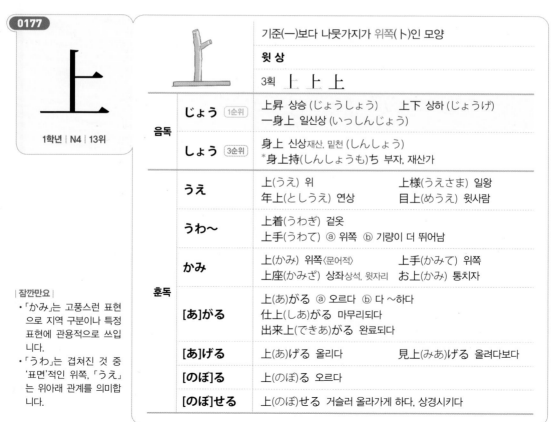

기준(一)보다 나뭇가지가 위쪽(卜)인 모양

윗 상

3획 上 上 上

음독	じょう	1순위	上昇 상승 (じょうしょう)　　上下 상하 (じょうげ) 一身上 일신상 (いっしんじょう)
	しょう	3순위	身上 신상재산, 밑천 (しんしょう) *身上持 (しんしょうも)ち 부자, 재산가
훈독	うえ		上 (うえ) 위　　　　　　　上様 (うえさま) 일왕 年上 (としうえ) 연상　　　目上 (めうえ) 윗사람
	うわ〜		上着 (うわぎ) 겉옷 上手 (うわて) ⓐ 위쪽 ⓑ 기량이 더 뛰어남
	かみ		上 (かみ) 위쪽〈문어적〉　　上手 (かみて) 위쪽 上座 (かみざ) 상좌상석, 윗자리　お上 (かみ) 통치자
	[あ]がる		上 (あ)がる ⓐ 오르다 ⓑ 다 〜하다 仕上 (しあ)がる 마무리되다 出来上 (できあ)がる 완료되다
	[あ]げる		上 (あ)げる 올리다　　　　見上 (みあ)げる 올려다보다
	[のぼ]る		上 (のぼ)る 오르다
	[のぼ]せる		上 (のぼ)せる 거슬러 올라가게 하다, 상경시키다

1학년 | N4 | 13위

| 잠깐만요 |
· 「かみ」는 고풍스런 표현으로 지역 구분이나 특정 표현에 관용적으로 쓰입니다.
· 「うわ」는 겹쳐진 것 중 '표면'적인 위쪽, 「うえ」는 위아래 관계를 의미합니다.

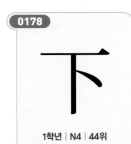

下

1학년 | N4 | 44위

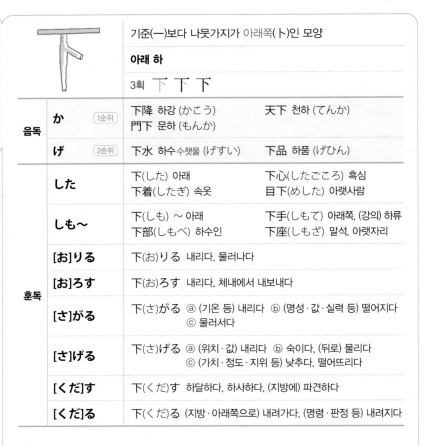

기준(一)보다 나뭇가지가 아래쪽(卜)인 모양

아래 하

3획 下 下 下

음독	か	1순위	下降 하강 (かこう) 門下 문하 (もんか)	天下 천하 (てんか)
	げ	2순위	下水 하수수챗물 (げすい)	下品 하품 (げひん)
훈독	した		下(した) 아래 下着(したぎ) 속옷	下心(したごころ) 흑심 目下(めした) 아랫사람
	しも~		下(しも) ~ 아래 下部(しもべ) 하수인	下手(しもて) 아래쪽, (강의) 하류 下座(しもざ) 말석, 아랫자리
	[お]りる		下(お)りる 내리다, 물러나다	
	[お]ろす		下(お)ろす 내리다, 체내에서 내보내다	
	[さ]がる		下(さ)がる ⓐ (기온 등) 내리다 ⓑ (명성·값·실력 등) 떨어지다 ⓒ 물러서다	
	[さ]げる		下(さ)げる ⓐ (위치·값) 내리다 ⓑ 숙이다, (뒤로) 물리다 ⓒ (가치·정도·지위 등) 낮추다, 떨어뜨리다	
	[くだ]す		下(くだ)す 하달하다, 하사하다, (지방에) 파견하다	
	[くだ]る		下(くだ)る (지방·아래쪽으로) 내려가다, (명령·판정 등) 내려지다	

円

1학년 | N4 | 208위

문(冂) 위에 걸린 둥근 현판(○○→ㅁㅁ)의 모습을 본떠

冂: 단단한 모양 경

① 둥글 원 ② 화폐 엔(¥)

4획 円 円 円 円

음독	えん	1순위	① 円型 원형 (えんがた) ① 円滑 원활 (えんかつ) ② *円高 엔고엔화 강세 (えんだか)	
훈독	まる		円(まる) 동그라미
	[まる]い		円(まる)い (평면적으로) 둥글다

| 잠깐만요 |
• '둥글다'는 「円(원)」과 「丸(환)」이 있습니다. 훈독으로는 보통 「丸(まる)」를 사용해요.

감싸 쥐면 아홉(九) 손가락 옆에 엄지(丶)가 오게 되는 **둥근 공**의 모습이니

둥글 환

3획 丿 九 丸

음독	がん	1순위	丸薬 환약 (がんやく)	弾丸 탄환 (だんがん)
			一丸 일환 (いちがん)	
훈독	まる		丸(まる) 동그라미, 둥근 모양 → 丸(まる)ごと 통째로	
	[まる]い		丸(まる)い ⓐ 둥글다 ⓑ 원만하다	
	[まる]める		丸(まる)める ⓐ 둥글게 하다, 뭉치다 ⓑ 삭발하다	

2학년 | N2 | 637위

---

③⑧ 가불(可不否)

못(丁) 박듯 입(口)으로 **가능하다 허락하니**　　　丁: 못 정　口: 입 구·구멍 구

허가할 가 · 가능할 가

5획 可 可 可 可 可

음독	か	1순위	可能 가능 (かのう)	可決 가결 (かけつ)
			許可 허가 (きょか)	
	예외		可笑(おか)しい 이상하다	

5학년 | N2 | 366위

땅(一) 아래 씨앗이 뿌리만 내리고(个) 싹틔우지 **못한/아니한** 모습이니

아닐 부 · 아니 불

4획 不 不 不 不

음독	ふ	1순위	不足 부족 (ふそく)	不可 불가 (ふか)
			不安 불안 (ふあん)	
	ぶ	3순위	*不気味 불기미 기분이 나쁨 (ぶきみ)	
			*不器用 불기용 서투름 (ぶきよう)	
			*不躾 불미 버릇없음 (ぶしつけ)	

4학년 | N3 | 107위

| 잠깐만요 |
- 음독이 「ぶ」로 읽히는 경우는 생산성이 떨어지지만, 단어 뒤에서 「ふ」가 탁음화되어 나타나는 경우는 많으니 주의하세요.
  ⑩ 不承不承(ふしょうぶしょう) 마지못해

否

6학년 | N2 | 946위

아니(不)라고 말하며(口) 부정하니

不: 아니 불   口: 입 구 · 구멍 구

부정할 부

7획 否否否否否否否

음독	ひ	[1순위]	否定 부정 (ひてい)	否認 부인 (ひにん)
			可否 가부 (かひ)	*賛否 찬부 찬반 (さんぴ)
훈독	[いな]む		否(いな)む 부정하다	

| 잠깐만요 |
· 일본에서는 '찬반'을 「賛反」이 아니라 「賛否」라고 해요. 또 발음도 예외적으로 반탁음이 붙어서 「ぴ」로 읽히니 주의하세요.

39 감추고 숨기(乚匚凵冂勹)

● 부수자

乚 / 乚

벽 뒤에 숨은 모습을 본떠

숨을 은

1획 乚

사용 예시 乱(어지러울 란) 乳(젖 유) 直(곧을 직)

● 부수자

匚

상자 뚜껑을 덮어 감추는 모습을 본떠

감출 혜 · 덮을 혜

2획 匚 匸

사용 예시 医(의사 의) 区(구역 구)

● 부수자

凵

윗부분이 뚫린 모양을 본떠

위 뚫릴 감

2획 凵 凵

사용 예시 凶(흉할 흉)

	사방을 에워싼 모습을 본떠
	에워쌀 위
	3획 　□ □ □
사용 예시	図(그림 도)　国(나라 국)

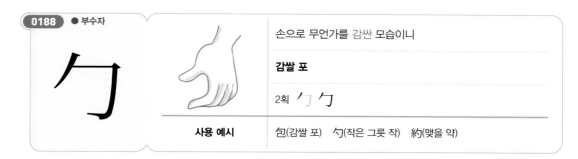

	손으로 무언가를 감싼 모습이니
	감쌀 포
	2획　勹 勹
사용 예시	包(감쌀 포)　勺(작은 그릇 작)　約(맺을 약)

책에 나와 있는 어원 풀이나 그림이 왜 다른 교재와 많이 다른가요?

현대 한자의 어원은 사실 정확할 수가 없어요. 우선 한자 자체의 모양이 굉장히 많이 바뀌면서 본래의 한자 모양이 바뀌기도 하고 쓰임이나 의미, 발음이 바뀌기도 했죠. 예를 들어서 '먼저 선(先)'자는 '소 우(牛)'와 '사람 인(儿)'의 조합으로 분석하지만, 옛날 한자인 금문을 보면 '멈출 지(止)'와 '사람 인(儿)'의 조합으로 나와 있어요. 당시 글자 모양이 비슷했던 한자들끼리 혼동이 일어난 거죠.

또 하나, 일본의 한자와 한국의 한자는 기본적으로 형태상의 차이가 존재하기 때문에 어원 풀이가 달라질 수밖에 없어요. '소리 성(声)'자의 경우, 한국의 한자[聲]는 훨씬 복잡하고, '귀 이(耳)'자가 붙어 있는 3요소 글자이지만, 일본의 한자는 2요소로 이루어져 있어요. 그렇다고 해서 굳이 한국의 한자를 끌고 와서 설명을 하는 건 학습자에게 부담이 더 클 뿐이기에 작가 나름대로의 어원 풀이가 들어가게 된 것이죠.

교재에서 어원을 제시하는 것은 '보다 알기 쉽고 이해하기 쉽게 하기 위해' 작가가 많은 설들 중 하나를 채택하거나 독자적으로 생각해 내는 거예요.

(정답은 506쪽에)

1 빈칸에 들어갈 한자로 적절한 것을 고르시오.

1. ___年 (소년) ⓐ 小 ⓑ 少 ⓒ 省

2. ___毒 (중독) ⓐ 中 ⓑ 仲 ⓒ 央

3. ___品 (하품) ⓐ 下 ⓑ 上 ⓒ 卜

4. 弾___ (탄환) ⓐ 九 ⓑ 丸 ⓒ 円

5. ___型 (원형) ⓐ 冂 ⓑ 冊 ⓒ 円

6. ___安 (불안) ⓐ 非 ⓑ 不 ⓒ 否

7. 震___ (진앙) ⓐ 中 ⓑ 央 ⓒ 決

8. ___学 (대학) ⓐ 大 ⓑ 犬 ⓒ 太

2 다음 한자의 뜻을 ( )에 적고 일본 음독을 a, b, c 중에 하나 고르시오.

1. 中央 (   ) ⓐ じゅうあん ⓑ ちゅおう ⓒ ちゅうおう

2. 多少 (   ) ⓐ たしょ ⓑ たしょう ⓒ だしょう

3. 大抵 (   ) ⓐ だいぜい ⓑ だいてい ⓒ たいてい

4. 上下 (   ) ⓐ じょうか ⓑ じょうが ⓒ じょうげ

5. 不可 (   ) ⓐ ふか ⓑ ぶか ⓒ ふつか

6. 円滑 (   ) ⓐ えんかつ ⓑ えんがつ ⓒ おんけつ

7. 可否 (   ) ⓐ かふ ⓑ かひ ⓒ がび

8. 一丸 (   ) ⓐ いちげん ⓑ いちがん ⓒ いっかん

일부러 훈독을 사용하는 단어들이 존재한다?

발음은 같지만 뜻이 다른 단어를 동음이의어라고 하죠? 그런데 이런 동음이의어의 대부분은 실질적으로 그 단어의 발음이 많이 헷갈릴 일이 별로 없어요. 왜냐하면 문맥이라는 앞뒤의 흐름, 문장 내의 동사와의 관계성 등을 통해서 우리가 판단하는 데는 크게 문제가 없는 어휘가 대다수이기 때문입니다.

그런데 동음이의어 중에는 사용되는 문맥이 거의 똑같아 구분이 힘든 것들이 종종 존재해요. 한국에서 가장 대표적인 예를 꼽으라면 '연패(連敗)'와 '연패(連覇)'가 있을 거예요. 쓰이는 상황이 거의 일치하기 때문에 문맥적인 구분이 아주 힘든 단어라 우리를 항상 곤혹스럽게 만들죠. 이외에도 한자는 다르지만 발음이 같은 단어들도 많아 이런 단어들은 문맥에서 구분하기란 쉽지 않습니다. 특히, 일상에서 자주 말하는 단어들이기 때문에 회화에서 이를 구분하는 것은 굉장히 난감할 수밖에 없어요. 그래서 이런 어휘들의 경우, 어느 한쪽을 '훈독을 활용해서' 읽는 것으로 그러한 혼란을 피하곤 한답니다.

문맥상 구분이 힘든 동음이의어와 회피 전략 예

동음이의어	정식 발음	회피 전략
市立(시립)	しりつ	しりつ
私立(사립)	しりつ	わたくしりつ *私(わたくし): 저
科学(과학)	かがく	かがく
化学(화학)	かがく	ばけがく *化(ば)ける: 바뀌다, 변하다

이처럼 「私立」의 「私」를 훈독 「わたくし」로 바꾸어 「わたくしりつ」로, 「化学」의 「化」를 훈독 「ばけ」로 바꾸어 「ばけがく」로 읽는 것이죠. 정식 발음은 아니지만, 일상에서 상당히 자주 사용되는 방법이랍니다.

여담으로 제가 대학원에 진학할 때, 같은 학과 교수님 중에 성과 이름이 발음이 같은 교수님이 두 분 계셨어요. 한 분은 「真一(しんいち)」이고 다른 한 분은 「進一(しんいち)」라 발음만으로는 어느 교수님을 지칭하는지 알 수 없었어요. 그러다 보니 자연스럽게 두 분을 구분하기 위해 한쪽은 「真(まこと)」 선생님, 또 한쪽은 「進(すすむ)」 선생님이라고 구분해서 부르게 되었어요. 이처럼 일본의 한자 읽기는 훈독과 음독이라는 선택지가 존재하기 때문에 여러 상황에서 구분하기에 좋다는 이점도 존재해요.

7가지 대단원별
파생 관계를 통해 익히자!
주제별 파생 한자

첫째마디

●

자연 II [202자]

日·夕의 파생 [34자]

40 日: 해 일·날 일 ▶ 明盟温旧児

0189

明

2학년 | N3 | 74위

해(日)와 달(月)이 어둠을 밝게 비추어 명암이 분명해지니

① 밝을 명 ② 분명할 명

8획 明 明 明 明 明 明 明 明

음독	めい	1순위	① 明暗 명암 (めいあん)　　② 明白 명백 (めいはく) ② 説明 설명 (せつめい)
	みょう	2순위	*① 明日 명일내일 (みょうにち)　① 光明 광명 (こうみょう) *② 明王 명왕부동명왕 (みょうおう)
	みん	4순위	明朝 명조 (みんちょう)
훈독	[あか]り		明(あか)り 환한 빛
	[あき]らか		明(あき)らか 명백함
	[あか]るい		明(あか)るい 밝다 → 明(あか)るさ 밝기
	[あか]るむ		明(あか)るむ 밝아지다 → 明(あか)るみ ⓐ 밝은 곳 ⓑ 공개된 곳
	[あ]かす		明(あ)かす ⓐ (어둠을) 밝히다 ⓑ (밤을) 지새우다
	[あ]ける		明(あ)ける ⓐ (날이) 밝다, 새해가 되다 ⓑ 기간이 끝나다
	[あ]くる		明(あ)くる 다음의, 이듬의 → 明(あ)くる日(ひ) 다음 날

| 잠깐만요 |
· 해와 달이 교차하는 시간: 날이 밝아진다 → 어둠 속 흐릿하던 것이 명확해진다 → 새 하루의 시작 → 내일, 다음 날의 의미 확장이에요.
· 음독 「みょう」로 읽히는 경우는 '다음〜'이라는 의미로 쓰이거나 불교 용어로 쓰이는 경향이 있습니다.

0190

盟

6학년 | N1 | 1053위

달빛 밝은(明) 날 밤에 그릇(皿)에 물을 떠 놓고 맹세하는 모습이니　　皿 : 그릇 명

맹세할 맹

13획 盟 盟 盟 盟 明 明 明 明 盟 盟 盟 盟

| 음독 | めい | 1순위 | 盟約 맹약굳은 약속 (めいやく)　血盟 혈맹 (けつめい)
加盟 가맹 (かめい) |

温

3학년 | N2 | 683위

물(氵)이 해(日)가 내리쬐는 그릇(皿)에 담겨 따뜻한 온도를 유지하니　　皿 : 그릇 명

① 따뜻할 온 · 온도 온　② 지킬 온

12획　温温温温温温温温温温温温

음독	おん	1순위	① 温度 온도 (おんど)　　① 温泉 온천 (おんせん) ① 温暖 온난 (おんだん)
		4순위	② 温存 온존 소중하게 보존함 (おんぞん) ② 温故知新 온고지신 (おんこちしん)
훈독	[あたた]かい		温(あたた)かい 따뜻하다 → 温(あたた)か 따뜻함
	[あたた]まる		温(あたた)まる 따뜻해지다, 훈훈해지다
	[あたた]める		温(あたた)める 덥히다, 따뜻하게 하다

| 잠깐만요 |
• 훈독의 경우, 한자로 「温(온)」과 「暖(난)」 모두 사용됩니다. 「温(온)」은 일반적인 따뜻함을 의미하고,
「暖(난)」은 공기나 기상 상태의 따뜻함을 의미합니다.
• 반의어 관계도는 「温(あたた)かい ↔ 冷(つめ)たい」 「暖(あたた)かい ↔ 寒(さむ)い」입니다.

旧

5학년 | N2 | 916위

기록이 한 획(丨)조차 남지 않을 만큼 오래된 옛날(日)이니

옛 구

5획　旧旧旧旧旧

| 음독 | きゅう | 1순위 | 旧式 구식 (きゅうしき)　　新旧 신구 (しんきゅう)
復旧 복구 (ふっきゅう) |

児

4학년 | N2 | 774위

아주 옛날(旧)부터 사람(儿)들이 소중히 하며 업고 다니던 아이이니　　儿 : 사람 인

아이 아

7획　児児児児児児児

| 음독 | じ | 1순위 | 児童 아동 (じどう)　　幼児 유아 (ようじ)
孤児 고아 (こじ) |
| | に | 4순위 | 小児科 소아과 (しょうにか)
小児麻痺 소아마비 (しょうにまひ) |

0194

旦

중학 | N1 | 1171위

해(日)가 수평선(一) 위로 떠오르는 아침이니

해 뜰 단·아침 단

5획 旦 冂 曰 旦 旦

| 음독 | たん | 1순위 | *旦夕 단석아침저녁 (たんせき)　一旦 일단 (いったん)
元旦 원단설날 (がんたん) |
| | だん | 4순위 | *旦那 단나주인/남편 (だんな) |

0195

担

6학년 | N2 | 662위

해가 떠오르듯(旦) 손(扌)으로 짐을 들어올려 도맡아 메니

맡을 담·멜 담

8획 担 担 担 担 担 担 担 担

음독	たん	1순위	担当 담당 (たんとう)　　　担任 담임 (たんにん) 負担 부담 (ふたん)
훈독	[かつ]ぐ		担(かつ)ぐ ⓐ 메다, 짊어지다 ⓑ 떠받들다, 추대하다
	[にな]う		担(にな)う 짊어지다

| 잠깐만요 |
• 「担ぐ」는 '높은 분이 탄 가마 등을 어깨에 싣는' 이미지이고, 「担う」는 '짐, 부담, 의무, 역할 따위를 등에 짊어지고 있는' 이미지입니다.

0196

昼

2학년 | N4 | 978위

해가 떠서(旦) 구름보다 한 자(尺) 이상 더 높아지면 낮이 되니　　尺: 자 척·길이 척

낮 주

9획 昼 昼 昼 昼 昼 昼 昼 昼 昼

| 음독 | ちゅう | 1순위 | 昼夜 주야 (ちゅうや)　　*昼食 주식점심식사 (ちゅうしょく)
白昼 백주 (はくちゅう) |
| 훈독 | ひる | | 昼(ひる) 낮　　　　　昼飯(ひるめし) 점심식사
昼間(ひるま) 주간　　　昼寝(ひるね) 낮잠 |

得

5학년 | N2 | 249위

걸어가(彳) 아침(旦)부터 일하면 조금(寸)이라도 응당 무언가를 얻으니

彳: 조금 걸을 척 寸: 마디 촌·아주 조금 촌

① 얻을 득 ② 이해할 득

11획 得 得 得 得 得 得 得 得 得 得 得

음독	とく [1순위]	① 得点 득점 (とくてん) ② *得意 득의가장 숙련됨 (とくい)
		② 説得 설득 (せっとく) ① 損得 손득손실과 이득 (そんとく)
훈독	[え]る	得(え)る ⓐ 얻다 ⓑ 이해하다 ⓒ ～할 수 있다(＝～得(う)る)
		→ あり得(え)る 있을 법하다 ＝ あり得(う)る

| 잠깐만요 |

· '얻는다'는 의미는 결국 '손에 쥐다'라는 의미로 '머리로 얻다(이해하다), 기회나 능력을 얻다(가능하다)'라는 의미로 파생돼요.
· 「得(とく)」는 그 자체로 '(이)득'을 의미하는 단어로 쓰입니다.
예 得(とく)をする 득을 보다　お得(とく)な情報(じょうほう) 득이 되는 정보

早

1학년 | N3 | 347위

| 잠깐만요 |

· 「さつ→さっ」은 「早急」 정도에만 쓰입니다.
· 훈독은 「速(빠를 속)」 자와 병용됩니다. 「早」는 '시간적'으로 이르다를 의미하고, 「速」은 동작의 '공간적인' 빠름을 의미합니다.

해(日)가 수평선(一)에 뜨기 시작해 빛줄기(|)가 생기는 이른 시간에 일찍 일어나니

일찍 조·이를 조

6획 早 早 早 早 早 早

음독	そう [1순위]	早退 조퇴 (そうたい)　　　早期 조기 (そうき)
		早朝 조조 (そうちょう)
	さっ [4순위]	早急 조급 (さっきゅう/そうきゅう)
훈독	[はや]い	早(はや)い ⓐ (시간이) 이르다 ⓑ (시간이) 짧다, 빠르다
		→ 早(はや)とちり 지레짐작
	[はや]まる	早(はや)まる 서두르다, 서둘러서 일을 그르치다
	[はや]める	早(はや)める (기일·시간을) 예정보다 이르게 조정하다

草

1학년 | N2 | 551위

풀(艹) 중에서도 일찍(早) 싹트는 것은 잡초 같은 볼품없어 보이는 풀이니　　艹: 풀 초

① 풀 초 ② 볼품없을 초

9획 草 草 草 草 草 草 草 草 草

음독	そう [1순위]	① 草木 초목 (そうもく) ② 草案 초안 (そうあん)
		① 雑草 잡초 (ざっそう)
훈독	くさ	草(くさ) 풀
		草花(くさばな) 화초　　　草木(くさき) 초목, 식물

| 잠깐만요 |

· 「草木」이나 「草花」처럼 그저 한자들이 나열되는 단어(A와 B 구조)의 경우는 특히 훈독으로 읽는 것이 더 빈번합니다.

0200 ◑ 제부수

천지(二)로 햇살(日)이 퍼져 나가는(뻗치는) 모습이니

퍼질 선·뻗칠 선

6획 亘 亘 亘 亘 亘 亘

N1 | 2892위

| 잠깐만요 |
• 중학 이상 레벨의 「恒(항상 항)」「垣(담 원)」에도 사용되는 생산성이 높은 글자이니 익혀 두세요.

0201

집(宀)의 경사가 세상에 퍼지도록(亘) 알리니   宀 : 집 면

퍼뜨릴 선·알릴 선

9획 宣 宣 宣 宣 宣 宣 宣 宣 宣

6학년 | N1 | 1005위

| 음독 | **せん** [1순위] | 宣伝 선전 (せんでん)
宣言 선언 (せんげん) | 宣教師 선교사 (せんきょうし) |

㊷ [昜]: 햇살 양 ▶ 昜易陽湯場腸傷

0202 ● 부수자

해(日)가 수평선(一) 위로 떠 따뜻한 빛을 뿌리다 사라지는(勿) 모습이니

勿 : 아닐 물 · 없을 물

따뜻한 햇살 양·볕 양

9획 昜 昜 昜 昜 昜 昜 昜 昜 昜

0203

해(日)는 있다 없다(勿) 하며 그 존재와 강도를 쉽게 바꾸어대니   勿 : 없을 물 · 아닐 물

① 쉬울 이   ② 바꿀 역

8획 易 易 易 易 易 易 易 易

5학년 | N2 | 888위

음독	**い** [1순위]	① 容易 용이 (ようい) ① 安易 안이 (あんい)	① 難易度 난이도 (なんいど)
	えき [3순위]	② 易学 역학 (えきがく) ② 交易 교역 (こうえき)	② 貿易 무역 (ぼうえき)
훈독	**[やさ]しい**	易(やさ)しい 쉽다 ↔ 難(むずか)しい 어렵다	

陽

3학년 | N2 | 745위

따뜻한 햇살(昜)이 언덕(阝)을 비추어 햇볕 드는 양지를 만드니

阝: (왼편) 언덕 부 · (오른편) 고을 읍

햇볕 양 · 양지 양

12획 陽 陽 陽 陽 陽 陽 陽 陽 陽 陽 陽 陽

음독	よう	1순위	陽気 양기 (ようき)	陰陽 음양 (いんよう)
			太陽 태양 (たいよう)	

湯

3학년 | N2 | 875위

햇살(昜) 같은 열로 물(氵)을 끓여 만든 탕이니

氵: 물 수

뜨거운 물 탕

12획 湯 湯 湯 湯 湯 湯 湯 湯 湯 湯 湯 湯

음독	とう	1순위	熱湯 열탕 (ねっとう)	*銭湯 전탕(공중)목욕탕 (せんとう)
			給湯 급탕 뜨거운 물을 공급함 (きゅうとう)	
훈독	ゆ		湯(ゆ) 뜨거운 물, 목욕함	湯気(ゆげ) 김, 수증기
			初湯(はつゆ) 첫 목욕	

場

2학년 | N3 | 41위

햇살(昜)이 잘 드는 너른 땅(土)은 장면을 연기할 좋은 장소이니

장소 장 · 장면 장

12획 場 場 場 場 場 場 場 場 場 場 場 場

음독	じょう	1순위	工場 공장 (こうじょう)	会場 회장행사장 (かいじょう)
			入場 입장 (にゅうじょう)	
훈독	ば		場(ば) 장소, 장면	場所(ばしょ) 장소
			場面(ばめん) 장면	場合(ばあい) 경우, 사정, 케이스

腸

6학년 | N1 | 1680위

햇살(昜)처럼 몸(月) 속에 퍼져 있는 따뜻한 내장이니

月: 고기 육 · 달 월

내장 장

13획 腸 腸 腸 腸 腸 腸 腸 腸 腸 腸 腸
腸 腸

음독	ちょう	1순위	腸 장 (ちょう)	腸内 장내 (ちょうない)
			胃腸 위장 (いちょう)	盲腸 맹장 (もうちょう)

0208

傷

6학년 | N1 | 828위

사람(亻)이 화살촉(⺧)에 다쳐 햇살(昜)처럼 화끈거리는 상처이니　亻: 사람 인　⺧: 화살 시

다칠 상·상처 상

13획　傷 傷 傷 傷 傷 傷 傷 傷 傷 傷 傷 傷 傷

음독	しょう [1순위]	傷害 상해 (しょうがい)　　負傷 부상 (ふしょう) 損傷 손상 (そんしょう)	
훈독	きず	傷(きず) (생물) 상처, (무생물) 흠 傷口(きずぐち) 상처 입은 표면	
	[いた]む	傷(いた)む 손상을 입다	
	[いた]める	傷(いた)める 손상을 주다	

| 잠깐만요 |
- 「いたむ」는 「傷(다칠 상)」과 「痛(아플 통)」으로 씁니다. 「傷(다칠 상)」을 쓸 때에는 '손상을 주다/입다'에 포인트가 맞춰진 것이고, 「痛(아플 통)」을 쓸 때에는 '(손상을 입어) 아프다, 고통스럽다'는 부분에 포인트가 맞춰집니다.

---

43 [후]: 해 돋을 간 ▶ 후朝潮幹

0209 ● 부수자

卓

초목(艹를 세로로 그린 모양) 사이로 해(日)가 떠오르는 모습을 그려

해 돋을 간

6획　卓 卓 卓 卓 卓 卓 卓 卓

| 잠깐만요 |
- 「亘(햇살 퍼질 선)」 자의 연장으로, 햇살이 천지(二)를 뚫고(丨) 퍼지는 모습을 연상해도 됩니다.
- 「車(차 차, 수레 거)」와 구분에 주의하세요.

0210

朝

2학년 | N3 | 182위

해 돋는(후) 가운데 달(月)이 지며 교체되는 아침을 의미하니

아침 조

12획　朝 朝 朝 朝 朝 朝 朝 朝 朝 朝 朝 朝

음독	ちょう [1순위]	朝刊 조간 (ちょうかん)　　朝食 조식아침식사 (ちょうしょく) 一朝一夕 일조일석하루 아침 (いっちょういっせき)	
훈독	あさ	朝(あさ) 아침　　　　　朝方(あさがた) 아침 무렵 朝日(あさひ) 아침 해　　朝飯(あさめし) 아침밥	
	예외	今朝(けさ) 오늘 아침	

113

0211

潮

6학년 | N1 | 1111위

바닷물(氵)이 아침(朝) 해 뜨듯이 늘었다 줄었다 하는 조수이니

氵: 물 수

조수 조

15획 潮 潮 潮 潮 潮 潮 潮 潮 潮 潮 潮 潮 潮 潮 潮

음독	ちょう [1순위]	潮流 조류 (ちょうりゅう)　　風潮 풍조 (ふうちょう) 満潮 만조 (まんちょう)
훈독	しお	潮(しお) 조수 潮時(しおどき) ⓐ 조수가 들어오고 나갈 때 　　　　　　　 ⓑ 기회, 적당한 타이밍

0212

幹

5학년 | N1 | 945위

해가 돋으면서(훼) 나무(个) 사이로 보이는 줄기(二)의 모습이니

① 줄기 간　② 중간 관리직 간

13획 幹 幹 幹 幹 幹 幹 幹 幹 幹 幹 幹 幹 幹

음독	かん [1순위]	② 幹部 간부 (かんぶ)　　② 幹事 간사총무 (かんじ) ① 幹線 간선 (かんせん)　① 根幹 근간 (こんかん)
훈독	みき	幹(みき) 줄기

| 잠깐만요 |
• 어두울 때는 나무 기둥과 잎의 윤곽만 보이지만, 해가 뜨면 줄기들도 하나하나 다 보이게 되죠?

㊹ 莫: 막막할 막 ▶ 莫幕墓暮模

0213 ◑ 제부수

莫

급수 외 | 2126위

풀(艹) 아래로 해(日)가 지고, 거대한(大) 어둠에 덮혀 보이지 않아 막막한 모양새이니

艹: 풀 초

보이지 않을 막·막막할 막

10획 莫 莫 莫 莫 莫 莫 莫 莫 莫 莫

음독	ばく [3순위]	莫大 막대막대함(ばくだい)　　莫逆 막역 (ばくぎゃく)

| 잠깐만요 |
• 지평선 풀들 아래로 해가 사라지고 없어져 아무것도 보이지 않는 이미지예요. 뜻 자체를 외운다기
보다는 '막막한 이미지'를 이해하려고 하세요.

114

幕

6학년 | N1 | 716위

보이지 않도록(莫) 가리는 천(巾)은 장막이니

巾: 수건 건·천 건

① 장막 막　② 막부 막

13획　幕 幕 幕 幕 幕 幕 幕 幕 幕 莫 莫 幕 幕

| 음독 | まく _{1순위} | ① 幕間 막간 (まくあい)　　① 開幕 개막 (かいまく)
① 暗幕 암막 (あんまく) |
| | ばく _{2순위} | ② 幕府 막부 (ばくふ)
② *幕命 막명 막부의 명령 (ばくめい)
② *幕営 막영 천막으로 만든 야외 숙영소 (ばくえい) |

| 잠깐만요 |
• 「ばく」는 군대/막부 관련 용어일 경우에 주로 사용됩니다.

墓

5학년 | N1 | 1307위

앞으로는 볼 수 없는(莫) 사람을 흙아래(土)에 묻은 무덤이니

무덤 묘

13획　墓 墓 墓 墓 墓 墓 墓 墓 莫 莫 墓 墓 墓

| 음독 | ぼ _{1순위} | 墓地 묘지 (ぼち)　　　　　　*墓穴 묘혈 무덤 (ぼけつ)
墓碑 묘비 (ぼひ) |
| 훈독 | はか | 墓(はか) 묘, 무덤, 묘비　　　墓場(はかば) 묘지, 산소
墓参(はかまい)り 성묘　　　墓石(はかいし) 묘석 |

暮

6학년 | N2 | 665위

더는 보이지 않게(莫) 해(日)가 저물어 가는 모습을 바라보며 살아가니(지내니)

① 저물 모　② 살아갈 모·지낼 모

14획　暮 暮 暮 暮 暮 暮 暮 暮 莫 莫 莫 暮 暮 暮

음독	ぼ _{3순위}	① *歳暮 세모 연말 선물 (せいぼ) ② *野暮 야모 멋이 없고 세상물정을 모름 (やぼ)
훈독	[く]らす	暮(く)らす ⓐ 살아가다, 지내다　ⓑ 세월을 보내다, 하루를 보내다 → 暮(く)らし 생활
	[く]れる	暮(く)れる ⓐ 저물다　ⓑ (어찌할 바를 몰라) ~하기만 하다 → 夕暮(ゆうぐ)れ 황혼, 해질 녘 　　途方(とほう)に暮(く)れる 망연자실하다

| 잠깐만요 |
• 해가 저물어 가는 모습을 가만히 지켜보는 노부부의 모습을 떠올려 보세요.
• '세월을 보낸다'는 의미는 결국 인생이 지는 모습에 빗대어져 나온 뜻입니다.
• 「暮」의 음독 단어들은 한국에 없는 단어라 훈독처럼 음독 여부와 상관없이 의미를 외워야 해요.

0217

6학년 | N1 | 807위

눈앞에 없는(莫) 것을 모호한 기억을 더듬어 나무(木)에 본뜨니

① 본뜰 모 ② 모호할 모

14획 模 模 模 模 模 模 模 模 模 模 模 模 模 模

음독	も	1순위	① 模型 모형 (もけい) ② 模索 모색 (もさく)	① 模様 모양 (もよう)
	ぼ	4순위	① 規模 규모 (きぼ)	

---

45 夕: 저녁 석 ▶ 名外夜液夢

0218

1학년 | N4 | 78위

| 잠깐만요 |
「名(な)」는 단독으로 쓰면
「名前(なまえ)」에 비해 문
어적인 표현입니다.

저녁(夕)이면 밥 먹으라고 입(口)으로 부르며 찾는 이름이니

이름(떨칠) 명

6획 名 名 名 名 名 名

음독	めい	1순위	名作 명작 (めいさく) 有名 유명 (ゆうめい)	*名刺 명자명함 (めいし)
	みょう	2순위	*名字 명자성씨 (みょうじ) 本名 본명 (ほんみょう)	異名 이명별명 (いみょう)
훈독	な		名(な) 이름 名残(なごり) 흔적, 자취	名前(なまえ) 이름 名札(なふだ) 명찰, 명패

0219

2학년 | N4 | 97위

저녁(夕) 석양을 보면서 치는 점(卜)은 외부로 나가 밖에서 하니 卜: 점 복

밖 외 · 외부 외

5획 外 外 外 外 外

음독	がい	1순위	外部 외부 (がいぶ) 以外 이외 (いがい)	外国 외국 (がいこく)
	げ	2순위	外科 외과 (げか) *外題 외제연극의 제목/표제 (げだい)	外道 외도 (げどう)
훈독	そと		外(そと) 밖, 겉, 외부	外側(そとがわ) 외측, 겉면
	ほか		外(ほか) 바깥, 범위 외	
	[はず]す		外(はず)す ⓐ (묶인 것 · 착용한 것을) 풀다 ⓑ (겨냥한 것을) 피하다, 빗맞게 하다	
	[はず]れる		外(はず)れる ⓐ (참가한 것에서) 빠지다, 벗어나다 ⓑ (겨냥한 것이) 빗나가다, 빗맞다	

夜

2학년 | N3 | 236위

머리(亠)를 감고 사람(亻)이 저녁(夕) 이후 발 뻗고(乀) 자는 밤이니

亠 : 머리 두　乀 : 삐침 발

밤 야

8획　夜夜夜夜夜夜夜夜

음독	や	1순위	夜間 야간 (やかん)　　夜行性 야행성 (やこうせい) 徹夜 철야 (てつや)
훈독	よる		夜(よる) 밤
	よ		夜(よ) 밤　　　　　　　夜中(よなか) 한밤중 夜更(よふ)け 깊은 밤　夜空(よぞら) 밤하늘

| 잠깐만요 |
• 훈독「よ」는 단독으로 쓰면「よる」에 비해 문어적입니다.

液

5학년 | N2 | 1104위

물(氵) 중에서 밤(夜)에 흐르는 액체인 나무의 진액이니

액체 액 · 진액 액

11획　液液液液液液液液液液液

음독	えき	1순위	液体 액체 (えきたい)　　液状 액상 (えきじょう) 血液 혈액 (けつえき)

夢

5학년 | N2 | 712위

풀(艹)을 엮은 그물(罒) 같은 이불을 덮고(冖) 저녁(夕) 무렵에 꾸는 꿈이니

艹 : 풀 초　罒 : 그물 망　冖 : 덮을 멱

꿈 몽

13획　夢夢夢夢夢夢夢夢夢夢夢夢夢

음독	む	1순위	夢想 몽상 (むそう)　　*夢中 몽중꿈 속/열중함 (むちゅう) 悪夢 악몽 (あくむ)
훈독	ゆめ		夢(ゆめ) 꿈 正夢(まさゆめ) 꿈의 내용이 현실과 같음 逆夢(さかゆめ) 사실과 반대되는 꿈

| 잠깐만요 |
•「夢中(むちゅう)」는 일반적으로 '(무언가에) 열중함, 몰두함'으로 사용됩니다.

(정답은 506쪽에)

1 빈칸에 들어갈 한자로 적절한 것을 고르시오.

1. 太____ (태양) ⓐ 場 ⓑ 陽 ⓒ 腸

2. ____地 (묘지) ⓐ 暮 ⓑ 墓 ⓒ 模

3. 根____ (근간) ⓐ 幹 ⓑ 朝 ⓒ 潮

4. ____大 (막대) ⓐ 莫 ⓑ 幕 ⓒ 墓

5. 血____ (혈액) ⓐ 外 ⓑ 夜 ⓒ 液

6. ____童 (아동) ⓐ 旦 ⓑ 旧 ⓒ 児

7. ____期 (조기) ⓐ 昼 ⓑ 草 ⓒ 早

8. 有____ (유명) ⓐ 名 ⓑ 夢 ⓒ 外

2 다음 한자의 뜻을 ( )에 적고 일본 음독을 a, b, c 중에 하나 고르시오.

1. 光明 ( ) ⓐ こうみょう ⓑ こうめい ⓒ こうみん

2. 熱湯 ( ) ⓐ ねったん ⓑ ねっとう ⓒ ねっとつ

3. 宣伝 ( ) ⓐ せんでん ⓑ ぜんでん ⓒ そんでん

4. 新旧 ( ) ⓐ しんく ⓑ しんきゅ ⓒ しんきゅう

5. 悪夢 ( ) ⓐ あくもう ⓑ あくむう ⓒ あくむ

6. 外国 ( ) ⓐ かいこく ⓑ がいこく ⓒ げこく

7. 安易 ( ) ⓐ あんぎ ⓑ あんじ ⓒ あんい

8. 血盟 ( ) ⓐ けつみょう ⓑ けつめい ⓒ けつめん

10

⼗⼗의 파생 [24자]

46 [⼗⼗/⼟⼟] : 풀 초 ▶ 昔借黄横

0223

昔

3학년 | N2 | 905위

풀(⼗⼗)이 자란 땅(一)을 보고 그곳이 해(日)처럼 찬란했던 옛날을 그리니

옛 석

8획 昔 昔 昔 昔 昔 昔 昔 昔

음독	せき	1순위	*昔年 석년옛날 (せきねん)	*昔日 석일옛날 (せきじつ)
			*昔時 석시옛날 (せきじ)	
	しゃく	4순위	*今昔 금석지금과 옛날 (こんじゃく/こんせき)	
훈독	むかし		昔(むかし) 옛날, 이전	
			昔話(むかしばなし) 옛날이야기　一昔(ひとむかし) 한 옛날	

| 잠깐만요 |
· 찬란했던 과거는 사라지고 잡초만 무성한 땅과 그 아래로 가라앉아 사라진 태양 같던 영광을 의미합니다.
· '대충 10년 단위의 옛날'이라는 의미가 강해서 뒤에 年/日/時가 붙어도 '왕년/옛날'을 의미하게 됩니다.

0224

借

4학년 | N3 | 964위

사람(⺅)은 보통 옛날(昔)부터 알던 지인에게 돈을 빌리니

빌릴 차

10획 借 借 借 借 借 借 借 借 借 借

음독	しゃく	1순위	借用 차용 (しゃくよう)	*借金 차금빚 (しゃっきん)
			*借料 차료임차료 (しゃくりょう)	
훈독	[か]りる		借(か)りる 빌리다, 빚지다	
			→ 貸(か)し借(か)り 빌려주고 빌림	

0225

2학년 | N2 | 1003위

| 잠깐만요 |
「おう」와 「こう」의 구분은
없지만, 대체로 「おう」는
'황금에 가까운 광택이 나는
노란색', 즉 광물의 색에 주
로 쓰이며, 「こう」는 '(무광
택의 폭이 넓은) 노란색', 즉
전형적인 노란색이 아닌 종
류에 주로 쓰입니다.

잡초(艹)가 자란 땅(一)은 기력이 쇠한 까닭(由)에 팔방(八)의 땅과 곡물이 누렇게
변하니

由 : 말미암을 유

누를 황

11획 黃 黃 黃 黃 黃 黃 黃 黃 黃 黃 黃

음독	おう	1순위	黄金 황금 (おうごん)　　　硫黄 유황 (いおう) 卵黄 난황 (らんおう)
	こう	2순위	黄砂 황사 (こうさ)　　　黄土 황토 (こうど/おうど) 黄色 황색 (こうしょく/おうしょく)
훈독	き		黄色(きいろ) 노란색　　　黄色(きいろ)い 노랗다 黄身(きみ) 노른자위, 난황
	예외		黄金(こがね) 황금, 돈

0226

3학년 | N2 | 457위

나무(木)가 누렇게(黃) 죽어 가로눕도록 방치함은 부조리하니

① 가로 횡　② 부조리 횡

15획 横 横 横 横 横 横 横 横 横 横 横 横 横 横 横

음독	おう	1순위	① 横断 횡단 (おうだん)　　① 横隊 횡대 (おうたい) ① 縦横 종횡 (じゅうおう)
		2순위	② 横暴 횡포 (おうぼう)　　② 横領 횡령 (おうりょう) ② *横柄 횡병 건방짐 (おうへい)
훈독	よこ		横(よこ) 옆　　　　　　　横道(よこみち) 샛길 → 横切(よこぎ)る 가로지르다 　　横取(よこど)り 가로챔, 횡령

㊼ 共: 모두 공·함께 공 ▶ 共供巷港寒選

0227

4학년 | N2 | 318위

풀(艹)이 자란 땅(一)의 정리는 분담해서(八) 모두 함께하니

八: 나눌 팔·여덟 팔

모두 공·함께 공

6획 共 共 共 共 共 共

| 음독 | きょう | 1순위 | 共通 공통 (きょうつう)　　　共同 공동 (きょうどう)
公共 공공 (こうきょう) |
| 훈독 | とも | | 共(とも) ⓐ 서로, 함께　ⓑ ~들
→ 共食(ともぐ)い 동족상잔　　共働(ともばたら)き 맞벌이
　　共(とも)に 함께, 동시에　　野郎共(やろうども) 녀석들 |

0228

사람(亻)이 큰일을 함께(共)하려면 윗선에 뭔가를 바쳐야 하니

바칠 공

8획 供 供 供 供 供 供 供 供

음독	きょう [1순위]	供給 공급 (きょうきゅう)　提供 제공 (ていきょう) *自供 자공자백 (じきょう)
	く [3순위]	供養 공양 (くよう)　　*供米 공미공양미 (くまい) 供物 공물 (くもつ)
훈독	とも	お供(とも) 모시고 따라감, 그 사람
	[そな]える	供(そな)える 바치다, 올리다 → お供(そな)え物(もの) 공물, 제물

6학년 | N2 | 342위

| 잠깐만요 |
• 음독「く」는 불교 용어일 경우에 씁니다.

0229　◉ 제부수

모두 함께(共) 오고 가는 뱀(巳)처럼 활기 있게 꿈틀거리는 거리이니　　巳: 뱀 사

거리 항

9획 巷 巷 巷 巷 巷 巷 巷 巷 巷

| 음독 | こう [4순위] | 巷説 항설풍문 (こうせつ)　　巷間 항간 (こうかん)
巷談 항담풍문 (こうだん) |
| 훈독 | ちまた | 巷(ちまた) 번화한 거리, 시가, 사람이 많이 모이는 장소 |

급수 외 | 223위

| 잠깐만요 |
•「巷(ちまた)」는 상당히 문어적인 글에서 사용됩니다.

0230

물(氵)가에 모여 사는 거리(巷)인 항구이니　　巷: 거리 항(巷)의 변형

항구 항

12획 港 港 港 港 港 港 港 港 港 港 港 港

| 음독 | こう [1순위] | 港口 항구 (こうこう)　　出港 출항 (しゅっこう)
空港 공항 (くうこう) |
| 훈독 | みなと | 港(みなと) 항구　　港町(みなとまち) 항구 도시 |

3학년 | N2 | 831위

| 잠깐만요 |
• 일반적으로 '항구'를 나타낼 때는 음독「港口(こうこう)」보다는 훈독「港(みなと)」를 사용합니다.

0231

寒

3학년 | N3 | 1166위

집(宀)에서도 모두 함께(共) 한데(一) 뭉쳐 얼지(冫) 않으려 할 만큼 추우니

宀: 집 면   冫: 얼음 빙

추울 한

12획 寒 寒 寒 寒 寒 寒 寒 寒 寒 寒 寒 寒

음독	かん	1순위	寒暑 한서 (かんしょ)　　寒波 한파 (かんぱ) 悪寒 오한 (おかん)
훈독	[さむ]い		寒(さむ)い 춥다, 차다 → 寒(さむ)さ 추위

0232

選

4학년 | N2 | 222위

자신들(己己)을 위해 모두 함께(共) 가(辶) 선택해 뽑으니

己: 몸 기·자기 기   辶: 뛸 착·쉬어 갈 착

뽑을 선·선택할 선

15획 選 選 選 選 選 選 選 選 選 選 選 選 選

음독	せん	1순위	選択 선택 (せんたく)　　選別 선별 (せんべつ) 選手 선수 (せんしゅ)
훈독	[えら]ぶ		選(えら)ぶ 고르다, 선별하다 → ～選(えら)び ～고르기 　服選(ふくえら)び 옷 고르기

48 異: 다를 이 ▶ 異暴爆

0233

6학년 | N1 | 470위

밭(田)은 모두 함께(共) 경작해도 방법도 결실도 다 다르니

다를 이

11획 異 異 異 異 異 異 異 異 異 異 異

음독	い	1순위	異常 이상 (いじょう)　　異性 이성 (いせい) 異変 이변 (いへん)
훈독	[こと]なる		異(こと)なる 상이하다

暴

5학년 | N2 | 812위

해(日)가 모든(共) 물(氺)이 증발할 정도로 사나운 모습을 드러내니   氵: 물 수

① 사나울 폭/포 ② 드러날 폭

15획   暴 暴 暴 暴 暴 暴 暴 暴 暴 暴 暴 暴 暴 暴 暴

음독	ぼう	1순위	① 暴力 폭력 (ぼうりょく) ① 暴言 폭언 (ぼうげん) ① 乱暴 난폭 (らんぼう)
		3순위	① 暴悪 포악 (ぼうあく) ① 凶暴 흉포 (きょうぼう) ① 自暴自棄 자포자기 (じぼうじき)
	ばく	4순위	② 暴露 폭로 (ばくろ)
훈독	[あば]く		暴(あば)く 파헤치다, (비밀을) 폭로하다
	[あば]れる		暴(あば)れる 날뛰다, 난폭하게 굴다

| 잠깐만요 |
- 단순히 '폭발'하는 이미지가 아니라, 난폭하게 날뛰는 태양이 물을 증발시키며 드러난다는 이미지로 외우세요. 그래야 「爆(폭발할 폭)」과 구분이 됩니다.
- '폭'으로 읽는 것이 생산성이 훨씬 높지만, 오히려 생산성이 낮은 '포'와 유사한 발음인 「ぼう」로 읽히니 주의하세요.
- ②의 '드러나다'는 의미는 본래 「曝(드러날 폭, 쬘 폭)」으로 써야 하지만, 상용 외 한자여서 예외적으로 「暴」을 쓰는 경우이니 예외적 의미의 어휘로 외우세요.

| 잠깐만요 |
발음이 동일해도 단어 생산성에 따라 나누어 정리했습니다.

爆

5학년 | N2 | 812위

불(火)을 뿜으며 사납게(暴) 터지며 폭발하니

터질 폭·폭발할 폭

19획   爆 爆 爆 爆 爆 爆 爆 爆 爆 爆 爆 爆 爆 爆 爆 爆 爆 爆 爆

| 음독 | ばく | 1순위 | 爆発 폭발 (ばくはつ)   爆弾 폭탄 (ばくだん)
爆破 폭파 (ばくは) |

㊾ 垂: 늘어질 수·덮을 수 ▶ 垂郵乗

垂

6학년 | N1 | 1441위

천(千) 개의 풀잎(艹)이 땅(土)을 향해 늘어져 뒤덮은 모습이니

늘어질 수·덮을 수

8획   垂 垂 垂 垂 垂 垂 垂 垂

음독	すい	1순위	垂直 수직 (すいちょく) 懸垂 현수·매달림 (けんすい) 胃下垂 위하수·위 처짐 (いかすい)
훈독	[た]れる		垂(た)れる 늘어지다, 드리우다
	[た]らす		垂(た)らす ⓐ 늘어뜨리다 ⓑ (액체를) 흘리다
	예외		垂水(たるみ) 폭포

0237

6학년 | N2 | 1180위

온 나라를 뒤덮은(垂) 언덕 위 고을(阝) 사이의 소식을 이어 주는 우편이니

阝: (왼편) 언덕 부 · (오른편) 고을 읍

우편 우

11획 郵 郵 郵 郵 郵 郵 郵 郵 郵 郵 郵

| 음독 | ゆう | 3순위 | 郵便 우편 (ゆうびん) | 郵送 우송 (ゆうそう) |

0238

3학년 | N3 | 332위

늘어진 천(千) 개의 풀잎(卄)이 튼튼한 나무(木) 위에 올라타듯 편승한 모습에서

① 올라탈 승 (② 곱할 승)

9획 乗 乗 乗 乗 乗 乗 乗 乗 乗

| 음독 | じょう | 1순위 | ① 乗車 승차 (じょうしゃ) ① 乗客 승객 (じょうきゃく)
① 便乗 편승 (びんじょう) |

| 훈독 | [の]る | 乗(の)る ⓐ 타다 ⓑ 마음이 내키다 → 乗(の)り物(もの) 탈것 |
| | [の]せる | 乗(の)せる 운반하는 도구 위에 두다 → 上乗(うわの)せ 덧붙임 |

| 잠깐만요 |
• 버드나무 같은 하늘거리는 나무가 크게 자라면 그 잎과 줄기의 무게를 버티지 못해 아래로 늘어지죠? 그때 바로 옆에서 자라고 있는 튼튼한 나무 위에 그 잎과 줄기를 걸친 모습이 마치 '올라탄 모습'처럼 보이겠죠?

50 屯: 진칠 둔 · 묻힐 둔 ▶ 屯純芚逆

0239 ◐ 제부수

N1 | 2446위

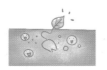

땅(一) 아래 씨앗(屮)이 발아해 뿌리(乚) 내리고 묻혀서 박혀 있듯 진치고 있으니

屮: 위 뚫릴 철

진칠 둔 · 묻힐 둔

4획 屯 屯 屯 屯

| 음독 | とん | 4순위 | 屯営 둔영 (とんえい) | 駐屯 주둔 (ちゅうとん) |

0240

6학년 | N2 | 850위

때 묻은 겉모습 속에 묻혀(屯) 진치고 있는 실낱(糸)같은 순수함이니

순수할 순

10획 純 純 純 純 純 純 純 純 純 純

| 음독 | じゅん | 1순위 | 純粋 순수 (じゅんすい) 純白 순백 (じゅんぱく)
清純 청순 (せいじゅん) |

0241 ● 부수자

艸

싹(艹)이 난 씨앗(凵)의 뿌리(丿)가 단단한 지면을 거슬러
자라는 모습이니 　　　　　　　　　　艹: 풀 초　凵: 위 뚫릴 감

거스를 역

6획 艸 艸 艸 艸 艸 艸

0242

逆

5학년 | N2 | 764위

싹의 뿌리가 지면을 거슬러(艸) 가는(辶) 방향은 지면과 반대되는 방향이니
　　　　　　　　　　　　　　　　　艸: 거스를 역　辶: 쉬어 갈 착

거스를 역

9획 逆 逆 逆 逆 逆 逆 逆 逆 逆

음독	ぎゃく [1순위]	逆 역반대, 거꾸로 (ぎゃく)　　逆転 역전 (ぎゃくてん) 逆順 역순 (ぎゃくじゅん)　　逆効果 역효과 (ぎゃくこうか)
훈독	さか	逆(さか) ⓐ 거꾸로 됨 ⓑ 역의 逆立(さかだ)ち 물구나무　　　逆手(さかて) 거꾸로 쥠
	[さか]らう	逆(さか)らう 거스르다, 거역하다

---

51 菫: 진창 근·수렁 근 ▶ 菫難勤漢

0243 ◑ 제부수

菫／堇

떠다니는 풀잎(艹) 같은 입(口)만 수면(一) 위에 남기고
빠지게 되는 흙(土)인 진창이자 수렁이니　　　　艹: 풀 초

진창 근·수렁 근

11획 菫 菫 菫 菫 菫 菫 菫 菫 菫 菫 菫

훈독	すみれ	菫(すみれ) 제비꽃

| 잠깐만요 |
• 사람이 빠지는 흙. 즉 늪, 진창, 수렁을 의미해요. 또, 단독으로 쓸 때는 진창에 피는 제비꽃을 의미
합니다.
• 풀(艹)잎 아래 진창(口)에 빠져 한(一) 발도 못 움직이는 질펀한 흙(土)이라고 해석해도 돼요.

125

難

6학년 | N2 | 442위

진창(堇)에 빠진 작은 새(隹)처럼 비난받아 힘들고 어려운 형상이니　堇: 작은 새 추

① 어려울 난　② 비난할 난

18획 難 難 難 難 難 難 難 難 難 難 難 難 難 難 難 難 難 難

음독	なん	1순위	① 難易度 난이도 (なんいど)　① 無難 무난 (ぶなん) ① 困難 곤란 (こんなん)
		3순위	② 非難 비난 (ひなん)　② *難癖 난벽트집 (なんくせ) ② *難詰 난힐할난 (なんきつ)
훈독	[むずか]しい		難(むずか)しい　어렵다 気難(きむずか)しい　성미가 까다롭다, 신경질적이다
	[かた]い		〜難(かた)い　〜하기 어렵다, 힘들다 → 言(い)い難(がた)い　말하기 어렵다, 말하기 힘들다

| 잠깐만요 |
- '② 비난하다'의 의미는 이 세 가지 외에는 그 예가 잘 없으니 어휘적으로 외워 두세요.
- 발음이 동일해도 단어 생산성에 따라 나누어서 정리했습니다.

勤

6학년 | N2 | 904위

진창(堇) 같은 업무 속에서 힘(力)을 써서 근면하게 일하니

일할 근·근면할 근

12획 勤 勤 勤 勤 勤 勤 勤 勤 勤 勤 勤 勤

음독	きん	1순위	勤務 근무 (きんむ)　　勤労 근로 (きんろう) 通勤 통근 (つうきん)
	ごん	4순위	*勤行 근행승려가 불전에서 독경함 (ごんぎょう) *勤修 근수수행 (ごんしゅ)
훈독	[つと]まる		勤(つと)まる　(임무를) 수행해 내다, 감당해 내다
	[つと]める		勤(つと)める　근무하다 → 勤(つと)め先(さき) 근무처

| 잠깐만요 |
- 「ごん」으로 읽는 경우는 불교에서 '수행에 힘쓰다'라는 의미로 쓰는 경우에만 사용됩니다.

漢

3학년 | N3 | 1063위

물(氵)과 진창(堇 →英)이 많았던 한나라 사람은 거만하여 파렴치한 놈이 많았다 하여

① 한나라 한　② 파렴치한 한

13획 漢 漢 漢 漢 漢 漢 漢 漢 漢 漢 漢 漢 漢

| 음독 | かん | 1순위 | ① 漢字 한자 (かんじ)　② 痴漢 치한 (ちかん)
② 悪漢 악한 (あっかん) |

| 잠깐만요 |
- 물이 많다는 것은 운송로가 발달하고 그에 따라 상공업이 발달함을 의미해요. 또 그로 인해서 파렴치하고 거만한 부자가 많았다고 생각하면 이미지가 이어지죠?

(정답은 506쪽에)

1 빈칸에 들어갈 한자로 적절한 것을 고르시오.

1. ____日 (석일)   ⓐ 昔   ⓑ 借   ⓒ 共

2. 悪____ (오한)   ⓐ 寒   ⓑ 選   ⓒ 漢

3. ____常 (이상)   ⓐ 黄   ⓑ 暴   ⓒ 異

4. 非____ (비난)   ⓐ 漢   ⓑ 難   ⓒ 横

5. ____断 (횡단)   ⓐ 借   ⓑ 横   ⓒ 港

6. 提____ (제공)   ⓐ 共   ⓑ 借   ⓒ 供

7. 胃下__ (위하수)   ⓐ 垂   ⓑ 乗   ⓒ 郵

8. ____力 (폭력)   ⓐ 暴   ⓑ 爆   ⓒ 異

2 다음 한자의 뜻을 ( )에 적고 일본 음독을 a, b, c 중에 하나 고르시오.

1. 便乗 ( )   ⓐ べんじょう   ⓑ びんしょう   ⓒ びんじょう

2. 純粋 ( )   ⓐ じゅんじゅ   ⓑ じゅんすい   ⓒ じゅんす

3. 郵便 ( )   ⓐ ゆうびん   ⓑ ゆびん   ⓒ ゆうへん

4. 爆発 ( )   ⓐ ばっぱつ   ⓑ はくばつ   ⓒ ばくはつ

5. 公共 ( )   ⓐ こうこう   ⓑ こうきょ   ⓒ こうきょう

6. 横暴 ( )   ⓐ ほうぼう   ⓑ おうぼう   ⓒ おうばく

7. 借用 ( )   ⓐ しゃくよう   ⓑ ちゃくよう   ⓒ さくよう

8. 暴露 ( )   ⓐ ばくろ   ⓑ ぼうろ   ⓒ ばくろう

11

木·氏의 파생 [38자]

52 木: 나무 목 ▶ 休保困栄桜札栃

0247

休

1학년 | N4 | 811위

사람(イ)이 나무(木) 옆에 누워 쉬는 모습이니		イ: 사람 인

쉴 휴

6획 休 休 休 休 休 休

음독	きゅう [1순위]	休暇 휴가 (きゅうか)　　休憩 휴게 (きゅうけい) 無休 무휴 (むきゅう)
훈독	[やす]む	休(やす)む 쉬다 → 休(やす)み 휴가
	[やす]まる	休(やす)まる (심신이) 편안해지다
	[やす]める	休(やす)める 쉬게 하다, 편안히 하다 → 気休(きやす)め 일시적인 위안, 안심

| 잠깐만요 |
• 「体(몸 체)」와 구분에 주의하세요.

0248

保

5학년 | N1 | 218위

사람(イ)이 입(口)을 나무(木)처럼 굳게 다물어 비밀을 지키니		イ: 사람 인

보호할 보

9획 保 保 保 保 保 保 保 保 保

음독	ほ [1순위]	保存 보존 (ほぞん)　　保守 보수 (ほしゅ) 保証 보증 (ほしょう)
훈독	[たも]つ	保(たも)つ 유지하다

0249

困

6학년 | N2 | 845위

사방이 에워싸인(口) 곳은 나무(木)가 뿌리 뻗기 어려워 곤란하니		口: 에워쌀 위

곤란할 곤

7획 困 困 困 困 困 困 困

음독	こん [1순위]	困難 곤란 (こんなん)　　困惑 곤혹 (こんわく) 貧困 빈곤 (ひんこん)
훈독	[こま]る	困(こま)る 곤란하다 → 困(こま)り顔(がお) 곤란한 얼굴

栄

4학년 | N2 | 969위

불(丷)로 덮인(冖) 듯 나무(木)가 꽃피우듯 번영을 누리니 　　丷: 불 화 　冖: 덮을 멱

꽃피울 영 · 번영 영

9획　栄 栄 栄 栄 栄 栄 栄 栄 栄

음독	えい [1순위]	栄養 영양 (えいよう) 繁栄 번영 (はんえい)	*光栄 광영영광 (こうえい)
훈독	[さか]える	栄(さか)える 번영하다 ↔ 衰(おとろ)える 쇠퇴하다	
	[は]える	栄(は)える 돋보이다, 두드러지다 → 見栄(みば)え 보기에 좋음	

| 잠깐만요 |
• '영광'이란 단어는 일본에서는 '광영'으로 쓰는 게 일반적이에요. 2자 한어의 경우, 한국어와는 반대의 순서를 가진 단어들이 여럿 있으니 주의하세요. (예 白黒: 흑백)

桜

5학년 | N1 | 1329위

나무(木) 중 꽃잎이 불꽃(丷)처럼 피어나 여성(女)들이 좋아하는 벚(꽃)나무이니 　丷: 불 화

벚나무 앵

10획　桜 桜 桜 桜 桜 桜 桜 桜 桜 桜

음독	おう [4순위]	*桜花 앵화벚꽃 (おうか)
훈독	さくら	桜(さくら) ⓐ 벚나무, 벚꽃 ⓑ 분홍(색)

| 잠깐만요 |
• 음독으로는 거의 읽히지 않습니다.

札

4학년 | N2 | 1125위

나무(木)로 만든 판/종이에 새겨진 내용이나 가치를 숨은(乚) 약속을 통해 실현하는 증서이니 　　乚: 숨을 은

증서 찰

5획　札 札 札 札 札

음독	さつ [1순위]	*札 찰지폐 (さつ) 札束 지폐 다발 (さつたば)	改札口 개찰구 (かいさつぐち) 落札 낙찰 (らくさつ)
훈독	ふだ	札(ふだ) 표, 팻말 → 名札(なふだ) 명찰, 명패	

| 잠깐만요 |
• 돈이나 팻말, 명찰 등은 '이곳에 새겨져 있는 정보나 내용이 실제로 그와 동등한 가치나 의미를 지닙니다'라고 암묵적인 약속에 근간해서 만들어진 것이죠? 이때, 음독인 「さつ」는 경제적 증서류(주로 지폐)를 의미하고, 훈독인 「ふだ」는 정보 전달의 증서(표나 팻말)류를 의미하는 경향이 있어요.
• 礼(예절 례)와의 구분에 주의하세요.

나무(木) 중 굴바위(厂)처럼 크고 둥글게 자라 잎이 많은(万) 상수리(도토리)나무이니

厂 : 굴바위 엄　万 : 일만 만·많을 만

상수리나무 회

9획　栃 栃 栃 栃 栃 栃 栃 栃 栃

훈독	とち	*栃木県 회목현도치기현〈지명〉 (とちぎけん)

| 잠깐만요 |
· 「栃」는 원래 급수 외 인명 한자로, 도치기현의 이름에 쓰이기 때문에 4학년 한자로 추가되었습니다. 그러니 한자 자체를 외우기보다는 「栃木県(도치기현)」을 읽을 수 있을 정도만 학습해 두세요.

4학년 | 급수 외

---

53 林: 수풀 림 ▶ 林禁暦歴森

나무(木)와 나무(木)가 우거진 수풀이니

수풀 림

8획　林 林 林 林 林 林 林 林

음독	りん	1순위	林野 임야 (りんや)　　山林 산림 (さんりん) 密林 밀림 (みつりん)
훈독	はやし		林(はやし) 숲 → 雑木林(ぞうきばやし) 잡목림

1학년 | N3 | 624위

수풀(林) 안에 보이는 제단(示)은 출입이 금지된 곳임을 나타내니

示 : 보일 시·신 시(礻)

금할 금

13획　禁 禁 禁 禁 禁 禁 禁 禁 禁 禁 禁 禁 禁

음독	きん	1순위	禁止 금지 (きんし)　　禁煙 금연 (きんえん) 厳禁 엄금 (げんきん)

5학년 | N2 | 974위

굴바위(厂) 아래 무덤에 우거진 수풀(林)이 날 만큼 지나간 날(日)들을 기록하고 계산한 달력이니

厂 : 굴바위 엄

달력 력

14획　暦 暦 暦 暦 暦 暦 暦 暦 暦 暦 暦 暦 暦 暦

음독	れき	1순위	陽暦 양력 (ようれき)　　陰暦 음력 (いんれき) 還暦 환갑 (かんれき)
훈독	こよみ		暦(こよみ) 달력

중학 | N1 | 1787위

| 잠깐만요 |
· 훈독은 일상적으로 쓰이는 어휘는 아닙니다. '달력'은 일반적으로 「カレンダー」로 사용됩니다.

0256

歴

5학년 | N2 | 577위

굴바위(厂) 아래 무덤에 난 우거진 수풀(林)과 방문객이 멈춘(止) 모습으로 지나간 세월을 나타내니

厂: 굴바위 엄　止: 멈출 지·정지할 지

겪을 력·지날 력

14획　歴 歴 歴 歴 歴 歴 歴 歴 歴 歴 歴 歴 歴 歴

| 음독 | れき | 1순위 | 歴史 역사 (れきし)　履歴 이력 (りれき) | 経歴 경력 (けいれき) |

| 잠깐만요 |
• 「暦(달력 력)」과의 구분에 주의하세요. 「暦」은 달력, 서력, 음력 등 날짜와 관련된 개념에 사용합니다.

0257

森

1학년 | N3 | 635위

높은 나무(木)가 수풀(林) 위로 보이는 빽빽한 숲이니

숲 삼

12획　森 森 森 森 森 森 森 森 森 森 森 森

| 음독 | しん | 1순위 | 森林 삼림 (しんりん)　森厳 삼엄 (しんげん)　*森々 삼삼(しんしん) | 森厳 삼엄 (しんげん) |
| 훈독 | もり | | 森(もり) 수풀, 삼림 → 森(もり)の精(せい) 숲의 요정 | |

| 잠깐만요 |
• 「森々」은 「森々と＋동사」나 「森々たる＋명사」의 형태로 ⓐ 나무가 울창한 모양　ⓑ 사람이 위엄 있고 무거운 모양'을 뜻합니다.

54 相: 서로 상 ▶ 相想箱

0258

相

3학년 | N2 | 111위

두 재상이 나무(木)처럼 마주 서서 눈(目)이 아플 정도로 서로를 자세히 보니

① 서로 상　② (자세히) 볼 상　③ 재상 상

9획　相 相 相 相 相 相 相 相 相

음독	そう	1순위	① 相談 상담 (そうだん)　② 手相 수상손금 (てそう)	① 相応 상응 (そうおう)　② 真相 진상 (しんそう)
	しょう	2순위	③ 首相 수상 (しゅしょう)	③ 宰相 재상 (さいしょう)
훈독	あい～		相(あい)～ 서로, 함께　→ 相手(あいて) 상대	相方(あいかた) 파트너

| 잠깐만요 |
• 「しょう」로 읽히는 경우는 대부분 '③ 재상'의 의미로 사용됩니다.

想

3학년 | N2 | 302위

서로(相)를 마음(心)으로 그리며 생각하니

생각할 상

13획 想 想 想 想 想 想 想 想 想 想 想 想 想

음독	そう	1순위	想像 상상 (そうぞう)　　　理想 이상 (りそう)
			空想 공상 (くうそう)
	そ	4순위	*愛想 애상불임성, 정나미 (あいそ)

|잠깐만요|
• 「そ」는 「愛想(あいそ)」에만 관용적으로 쓰이니 예외적으로 외워 두세요.

箱

3학년 | N2 | 1105위

대나무(⺮)를 잘게 쪼갠 대나무 살을 서로(相) 엮어 짜서 만드는 상자이니

상자 상

15획 箱 箱 箱 箱 箱 箱 箱 箱 箱 箱 箱 箱 箱 箱 箱

| 훈독 | はこ | 箱(はこ) 상자, 함 |
| | | 箱船(はこぶね) 방주〈네모난 상자 같은 배〉 |

|잠깐만요|
• 「そう」라는 음독이 있지만 실질적으로는 거의 쓰이지 않아요.

---

55 束: 묶을 속 ▶ 束速東練

束

4학년 | N2 | 869위

나뭇(木)가지들을 둘둘 감아(口) 묶은 한 다발의 모습이니
口: 입 구(여기서는 다발로 만든 모습)

묶을 속·다발 속

7획 束 束 束 束 束 束 束

음독	そく	1순위	束縛 속박 (そくばく)　　　拘束 구속 (こうそく)
			約束 약속 (やくそく)
훈독	たば		束(たば) 다발, 묶음
			花束(はなたば) 꽃다발　　　札束(さつたば) 돈뭉치
	예외		束(つか)の間(ま) 잠깐, 순간　束子(たわし) 수세미

速

3학년 | N2 | 631위

신발 끈을 묶고(束) 제대로 뛰면(辶) 속도가 빠르니

辶 : 뛸 착 · 쉬어 갈 착

빠를 속 · 속도 속

10획	速 速 速 速 速 速 速 速 速 速	
음독	**そく** [1순위]	速力 속력 (そくりょく)　　速度 속도 (そくど) 快速 쾌속 (かいそく)
훈독	**[はや]い**	速(はや)い (속도가) 빠르다 → 速(はや)さ 속력, 속도
	[はや]まる	速(はや)まる 빨라지다
	[はや]める	速(はや)める 빠르게 하다
	[すみ]やか	速(すみ)やか(だ) 신속함

東

2학년 | N4 | 110위

나무(木) 사이로 해(日)가 뜨는 모습에서 해 뜨는 방향인 동쪽을 나타내니

동쪽 동

8획	東 東 東 東 東 東 東 東	
음독	**とう** [1순위]	東西 동서 (とうざい)　　東洋 동양 (とうよう) 東南 동남 (とうなん)
훈독	**ひがし**	東(ひがし) 동쪽 東風(ひがしかぜ) 동풍　　東(ひがし)アジア 동아시아

練

3학년 | N2 | 952위

나무(木)에 해(日)가 들 때까지 거미가 실(糸)로 거미줄을 몇 번이고 치듯 익히고 연습하니

익힐 련 · 연습할 련

14획	練 練 練 練 練 練 練 練 練 練 練 練 練 練	
음독	**れん** [1순위]	練習 연습 (れんしゅう)　　訓練 훈련 (くんれん) 未練 미련 (みれん)
훈독	**[ね]る**	練(ね)る ⓐ (실을) 누이다　ⓑ 반죽하다 　　　　　ⓒ (쇠 · 기술 · 문장 · 계획 등을) 단련하다, 다듬다 → 練(ね)り物(もの) 반죽

│ 잠깐만요 │
- 나무에 걸린 거미줄이 동쪽에서 뜨는 해에 비쳐 보이는 이미지예요.
  거미가 끊임없이 거미줄을 치고 익혀 나가듯 무언가를 '끊임없이 반복하고 파고들어 익히는 것'
  그래서 '노련하고 능숙한 것'을 의미합니다. 또, 예외적으로 '끊임없이'라는 부분에 의미가 집중된
  '미련(未練)'이라는 단어도 존재합니다.

56 **[束]: 가시 자 ▶ 束策刺**

0265 ● 부수자

束

가시나무(木)의 가지를 덮듯(冖) 이리저리 얽힌 뾰족한 가시의 모습이니　冖: 덮을 멱

가시 자

6획　束 束 束 束 束 束

0266

策

대나무(⺮)처럼 유연하고 가시(束)처럼 날카롭게 상대를 농락하는 책략이니

⺮: 대나무 죽

꾀 책 · 책략 책

12획　策 策 策 策 策 策 策 策 策 筞 策 策

음독	さく	1순위	*策 책계획, 대책 (さく)	策略 책략 (さくりゃく)
			政策 정책 (せいさく)	対策 대책 (たいさく)

6학년 | N1 | 535위

0267

刺

가시(束)처럼 생긴 펜싱용 칼(刂)은 찌르기 위한 무기이니　刂: 칼 도

찌를 자

8획　刺 刺 刺 刺 刺 刺 刺 刺

음독	し	1순위	刺激 자극 (しげき)	刺繍 자수 (ししゅう)
			*名刺 명자명함 (めいし)	

훈독	[さ]す	刺(さ)す 찌르다
	[さ]さる	刺(さ)さる 박히다, 꽂히다, 찔리다

중학 | N2 | 838위

| 잠깐만요 |
- 중학 레벨이지만 상용한자에서 「束」의 파생자는 「策/刺」뿐이고, 형태나 획수도 적기 때문에 추가했어요.
- 「名刺(명함)」는 '이름'을 '찌르듯이' 앞으로 내미는 것을 연상하면 알기 쉽죠?

---

57 **朱: 붉을 주 ▶ 朱株末未味**

0268

朱

화살(⺧)이 꽂히는 궁술 연습용 나무(木)는 멀리서도 잘 보이는 붉은색이었으니　⺧: 화살 시

붉을 주

6획　朱 朱 朱 朱 朱 朱

음독	しゅ	1순위	朱色 주색주홍색 (しゅいろ)	*朱肉 주육인주 (しゅにく)
			*朱印 주인인주를 묻혀 찍는 도장 (しゅいん)	

중학 | N1 | 1539위

134

6학년 | N1 | 648위

화면에서 나무(木)토막 같은 그래프와 붉은(朱) 선이 요동치는 주식이니

① 주식 주 ② 그루 주

10획 株 株 株 株 株 株 株 株 株 株

| 훈독 | かぶ | 株(かぶ) ⓐ 주식 ⓑ 그루터기 |
| | | 株価(かぶか) 주가　　　　　　株式(かぶしき) 주식 |

| 잠깐만요 |
• 음독이 없어요. 본 의미는 나무의 밑동인 '그루(터기)'지만, 현재는 '주식'이라는 의미로 대부분 쓰여요.

4학년 | N2 | 539위

길게 펼쳐진 구름(一) 위로 나무(木)의 끝이 나온들 별것 없으니

① 끝 말 ② 보잘것없을 말

5획 末 末 末 末 末

음독	まつ	1순위	① 年末 연말 (ねんまつ)　　① *始末 시말전말 (しまつ)
			① 結末 결말 (けつまつ)
		4순위	② 粉末 분말 (ふんまつ)
			② *粗末 조말 허술하고 조악함 (そまつ)
훈독	すえ		末(すえ) ⓐ 끝, 마지막 ⓑ 장래

4학년 | N2 | 565위

나무(木)의 가지가 짧아(一) 아직 나무가 아니니

아직 아닐 미

5획 未 未 未 未 未

| 음독 | み | 1순위 | 未来 미래 (みらい)　　　　未満 미만 (みまん) |
| | | | 未定 미정 (みてい) |

| 잠깐만요 |
• 가느다란 줄기에 가지가 아직 짧은 모습이면 나무라고 부르기도 애매하죠?

3학년 | N3 | 149위

입(口)에서 사라지지 않는(未) 맛을 음미하니

맛볼 미·음미할 미

8획 味 味 味 味 味 味 味 味

음독	み	1순위	味覚 미각 (みかく)　　趣味 취미 (しゅみ)　　意味 의미 (いみ)
훈독	あじ		味(あじ) 맛　　　　味見(あじみ) 맛봄
	[あじ]わう		味(あじ)わう 맛보다, 감상하다 → 味(あじ)わい 맛, 정취

0273

本

1학년 | N4 | 7위

지식이라는 나무(木)가 지면(一) 아래 뿌리내린 근본에 해당하는 책이니

① 근본 본 ② 책 본

5획 本 木 木 木 本

음독	ほん	1순위	② *本 본책 (ほん) ① 本質 본질 (ほんしつ) ① 根本 근본 (こんぽん)	① 本人 본인 (ほんにん) ② *本屋 본옥책방 (ほんや)
훈독	もと		本(もと) ⓐ 시초, 근본 ⓑ 뿌리	根本(ねもと) ⓐ 뿌리 ⓑ 근본

0274

体

2학년 | N3 | 55위

사람(イ)의 근본(本)은 부모님이 물려준 몸이니

몸 체

7획 体 体 体 体 体 体 体

음독	たい	1순위	体力 체력 (たいりょく) 気体 기체 (きたい) 主体 주체 (しゅたい)
	てい	2순위	体裁 체재 (ていさい) 風体 풍체 (ふうてい) *世間体 세간체체면 (せけんてい)
훈독	からだ		体(からだ) 몸 体付(からだつ)き 몸매, 체격

| 잠깐만요 |
• 음독 「てい」의 경우, 위의 세 단어가 자주 사용되고, 그 외의 단어는 자주 사용되지 않으니 이것만 외워도 충분해요.

0275 ● 부수자

术 / 朮

나무(木)의 뿌리가 티끌 하나(丶) 달라도 알아내는 기술을 가진 재주꾼이니

재주 술·기술 술

5획 术 术 术 木 术

0276

述

5학년 | N2 | 843위

가진 기술(朮)을 달려가듯(辶) 막힘없이 말하며 기술하니   辶: 쉬어 갈 착

말할 술·기술할 술

8획 述 述 述 述 述 述 述 述

음독	じゅつ	1순위	述語 술어 (じゅつご) 口述 구술 (こうじゅつ) 記述 기술 (きじゅつ)
훈독	[の]べる		述(の)べる ⓐ 말하다, 진술하다 ⓑ 기술하다

0277

기술(術)을 가지고 행하며(行) 재주를 보인다는 의미에서 　　　　行 : 갈 행 · 행할 행

기술 술 · 재주 술

11획 術 術 術 術 術 術 術 術 術 術 術

| 음독 | じゅつ | 1순위 | *術 술기술, 재주/계략 (じゅつ) | 技術 기술 (ぎじゅつ) |
| | | | 手術 수술 (しゅじゅつ) | 芸術 예술 (げいじゅつ) |

術
5학년 | N2 | 327위

| 잠깐만요 |
- 「術(じゅつ)」 단독 사용 시 「術をめぐらす(계략을 꾸미다)」 「術にかかる(주술에 걸리다)」 「施(ほどこ)すに術なし(손 쓸 방법이 없다)」처럼 관용 표현으로 많이 사용됩니다.

---

59 氏: 뿌리 씨 ▶ 紙派脈

0278

나무를 실(糸)처럼 풀어서 나무뿌리(氏) 엮듯 엉겨 만든 종이이니 　　　　糸 : 실 사

종이 지

10획 紙 紙 紙 紙 紙 紙 紙 紙 紙 紙

음독	し	1순위	紙幣 지폐 (しへい)	表紙 표지 (ひょうし)
			用紙 용지 (ようし)	
훈독	かみ		紙(かみ) 종이	紙飛行機(かみひこうき) 종이비행기
			手紙(てがみ) 편지	

紙
2학년 | N3 | 473위

0279

물(氵)이 복잡한 동굴(厂)을 흐르며 나무뿌리(氏)처럼 갈라져 멀리 흘러가니
氵 : 물 수 厂 : 굴바위 엄 氏 : 뿌리 씨(氏)의 변형

① 갈라질 파 ② (멀리) 보낼 파

9획 派 派 派 派 派 派 派 派 派

| 음독 | は | 1순위 | ② 派遣 파견 (はけん) | ① *派手 파수화려함 (はで) |
| | | | ① 流派 유파 (りゅうは) | |

派
6학년 | N1 | 453위

| 잠깐만요 |
- '① 갈라지는 것'은 집단에서는 '파벌'을 의미하게 됩니다.
- 지하수가 여러 갈래로 나뉘며 먼 곳으로 흘러가는 것을 상상해 주세요.

0280

몸(月)이라는 동굴(厂) 안을 나무뿌리(氏)처럼 가득 덮는 혈관 줄기이니 　　月 : 달 월 · 고기 육

① 혈관 맥 ② 줄기 맥

10획 脈 脈 脈 脈 脈 脈 脈 脈 脈 脈

| 음독 | みゃく | 1순위 | 山脈 산맥 (さんみゃく) | 静脈 정맥 (じょうみゃく) |
| | | | 文脈 문맥 (ぶんみゃく) | |

脈
5학년 | N1 | 504위

0281 ● 부수자

갈라진 나무뿌리(氏)는 나무의 가장(一) 아래의 밑받침이자 근본이니

밑받침 저 · 근본 저

5획 氏 氏 氏 氏 氏

0282

4학년 | N3 | 619위

어떤 사람(亻)도 근본(氏)은 결국 낮은 곳에서 시작하니

낮을 저

7획 低 低 低 低 低 低 低

음독	てい	1순위	低下 저하 (ていか) 最低 최저 (さいてい)	高低 고저 (こうてい)
훈독	[ひく]い		低(ひく)い 낮다 → 低(ひく)さ 낮은 정도	
	[ひく]まる		低(ひく)まる 낮아지다	
	[ひく]める		低(ひく)める 낮추다	

0283

4학년 | N2 | 676위

집(广)을 짓는 근본(氏) 토대는 보이지 않는 밑바닥부터이니　　　广: 집 엄

밑바닥 저

8획 底 底 底 底 底 底 底 底

음독	てい	1순위	底辺 저변 (ていへん) 徹底 철저 (てってい)	海底 해저 (かいてい)
훈독	そこ		底(そこ) 밑바닥, 바탕 底力(そこぢから) 저력	心底(しんそこ) 마음속

(정답은 507쪽에)

1 빈칸에 들어갈 한자로 적절한 것을 고르시오.

1. ＿＿憩 (휴게)　　ⓐ 保　　ⓑ 休　　ⓒ 体

2. 山＿＿ (산림)　　ⓐ 林　　ⓑ 相　　ⓒ 森

3. ＿＿縛 (속박)　　ⓐ 東　　ⓑ 束　　ⓒ 束

4. 意＿＿ (의미)　　ⓐ 未　　ⓑ 末　　ⓒ 味

5. ＿＿語 (술어)　　ⓐ 述　　ⓑ 朮　　ⓒ 術

6. 最＿＿ (최저)　　ⓐ 低　　ⓑ 底　　ⓒ 氏

7. ＿＿幣 (지폐)　　ⓐ 派　　ⓑ 脈　　ⓒ 紙

8. ＿＿価 (주가)　　ⓐ 桜　　ⓑ 株　　ⓒ 朱

2 다음 한자의 뜻을 (　　)에 적고 일본 음독을 a, b, c 중에 하나 고르시오.

1. 陰暦 (　　)　　ⓐ いんれき　　ⓑ いんりゃく　　ⓒ いんりょく

2. 策略 (　　)　　ⓐ せきやく　　ⓑ さくりゃく　　ⓒ ちゃくりゃく

3. 歴史 (　　)　　ⓐ りゃくし　　ⓑ れきし　　ⓒ らくし

4. 海底 (　　)　　ⓐ はいてい　　ⓑ かいて　　ⓒ かいてい

5. 刺激 (　　)　　ⓐ しげき　　ⓑ じげき　　ⓒ ちげき

6. 結末 (　　)　　ⓐ げつまつ　　ⓑ げつみ　　ⓒ けつまつ

7. 山脈 (　　)　　ⓐ さんみゃく　　ⓑ さんまく　　ⓒ ざんみょう

8. 保存 (　　)　　ⓐ ほそん　　ⓑ ほぞん　　ⓒ ぼぞん

禾·米의 파생 [15자]

61 禾: 벼 화 ▶ 和秋私移利梨

0284

和

3학년 | N2 | 164위

벼(禾)를 식구(口) 모두 화목하게 나눠 먹는 모습에서

① 조화로울 화·화목할 화 ② 일본(풍) 화

8획 和 和 和 和 和 和 和 和

음독	わ	1순위	*和 화조화, 화목/일본풍 (わ) ① 和解 화해 (わかい)
			① 平和 평화 (へいわ) ① 調和 조화 (ちょうわ)
		2순위	②*和食 화식일본식 (わしょく) ②*和風 화풍일본풍 (わふう)
			②*和文 화문일문 (わぶん)
	お	4순위	和尚 화상스님 (おしょう)
훈독	[なご]やか		和(なご)やか(だ) (분위기가) 부드러움, 온화함
	[なご]む		和(なご)む 누그러지다, 온화해지다
	[やわ]らぐ		和(やわ)らぐ 누그러지다, 풀리다
	[やわ]らげる		和(やわ)らげる 부드럽게 하다, 진정시키다, 누그러뜨리다

| 잠깐만요 |
· 「お」로 읽는 것은 「和尚(おしょう)」뿐이며, 그마저도 일반적으로는 쓰이지 않습니다. 일반적으로 '스님'은 「お坊(ぼう)さん」 또는 「坊主(ぼうず)」라고 합니다.
· 음독이 동일해도 단어 생산성에 따라 나누어서 정리했어요.

0285

秋

2학년 | N4 | 650위

벼(禾)가 불(火)타는 듯한 석양빛으로 익어 가는 가을을 나타내니

가을 추

9획 秋 秋 秋 秋 秋 秋 秋 秋 秋

음독	しゅう	1순위	中秋 중추 (ちゅうしゅう) *今秋 금추올가을 (こんしゅう)
			春夏秋冬 춘하추동 (しゅんかしゅうとう)
훈독	あき		秋(あき) 가을 秋雨(あきさめ) 가을비
			秋空(あきぞら) 가을 하늘 春秋(はるあき) 춘추, 봄과 가을

私

6학년 | N3 | 43위

벼(禾)를 내 품에 감싸 안아(厶) 사사로운 내 것임을 나타내니

厶: 사사로울 사(여기서는 팔로 안고 있는 모습)

사사로울 사 · 사적 사

7획 私 私 私 私 私 私 私

음독	し	1순위	私有 사유 (しゆう)	*私用 사용 사사로운 일 (しよう)
			公私 공사 (こうし)	
훈독	わたし		私 (わたし) 나〈캐주얼〉	
	わたくし		私 (わたくし) 나〈공손〉	

| 잠깐만요 |
• 1인칭을 나타내는 말로는 「俺(おれ)」「僕(ぼく)」 등도 있습니다.

移

5학년 | N2 | 547위

수확한 벼(禾)가 많이(多) 쌓이면 창고로 옮겨서 이동시킴이니

多: 많을 다

옮길 이 · 이동할 이

11획 移 移 移 移 移 移 移 移 移 移 移

음독	い	1순위	移動 이동 (いどう)	移転 이전 (いてん)
			移行 이행 (いこう)	
훈독	[うつ]す		移 (うつ)す 이동시키다, 옮기다	
	[うつ]る		移 (うつ)る 이동하다, 변하다	

0288

利

4학년 | N2 | 228위

벼(禾)와 칼(刂)을 잘 쓰면 굉장히 이로워 유리하니

刂: 칼 도

이로울 리 · 유리할 리

7획 利 利 利 利 利 利 利

음독	り	1순위	利益 이익 (りえき)	利用 이용 (りよう)
			有利 유리 (ゆうり)	
훈독	[き]く		利 (き)く ⓐ 기능을 발휘하다 ⓑ 가능하다, 할 수 있다	
			→ 利 (き)き目 (め) 〈좌우 중〉 잘 보이는 눈	
			利 (き)き腕 (うで) 〈좌우 중〉 잘 쓰는 손	

| 잠깐만요 |
• 옛날 곡물은 식량이자 자금이었고 칼은 무력이었습니다. 집안부터 나라까지 통치를 위해 꼭 필요한 가장 이로운 것이었죠?

0289

4학년 | N1 | 1673위

이로운(利) 열매가 나무(木) 위에 열리는 배를 의미하니

배 리

11획 梨 梨 梨 梨 梨 梨 梨 梨 梨 梨 梨

| 음독 | り | 1순위 | 梨花 이화배꽃 (りか) |
| 훈독 | なし | | 梨(なし) 배 |

---

62 季: 계절 계 ▶ 季委香

0290

4학년 | N2 | 1102위

벼(禾)와 아들(子)의 성장을 계절이 지날 때마다 느끼는 데에서

계절 계

8획 季 季 季 季 季 季 季 季

| 음독 | き | 1순위 | 季節 계절 (きせつ)　　　四季 사계 (しき)
季語 계어시에서 계절감을 나타내는 단어 (きご) |

0291

3학년 | N2 | 720위

수확한 벼(禾)는 여자(女)에게 맡겨 관리하니

맡길 위

8획 委 委 委 委 委 委 委 委

| 음독 | い | 1순위 | 委任 위임 (いにん)　　　委託 위탁 (いたく)
委員 위원 (いいん) |
| 훈독 | [ゆだ]ねる | | 委(ゆだ)ねる 맡기다 |

0292

4학년 | N2 | 505위

벼(禾)가 따사로운 해(日) 아래에서 무르익는 향긋한 향기이니

향긋할 향·향기 향

9획 香 香 香 香 香 香 香 香 香

음독	こう	1순위	香 향 (こう)　　　香辛料 향신료 (こうしんりょう) 香水 향수 (こうすい)　　　*線香 선향모기향 (せんこう)
	きょう	4순위	*香車 향차장기말의 일종 (きょうしゃ)
훈독	[かお]る		香(かお)る 향기가 나다 → 香(かお)り 향기
	예외		色香(いろか) 색향, 색과 향기

142

0293

5학년 | N3 | 1024위

쌀 미(米) 자처럼 꼬이고 꼬인 형태의 미로에서 어디로 갈지(辶) 몰라 망설이고 헤매니

辶: 쉬어 갈 착

헤맬 미·망설일 미

9획 迷 迷 迷 迷 迷 迷 迷 迷 迷

음독	めい	1순위	迷路 미로 (めいろ)　　　*迷惑 미혹민폐 (めいわく) 迷信 미신 (めいしん)
훈독	[まよ]う		迷(まよ)う ⓐ 헤매다 ⓑ 망설이다 → 迷(まよ)い 헤맴, 망설임

0294

2학년 | N4 | 52위

한(一) 가마니의 쌀(米)을 들고 걸어오는 모습이니

올 래

7획 来 来 来 来 来 来 来

음독	らい	1순위	来年 내년 (らいねん)　　　将来 장래 (しょうらい) 未来 미래 (みらい)
훈독	[く]る	来(く)る 오다
	[きた]る	来(きた)る 오다, 다가오다, 찾아오다
	[きた]す	来(きた)す (사건 등을) 초래하다, 일으키다

0295

2학년 | N2 | 246위

흠(丿)이 있는 쌀(米)이 어느 밭(田)의 것인지 차례대로 번호를 매겨 적은 데에서

차례 번·번호 번

12획 番 番 番 番 番 番 番 番 番 番 番

음독	ばん	1순위	番号 번호 (ばんごう)　　　順番 순번 (じゅんばん) *留守番 유수번집 보기 (るすばん)

0296

斗

중학 | N1 | 2010위

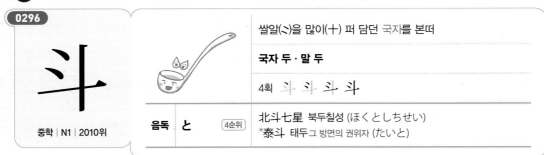

쌀알(丶)을 많이(十) 퍼 담던 국자를 본떠

국자 두 · 말 두

4획 斗 斗 斗 斗

음독	と	4순위	北斗七星 북두칠성 (ほくとしちせい) *泰斗 태두그 방면의 권위자 (たいと)

0297

料

4학년 | N3 | 261위

식사의 주재료인 쌀(米) 등은 국자(斗)로 대중해 그 값을 매기는 데서

① 값 료 ② 재료 료

10획 料 料 料 料 料 料 料 料 料 料

음독	りょう	1순위	① 料金 요금 (りょうきん) ① 無料 무료 (むりょう) ① 給料 급료 (きゅうりょう)
		2순위	② 料理 요리 (りょうり) ② 材料 재료 (ざいりょう) ② 資料 자료 (しりょう)

| 잠깐만요 |
• 쌀 같은 것들은 원래 국자처럼 생긴 '되'로 그 양을 대중하는 게 곧 '값'을 나타냈어요. '쌀 몇 되 = 얼마'라는 식으로요. 그리고 그렇게 값을 쟀던 것은 보통 무언가의 재료들이었기에 '재료'를 의미하게 되었어요. 완성품은 그것 하나로 가격을 매기지만 쌀알 같이 자잘한 재료는 보통 하나하나를 단위로 하지 않죠?

0298

科

2학년 | N2 | 525위

벼(禾)는 국자(斗)로 퍼서 품질에 따라 과목별로 나누니

과목 과

9획 科 科 科 科 科 科 科 科 科

음독	か	1순위	科目 과목 (かもく) 科学 과학 (かがく) 学科 학과 (がっか)

| 잠깐만요 |
• 벼 낱알들을 국자나 되로 퍼서 색, 무게, 겨의 종류 등에 따라서 나눠 두는 것을 상상해 주세요.

(정답은 507쪽에)

1 빈칸에 들어갈 한자로 적절한 것을 고르시오.

1. ____解 (화해)   ⓐ 秋   ⓑ 私   ⓒ 和
2. 中____ (중추)   ⓐ 秋   ⓑ 利   ⓒ 移
3. ____動 (이동)   ⓐ 利   ⓑ 移   ⓒ 梨
4. 四____ (사계)   ⓐ 季   ⓑ 香   ⓒ 委
5. ____水 (향수)   ⓐ 香   ⓑ 季   ⓒ 委
6. 材____ (재료)   ⓐ 番   ⓑ 科   ⓒ 料
7. ____益 (이익)   ⓐ 梨   ⓑ 利   ⓒ 移
8. 公____ (공사)   ⓐ 委   ⓑ 秋   ⓒ 私

2 다음 한자의 뜻을 ( )에 적고 일본 음독을 a, b, c 중에 하나 고르시오.

1. 迷路 (   )   ⓐ めいろ   ⓑ みろ   ⓒ びろう
2. 平和 (   )   ⓐ へいは   ⓑ へいわ   ⓒ へいか
3. 私有 (   )   ⓐ さゆう   ⓑ じゆう   ⓒ しゆう
4. 無料 (   )   ⓐ むりょ   ⓑ むろう   ⓒ むりょう
5. 将来 (   )   ⓐ ちょうらい   ⓑ じょうらい   ⓒ しょうらい
6. 科学 (   )   ⓐ ががく   ⓑ かがく   ⓒ がかく
7. 番号 (   )   ⓐ ばんごう   ⓑ はんごう   ⓒ ぼんごう
8. 春夏秋冬 (   )   ⓐ しゅんかしゅうとう   ⓑ しゅんかしゅとう
　　　　　　　　　　　 ⓒ しゅんかちゅうとう

田의 파생 [29자]

65 田: 논 전 ▶ 細畑思胃

0299

細

2학년 | N2 | 440위

실(糸)처럼 밭(田)을 아주 가늘고 작게 나눈 모습이니

가늘 세·작을 세

11획 細 細 細 細 細 細 細 細 細 細 細

음독	さい	1순위	細工 세공 (さいく)　　　細菌 세균 (さいきん) 詳細 상세 (しょうさい)
훈독	[ほそ]い		細(ほそ)い 가늘다, 날씬하다
	[ほそ]る		細(ほそ)る 가늘어지다, 야위다
	[こま]かい		細(こま)かい ⓐ 자잘하다, 작다 ⓑ 자세하다, 빈틈없다 → 細(こま)か ⓐ 작고 자잘한 모양 ⓑ 자세한 모양

0300

畑

3학년 | N2 | 1365위

불(火)로 싹 밀고 일군 밭(田)인 화전이니

화전 전

9획 畑 畑 畑 畑 畑 畑 畑 畑 畑

훈독	はた	畑(はた) 밭 → 田畑(たはた) 논밭, 전답
	はたけ	畑(はたけ) ⓐ 밭 ⓑ 전문 영역 → 畑違(はたけちが)い 전문 분야가 다름

0301

思

2학년 | N3 | 23위

농부는 밭(田)에 마음(心)을 쏟아 머릿속에 온통 밭 생각이 넘치니

생각 사

9획 思 思 思 思 思 思 思 思 思

음독	し	1순위	思考 사고 (しこう)　　　思想 사상 (しそう) *不思議 불사의불가사의 (ふしぎ)
훈독	[おも]う		思(おも)う 생각하다 → 思(おも)い ⓐ 생각 ⓑ 느낌, 경험 片思(かたおも)い 짝사랑

| 잠깐만요 |
- '思(생각 사)'는 '마음(心)'이 부수로 들어가 있죠? 즉, 가슴과 머리 모두를 사용하는 '생각'을 의미합니다. 반면 考(생각할 고)는 '머리'로만 하는 생각이에요.

0302

胃

6학년 | N2 | 1734위

밭(田)처럼 몸(月)에서 음식물을 담아 소화하는 위이니

月: 고기 육 · 달 월

위 위

9획 胃 胃 胃 胃 胃 胃 胃 胃 胃

음독	い	1순위	胃 위 (い)	胃腸 위장 (いちょう)
			胃炎 위염 (いえん)	胃薬 위약 (いぐすり)

---

66 田: 논 전 ▶ 介界果課菓単戦

0303

介

중학 | N2 | 376위

사람(人)의 일에 사람(儿)이 끼어들어 개입하는 모습이니

儿: 사람 인

끼일 개 · 개입 개

4획 介 介 介 介

음독	かい	1순위	介入 개입 (かいにゅう)	紹介 소개 (しょうかい)
			媒介 매개 (ばいかい)	

0304

界

3학년 | N3 | 150위

드넓은 밭(田) 사이에 끼인(介) 둑으로 경계를 나눈 모습에서

경계 계

9획 界 界 界 界 界 界 界 界 界

음독	かい	1순위	境界 경계 (きょうかい)	世界 세계 (せかい)
			業界 업계 (ぎょうかい)	

0305

果

4학년 | N2 | 314위

과수밭(田)에 심은 나무(木)는 결과적으로 열매를 얻기 위함이니

열매 과 · 결과 과

8획 果 果 果 果 果 果 果 果

음독	か	1순위	果実 과실 (かじつ)	結果 결과 (けっか)
			効果 효과 (こうか)	
훈독	[は]たす		果(は)たす 완수하다, 달성하다, 끝내다	
	[は]てる		果(は)てる 끝나다 → 果(はて) 끝	

課

4학년 | N2 | 813위

각 부서별 실적 보고의 말(言)을 듣고 그 결과(果)로서 상벌 등이 부과되니

① 부서 과 ② 부과할 과

15획	課 課 課 課 課 課 課 課 課 課 課 課 課 課 課

음독	か	1순위	② 課税 과세 (かぜい)	① 庶務課 서무과 (しょむか)
			② 課程 과정 (かてい)	

巣

4학년 | N2 | 1683위

나무에 불꽃(ᅭ) 모양으로 열매(果)처럼 달아 지어 놓은 새집/벌집이니   ᅭ: 불 화

새집 소·소굴 소

11획	巣 巣 巣 巣 巣 巣 巣 巣 単 巣 巣

음독	そう	1순위	巣窟 소굴 (そうくつ)	卵巣 난소 (らんそう)
			病巣 병소 (びょうそう)	
훈독	す		巣(す) 새집, 소굴	蜂(はち)の巣(す) 벌집
			古巣(ふるす) 옛 보금자리, 옛집	

単

4학년 | N3 | 520위

불탄(ᅭ) 밭(田) 아래 묻힌 많은(十) 보물의 존재는 오직 나 혼자 아니

ᅭ: 불 화   十: 많을 십·열 십

혼자 단·오직 단

9획	単 単 単 単 単 単 単 単

음독	たん	1순위	単独 단독 (たんどく)	単語 단어 (たんご)
			簡単 간단 (かんたん)	

戦

4학년 | N2 | 76위

홀로(単) 창(戈) 한 자루를 들고 무섭도록 싸워대니   戈: 창 과

① 싸울 전 ② 무서울 전

13획	戦 戦 戦 戦 戦 戦 戦 戦 戦 戦 戦 戦 戦

음독	せん	1순위	① 戦争 전쟁 (せんそう)	② 戦慄 전율 (せんりつ)
			① 作戦 작전 (さくせん)	
훈독	いくさ		戦(いくさ) 전쟁, 싸움	
	[たたか]う		戦(たたか)う 싸우다	
			→ 戦(たたか)い 싸움, 전쟁	

0310

曽

중학 | 급수 외 | 2105위

두 눈(ㅛ)을 뜬 이른 아침부터 밭(田)에 관한 말(曰)만 거듭하니   曰: 말할 왈·아뢸 왈

일찍 증·거듭 증

11획	曽 曽 曽 曽 曽 曽 曽 曽 曽 曽 曽	
음독	そう 1순위	曽祖父 증조부 (そうそふ) 曽孫 증손 (そうそん)
훈독	[かつ]て	曽(かつ)て 일찍이

0311

増

5학년 | N2 | 460위

흙(土)이 거듭(曽)하여 쌓이듯 차곡차곡 더해가는 모습이니

더할 증

14획	増 増 増 増 増 増 増 増 増 増 増 増 増	
음독	ぞう 1순위	増加 증가 (ぞうか) 増大 증대 (ぞうだい) 増減 증감 (ぞうげん)
훈독	[ふ]える	増(ふ)える 늘다, 증가하다
	[ふ]やす	増(ふ)やす 늘리다
	[ま]す	増(ま)す 커지다, 많아지다, 늘다

0312

憎

중학 | N2 | 1419위

| 잠깐만요 |
음독은 위의 두 단어 정도만
쓰여요.

증오란 마음(忄)속 앙금이 거듭(曽) 쌓여 미워함이니   忄: 마음 심

미워할 증·증오할 증

14획	憎 憎 憎 憎 憎 憎 憎 憎 憎 憎 憎 憎 憎 憎	
음독	ぞう 3순위	憎悪 증오 (ぞうお) 愛憎 애증 (あいぞう)
훈독	[にく]い	憎(にく)い 밉다
	[にく]らしい	憎(にく)らしい 얄밉다
	[にく]む	憎(にく)む 미워하다
	[にく]しみ	憎(にく)しみ 증오, 미움

0313

層

6학년 | N2 | 892위

시체(尸)가 거듭(曽) 쌓여서 층을 이룬 모습이니   尸: 지친 몸 시·시체 시

쌓일 층·층 층

14획	層 層 層 層 層 層 層 層 層 層 層 層 層 層	
음독	そう 1순위	高層 고층 (こうそう) *一層 일층한층 더 (いっそう) 階層 계층 (かいそう)

0314

里

2학년 | N1 | 737위

논밭(田)이 있는 땅(土)은 사람 사는 마을이 있음을 의미하니

① 마을 리 ② 거리 단위 리

7획	里 里 里 里 里 里 里	

음독	り [1순위]	① 里程標 이정표 (りていひょう) ① 郷里 향리고향 (きょうり) ② 千里眼 천리안 (せんりがん)
훈독	さと	里(さと) ⓐ 마을, 시골 ⓑ 고향, 친정 古里(ふるさと) 고향　　里親(さとおや) 수양부모

0315

理

2학년 | N3 | 59위

왕(王)이란 고을(里) 통치의 이치를 이해한 이니

이치 리 · 이해할 리

11획	理 理 理 理 理 理 理 理 理 理	

음독	り [1순위]	理解 이해 (りかい)　　理論 이론 (りろん) 心理 심리 (しんり)

0316

量

4학년 | N2 | 514위

관리가 아침(旦)마다 마을(里)의 곡식 양을 무게 재던 데서　　旦: 해 뜰 단 · 아침 단

무게 잴 량 · 용량 량

12획	量 量 量 量 量 量 量 量 量 量 量 量	

음독	りょう [1순위]	量 양 (りょう)　　容量 용량 (ようりょう) 力量 역량 (りきりょう)　　大量 대량 (たいりょう)
훈독	[はか]る	量(はか)る (무게를) 재다

| 잠깐만요 |
- 한자의 모양새도 저울 위에 올라가 있는 무거운 물건(日) 같지 않나요?
- 「はかる」는 폭넓게 '(수치 · 생각 등을) 재다'로 쓰입니다. 각 의미에 맞춰서 「量/図/測/計/諮/謀」
  등의 한자가 쓰이니 사전을 통해서 확인하세요.

0317

童

3학년 | N2 | 1186위

서서(立) 몰려다니며 마을(里) 어귀에서 노는 아이들이니

아이 동

12획	童 童 童 童 童 童 童 童 童 童 童 童	

음독	どう [1순위]	童話 동화 (どうわ)　　童貞 동정 (どうてい) 児童 아동 (じどう)
훈독	わらべ	童(わらべ) 동자, 어린애 → 童歌(わらべうた) 전래 동요
	예외	河童(かっぱ) 갓파〈물속에 사는 일본 요괴〉

옷(衣)의 품 안쪽은 마을(里)처럼 넓고 복잡한 속마음이 있으니

속 리·안 리

13획 裏 裏 裏 裏 裏 裏 裏 裏 裏 裏 裏 裏 裏

음독	り [1순위]	表裏 표리 (ひょうり)　　暗々裏 암암리 (あんあんり) 脳裏 뇌리 (のうり)
훈독	うら	裏(うら) 뒤쪽, 안감　　裏技(うらわざ) 비법 裏口(うらぐち) 뒷문, 뒷구멍, 부정한 수단

6학년 | N2 | 580위

0319

마을(里)이 불타고(灬) 남은 건 검게 그슬린 모습뿐이니　　　灬: 불 화

검을 흑

11획 黒 黒 黒 黒 黒 黒 黒 黒 黒 黒 黒

음독	こく [1순위]	黒人 흑인 (こくじん)　　黒板 흑판 (こくばん) 暗黒 암흑 (あんこく)
훈독	くろ	黒(くろ) ⓐ 검은색 ⓑ 범죄 혐의가 뚜렷함, 용의자 黒字(くろじ) 흑자　　黒目(くろめ) 검은자위
	[くろ]い	黒(くろ)い ⓐ 검다 ⓑ 범죄 혐의가 짙다

2학년 | N3 | 415위

---

69 重: 무거울 중 ▶ 重動働種

0320

천(千) 개의 마을(里)에서 낸 귀중한 물건을 거듭 겹쳐 쌓아 무거우니 千: 일천 천·많을 천

① 무거울 중　② 겹칠 중　③ 귀중할 중

9획 重 重 重 重 重 重 重 重 重

음독	じゅう [1순위]	③ 重要 중요 (じゅうよう)　　① 重量 중량 (じゅうりょう) ① 重力 중력 (じゅうりょく)
	ちょう [2순위]	② 重複 중복 (ちょうふく/じゅうふく) ③ 貴重 귀중 (きちょう)　　③ 慎重 신중 (しんちょう)
훈독	[おも]い	重(おも)い 무겁다 → 重(おも)さ 무게
	[かさ]なる	重(かさ)なる 포개지다, 겹치다
	[かさ]ねる	重(かさ)ねる 포개다, 쌓아올리다
	～え	一重(ひとえ) 한 겹, 홑겹　　二重(ふたえ) 두 겹, 쌍꺼풀 十重二十重(とえはたえ) 이중 삼중, 겹겹

3학년 | N3 | 158위

0321

動

3학년 | N3 | 56위

무거운(重) 것을 힘(力)을 써서 움직이게 하니

움직일 동

11획 動 動 動 動 動 動 動 動 動 動 動

음독	どう	1순위	動物 동물 (どうぶつ)　　移動 이동 (いどう) 行動 행동 (こうどう)
훈독	[うご]く		動(うご)く 움직이다
	[うご]かす		動(うご)かす 움직이(게 하)다

0322

働

4학년 | N3 | 491위

사람(亻)이 움직이며(動) 일하는 것을 노동이라 하니　　　　亻: 사람 인

일할 동·노동 동

13획 働 働 働 働 働 働 働 働 働 働 働 働 働

음독	どう	3순위	労働 노동 (ろうどう)　　協働 협동 (きょうどう)
훈독	[はたら]く		働(はたら)く 일을 하다, 활동하다, 작용하다

0323

種

4학년 | N2 | 443위

곡물(禾)을 기르는 데 중요한(重) 것은 씨앗의 종류이니

① 씨앗 종　② 종류 종

14획 種 種 種 種 種 種 種 種 種 種 種 種 種 種

음독	しゅ	1순위	① 人種 인종 (じんしゅ)　　② 品種 품종 (ひんしゅ) ② 雑種 잡종 (ざっしゅ)　　② 種類 종류 (しゅるい)
훈독	たね		種(たね) 씨앗　　火種(ひだね) 불씨

---

70 [畐]: 가득 찰 복 ▶ 畐福副富

0324 ● 부수자

畐

한(一) 입(口)도 더는 못 먹을 만큼 밭(田) 같은 배가 가득 차니

가득 찰 복

9획 畐 畐 畐 畐 畐 畐 畐 畐 畐

| 잠깐만요 |
· 배(口)가 가득(十) 찬 모습이라는 의미에서 배는 밭(田)에 비유돼요.

0325

福

3학년 | N2 | 507위

신(示)이 좋은 일만 가득하게 채워(畐) 주는 것이 복이니

示: 신 시·보일 시

복 복

13획 福福福福福福福福福福福福福

음독	ふく	1순위	福 복 (ふく)	福祉 복지 (ふくし)
			幸福 행복 (こうふく)	祝福 축복 (しゅくふく)

| 잠깐만요 |
• 복주머니는 신이 가득 채워 주는 복을 염원하면서 만든 거죠? 그처럼 신이 '좋은 일들이 가득하게' 만든다는 의미에서 나온 글자예요.

0326

副

4학년 | N2 | 1138위

재산을 가득 채우는(畐) 것이 첫째요, 그것을 칼(刂)로 지킴은 그다음(두 번째)으로 중요하니

刂: 칼 도

다음(두 번째) 부

11획 副副副副副副副副副副副

음독	ふく	1순위	副業 부업 (ふくぎょう)	副作用 부작용 (ふくさよう)
			副社長 부사장 (ふくしゃちょう)	

0327

富

4학년 | N2 | 722위

집(宀)에 재산이 가득 차(畐) 부유하니

宀: 집 면

부유할 부

12획 富富富富富富富富富富富富

음독	ふ	1순위	富裕 부유 (ふゆう)	富豪 부호부자 (ふごう)
			豊富 풍부 (ほうふ)	

훈독	とみ	富(とみ) 부, 재산
	[と]む	富(と)む ⓐ 부유하다 ↔ 貧(まず)しい 가난하다
		ⓑ 풍부하다 ↔ 乏(とぼ)しい 모자라다

(정답은 507쪽에)

1 빈칸에 들어갈 한자로 적절한 것을 고르시오.

1. ____工 (세공)   ⓐ 畑   ⓑ 細   ⓒ 界

2. 境____ (경계)   ⓐ 界   ⓑ 果   ⓒ 巣

3. ____業 (부업)   ⓐ 副   ⓑ 福   ⓒ 富

4. 簡____ (간단)   ⓐ 巣   ⓑ 戦   ⓒ 単

5. ____大 (증대)   ⓐ 曽   ⓑ 増   ⓒ 憎

6. 児____ (아동)   ⓐ 童   ⓑ 量   ⓒ 動

7. ____人 (흑인)   ⓐ 巣   ⓑ 里   ⓒ 黒

8. 移____ (이동)   ⓐ 働   ⓑ 動   ⓒ 種

2 다음 한자의 뜻을 ( )에 적고 일본 음독을 a, b, c 중에 하나 고르시오.

1. 重量 ( )   ⓐ ずうりょう   ⓑ じゅりょう   ⓒ じゅうりょう

2. 労働 ( )   ⓐ ろうど   ⓑ ろうとう   ⓒ ろうどう

3. 福祉 ( )   ⓐ ふくじ   ⓑ ふくし   ⓒ ふくしゃ

4. 巣窟 ( )   ⓐ そうくつ   ⓑ ぞうくつ   ⓒ そくつ

5. 表裏 ( )   ⓐ ひょうり   ⓑ ひょうりつ   ⓒ ひょうい

6. 種類 ( )   ⓐ しゅうるい   ⓑ しゅるい   ⓒ じゅるい

7. 容量 ( )   ⓐ ようりょ   ⓑ ようりょう   ⓒ ようりゃん

8. 豊富 ( )   ⓐ ほうふう   ⓑ ほうぶ   ⓒ ほうふ

土·金·気·火의 파생 [30자]

71 土: 흙 토 ▶ 圧赤去法圭街

0328

圧

5학년 | N2 | 740위

굴바위(厂)처럼 흙(土)이 덮어 **누르는** 힘은 압력이니　　　　　厂: 굴바위 엄

누를 압·압력 압

5획　圧 圧 圧 圧 圧

| 음독 | あつ | 1순위 | 圧力 압력 (あつりょく)　　　気圧 기압 (きあつ) |
| | | | 血圧 혈압 (けつあつ) |

0329

赤

1학년 | N3 | 482위

흙(土)을 깊이 파고 들어가면 불(小)처럼 **붉은**색의 용암이 나오니　小: 불 화 (火 → 灬 → 小)

붉을 적

7획　赤 赤 赤 赤 赤 赤 赤

음독	せき	1순위	赤道 적도 (せきどう)　　　赤裸々 적나라 (せきらら)
			赤十字 적십자 (せきじゅうじ)
	しゃく	4순위	赤銅 적동구릿빛 (しゃくどう)
훈독	あか		赤(あか) 빨강　　　赤(あか)ペン 빨간 펜
			赤字(あかじ) ⓐ 적자 ⓑ 붉은 글씨
	[あか]い		赤(あか)い 붉다, 빨갛다
	[あか]らむ		赤(あか)らむ 붉어지다, 홍조를 띠다
	[あか]らめる		赤(あか)らめる 붉히다

0330

去

3학년 | N3 | 544위

땅(土) 아래 사사로이(ム) 묻힌 이는 세상을 떠나 **사라진** 사람이니　ム: 나 사 · 사사로울 사

갈 거·사라질 거

5획　去 去 去 去 去

음독	きょ	1순위	*去年 거년작년 (きょねん)　　　除去 제거 (じょきょ)
			消去 소거 (しょうきょ)
	こ	4순위	過去 과거 (かこ)
훈독	[さ]る		去(さ)る (장소를) 떠나다, (시간이) 지나가다

0331

4학년 | N2 | 113위

물(氵)이 아래로 흘러 사라지는(去) 것처럼 당연히 따르고 지켜야 하는 법이니

법 법

8획 法法法法法法法法

음독	ほう	1순위	法 법 (ほう)	法律 법률 (ほうりつ)
			法則 법칙 (ほうそく)	方法 방법 (ほうほう)
	ほっ	3순위	法界 법계 (ほっかい)	法華経 법화경 (ほっけきょう)
	はっ	4순위	*(ご)法度 법도금령 (はっと)	

| 잠깐만요 |
- 「ほっ」은 불교 용어에서 사용됩니다. 법률적인 의미의 법이 아닌 불교에서 이르는 법을 의미할 때는 「ほっ」을 사용합니다. 그래서 「法界」를 「ほうかい」로 발음하면 '법조계'를 의미하고, 「ほっかい」로 발음하면 불교에서 이르는 '법계'를 의미하게 됩니다.
- 「はっ」은 「ご法度」 정도에만 쓰이는 음입니다. 「ご法度」는 '관습·규범적으로 해서는 안 되는 어떠한 규범'을 의미합니다.

0332 ◑ 제부수

N1 | 1769위

흙을 쌓고(土) 또 쌓아(土) 다져 만든 영토이니

영토 규

6획 圭圭圭圭圭圭

| 음독 | けい | 4순위 | *圭角 규각언어·행동이 모남 (けいかく) |

| 잠깐만요 |
- 단독 사용은 거의 없으니 참고만 하세요.
- 중등한자 이상으로 가면 「佳/桂/掛/封/涯」 등으로 확장되니 기억해 두세요.

0333

4학년 | N1 | 632위

사람이 다닐(行) 수 있도록 영토(圭)에 만든 거리이니   行: 갈 행·행할 행

거리 가

12획 街街街街街街街街街街街街

음독	がい	1순위	街路 가로 (がいろ)	*街灯 가등가로등 (がいとう)
			商店街 상점가 (しょうてんがい)	
	かい	4순위	街道 가도 (かいどう)	
훈독	まち		街(まち) 거리, 번화가	
			街角(まちかど) 길모퉁이, 길목	色街(いろまち) 유곽, 홍등가

156

0334 ● 부수자

坴

흙(土)이 사람(儿)의 위아래(土)로 보일 만큼 쌓인 **언덕**이니

언덕 륙

8획 坴 坴 坴 坴 坴 坴 坴 坴

0335

陸

4학년 | N2 | 639위

언덕(阝)과 언덕(坴)이 끝없이 이어진 육지이니　　阝: (왼편) 언덕 부 · (오른편) 고을 읍

육지 륙

11획 陸 阝 阝 陸 陸 陸 陸 陸 陸 陸 陸

음독	りく	1순위	陸地 육지 (りくち)	陸上 육상 (りくじょう)
			大陸 대륙 (たいりく)	

0336

熱

4학년 | N2 | 534위

언덕(坴)을 둥글게(丸) 에워싼 채 타오르는 불꽃(灬)의 타는 듯한 뜨거움이니

丸: 둥글 환　灬: 불 화

뜨거울 열

15획 熱 熱 熱 熱 熱 熱 熱 熱 熱 熱 熱 熱 熱 熱 熱

음독	ねつ	1순위	熱 열 (ねつ)	熱意 열의 (ねつい)
			加熱 가열 (かねつ)	情熱 정열 (じょうねつ)
훈독	[あつ]い		熱(あつ)い 뜨겁다	

| 잠깐만요 |
• 「暑(あつ)い」는 '(기후 · 공기가) 무덥다'로, 「熱(あつ)い」는 '뜨겁다'는 의미로 쓰입니다.

0337

勢

5학년 | N2 | 348위

언덕(坴)을 둥글게(丸) 에워싼 힘찬(力) 소리에서 느끼는 기세이니

기세 세

13획 勢 勢 勢 勢 勢 勢 勢 勢 勢 勢 勢 勢 勢

음독	せい	1순위	勢 세(군의) 세력 (せい)	勢力 세력 (せいりょく)
			形勢 형세 (けいせい)	姿勢 자세 (しせい)
훈독	[いきお]い		勢(いきお)い 기세, 세력	
	예외		大勢(おおぜい) (사람이) 여럿	

0338

周

4학년 | N2 | 552위

단단히 솟은(冂) 땅(土) 위에서 사방으로 입(口)을 크게 벌리고
소리쳐 주위로 두루 퍼뜨리니

冂 : 단단한 모양 경 (여기서는 솟아오른 모양)

두루 주·주위 주

8획 周 周 周 周 周 周 周 周

음독	しゅう [1순위]	周囲 주위 (しゅうい)　　周辺 주변 (しゅうへん) 周期 주기 (しゅうき)
훈독	[まわ]り	周(まわ)り 주위, 주변

0339

週

2학년 | N4 | 679위

도시 주위(周)를 계속 뛰면(辶) 한 바퀴 돌아오듯 반복되는 일주일이니

辶 : 뛸 착·쉬어 갈 착

일주일 주

11획 週 週 週 週 週 週 週 週 週 週 週

음독	しゅう [1순위]	週 주〈일주일〉(しゅう)　　週末 주말 (しゅうまつ) 毎週 매주 (まいしゅう)　　一週間 일주간 (いっしゅうかん)

| 잠깐만요 |
• 본래는 '한 바퀴 돌아 원래 자리로 오는' 의미에서 만들어졌지만, 지금은 '계속 돌아오는 주(일주일)'
로만 거의 쓰여요.

0340

調

3학년 | N2 | 211위

말(言)의 가락(리듬)을 주위(周)와 조화롭게 어울리도록 잘 골라 쓰니

① 어울릴 조·조화 조　② 고를 조·조사 조　③ 가락(리듬) 조

15획 調 調 調 調 調 調 調 調 調 調 調 調 調 調 調

음독	ちょう [1순위]	① 調和 조화 (ちょうわ)　　　① 協調 협조 (きょうちょう) ① 調味料 조미료 (ちょうみりょう)
	ちょう [2순위]	② 調査 조사 (ちょうさ)　　② 調節 조절 (ちょうせつ) ② 調整 조정 (ちょうせい)　　③ *調子 조자상태 (ちょうし) ③ *口調 구조어조 (くちょう) ③ *体調 체조몸 상태 (たいちょう)
훈독	[しら]べる	調(しら)べる 조사하다 → 調(しら)べ 조사
	[ととの]う	調(ととの)う ⓐ 성립되다 ⓑ 갖추어지다, 마련되다
	[ととの]える	調(ととの)える ⓐ 성립시키다, 마무리 짓다 ⓑ 갖추다, 마련하다

| 잠깐만요 |
• 의미당 활용 폭이 넓어서 의미별로 세분화해서 단어들을 다수 제시했습니다. 큰 틀에서는 '① 어울
리게 만들다'에서 파생된 것입니다. '② 조사하다, 조정하다'라는 의미는 '주변과 어울리지 않는 무
언가를 골라내는 것'을 의미하고, '③ 가락'은 특히 어떤 상태의 '리듬'이라는 면에서 조화를 의미합
니다. 그래서 「体調(たいちょう)」라는 말은 '몸의 리듬', 즉 '몸 상태'를 의미하게 되는 거예요.

0341

銀

3학년 | N3 | 562위

금(金)과 함께 그 가치가 높은 그대로 멈춰(艮) 있는 은이니　　艮: 멈출 간

은 은

14획 銀 銀 銀 銀 銀 銀 銀 銀 銀 銀 銀 銀 銀 銀

| 음독 | ぎん | 1순위 | 銀 은 (ぎん) | 銀色 은색 (ぎんいろ) |
| | | | 銀河 은하 (ぎんが) | 銀行 은행 (ぎんこう) |

|잠깐만요|
• 다른 금속과 달리 금과 은은 고대부터 지금까지 한결같이 높은 가치를 가지고 있죠?

0342

同

2학년 | N3 | 62위

같은 집 기둥(冂) 아래에서 생활하는 한(一) 식구(口)는 모두 같은 동지이니

같을 동

6획 同 同 同 同 同 同

음독	どう	1순위	同時 동시 (どうじ)	同級 동급 (どうきゅう)
			共同 공동 (きょうどう)	
훈독	[おな]じ		同(おな)じ 같음	
	예외		同(おな)い年(どし) 동갑	

|잠깐만요|
• 「同い年」는 예외적으로 「おなじ」가 아니라 「おない」가 되어 하나의 어휘화됩니다.

0343

銅

5학년 | N2 | 1768위

금(金)과 비슷한(同) 색의 구리이니　　同: 같을 동

구리 동

14획 銅 銅 銅 銅 銅 銅 銅 銅 銅 銅 銅 銅 銅 銅

| 음독 | どう | 1순위 | 銅 동구리 (どう) | 銅線 동선구리선 (どうせん) |
| | | | 銅貨 동화동전 (どうか) | *銅(どう)メダル 동메달 |

0344

岡

4학년 | N1 | 532위

그물(罓)로 산(山)을 감싸 압축한 것처럼 단단하게 다져진 언덕이니　　罓: 그물 망(罒)

단단할 강·언덕 강

8획 岡 岡 岡 岡 岡 岡 岡 岡

| 훈독 | おか | | 岡(おか) ⓐ 구릉, 언덕 ⓑ 곁, 옆 |

0345

鋼

6학년 | N1 | 1983위

금속(金) 중에서 단단한(岡) 강철이니

강철 강

16획 鋼 鋼 鋼 鋼 鋼 鋼 鋼 鋼 鋼 鋼 鋼 鋼 鋼 鋼 鋼 鋼

음독	こう	1순위	鋼鉄 강철 (こうてつ)	鋼板 강판 (こうばん)
			炭素鋼 탄소강 (たんそこう)	
훈독	はがね		鋼(はがね) 강철	

| 잠깐만요 |
• '강철'은 음독/훈독 모두 사용되고, 회화에서는 주로 훈독 「鋼(はがね)」를, 문어에서는 주로 음독 「鋼鉄(こうてつ)」를 사용합니다.

0346

鉄

3학년 | N2 | 557위

금속(金) 중 절대 없어져서는(失) 안 되는 요긴한 것은 철이니　　　　失: 잃을 실

쇠 철

13획 鉄 鉄 鉄 鉄 鉄 鉄 鉄 鉄 鉄 鉄 鉄 鉄 鉄

| 음독 | てつ | 1순위 | 鉄 철 (てつ) | 鉄分 철분 (てつぶん) |
| | | | 鉄鋼 철강 (てっこう) | 鉄道 철도 (てつどう) |

| 잠깐만요 |
• 「鉄」는 「電鉄(でんてつ): 전철」「地下鉄(ちかてつ): 지하철」 등의 철도 사업을 지칭하기도 합니다. 「国鉄(こくてつ): 국유 철도」「私鉄(してつ: 민영 철도)」가 그 대표적인 예입니다.

0347

針

6학년 | N2 | 1142위

금속(金)을 많이(十) 갈아서 만든 바늘이니　　　　十: 열 십·많을 십

바늘 침

10획 針 針 針 針 針 針 針 針 針 針

음독	しん	1순위	針術 침술 (しんじゅつ)	時針 시침 (じしん)
			方針 방침 (ほうしん)	
훈독	はり		針(はり) 바늘, 침	針金(はりがね) 철사

75 火: 불 화 ▶ 炎談災灰炭灯

0348

炎

중학 | N1 | 1343위

불(火)이 겹겹이(火) 타올라 뜨거운 불꽃이니

① 불꽃 염·뜨거울 염 ② 염증 염

8획 炎 炎 炎 炎 炎 炎 炎 炎

음독	えん	1순위	② 炎症 염증 (えんしょう)	① 火炎 화염 (かえん)
			① 炎天 염천더운 날씨 (えんてん)	
훈독	ほのお		炎(ほのお) 불꽃	

말(言)로 뜨겁게(炎) 이야기를 나누니

言: 말씀 언

이야기 담

15획 談談談談談談談談談談談談談談談

| 음독 | だん | 1순위 | 談話 담화 (だんわ) | 相談 상담 (そうだん) |
| | | | 会談 회담 (かいだん) | |

3학년 | N2 | 529위

냇물(巛)이 범람하고 불길(火)이 번지는 재해이자 재앙이니

巛: 냇물 천(川)

재해 재·재앙 재

7획 災災災災災災災

음독	さい	1순위	災害 재해 (さいがい)	災難 재난 (さいなん)
			天災 천재 (てんさい)	
훈독	[わざわ]い		災(わざわ)い 재앙, 재난 ↔ 福(ふく) 복	

5학년 | N1 | 1245위

| 잠깐만요 |
• 한자 모양도 마치 화산이 폭발하는 것 같죠? '화산 폭발 = 재앙, 재해'라는 이미지로 생각해 두세요.

굴바위(厂) 안에서 불(火) 피우고 남은 흔적인 재이니

厂: 굴바위 엄

재 회

6획 灰灰灰灰灰灰

음독	かい	1순위	灰色 회색 (かいしょく)	灰分 회분재 (かいぶん)
			石灰 석회 (せっかい)	
훈독	はい		灰(はい) 재	
			灰皿(はいざら) 재떨이	灰色(はいいろ) 잿빛

6학년 | N2 | 1538위

산(山)속 가마 안 재(灰) 속에서 만드는 숯과 석탄이니

① 숯 탄·석탄 탄 (② 탄소 탄)

9획 炭炭炭炭炭炭炭炭炭

음독	たん	1순위	① 炭鉱 탄광 (たんこう)	① 石炭 석탄 (せきたん)
			① 氷炭 빙탄 (ひょうたん)	
		4순위	② 炭素 탄소 (たんそ)	② 炭酸 탄산 (たんさん)
훈독	すみ		炭(すみ) 숯, 목탄	炭火(すみび) 숯불

3학년 | N2 | 1344위

불(火)을 못(丁) 같은 꼬챙이 위에 올려 두고 켜는 등불이니

丁 : 못 정

등불 등

6획 灯 灯 灯 灯 灯 灯

음독	とう	1순위	灯台 등대 (とうだい)　　灯油 등유 (とうゆ) 電灯 전등 (でんとう)
훈독	ひ		灯(ひ) 등불
	ともしび		灯(ともしび) 등불

0353

4학년 | N2 | 1153위

---

76 [灬]: 불 화 ▶ 然燃焼無

0354

4학년 | N2 | 205위

고기(夕)를 짐승(犬)과 달리 불(灬)로 조리해 먹는 건 당연한 순리이니

夕(月): 고기 육·달 월　犬 : 개 견

순리 연·당연 연

12획 然 夕 夕 夕 夕 然 然 然 然 然 然 然

음독	ぜん	1순위	当然 당연 (とうぜん)　　*全然 전연 전혀 (ぜんぜん) 自然 자연 (しぜん)
	ねん	3순위	天然 천연 (てんねん) *黙然 묵연 말 없음 (もくねん/もくぜん)

|잠깐만요|
· 사람에게 고기는 당연히 불로 조리해 먹는 것이죠?

0355

5학년 | N2 | 1116위

불(火)은 당연히(然) 타오르는 것이니

불탈 연

16획 燃 燃 燃 燃 燃 燃 燃 燃 燃 燃 燃 燃 燃 燃 燃 燃

음독	ねん	1순위	燃焼 연소 (ねんしょう)　　燃費 연비 (ねんぴ) 燃料 연료 (ねんりょう)
훈독	[も]える		燃(も)える 타다 → 燃(も)えかす 타고 남은 찌꺼기 　燃(も)え殻(がら) 타고 남은 찌꺼기
	[も]やす		燃(も)やす 불태우다

0356

焼

4학년 | N2 | 731위

불(火)에 많은(十) 풀(艹)들이 하나(一)되어 타올라 사람(儿)보다 높게 불타오르니

불사를 소

12획 焼 焼 焼 焼 焼 焼 焼 焼 焼 焼 焼 焼

음독	しょう	[1순위]	焼却 소각 (しょうきゃく)	*焼死 소사타 죽음 (しょうし)
			*焼香 소향분향 (しょうこう)	
훈독	[や]く		焼(や)く 태우다, 굽다	
			→ 焼肉(やきにく) 불고기	焼(や)きそば 볶음 국수
	[や]ける		焼(や)ける 타다	
			→ 夕焼(ゆうや)け 석양	日焼(ひや)け止(ど)め 선크림

0357

無

5학년 | N2 | 908위

화살(𠂉) 맞아 죽은 시체를 장작(卌) 위에 놓고 불(灬)로 태워 이젠 세상에 없음을 나타내니

𠂉: 화살 시

없을 무

12획 無 無 無 無 無 無 無 無 無 無 無 無

음독	む	[1순위]	無能 무능 (むのう)	無意味 무의미 (むいみ)
			無料 무료 (むりょう)	
	ぶ	[2순위]	無事 무사 (ぶじ)	無礼 무례 (ぶれい)
			無難 무난 (ぶなん)	
훈독	[な]い		無(な)い 없다, 아니다	

| 잠깐만요 |
· 접두어로 쓰일 때는 주로 「む」로 읽어요.
  예 無意味(むいみ): 무의미

(정답은 507쪽에)

1 빈칸에 들어갈 한자로 적절한 것을 고르시오.

1. 消＿＿ (소거)　　ⓐ 去　　ⓑ 圧　　ⓒ 法

2. ＿＿路 (가로)　　ⓐ 街　　ⓑ 圭　　ⓒ 陸

3. 形＿＿ (형세)　　ⓐ 陸　　ⓑ 熱　　ⓒ 勢

4. ＿＿囲 (주위)　　ⓐ 週　　ⓑ 周　　ⓒ 調

5. 時＿＿ (시침)　　ⓐ 鉄　　ⓑ 鋼　　ⓒ 針

6. ＿＿分 (철분)　　ⓐ 鉄　　ⓑ 鋼　　ⓒ 銀

7. 当＿＿ (당연)　　ⓐ 無　　ⓑ 然　　ⓒ 燃

8. ＿＿死 (소사)　　ⓐ 燃　　ⓑ 焼　　ⓒ 熱

2 다음 한자의 뜻을 (　　)에 적고 일본 음독을 a, b, c 중에 하나 고르시오.

1. 圧力 (　　　)　　ⓐ あっりょく　　ⓑ あぷりょく　　ⓒ あつりょく

2. 方法 (　　　)　　ⓐ ほうほ　　ⓑ ほうほう　　ⓒ ほうぼつ

3. 陸地 (　　　)　　ⓐ いくち　　ⓑ りゅくち　　ⓒ りくち

4. 加熱 (　　　)　　ⓐ かねつ　　ⓑ かねる　　ⓒ かえつ

5. 協調 (　　　)　　ⓐ きょうちょ　　ⓑ きょうじょ　　ⓒ きょうちょう

6. 鋼鉄 (　　　)　　ⓐ こうてつ　　ⓑ ごうてつ　　ⓒ ごでつ

7. 炎症 (　　　)　　ⓐ えんしょう　　ⓑ ねんしょう　　ⓒ ねんしょ

8. 燃焼 (　　　)　　ⓐ ねんしょ　　ⓑ ねんしょう　　ⓒ えんしょう

水·雨·合·泉의 파생 [32자]

77 [气]: 입김 기 ▶ 气気汽飛

0358 ● 부수자

입김의 모습을 형상화한 데서

입김 기 · 공기 기

4획 气气气气

0359

1학년 | N4 | 25위

입김(气)이 베인(乂) 듯 사라지며 공기로 되는 모습에서   乂: 벨 예

공기 기 · 기운 기

6획 気気気気気気

음독	き	1순위	気 기기분, 기운 (き)	気体 기체 (きたい)
			気分 기분 (きぶん)	空気 공기 (くうき)
	け	2순위	*気配 기배기미, 낌새 (けはい)	湿気 습기 (しっけ)
			色気 색기 (いろけ)	

| 잠깐만요 |
• 기본적으로 「き」로 읽히지만 「け」로 읽히는 단어도 많기 때문에 주의가 필요해요.
• 「け」의 경우는 '훈독 단어+気'로 '〜한 느낌, 〜한 상태'라는 의미로 비교적 자주 쓰이는 경향이 있습니다.
　　예 寒気(さむけ): 한기　水気(みずけ): 물기　嫌気(いやけ): 싫은 마음
　　　惣気(のろけ): 애인과의 일을 자랑함 등등

0360

2학년 | N1 | 2138위

물(氵)이 끓으면서 입김(气)처럼 나오는 증기이니   氵: 물 수

증기 기

7획 汽汽汽汽汽汽汽

| 음독 | き | 1순위 | 汽車 기차 (きしゃ)　汽笛 기적 (きてき)　汽缶 기관 (きかん) |

| 잠깐만요 |
• 「汽」는 현재는 그다지 쓸 일이 없지만 예전 관습으로 초등한자로 남아 있는 한자예요. 특히, 「汽車(기차)」는 말 그대로 '증기를 이용하는' 열차입니다. 그래서 현재 일본에서는 '기차'라는 단어는 모두 「電車(でんしゃ)」로 사용되니 주의하세요.

새가 구름(云)을 뚫고 하늘을 나는 모습이니

날 비

9획 飛 飛 飛 飛 飛 飛 飛 飛 飛

음독	ひ [1순위]	飛行機 비행기 (ひこうき)　　飛躍 비약 (ひやく) 飛距離 비거리 (ひきょり)
훈독	[と]ぶ	飛(と)ぶ 날다 → 飛(と)び級(きゅう) 월반　　飛(と)び火(ひ) 불똥
	[と]ばす	飛(と)ばす 날리다

4학년 | N2 | 364위

---

78 水[氵/水]: 물 수 ▶ 氷永泳

'왼쪽'부터 한 덩어리(丶)로 물(水)이 얼어붙은 얼음이니

얼음 빙

5획 氷 氷 氷 氷 氷

음독	ひょう [1순위]	氷山 빙산 (ひょうざん)　　氷点 빙점 (ひょうてん) 氷雪 빙설 (ひょうせつ)
훈독	こおり	氷(こおり) 얼음　　氷水(こおりみず) 빙수, 얼음 물
	ひ	氷(ひ) 얼음, 우박 氷室(ひむろ) 빙실, 빙고　　氷雨(ひさめ) 우박

3학년 | N2 | 1369위

| 잠깐만요 |
- 작은 물방울이 왼쪽 대각선부터 얼음 결정으로 변하면서 얼어가는 이미지를 그려 보세요!
- 「永(길 영)」과의 차이는 점의 위치인데, 이런 사소한 차이를 구분할 때에는 방향성을 넣어서 구체적으로 이미지를 그려 보면 떠올릴 때도 덜 헷갈린답니다.

하늘 '위'에서 떨어진 빗방울(丶)이 모이고 흘러 물길(水)이 되기까지의 길고 오랜 모습이니

길 영·오랠 영

5획 永 永 永 永 永

음독	えい [1순위]	永久 영구 (えいきゅう)　　永住権 영주권 (えいじゅうけん) 永遠 영원 (えいえん)
훈독	[なが]い	永(なが)い (세월·시간이) 아주 오래다, 영원하다

5학년 | N2 | 710위

물(氵)에 오래(永) 머물러 헤엄치니

氵: 물 수

헤엄칠 영

8획 泳 泳 泳 泳 泳 泳 泳 泳

3학년 | N2 | 1548위

음독	えい [1순위]	水泳 수영 (すいえい)	遊泳 유영 (ゆうえい)
		背泳 배영 (はいえい)	
훈독	[およ]ぐ	泳(およ)ぐ 헤엄치다, 수영하다 → 泳(およ)ぎ 수영, 자맥질	

79 [录]: 물들일 록 ▶ 录緑録染

● 부수자

손(크)으로 식물을 짠 물(氺)로 색을 새기고 물들이니

크: 오른손 계   氺: 물 수

새길 록·물들일 록

8획 录 录 录 录 录 录 录 录

손(크)으로 식물을 짠 물(氺)로 실(糸)을 물들이면 초록빛이니

푸를 록·초록 록

14획 緑 緑 緑 緑 緑 緑 緑 緑 緑 緑 緑 緑 緑 緑

3학년 | N2 | 1293위

음독	りょく [1순위]	緑地 녹지 (りょくち)	新緑 신록 (しんりょく)
		常緑樹 상록수 (じょうりょくじゅ)	
훈독	みどり	緑(みどり) 녹색	緑色(みどりいろ) 녹색

쇠(金)에 손(크)으로 식물을 짠 물(氺)의 색을 새기듯 기록하니

기록할 록

16획 録 録 録 録 録 録 録 録 録 録 録 録 録 録 録 録

4학년 | N2 | 685위

| 음독 | ろく [1순위] | 録音 녹음 (ろくおん) | 記録 기록 (きろく) |
| | | 目録 목록 (もくろく) | |

색깔 있는 물(氵)에 아홉(九) 시간을 담그고 나무(木)로 휘저어 **물들이고 염색하니**

氵: 물 수

물들일 염·염색할 염

9획 染 染 染 染 染 染 染 染

음독	せん 1순위	染色 염색 (せんしょく) 汚染 오염 (おせん) 伝染 전염 (でんせん)
훈독	[そ]まる	染(そ)まる 물들다
	[そ]める	染(そ)める 물들이다
	[し]みる	染(し)みる 스며들다, 젖다 → 染(し)み ⓐ 얼룩 ⓑ 검버섯, 기미

6학년 | N1 | 863위

---

80 求: 구할 구 ▶ 求救球

메마른 지면(一) 아래에서 물(氺)을 한 방울(丶)이라도 뽑아내 **얻고자 구하는** 모습이니

氺: 물 수

얻고자 할 구·구할 구

7획 求 求 求 求 求 求 求

음독	きゅう 1순위	求職 구직 (きゅうしょく) 要求 요구 (ようきゅう) 請求 청구 (せいきゅう)
훈독	[もと]める	求(もと)める 요구하다

4학년 | N3 | 526위

상대의 꺼져 가는 의식을 되찾고자(求) 뺨을 때려서(攵) **구원하여 도우니**

攵: 칠 복·때릴 복

도울 구·구원할 구

11획 救 救 救 救 救 救 救 救 救 救 救

음독	きゅう 1순위	救命 구명 (きゅうめい) 救急 구급 (きゅうきゅう) 救助 구조 (きゅうじょ)
훈독	[すく]う	救(すく)う 구하다, 살리다, 구제하다 → 救(すく)い 구원, 구함, 도움

5학년 | N1 | 980위

3학년 | N2 | 510위

구슬(玉→王) 모양을 얻고자(求) 만든 둥근 공이니　　　王: 임금 왕(구슬 옥의 부수)

둥글 구·공 구

11획	球 球 球 球 球 球 球 球 球 球 球		
음독	**きゅう** [1순위]	球技 구기 (きゅうぎ)	電球 전구 (でんきゅう)
		地球 지구 (ちきゅう)	
훈독	**たま**	球(たま) 공	

| 잠깐만요 |
• 본디 「王」은 부수로 사용 시 '구슬 옥(玉)'의 의미를 지니는 경우가 많습니다. 본서에서는 학습 편의 상 「王」은 '임금'으로 대부분 처리하고 있지만, 「球」의 경우, 그 의미나 훈독 「たま」가 '구슬 옥(玉)' 자와 일치하기에 본 의미 그대로 기술합니다.

---

81 雨: 비 우 ▶ 雪電雲

2학년 | N2 | 780위

비(雨)가 얼어서 내려 손(ヨ) 위에 쌓거나 뭉칠 수 있는 눈이니　　　ヨ: 오른손 계

① 눈 설　（② 씻을 설）

11획	雪 雪 雪 雪 雪 雪 雪 雪 雪 雪 雪		
음독	**せつ** [1순위]	① 雪原 설원 (せつげん)	① 除雪 제설 (じょせつ)
		① 降雪 강설 (こうせつ)	
	[4순위]	② 雪辱 설욕 (せつじょく)	
		② *雪冤 설원원죄를 씻음 (せつえん)	
훈독	**ゆき**	雪(ゆき) 눈	

| 잠깐만요 |
• 뒤에 '갚아야 할 원한'류의 글이 올 때에는 '씻다'의 의미를 가집니다. 이는 눈이 '새하얗다'는 것에서 오는 의미 확장이에요.
• 음독이 동일해도 단어 생산성에 따라 나누어서 정리했습니다.

2학년 | N4 | 214위

비(雨)와 함께 밭(田)에 내리꽂히는(乚) 번개의 모습이니

번개 전 · 전기 전

13획	電 電 電 電 電 電 電 電 電 電 電 電 電		
음독	**でん** [1순위]	電気 전기 (でんき)	電力 전력 (でんりょく)
		雷電 뇌전천둥과 번개 (らいでん)	

| 잠깐만요 |
• 「雷(우레 뢰)」와의 구분에 주의하세요.
• 「雷」는 비와 함께 밭에 울려퍼지는 우레 소리를 그렸고, 「電」은 밭에 내리꽂히는 번개의 모습을 본뜬 거예요.

비(雨)가 올 것을 말해(云) 주는 구름이니

云: 말할 운

구름 운

12획 雲 雲 雲 雲 雲 雲 雲 雲 雲 雲 雲 雲

음독	**うん** 1순위	戦雲 전운 (せんうん) 暗雲 암운 (あんうん) 風雲 풍운 (ふううん)
훈독	**くも**	雲 (くも) 구름

| 잠깐만요 |
- 예로부터 구름은 무언가를 전하는 징조로 많이 비유되어 왔죠? 그래서 단어들의 쓰임은 사실상 어떤 징조로 사용돼요.

2학년 | N2 | 950위

---

❽❷ [谷]: 늪 연 ▶ 谷沿谷浴欲容

● 부수자

한곳에 여덟(八) 번이나 크게 파인 구멍(口)에 생긴 늪이니

八: 여덟 팔 · 나눌 팔

늪 연

5획 谷 谷 谷 谷 谷

산에서 흘러내린 물(氵)이 물길을 따라 흘러가 늪(谷)에서 만나니

氵: 물 수

따라갈 연 · 쫓을 연

8획 沿 沿 沿 沿 沿 沿 沿 沿

음독	**えん** 1순위	沿岸 연안 (えんがん) 沿海 연해 (えんかい) 沿線 연선 (えんせん)
훈독	**[そ]う**	沿(そ)う 따르다, 어떤 물건의 주위에 있다
	～[ぞ]い	～沿(ぞ)い ～을 따라서, ～ 주위에 → 川沿(かわぞ)いに 강을 따라, 강 주위에

6학년 | N1 | 1255위

0377

谷

2학년 | N2 | 450위

산골이 양쪽으로 나뉘고(八) 나뉜(八) 사이로 물이 흘러
입구(口)에 모이는 골짜기이니

골짜기 곡

7획 谷 谷 谷 谷 谷 谷 谷

음독	こく	3순위	渓谷 계곡 (けいこく)	峡谷 협곡 (きょうこく)
훈독	たに		谷(たに) 계곡, 골짜기 谷間(たにま) 골짜기의 패인 곳, 또는 그런 모양의 부위	

| 잠깐만요 |
• 일반적으로 훈독 위주로 사용되는 한자입니다.

0378

浴

4학년 | N2 | 1145위

물(氵) 맑은 골짜기(谷)에서 심신을 씻으니

씻을 욕·목욕 욕

10획 浴 浴 浴 浴 浴 浴 浴 浴 浴 浴

음독	よく	1순위	浴室 욕실 (よくしつ)　　海水浴 해수욕 (かいすいよく) 入浴 입욕 (にゅうよく)
훈독	[あ]びる		浴(あ)びる (물·빛·비난·욕설 등을) 뒤집어쓰다
	[あ]びせる		浴(あ)びせる (물·빛·비난·욕설 등을) ⓐ 퍼붓다 ⓑ ~을 씌우다

0379

欲

6학년 | N2 | 732위

바닥이 안 보이는 골짜기(谷)처럼 모자람(欠)만 느끼는 욕망이니　欠: 모자랄 결·없을 결

바랄 욕·욕망 욕

11획 欲 欲 欲 欲 欲 欲 欲 欲 欲 欲 欲

음독	よく	1순위	欲 욕욕심, 욕망 (よく)　　欲望 욕망 (よくぼう) 欲求 욕구 (よっきゅう)　　性欲 성욕 (せいよく)
훈독	[ほ]しい		欲(ほ)しい 바라다, 요망하다, 탐나다
	[ほっ]する		欲(ほっ)する 바라다, 원하다, 갖고 싶어하다

0380

容

5학년 | N2 | 372위

집(宀)안의 골짜기(谷) 같은 문제에 수심을 가득 담아 일그러진 얼굴을 나타내니

宀: 집 면

① 담을 용　② 얼굴 용

10획 容 容 容 容 容 容 容 容 容 容

음독	よう	1순위	① 容器 용기 (ようき)　　① 容積 용적 (ようせき) ① 内容 내용 (ないよう)
		2순위	② 容貌 용모 (ようぼう)　　② 美容 미용 (びよう)

0381

白

1학년 | N4 | 196위

해(日)가 내리쬐는 햇살(′)은 눈부시게 하얗고 깨끗하니

① 흴 백 · 깨끗할 백   ② 아뢸 백

5획 白 白 白 白 白

음독	はく	1순위	① 白紙 백지 (はくし)	① 空白 공백 (くうはく)
			② *白状 백상자백 (はくじょう)	
	びゃく	3순위	① 白蓮 백련 (びゃくれん)	① 白毫 백호 (びゃくごう)
훈독	しろ		白(しろ) 흰색	白黒(しろくろ) 흑백, 옳고 그름
	[しろ]い		白(しろ)い 희다, 하얗다	
	しら		白髪(しらが) 흰머리	白雪(しらゆき) 흰 눈
			白面(しらふ) 맨정신, 술에 취하지 않은 상태	
			白(しら)を切(き)る 시치미떼다, 잡아떼다	

| 잠깐만요 |
• 깨끗한 물 표면에 햇빛이 내리쬐면 반사되어서 하얗게 반짝이죠?
• 음독 「びゃく」는 오래전부터 존재한 동식물의 이름이나 불교 용어 정도에만 쓰여요.

0382

泉

6학년 | N2 | 425위

깨끗한(白) 물(水)이 솟아나는 샘이니

샘 천

9획 泉 泉 泉 泉 泉 泉 泉 泉 泉

음독	せん	1순위	温泉 온천 (おんせん)	源泉 원천 (げんせん)
			黄泉 황천저승 (こうせん)	
훈독	いずみ		泉(いずみ) ⓐ 샘, 샘물 ⓑ 원천	

0383

線

2학년 | N2 | 338위

실(糸)이 샘(泉)처럼 길게 이어져 생긴 줄/선이니   糸: 실 사

줄 선 · 선 선

15획 線 線 線 線 線 線 線 線 線 線 線 線 線 線 線

| 음독 | せん | 1순위 | 線 선 (せん) | 線路 선로 (せんろ) |
| | | | 点線 점선 (てんせん) | 電線 전선 (でんせん) |

楽

2학년 | N3 | 266위

새하얀(白) 햇살과 음악이 사방(½ ⟨)에서 들리는 커다란 나무(木) 아래에서 편안히 즐기는 풍류를 나타내니

① 편안할 락 · 즐거울 락   ② 음악 악

13획 楽 楽 楽 楽 楽 楽 楽 楽 楽 楽 楽 楽 楽

음독	らく	1순위	① 楽園 낙원 (らくえん)	① *楽 락편안함/쉬움 (らく)
			② 娯楽 오락 (ごらく)	② 快楽 쾌락 (かいらく)
	がく	2순위	② 楽譜 악보 (がくふ)	② 楽器 악기 (がっき)
			② 音楽 음악 (おんがく)	
훈독	[たの]しい		楽(たの)しい 즐겁다	
	[たの]しむ		楽(たの)しむ 즐기다 → 楽(たの)しみ ⓐ 즐거움 ⓑ 기대	

薬

3학년 | N3 | 621위

풀(艹) 중에서 심신을 편안하게(楽) 해 주는 약초를 의미하니   艹: 풀 초

약 약

16획 薬 薬 薬 薬 薬 薬 薬 薬 薬 薬 薬 薬 薬 薬 薬 薬

음독	やく	1순위	薬 약약/마약 (やく) 薬品 약품 (やくひん)
			薬局 약국 (やっきょく) 毒薬 독약 (どくやく)
훈독	くすり		薬(くすり) 약
			飲み薬(のみぐすり) 물약 粉薬(こなぐすり) 가루약

| 잠깐만요 |
• 일반적으로 「薬」을 음독 「やく」로 말할 경우, 이는 일반 약보다는 '마약'을 의미합니다. 일반적인 약은 훈독 「くすり」로 나타냅니다.

84 原: 근원 원 ▶ 厚原源願

厚

5학년 | N2 | 981위

굴바위(厂)처럼 굳건한 말(曰)로 자식(子)을 두텁게 옹호하며 풍족하게 키우니
厂: 굴바위 엄   曰: 아뢸 왈 · 말할 왈

두터울 후 · 풍족할 후

9획 厚 厚 厚 厚 厚 厚 厚 厚 厚

음독	こう	1순위	厚生 후생풍족한 삶 (こうせい) 濃厚 농후 (のうこう)
			温厚 온후 (おんこう)
훈독	[あつ]い		厚(あつ)い 두껍다
			→ 厚着(あつぎ) 옷을 많이 껴 입음 分厚(ぶあつ)い 두껍다
	[あつ]かましい		厚(あつ)かましい 뻔뻔하다

原

2학년 | N2 | 133위

굴바위(厂) 밑의 작은 샘(泉→泉)은 너른 들판의 근원이니

厂: 굴바위 엄　泉: 샘 천(泉)의 변형

① 근원 원　② 들판 원

10획　原 原 原 原 原 原 原 原 原 原

음독	げん	1순위	① 原因 원인 (げんいん)　① 原作 원작 (げんさく) ② 平原 평원 (へいげん)
훈독	はら		原(はら) 들, 벌판 野原(のはら) 들, 들판　砂原(すなはら) 모래벌판

| 잠깐만요

• 너른 고원 안쪽에 위치한 굴바위 근처에서 샘솟는 작은 샘을 떠올려 주세요. 그리고 그 작은 샘이 지하로 흘러 들판으로 퍼진다는 이미지를 그려 주세요. 그렇게 이미지화한다면 근원과 들판이라는 이미지와 한자의 모양이 연결되겠죠?

源

6학년 | N1 | 498위

물(氵)이 샘솟는 근원(原)이니

근원 원

13획　源 源 源 源 源 源 源 源 源 源 源 源 源

음독	げん	1순위	水源 수원 (すいげん)　資源 자원 (しげん) 電源 전원 (でんげん)
훈독	みなもと		源(みなもと) ⓐ 수원 ⓑ 기원, 근원

| 잠깐만요

• 「原」과 「源」은 사실상 동의어입니다. 그래서 맞바꿔 쓸 수도 있어요. 다만, 쓰임상 「原」은 보다 추상적인 것, 넓은 범위에서의 근원으로 쓰입니다. 「原」은 '들판의 근원=샘'인데, 샘과 들판은 직접적인 근원이라기보다는 눈에 보이지 않는 간접적인 근원입니다. 하지만 「源」은 물(氵)길을 따라 올라가듯 구체적이고 명확하게 그 원류를 찾아갈 수 있는 것, 반대로 지정된 무언가(특히 물, 전기 등 자원의 종류)의 근원지라는 의미로 주로 사용해요.

願

4학년 | N2 | 738위

근원(原)인 존재에게 머리(頁)를 숙이며 소원을 바라니

頁: 머리 혈

바랄 원·소원 원

19획　願 願 願 願 願 願 願 願 願 願 願 願 願 願 願 願
願 願 願

음독	がん	1순위	願書 원서 (がんしょ)　*願望 원망소원 (がんぼう) 念願 염원 (ねんがん)
훈독	[ねが]う		願(ねが)う 바라다, 원하다, 부탁하다 → 願(ねが)い ⓐ 소원 ⓑ 부탁

(정답은 507쪽에)

1 빈칸에 들어갈 한자로 적절한 것을 고르시오.

1. ___車 (기차)　　ⓐ 気　　ⓑ 气　　ⓒ 汽

2. 水___ (수영)　　ⓐ 永　　ⓑ 氷　　ⓒ 泳

3. ___命 (구명)　　ⓐ 求　　ⓑ 球　　ⓒ 救

4. 除___ (제설)　　ⓐ 雲　　ⓑ 雪　　ⓒ 電

5. ___室 (욕실)　　ⓐ 浴　　ⓑ 沿　　ⓒ 欲

6. 空___ (공백)　　ⓐ 白　　ⓑ 日　　ⓒ 百

7. ___局 (약국)　　ⓐ 約　　ⓑ 薬　　ⓒ 楽

8. 平___ (평원)　　ⓐ 源　　ⓑ 原　　ⓒ 厚

2 다음 한자의 뜻을 (　　)에 적고 일본 음독을 a, b, c 중에 하나 고르시오.

1. 染色 (　　)　　ⓐ ねんしょく　　ⓑ せんしょく　　ⓒ えんしょく

2. 念願 (　　)　　ⓐ ねんがん　　ⓑ ねんげん　　ⓒ ねんえん

3. 欲望 (　　)　　ⓐ ぎょくぼう　　ⓑ しょくぼう　　ⓒ よくぼう

4. 湿気 (　　)　　ⓐ しっけ　　ⓑ しっき　　ⓒ しつぎ

5. 源泉 (　　)　　ⓐ ねんせん　　ⓑ げんせん　　ⓒ えんせん

6. 濃厚 (　　)　　ⓐ のうこう　　ⓑ のうふう　　ⓒ のうふ

7. 地球 (　　)　　ⓐ ちきゅ　　ⓑ ちきゅう　　ⓒ ちくう

8. 内容 (　　)　　ⓐ ないよん　　ⓑ ねよん　　ⓒ ないよう

둘째마디

●

동물 II [63자]

牛·羊의 파생 [21자]

85 牛[牛]: 소 우 ▶先洗告造制製

0390

先

1학년 | N4 | 104위

밭을 갈 때는 소(牛)가 사람(儿)보다 선두/앞에서 쟁기를 끌고 나아가니　儿: 사람 인

앞 선 · 먼저 선

6획　先 先 先 先 先 先

음독	せん	1순위	先行 선행 (せんこう)　　　先頭 선두 (せんとう) 先輩 선배 (せんぱい)
훈독	さき		先(さき) ⓐ 앞 ⓑ 목적지 先程(さきほど) 아까, 조금 전　後先(あとさき) (일의) 앞뒤 あて先(さき) 수신인의 주소/성명

0391

洗

6학년 | N3 | 1028위

큰일에 앞서 물(氵)로 먼저(先) 몸을 청결히 씻는 모습에서　氵: 물 수

씻을 세

9획　洗 洗 洗 洗 洗 洗 洗 洗 洗

음독	せん	1순위	洗濯 세탁 (せんたく)　　　洗顔 세안 (せんがん) 洗剤 세제 (せんざい)
훈독	[あら]う		洗(あら)う 씻다, 빨다 → 皿洗(さらあら)い 접시 닦이

| 잠깐만요 |
• '세'인데 음독이 「せん」인 특이 케이스니 주의하세요.

0392

告

5학년 | N2 | 356위

소머리(牛)를 신에게 바치며 입(口)을 크게 벌려 고하며 시작을 알리니

알릴 고 · 고할 고

7획　告 告 告 告 告 告 告

음독	こく	1순위	告白 고백 (こくはく)　　　報告 보고 (ほうこく) 広告 광고 (こうこく)
훈독	[つ]げる		告(つ)げる 고하다, 알리다 → 告(つ)げ口(ぐち) 고자질, 밀고

| 잠깐만요 |
• '고'인데 발음이 「こく」인 이유는 발음이 원래 '곡'이었기 때문이에요. 한국 한자도 검색하면 '곡'이나 '국'의 발음이 있다 표기되어 있답니다. 한국은 그중에서 '고'를 받아들였고, 일본은 '곡'에 해당하는 발음을 받아들여 지금까지 쓰고 있기 때문에 생긴 차이예요.

造

5학년 | N2 | 394위

계획을 알리고(告) 검토한 후에 현장에 가서(辶) 큰 건물을 지으니　　辶: 쉬어 갈 착

지을 조

10획　造 造 造 造 造 造 造 造 造

음독	ぞう	1순위	人造 인조 (じんぞう)　　製造 제조 (せいぞう) 構造 구조 (こうぞう)
훈독	[つく]る		造(つく)る (규모가 큰 것을) 만들다

| 잠깐만요 |
• '짓는 것(造)'과 '만드는 것(作)'의 차이는 계획과 규모의 차이죠? 그래서 「造(つく)る」는 단순한 것
보다는 공학적인 설계가 필요한 규모가 큰 구조물에 쓰입니다.
  - 作(つく)る: 대상에 상관없이 일반적으로 사용 ☞ 0664 作 작
    예 인형, 친구, 아기, 말, 규칙, 법률, 전통 등
  - 造(つく)る: 커다란 무언가를 공업적으로 건조/제조함을 나타내기 위해 사용
    예 건물, 공원, 탑, 비행기, 자동차, 탱크 등
  - 創(つく)る: 아무것도 없는 상태에서 만들어내다(창조/창작/창업) ☞ 0786 創 창

制

5학년 | N2 | 229위

난폭한 소(牛)를 단단한 우리(冂)에 가두듯 칼(刂) 같은 제도로 상황을 억제하니
冂: 단단한 모양 경　刂: 칼 도

억제할 제·제도 제

8획　制 制 制 制 制 制 制 制

음독	せい	1순위	制御 제어 (せいぎょ)　　制度 제도 (せいど) 強制 강제 (きょうせい)

製

5학년 | N1 | 611위

엄중한 제도(制)와 법식을 위한 옷(衣)을 새로이 제작하여 만드는 과정을 그리니

만들 제

14획　製 製 製 製 製 製 製 製 製 製 製 製 製 製

음독	せい	1순위	製作 제작 (せいさく)　　製造 제조 (せいぞう) 製品 제품 (せいひん)

| 잠깐만요 |
• 황실의 옷은 엄격한 규격과 제도 아래 만들어지죠? 그래서 조잡하고 장난처럼 만드는 것이 아니라,
어느 정도 구조, 규격, 틀이 있는 것들을 만드는 이미지가 들어간 한자입니다.

0396

生

1학년 | N4 | 15위

소(牛)의 뿔처럼 땅(一) 위에 솟은 새싹이 태어나 살아가는 모습이니

태어날 생·살아갈 생

5획 生 生 生 生 生

음독	せい 1순위	生活 생활 (せいかつ) 生命 생명 (せいめい)	生産 생산 (せいさん)
	しょう 2순위	生涯 생애 (しょうがい) 誕生 탄생 (たんじょう)	一生 일생 (いっしょう)
훈독	なま	生(なま) 날것, 생 生卵(なまたまご) 날달걀 生意気(なまいき) 건방짐, 주제넘음	
	[お]い	生(お)い立(た)ち 성장, 성장 내력	
	き〜	生(き)〜 정제하지 않은, 순수한 〜 → 生地(きじ) 생지, 바탕, 옷감 生真面目(きまじめ) 고지식함, 성실함	
	[う]む	生(う)む 낳다, 만들어 내다	
	[う]まれる	生(う)まれる 태어나다. 생기다	
	[い]きる	生(い)きる 살다	
	[い]かす	生(い)かす 살리다	
	[い]ける	生(い)ける 꽂다, 꽃꽂이하다 → 生(い)け花(ばな) 꽃꽂이	
	[は]える	生(は)える (털·식물 등이) 나다	
	[は]やす	生(は)やす (털·식물 등을) 자라게 하다, 기르다	

| 잠깐만요 |
• 「生」은 다채롭게 읽히는 대표적인 한자예요. 사실 일본인들도 다 알지 못할 정도로 많답니다. 자주 쓰지 않는 훈독/음독까지 모두 합하면 106개의 발음이 있다고 해요. 그중에서 생산성이 높은 것들을 다루었답니다.

0397

性

5학년 | N2 | 80위

마음(忄)에서 태어나고 살면서(生) 정해지는 성격과 성별이니   忄: 마음 심

성격 성·성별 성

8획 性 性 性 性 性 性 性

음독	せい 1순위	性 성성씨, 성별 (せい) 性格 성격 (せいかく)	性別 성별 (せいべつ) 性質 성질 (せいしつ)
	しょう 2순위	本性 본성 (ほんしょう) *相性 상성궁합 (あいしょう)	*気性 기성타고난 성질 (きしょう)

| 잠깐만요 |
• 「性(しょう)」는 단독으로는 자주 사용되지 않지만 「性に合(あ)う」 (성격에 맞다)가 예외적으로 사용 빈도가 높은 표현이에요.

星

2학년 | N2 | 670위

해(日) 같은 행성이 터지고 태어난(生) 작게 빛나는 별이니

별 성

9획 星 星 星 星 星 星 星 星 星

음독	せい	1순위	星座 성좌·별자리 (せいざ)	衛星 위성 (えいせい)
			惑星 혹성 (わくせい)	
훈독	ほし		星(ほし) 별	星空(ほしぞら) 별이 총총한 하늘

産

4학년 | N3 | 242위

머리(亠) 아래 두 눈(ソ)과 입가(厂)를 일그리며 생명(生)을 낳는 모습에서

亠: 머리 두 厂: 굴바위 엄(여기서는 입가의 팔자 주름 모양)

낳을 산

11획 産 産 産 産 産 産 産 産 産 産 産

음독	さん	1순위	産出 산출 (さんしゅつ)	生産 생산 (せいさん)
			財産 재산 (ざいさん)	
훈독	うぶ〜		産(うぶ)〜 태어난 때(그대로)의 → 産毛(うぶげ) 솜털	
	[う]む		産(う)む (아이/알을) 낳다	
	[う]まれる		産(う)まれる 태어나다, 출생하다	

87 羊: 양 양 ▶ 洋善業

洋

3학년 | N3 | 582위

물(氵) 중에서 수만 마리 양떼(羊)처럼 넘실대며 햇빛에 빛나는 커다란 바다이니 氵: 물 수

큰 바다 양·서양 양

9획 洋 洋 洋 洋 洋 洋 洋 洋 洋

| 음독 | よう | 1순위 | 洋服 양복 (ようふく) | 太平洋 태평양 (たいへいよう) |
| | | | 西洋 서양 (せいよう) | |

善

6학년 | N1 | 837위

수행자가 양(羊)처럼 풀(丷)만 입(口)에 대면서 마음은 착하게, 체질은 좋게 바꾸니

丷: 풀 초(艹)

착할 선·좋을 선

12획 善 善 善 善 善 善 善 善 善 善 善 善

음독	ぜん	1순위	善悪 선악 (ぜんあく)	偽善 위선 (ぎぜん)
			改善 개선 (かいぜん)	
훈독	[よ]い		善(よ)い ⓐ 도덕적으로 옳다 ⓑ 훌륭하다, 잘하다	

| 잠깐만요 |
• 「よい」는 「善/良/佳」 등으로 쓰이고, 보통은 「良」자를 씁니다.

3학년 | N4 | 92위

북쪽(业)의 신에게 양(羊)을 제물로 바치는 행위도 사람(人)만의 일이고 (직)업이니

业: 북녘 북(北)

① 일 업·행위 업   ② (불교) 업 업

13획 業 業 業 業 業 業 業 業 業 業 業 業 業

음독	ぎょう [1순위]	① 業者 업자 (ぎょうしゃ) ① 卒業 졸업 (そつぎょう) ① 作業 작업 (さぎょう)
	ごう [3순위]	②*業火 업화노여움 (ごうか) ② 自業自得 자업자득 (じごうじとく)
훈독	わざ	業(わざ) ⓐ 행위 ⓑ 일, 직접 力業(ちからわざ) 힘으로 하는 기술이나 직업, 중노동

| 잠깐만요 |
• 「ごう」로 읽히는 단어는 거의 대부분이 불교 용어입니다.
• 「業(ごう)が深(ふか)い」: 악행을 많이 하여 죄업이 많다」는 관용 표현도 알아두세요.

---

88 [羊]: 양 양 ▶ 美我義議養差着様

3학년 | N2 | 140위

양(羊)털이 크게(大) 부풀어 희고 반짝이는 아름다운 모습에서

아름다울 미

9획 美 美 美 美 美 美 美 美 美

음독	び [1순위]	美人 미인 (びじん) 美術 미술 (びじゅつ) 美談 미담 (びだん)
훈독	[うつく]しい	美(うつく)しい 아름답다
	예외	美味(おい)しい 맛있다

6학년 | N1 | 687위

제사장이 손(手)에 창(戈)을 들고 흔들어 나임을 나타내니

나 아

7획 我 我 我 我 我 我 我

음독	が [1순위]	我執 아집 (がしゅう) 我流 아류 (がりゅう) 自我 자아 (じが)
훈독	われ	我(われ) 〈문어적〉 나, 자신 我々(われわれ) 우리들
	[わ]が	我(わ)が 자신의 我(わ)がまま 제멋대로

0405

義

5학년 | N1 | 226위

양머리(羊)를 쓰고 손에 창(我)을 든 제사장은 신의 뜻을 대신하여 옳은 말을 전하니

① 옳을 의 ② 뜻 의 ③ 대신할 의

13획 義 義 義 義 義 義 義 義 義 義 義 義 義

| 음독 | ぎ | 1순위 | ① 義理 의리 (ぎり)
② 意義 의의 (いぎ) | ① 忠義 충의 (ちゅうぎ)
② 定義 정의 (ていぎ) |
| | | 2순위 | ③ 義手 의수 (ぎしゅ) | ③ 義兄弟 의형제 (ぎきょうだい) |

|잠깐만요|
• 발음이 동일해도 단어 생산성에 따라 나누어서 정리했어요.

0406

議

4학년 | N2 | 215위

말(言)로 옳은(義) 결과를 위해 의견을 주고받으니

의논할 의

20획 議

| 음독 | ぎ | 1순위 | 議論 의논논의 (ぎろん)　　会議 회의 (かいぎ)
*不思議 불사의불가사의 (ふしぎ) |

0407

養

4학년 | N1 | 783위

양(羊)처럼 먹여서(食) 키우고 기르니　　　　　　食: 먹을 식

기를 양

15획 養 養 養 養 養 養 養 養 養 養 養 養 養 養 養

| 음독 | よう | 1순위 | 養成 양성 (ようせい)　　教養 교양 (きょうよう)
栄養 영양 (えいよう) |
| 훈독 | [やしな]う | | 養(やしな)う 기르다, 부양하다 |

0408

差

4학년 | N2 | 464위

양(羊)의 특이한 앞발(丿)을 본떠 만들면(工) 다른 양들과 차이가 나서 다르니
　　　　　　工: 만들 공 · 장인 공

다를 차 · 차이 차

10획 差 差 差 差 差 差 差 差 差 差

| 음독 | さ | 1순위 | 差 차, 차이 (さ)　　　　差異 차이 (さい)
格差 격차 (かくさ)　　　差別 차별 (さべつ) |
| 훈독 | [さ]す | | 差(さ)す ⓐ (평평한 것 · 우산 · 손바닥 · 차양막 등으로) 가리다
　　　　　ⓑ (손을) 앞으로 뻗다, 내밀다 |

0409

착

着

3학년 | N3 | 217위

양(⺶)이 내민 앞발(丿)이 특이해 눈길(目)이 가서 붙어 버리니

① 붙을 착·도착할 착 ② 입을 착

12획 着 着 着 着 着 着 着 着 着 着 着 着

음독	ちゃく	1순위	① 着席 착석 (ちゃくせき)　② 着服 착복 (ちゃくふく) ① 到着 도착 (とうちゃく)
	じゃく	4순위	執着 집착 (しゅうちゃく/しゅうじゃく)
훈독	[き]る		着(き)る (상의를) 입다 → 着物(きもの) 옷　　　　上着(うわぎ) 겉옷 　　下着(したぎ) 속옷
	[き]せる		着(き)せる ⓐ 입히다 ⓑ (책임·은혜 등을) 타인에게 돌리다
	[つ]く		着(つ)く　ⓐ 닿다 ⓑ 자리를 잡다, 앉다
	[つ]ける		着(つ)ける ⓐ 걸치다, 입다 ⓑ 자리에 앉히다

| 잠깐만요 |
- 「着」의 중심 의미는 '(도착해서) 붙어 안정되다'의 이미지입니다. 거기서 옷감이 몸에 붙어서 안정된다는 의미에서 '입다'가 됩니다.
- 「執着」은 「しゅうちゃく」로 읽으면 흔히 쓰는 '집착'이지만, 「しゅうじゃく」로 읽으면 불교에서 '득도를 방해하는 것에 마음을 빼앗기는 것'을 의미하는 불교 용어가 돼요.
- 「着(き)る」는 상의나 옷 전체를 입는 것. 「履(は)く」는 하의나 신발 등을 입고 신는 것을 가리킵니다.

추가자 7

양

様

3학년 | N2 | 188위

나무(木)에 양(⺶) 떼가 이동하는 정세를 마치 물(⺍)이 흐르는 듯한 모양처럼 새겨 표현하는 모습에서

⺶: 양 양　⺍: 물 수

모양 양·상태 양

14획 様 様 様 様 様 様 様 様 様 様 様 様 様 様

| 음독 | よう | 1순위 | 多様 다양 (たよう)　　　　模様 모양·기미·무늬 (もよう)
様式 양식 (ようしき)　　　*様子 양자 모양, 상태, 정세 (ようす) |
| 훈독 | さま | | 様(さま) 모양, 상태, 모습　様々(さまざま) 여러가지, 가지각색
逆様(さかさま) 거꾸로 됨　有様(ありさま) 모양, 상태
〜様(さま) 〜님 → 王様(おうさま) 임금님 |

| 잠깐만요 |
- 「様」가 의미하는 '모양'은 단순히 겉모습이 아니라, 밖에서 바라볼 때 드러나 보이는 '모양, 분위기, 상태, 기색' 등을 통틀어서 말하는 것입니다. 문맥에 따라 해석을 달리해야 해요.
- 회화에서의 예외적 쓰임으로, 「ざまを見ろ(꼴 좀 봐라)」와 같이, '(좋지 않은) 꼴, (구긴) 체면' 등의 의미로 「ざま」로 읽힙니다.
- 「様(よう)」만으로 쓰이는 경우도 있으니 체크가 필요해요. な형용사로 활용되어서 「〜の様(よう) + だ/な/に(〜와 같다/같은/같이)」의 형태로 쓰이는 경우가 많아요.

183

(정답은 507쪽에)

1 빈칸에 들어갈 한자로 적절한 것을 고르시오.

1. ＿＿頭 (선두) ⓐ 告 ⓑ 洗 ⓒ 先

2. 構＿＿ (구조) ⓐ 製 ⓑ 告 ⓒ 造

3. ＿＿品 (제품) ⓐ 製 ⓑ 制 ⓒ 造

4. 衛＿＿ (위성) ⓐ 星 ⓑ 製 ⓒ 産

5. ＿＿命 (생명) ⓐ 性 ⓑ 生 ⓒ 洗

6. 改＿＿ (개선) ⓐ 洋 ⓑ 業 ⓒ 善

7. ＿＿人 (미인) ⓐ 着 ⓑ 美 ⓒ 義

8. 会＿＿ (회의) ⓐ 議 ⓑ 義 ⓒ 養

2 다음 한자의 뜻을 (　　)에 적고 일본 음독을 a, b, c 중에 하나 고르시오.

1. 洗顔 (　　　) ⓐ せんがん ⓑ せあん ⓒ せいがん

2. 広告 (　　　) ⓐ かんこ ⓑ こうこく ⓒ かんこう

3. 製造 (　　　) ⓐ ぜいぞう ⓑ せいぞう ⓒ せぞう

4. 一生 (　　　) ⓐ いっせい ⓑ いっしょ ⓒ いっしょう

5. 美談 (　　　) ⓐ びだん ⓑ みだん ⓒ ひだん

6. 惑星 (　　　) ⓐ わくせい ⓑ ほくせい ⓒ わくしょう

7. 意義 (　　　) ⓐ いい ⓑ ぎい ⓒ いぎ

8. 差異 (　　　) ⓐ ちゃい ⓑ さい ⓒ そうい

兎·巴·也의 파생 [10자]

89 兎/兔 : 토끼 토 ▶ 免勉晩

0410

免

중학 | N1 | 1270위

토끼(兎)가 꽁지 빠지게(ヽ → 삭제) 뛰어 위기를 벗어나니

① 벗어날 면·면할 면 ② 허가할 면

8획 免 免 免 免 免 免 免 免

음독	めん	1순위	免税 면세 (めんぜい)　　　免疫 면역 (めんえき) 免許 면허 (めんきょ)
훈독	[まぬが]れる		免(まぬが)れる 면하다, 피하다, 벗어나다

0411

勉

3학년 | N3 | 1301위

위기를 벗어나기(免) 위해 힘(力)을 아끼지 않고 열심히 하는 모습이니

열심히 할 면·근면할 면

10획 勉 勉 勉 勉 勉 勉 勉 勉 勉 勉

음독	べん	1순위	勉学 면학 (べんがく)　　　*勉強 면강공부 (べんきょう) 勤勉 근면 (きんべん)

0412

晩

6학년 | N2 | 1083위

해(日)가 하늘에서 벗어난(免) 늦은 밤이니

늦을 만·밤 만

12획 晩 晩 晩 晩 晩 晩 晩 晩 晩 晩

음독	ばん	1순위	晩年 만년 (ばんねん)　　　*晩飯 만반저녁식사 (ばんめし) *今晩 금만오늘 밤 (こんばん)

0413

肥

5학년 | N1 | 1404위

몸(月)이 똬리 튼 뱀(巴)처럼 둥글하니 살찐 모습이니

月: 고기 육·달 월

살찔 비·비만 비

8획 肥 肥 肥 肥 肥 肥 肥 肥

음독	ひ	1순위	肥満 비만 (ひまん) 　　　　肥料 비료 (ひりょう) 肥大 비대 (ひだい)
훈독	こえ		肥(こえ) 비료, 거름
	[こ]える		肥(こ)える ⓐ 살이 찌다 ⓑ 비옥해지다
	[こ]やす		肥(こ)やす ⓐ 살찌게 하다 ⓑ 땅을 기름지게 하다 → 肥(こ)やし 비료, 거름

0414

色

2학년 | N3 | 269위

햇빛에 비친 칼날(ク)이 뱀(巴)처럼 굽이치는 오묘한 색을 띠는 모양에서

ク: 칼 도

① 색 색　② 섹시할 색

6획 色 色 色 色 色 色

음독	しょく	1순위	① 特色 특색 (とくしょく)　　① 無色 무색 (むしょく) ② 好色 호색 (こうしょく)
	しき	2순위	① 色彩 색채 (しきさい)　　② 色欲 색욕 (しきよく) ① *景色 경색경치 (けしき)
훈독	いろ		色(いろ) ⓐ 색 ⓑ 정사, 연애, 색정 色々(いろいろ) 여러 가지　　音色(ねいろ) 음색 色気(いろけ) 성적 매력, 멋, 풍치 色男(いろおとこ) 색기 있는 남자

0415

絶

5학년 | N2 | 502위

인연의 실(糸)이 나와 다른 색(色)이라면 과감히 다 끊어버림이 대단히 좋으니

① (추상적인 것을) 끊을 절　② 대단할 절

12획 絶 絶 絶 絶 絶 絶 絶 絶 絶 絶 絶 絶

음독	ぜつ	1순위	① 絶望 절망 (ぜつぼう)　　① 拒絶 거절 (きょぜつ) ① 断絶 단절 (だんぜつ)
		2순위	② 絶妙 절묘 (ぜつみょう)　　② *絶倫 절륜뛰어남 (ぜつりん) ② 絶頂 절정 (ぜっちょう)
훈독	[た]つ		絶(た)つ (추상적인 것을) 끊다
	[た]える		絶(た)える 끊어지다
	[た]やす		絶(た)やす 끊어지게 하다

0416 ● 부수자

뱀이 구불구불 똬리를 튼 모양을 본떠

뱀 야 · 어조사 야

3획 也 也 也

0417

他

3학년 | N3 | 325위

사람(亻)이 뱀(也)처럼 사특해 조금이라도 다르면 남처럼 대하니

다를 타 · 남 타

5획 他 他 他 他 他

음독	た	1순위	他人 타인 (たにん)　　　他動詞 타동사 (たどうし) 自他 자타 (じた)
훈독	ほか		他(ほか) 다른 것, 딴 것 → 他(ほか)ならない 다름없다

0418

地

2학년 | N4 | 36위

흙(土)이 뱀(也)처럼 굽이진 넓은 지역을 땅이라 하니

땅 지

6획 地 地 地 地 地 地

음독	じ	1순위	地震 지진 (じしん)　　　地面 지면 (じめん) 地獄 지옥 (じごく)
	ち	2순위	地理 지리 (ちり)　　　地方 지방 (ちほう) 現地 현지 (げんち)

0419

池

2학년 | N2 | 744위

뱀(也)이 똬리를 틀고 있듯 물(氵)이 고여 있는 연못이니

氵 : 물 수

연못 지

6획 池 池 池 池 池 池

음독	ち	1순위	*池沼 지소못과 늪 (ちしょう)　　　電池 전지 (でんち) 乾電池 건전지 (かんでんち)
훈독	いけ		池(いけ) 연못

(정답은 507쪽에)

1 빈칸에 들어갈 한자로 적절한 것을 고르시오.

1. ＿＿許 (면허) ⓐ 晩 ⓑ 色 ⓒ 免

2. 断＿＿ (단절) ⓐ 色 ⓑ 絶 ⓒ 勉

3. ＿＿年 (만년) ⓐ 晩 ⓑ 勉 ⓒ 肥

4. 自＿＿ (자타) ⓐ 他 ⓑ 也 ⓒ 池

5. ＿＿大 (비대) ⓐ 免 ⓑ 絶 ⓒ 肥

6. 現＿＿ (현지) ⓐ 他 ⓑ 池 ⓒ 地

7. 無＿＿ (무색) ⓐ 免 ⓑ 色 ⓒ 絶

8. 電＿＿ (전지) ⓐ 也 ⓑ 池 ⓒ 他

2 다음 한자의 뜻을 (　　)에 적고 일본 음독을 a, b, c 중에 하나 고르시오.

1. 免税 (　　　) ⓐ めんぜい ⓑ めんせい ⓒ みょんせい

2. 勤勉 (　　　) ⓐ くんべん ⓑ きんめん ⓒ きんべん

3. 肥満 (　　　) ⓐ ひまん ⓑ びまん ⓒ ひばん

4. 地方 (　　　) ⓐ じほう ⓑ ちほう ⓒ ぢほう

5. 色彩 (　　　) ⓐ しきさい ⓑ しょくさい ⓒ せきさい

6. 無色 (　　　) ⓐ むしょく ⓑ むしき ⓒ むさい

7. 地震 (　　　) ⓐ ぢしん ⓑ じしん ⓒ ちしん

8. 電池 (　　　) ⓐ ぜんち ⓑ ぜんぢ ⓒ でんち

隹·羽·鳥·虫의 파생 [20자]

92 隹: 작은 새 추 ▶ 推進雜集準

0420

推

6학년 | N1 | 787위

새의 손(扌)인 날개로 작은 새(隹)가 공기를 밀어내며 나아가는 모습이니 　　扌: 손 수

① 밀 추　② 미루어 생각할 추·추측 추

11획 　推 推 推 推 推 推 推 推 推 推 推

음독	すい	1순위	② 推測 추측 (すいそく)　　② 推定 추정 (すいてい) ② 類推 유추 (るいすい)
		2순위	① 推進 추진 (すいしん)　　① 推移 추이 (すいい) ① 推薦 추천 (すいせん)
훈독	[お]す		推(お)す ⓐ 밀다(추진/추천하다) ⓑ 헤아리다, 추측하다 → 推(お)し量(はか)る 헤아리다, 추측하다 　推(お)し当(あ)て 추측, 짐작　　推(お)し 최애

| 잠깐만요 |
- 推의 기본 의미인 '밀다'는 '전진'의 이미지를 가지고 있습니다. 그로 인해 「생각을 밀다 → 생각의 전진 → 앞서 생각하다 → 헤아리다, 추측하다」로 의미가 확장됩니다.

0421

進

3학년 | N3 | 235위

작은 새(隹)가 뛰어가듯(辶) 총총대며 앞으로 나아가며 전진하는 모습이니 　　辶: 뛸 착·쉬어 갈 착

나아갈 진·전진할 진

11획 　進 進 進 進 隹 隹 進 進 進 進

음독	しん	1순위	進行 진행 (しんこう)　　進歩 진보 (しんぽ) 前進 전진 (ぜんしん)
훈독	[すす]む		進(すす)む 나아가다
	[すす]める		進(すす)める 진행하다, 나아가게 하다

| 잠깐만요 |
- 참새는 통통대며 빠르고 날렵하게 앞으로 나아가죠? 그런 저돌적인 이미지를 떠올리세요.

雑

5학년 | N2 | 691위

아홉(九) 종류의 나무(木)와 새(隹) 무리가 조잡하게 섞인 모습이니

① 섞일 잡·혼잡할 잡 ② 조잡할 잡

14획 　雑 九 雑 杂 雑 杂 雑 雑 雑 雑 雑 雑 雑 雑

음독	ざつ [1순위]	② *雑 잡조잡함 (ざつ)	② *雑用 잡용잡무 (ざつよう)
		① 雑種 잡종 (ざっしゅ)	① 複雑 복잡 (ふくざつ)
	ぞう [2순위]	① 雑木 잡목 (ぞうき)	② *雑巾 잡건걸레 (ぞうきん)
		② *雑人 잡인천민 (ぞうにん)	

| 잠깐만요 |
• 옛날에는 순혈주의였기 때문에 이것저것 섞인 것들은 조잡하고 못난 것이라고 여겼습니다.

集

3학년 | N3 | 163위

작은 새(隹) 무리가 한 나무(木) 위에 잔뜩 모여 집단을 이룬 모습이니

모일 집·집단 집

12획 　集 集 集 集 集 集 集 集 集 集 集 集

음독	しゅう [1순위]	集団 집단 (しゅうだん)　　集中 집중 (しゅうちゅう) 集合 집합 (しゅうごう)
훈독	[つど]う	集(つど)う 모이다, 회합하다 → 集(つど)い 모임
	[あつ]まる	集(あつ)まる 모이다 → 集(あつ)まり 모임, 집단
	[あつ]める	集(あつ)める 모으다 → 集(あつ)め 수집, 모으기
	[たか]る	集(たか)る ⓐ (잔뜩) 모여들다, (벌레 등이) 꾀어들다 ⓑ 갈취하다

| 잠깐만요 |
- あつまる : 어떤 곳에 모이는 행위 전반, 폭넓게 사용 가능
- つどう　 : 공통점이나 같은 목적을 가진 것들이 모이는 것　예 집회, 동지
- たかる　 : 부정적인 뉘앙스, 바람직하지 못하게 모여드는 것 예 구경꾼, 벌레
　　　　　　→ (불량배가 모여서 돈을 뜯는 것에서) 갈취하다

準

5학년 | N2 | 719위

수면(氵) 위를 작은 새(隹) 열(十) 마리가 기준을 따라 나는 모습이니

기준 준·따를 준

13획 　準 準 準 準 準 準 準 準 準 準 準 準 準

| 음독 | じゅん [1순위] | 準備 준비 (じゅんび)　　標準 표준 (ひょうじゅん)
基準 기준 (きじゅん) |
| 훈독 | [なぞら]える | 準(なぞら)える ⓐ 비교하다, 비기다 ⓑ 본뜨다 |

0425 ● 부수자

雚

멀리 있어도 화살(乀)로 한 번(一)에 작은 새(隹)를 맞힐 정도로 크게 보이니
　　　　　　　　　　　　　　　　　乀: 화살 시

크게 보일 관

11획 雚 雚 雚 雚 雚 雚 雚 雚 雚 雚 雚

0426

観

4학년 | N2 | 413위

전체가 크게 보이도록(雚) 잘 둘러보며(見) 관찰하는 것이니

볼 관·관찰할 관

18획 観 観 観 観 観 観 観 観 観 観 観 観 観 観 観 観
　　観 観

음독	かん	1순위	観察 관찰 (かんさつ)	観光 관광 (かんこう)
			観覧 관람 (かんらん)	
훈독	[み]る		観(み)る 관람하다, 보다	

| 잠깐만요 |
• '보다'는 일반적으로는 「見る」를 쓰는 게 기본인데, '(경기·무대 등을) 관람'한다는 '보다'의 의미를 강조할 때 「観る」를 써요.

0427

権

6학년 | N2 | 224위

거목(木)을 보듯 기운이나 세력이 무겁고 커 보이는(雚) 권력이니

권력 권

15획 権 権 権 権 権 権 権 権 権 権 権 権 権 権 権

음독	けん	1순위	権力 권력 (けんりょく)	権利 권리 (けんり)
			権限 권한 (けんげん)	
	ごん	3순위	*権化 권화화신 (ごんげ)	*権現 권현화신 (ごんげん)

| 잠깐만요 |
• 흔히 권력을 가진 사람은 크고 무거운 위압감이 느껴지죠?
• 「ごん」은 불교 용어에서 사용됩니다. 불교에서는 중생을 보호하기 위해 임시로 현세에 강림한 것을 「権」으로 표현했습니다.

0428

確

5학년 | N3 | 294위

돌(石)처럼 튼튼하게 집(宀) 처마에 지은 작은 새(隹)의 집은 단단해 확실하니   宀: 집 면

단단할 확·확실할 확

15획 確 確 確 確 確 確 確 確 確 確 確 確 確 確 確

| 음독 | かく [1순위] | 確実 확실 (かくじつ) | 確認 확인 (かくにん) |
| | | 正確 정확 (せいかく) | |

| 훈독 | [たし]かめる | 確(たし)かめる 확인하다 → 確(たし)か(だ) 확실함, 정확함 |

---

94 [蒦]: 얻을 확 ▶ 蒦護奮

0429 ● 부수자

蒦

풀(艹) 속 먹이를 새(隹)가 손(又)으로 잡아채 얻으니

艹: 풀 초 又: 오른손 우

얻을 확

13획 蒦 蒦 蒦 蒦 蒦 蒦 蒦 蒦 蒦 蒦 蒦 蒦 蒦

| 잠깐만요 |
• 중학 한자까지 포함하면 「穫(수확할 확)」「獲(획득할 획)」 등으로 확장됩니다.

0430

護

5학년 | N1 | 472위

말(言)을 주고받아 마음을 얻은(蒦) 이는 도와주고 보호해야 하니

도울 호·보호할 호

20획 護

| 음독 | ご [1순위] | 護衛 호위 (ごえい) | 保護 보호 (ほご) |
| | | 弁護 변호 (べんご) | |

0431

奮

6학년 | N1 | 1328위

큰(大) 규모의 작은 새(隹) 무리가 논(田) 위로 갑자기 날아 치솟아 오르니

치솟을 분

16획 奮 奮 奮 奮 奮 奮 奮 奮 奮 奮 奮 奮 奮 奮 奮 奮

| 음독 | ふん [1순위] | 奮闘 분투 (ふんとう) | 奮発 분발 (ふんぱつ) |
| | | 興奮 흥분 (こうふん) | |

| 훈독 | [ふる]う | 奮(ふる)う 떨치다, 용기를 내다 |

| 잠깐만요 |
• '분노(憤怒)' '분개(憤慨)'와 같이 심리적인 '화'와 관련된 '분'은 「忄(마음 심)」 변을 더한 「憤(분할 분, 중학 레벨)」을 씁니다.

0432

翌

6학년 | N2 | 915위

자던 닭이 날개(羽)를 펴고 목을 세워(立) 우는 것은 날이 바뀐 다음 날임을 알리는 것이니

다음 날 익

11획 翌 翌 翌 翌 翌 翌 翌 翌 翌 翌 翌

| 음독 | よく | 1순위 | 翌日 익일 (よくじつ) | 翌年 익년 (よくねん) |
| | | | *翌朝 익조다음 날 아침 (よくあさ) | |

0433

習

3학년 | N3 | 702위

날갯짓(羽)으로 흰(白) 구름 위를 날기 위해 습관이 되게 연습하고 익히니

익힐 습·습관 습

11획 習 習 習 習 習 習 習 習 習 習 習

음독	しゅう	1순위	習慣 습관 (しゅうかん)	習得 습득 (しゅうとく)
			練習 연습 (れんしゅう)	
훈독	[なら]う		習(なら)う 연습하다, 익히다, 배우다	
			見習(みなら)う ⓐ 본받다 ⓑ 보고 익히다	
			見習(みなら)い 견습, 수습	

| 잠깐만요 |
- 習(なら)う: 누군가에게 가르침/지도를 받아 배우다 (가르침을 주는 존재 필요. 습득에 반복과 연습을 통한 숙달이 필요)
- 学(まな)ぶ: 지식·기술·학문 등을 익히다(비교적 딱딱한 어감, 가르침을 주는 존재의 유무는 상관없음)

0434

曜

2학년 | N3 | 1004위

작은 새(隹)의 날개(ㅋㅋ)가 반짝이며 태양(日) 옆을 날아오르며 시작되는 요일이니　　ㅋㅋ : 날개깃 우(羽)의 변형

① 요일 요 ② 빛날 요

18획 曜 曜 曜 曜 曜 曜 曜 曜 曜 曜 曜 曜 曜 曜 曜 曜 曜 曜

| 음독 | よう | 3순위 | ① 曜日 요일 (ようび) | ② 黒曜石 흑요석 (こくようせき) |

| 잠깐만요 |
- 위의 두 가지 예를 제외하고는 일반적으로 단어 생산성이 낮으니 두 단어만 외워 두세요.
- 중학 레벨에 가면 「躍(뛸 약)」「濯(씻을 탁)」 등의 부수가 다른 글자도 있으니 주의하세요.

0435

鳴

2학년 | N2 | 727위

입(口)으로 새(鳥)가 지저귀듯 울어대니

울 명

14획 鳴 鳴 鳴 鳴 鳴 鳴 鳴 鳴 鳴 鳴 鳴 鳴 鳴 鳴

음독	めい	1순위	悲鳴 비명 (ひめい)	共鳴 공명 (きょうめい)
훈독	[な]く		鳴(な)く (새·벌레·짐승이) 소리를 내다, 울다 → 鳴(な)き声(ごえ) 울음소리	
	[な]る		鳴(な)る ⓐ 울리다 ⓑ 널리 알려지다 怒鳴(どな)る 윽박지르다, 소리 지르다	
	[な]らす		鳴(な)らす ⓐ 소리 내다, 울리다 ⓑ (명성을) 떨치다	

0436

島

3학년 | N2 | 184위

새(鳥)들이 날아다니는 산(山)처럼 바다에 솟아 있는 섬이니   鳥: 새 조(鳥)의 일부

섬 도

10획 島 島 島 島 島 島 島 島 島 島

음독	とう	1순위	列島 열도 (れっとう) 半島 반도 (はんとう)	無人島 무인도 (むじんとう)
훈독	しま		島(しま) 섬	島国(しまぐに) 섬나라

0437

風

2학년 | N3 | 231위

책상(几) 아래 한(一) 마리 벌레(虫)가 바람에 굴러다니는 모양이니   虫: 벌레 충

① 바람 풍 ② 모양 풍

9획 風 風 風 風 風 風 風 風 風

음독	ふう	1순위	① 風雨 풍우 (ふうう) ② 風俗 풍속 (ふうぞく) ① 台風 태풍 (たいふう)	② 風景 풍경 (ふうけい) ② 風習 풍습 (ふうしゅう) ① 扇風機 선풍기 (せんぷうき)
	ふ	4순위	*風呂 풍려욕조 (ふろ)	② 風情 풍정운치 (ふぜい)
훈독	かぜ		風(かぜ) 바람	
	かざ~		風音(かざおと) 바람 소리	風車(かざぐるま) 풍차

| 잠깐만요 |
- 강한 바람에 책상 밑에 있던 벌레가 이리저리 굴러다니는 모양새는 마치 속세의 풍파에 휩쓸리는 인간 세상의 모습과 같은 느낌이죠?

独

5학년 | N1 | 484위

개(犭)와 달리 벌레(虫)는 홀로 살아가니   犭: 개 견 · 짐승 견

홀로 독 · 고독할 독

9획 独 独 独 独 独 独 独 独 独

음독	どく [1순위]	独立 독립 (どくりつ) 孤独 고독 (こどく) 単独 단독 (たんどく)
훈독	[ひと]り	独(ひと)り 혼자, 독신 独(ひと)り言(ごと) 혼잣말, 독백 独(ひと)りで 혼자서, 홀로

| 잠깐만요 |
- 무리 짓고 인간과 함께 사는 개와 홀로 살아가는 벌레를 대조한 글자입니다.
- 독일을 의미하기도 해요.
  예 日独(にちどく) 일본과 독일

蚕

6학년 | N1 | 2846위

하늘(天) 아래 가장 귀한 벌레(虫)인 누에이니

누에 잠

10획 蚕 蚕 蚕 蚕 蚕 蚕 蚕 蚕 蚕 蚕

음독	さん [1순위]	蚕室 잠실누에에 치는 방 (さんしつ) 養蚕 양잠 (ようさん)
훈독	かいこ	蚕(かいこ) 누에

| 잠깐만요 |
- 누에는 귀한 명주실을 뽑아내는 벌레라 가장 귀하게 취급했어요. 국가가 관리하기도 했을 정도예요.
- 서울의 '잠실'도 원래는 나라에서 누에를 친 데서 유래한 거예요.

(정답은 507쪽에)

1 빈칸에 들어갈 한자로 적절한 것을 고르시오.

1. ____定 (추정) ⓐ 推 ⓑ 雑 ⓒ 進

2. 保____ (보호) ⓐ 蒦 ⓑ 奮 ⓒ 護

3. ____察 (관찰) ⓐ 権 ⓑ 確 ⓒ 観

4. 正____ (정확) ⓐ 確 ⓑ 権 ⓒ 観

5. ____得 (습득) ⓐ 曜 ⓑ 翌 ⓒ 習

6. 列____ (열도) ⓐ 鳥 ⓑ 島 ⓒ 鳴

7. ____景 (풍경) ⓐ 虫 ⓑ 風 ⓒ 嵐

8. 養____ (양잠) ⓐ 蚕 ⓑ 独 ⓒ 風

2 다음 한자의 뜻을 (   )에 적고 일본 음독을 a, b, c 중에 하나 고르시오.

1. 推進 (   ) ⓐ ちゅうじん ⓑ つうしん ⓒ すいしん

2. 獲得 (   ) ⓐ かくとく ⓑ はくとく ⓒ ほうとく

3. 練習 (   ) ⓐ えんしゅう ⓑ れんしゅ ⓒ れんしゅう

4. 権力 (   ) ⓐ こんりょく ⓑ けんりょく ⓒ けんりき

5. 興奮 (   ) ⓐ こうふん ⓑ ほうぶん ⓒ ふんぶん

6. 曜日 (   ) ⓐ ようひ ⓑ ようび ⓒ よにち

7. 共鳴 (   ) ⓐ こうめい ⓑ こうみょう ⓒ きょうめい

8. 孤独 (   ) ⓐ こどく ⓑ ごどく ⓒ ことく

貝의 파생 [12자]

98 貝: 조개 패·돈 패 ▶ 具負費買質贅

0440

具

3학년 | N2 | 628위

돈(貝)으로 하나(一)씩 도구를 구체적으로 갖추니

① 도구 구 ② 갖출 구·구체적일 구

8획 具 具 具 具 具 具 具 具

| 음독 | ぐ | 1순위 | ② 具備 구비 (ぐび) | ② 具体的 구체적 (ぐたいてき) |
| | | | ① 道具 도구 (どうぐ) | |

0441

負

3학년 | N2 | 506위

도박에 패해 칼(ク)에 겨누어진 채 빚진 돈(貝)의 근심을 짊어진 패배자의 모습에서

ク: 칼 도

① 짐 질 부 ② 패할 부

9획 負 負 負 負 負 負 負 負 負

음독	ふ	1순위	① 負担 부담 (ふたん)	① 負債 부채 (ふさい)
			② 勝負 승부 (しょうぶ)	
훈독	[お]う		負(お)う ⓐ 짊어지다 ⓑ (힘·상처·타격 등을) 입다	
			背負(せお)う ⓐ 짊어지다 ⓑ (힘·상처·타격 등을) 입다	
	[ま]ける		負(ま)ける ⓐ 지다, 패하다 ⓑ (값을) 깎아 주다	
	[ま]かす		負(ま)かす 짐을 지우다, 이기다	

0442

費

5학년 | N2 | 602위

활(弓)과 칼(刂)은 전시에 돈(貝)을 다 써 버리는 비용이니

弓: 활 궁 刂: 칼 도

① 비용 비 ② 다 써 버릴 비

12획 費 費 費 費 費 費 費 費 費 費 費 費

음독	ひ	1순위	① 費用 비용 (ひよう)	② 消費 소비 (しょうひ)
			① 学費 학비 (がくひ)	
훈독	[つい]やす		費(つい)やす 쓰다, 써 없애다, 낭비하다	
	[つい]える		費(つい)える 줄다, 적어지다, 허비되다	

0443

買

2학년 | N4 | 339위

그물(罒)로 물건을 쓸어담듯 돈(貝)을 써서 구매하니

罒: 그물 망

살 매 · 구매할 매

12획 買 買 買 買 買 買 買 買 買 買 買 買

음독	ばい	1순위	買収 매수 (ばいしゅう)　　購買 구매 (こうばい) 売買 매매 (ばいばい)
훈독	[か]う		買(か)う 사다 → 買(か)い手(て) 사는 사람, 살 사람 　爆買(ばくが)い 대량 구매, 싹쓸이 쇼핑

0444

質

5학년 | N3 | 352위

도끼 두 자루(斤斤)를 저당 잡아 돈(貝)을 줄 때는 그 질을 물어 값을 쳐 주니

① 질 질　② 물을 질　③ 저당 잡을 질

15획 質 質 質 質 質 質 質 質 質 質 質 質 質 質 質

음독	しつ	1순위	① 質 질 (しつ)　　　　　② 質問 질문 (しつもん) ① 性質 성질 (せいしつ)　① 品質 품질 (ひんしつ)
	しち	3순위	③ *質屋 질옥전당포 (しちや)　③ *質物 질물전당물 (しちもつ)
	ち	4순위	② 言質 언질 (げんち)

| 잠깐만요 |
- 「質(しつ)」는 단독으로도 '질'이라는 의미로 쓰입니다.
- '저당을 잡다'는 의미일 때는 「しち」로 읽습니다.
- 훈독으로 「ただす」라고 읽는 경우가 있으니 참고해주세요.(단, 상용외표기라 시험에는 안나와요)
  – 質(ただ)す: (모르는 점을)질문하다, 질문해서 확인하다
  　예 彼(かれ)の意向(いこう)を質(ただ)して知(し)る 그의 의향을 물어서 알다(확인하다)

0445

賛

5학년 | N2 | 1317위

남편(夫)과 남편(夫)은 부인 몰래 돈(貝)을 쓰기 위해 서로를 잘 옹호해 주니

옹호할 찬 · 찬성할 찬

15획 賛 賛 賛 賛 賛 賛 賛 賛 賛 賛 賛 替 賛 賛

음독	さん	1순위	賛成 찬성 (さんせい)　　*賛否 찬부찬반 (さんぴ) 賛美 찬미 (さんび)

| 잠깐만요 |
- 일본에서는 '찬반'을 「賛否(찬부)」로 말하니 주의하세요.

0446

貴

6학년 | N1 | 752위

여럿 가운데(中) 가장(一) 돈(貝)이 되는 귀중한 것이니

귀중할 귀

12획 貴 貴 貴 貴 貴 貴 貴 貴 貴 貴 貴 貴

음독	き	1순위	貴社 귀사 (きしゃ)　　　貴族 귀족 (きぞく) 貴重 귀중 (きちょう)
훈독	[とうと]い		貴(とうと)い 소중하다, 귀중하다, 고귀하다
	[とうと]ぶ		貴(とうと)ぶ 공경하다, 존경하다
	예외		貴方(あなた) 당신

| 잠깐만요 |
• 「貴(とうと)い」는 「たっとい」, 「貴(とうと)ぶ」는 「たっとぶ」로도 쓰이는데, 이는 발음이 조금 달라진 것뿐입니다.
• 상대를 존중한다는 의미에서 '상대'를 높여 칭하는 의미로도 쓰입니다.
　　예 貴社(귀사), 貴方(당신) 등

0447

遺

6학년 | N1 | 617위

귀중한(貴) 물건이 마차가 지나간(辶) 자국 위에 놓여 있으면 잃어버리거나 남긴 것이니
辶: 쉬어 갈 착

① 남길 유　② 잃어버릴 유

15획 遺 遺 遺 遺 遺 遺 遺 遺 遺 遺 遺 遺 遺 遺 遺

음독	い	1순위	① 遺産 유산 (いさん)　　　① 遺物 유물 (いぶつ) ① 遺品 유품 (いひん)
	ゆい	4순위	① 遺言 유언 (ゆいごん)

| 잠깐만요 |
• 「ゆい」는 「遺言(ゆいごん)」에서만 쓰입니다.

0448

貫

중학 | N1 | 1324위

구멍 뚫린(冊) 돈(貝)을 철사가 관통한 모습이니　　冊: 꿰뚫을 관

꿸 관·관통할 관

11획 貫 貫 貫 貫 貫 貫 貫 貫 貫 貫 貫

음독	かん	1순위	貫通 관통 (かんつう)　　　貫禄 관록 (かんろく) 貫徹 관철 (かんてつ)
훈독	[つらぬ]く		貫(つらぬ)く ⓐ 관통하다, 꿰뚫다　ⓑ 관철하다, 일관하다

慣

5학년 | N2 | 1081위

마음(忄)이 꿰어(貫) 있어 익숙해지도록 반복해 몸에 밴 습관이니

忄: 마음 심

습관 관

14획 慣 慣 慣 慣 慣 慣 慣 慣 慣 慣 慣 慣 慣 慣

음독	かん [1순위]	慣例 관례 (かんれい)　　慣性 관성 (かんせい) 習慣 습관 (しゅうかん)
훈독	[な]らす	慣(な)らす 적응시키다, 순응시키다, 길들이다
	[な]れる	慣(な)れる 익숙해지다, 익다

員

3학년 | N3 | 165위

입구(口)에서 돈(貝)을 내고 그 무리의 사람/인원이 되니

사람 원 · 인원 원

10획 員 員 員 員 員 員 員 員 員 員

음독	いん [1순위]	人員 인원 (じんいん)　　満員 만원 (まんいん) 委員 위원 (いいん)

損

5학년 | N2 | 1224위

돈을 달라고 손(扌)을 내미는 사람(員)에게 다 퍼주어 돈을 잃고 손해를 보는 모습이니

扌: 손 수

잃을 손 · 손해 손

13획 損 損 損 損 損 損 損 損 損 損 損 損 損

음독	そん [1순위]	損 손손해 (そん)　　　損失 손실 (そんしつ) 損傷 손상 (そんしょう)　欠損 결손 (けっそん)
훈독	[そこ]なう [そこ]ねる	損(そこ)なう = 損(そこ)ねる ⓐ 손상하다, 상하게 하다, 망가뜨리다, 해치다 ⓑ [동사연용형+] ~하는 데 실패하다, 잘못 ~하다 　→ 見損(みそこ)なう/ 見損(みそこ)ねる 잘못 보다, 잘못 　　평가하다 ⓒ [동사연용형+] ~할 기회를 놓치다, ~하지 못하다 　→ 言(い)い損(そこ)なう/ 言(い)い損(そこ)ねる 말할 기 　　회를 놓치다

| 잠깐만요 |
- そこなう・そこねる는 본래 타동사적/자동사적이라는 뉘앙스의 차이가 있었습니다. 하지만 현대에는 품사와 용법이 통일되어 사실상 구분없이 사용되고 있습니다.
- 단, 아래 표현은 관용적으로 「損なう」만 사용하니 따로 체크해두세요.
　※死(し)に損(そこ)なう 죽을 뻔하다, 죽다 살다

(정답은 507쪽에)

1 빈칸에 들어갈 한자로 적절한 것을 고르시오.

1. ＿＿備 (구비)   ⓐ 具   ⓑ 負   ⓒ 買

2. 勝＿＿ (승부)   ⓐ 費   ⓑ 負   ⓒ 貴

3. ＿＿用 (비용)   ⓐ 費   ⓑ 貫   ⓒ 買

4. 品＿＿ (품질)   ⓐ 貫   ⓑ 賛   ⓒ 質

5. ＿＿族 (귀족)   ⓐ 員   ⓑ 遺   ⓒ 貴

6. 習＿＿ (습관)   ⓐ 慣   ⓑ 貫   ⓒ 損

7. ＿＿失 (손실)   ⓐ 買   ⓑ 員   ⓒ 損

8. ＿＿美 (찬미)   ⓐ 質   ⓑ 賛   ⓒ 費

2 다음 한자의 뜻을 (　　)에 적고 일본 음독을 a, b, c 중에 하나 고르시오.

1. 負債 (　　　)   ⓐ ぶさい   ⓑ ふさい   ⓒ ふざい

2. 学費 (　　　)   ⓐ がくび   ⓑ がっぴ   ⓒ がくひ

3. 売買 (　　　)   ⓐ まいまい   ⓑ ばいばい   ⓒ まいばい

4. 貫通 (　　　)   ⓐ かんつう   ⓑ かんとう   ⓒ かんとん

5. 賛成 (　　　)   ⓐ ちゃんせい   ⓑ さんせい   ⓒ さんせん

6. 遺言 (　　　)   ⓐ ゆうごん   ⓑ ゆげん   ⓒ ゆいごん

7. 委員 (　　　)   ⓐ いいん   ⓑ ぎいん   ⓒ いにん

8. 質屋 (　　　)   ⓐ しちや   ⓑ しつや   ⓒ しつおく

셋째마디

●

신체 · 감각 II [168자]

亠·頁·首의 파생 [15자]

100 [亠]: 머리 두 ▶ 亦変恋亡忘望

0452 ◐ 제부수

亦

N1 | 2775위

머리(亠) 아래 얼굴이 불(灬→亦) 붙은 듯 붉어지는 모습을 보면 그 역시/또한 어떠한
감정이나 상태인지 알 수 있으니　　　　　　亠: 머리 두　亦: 불 화(灬)의 변형

역시 역

6획	亦 亦 亦 亦 亦 亦	
훈독	**また**	亦(また) 또한, 역시

| 잠깐만요 |
• 단독으로는 거의 사용되지 않으며 고문이나 인명에 사용되는 정도입니다. 파생 한자를 위해 의미와
모양 정도만 기억해 두세요.

0453

変

4학년 | N2 | 155위

놀리면 역시나(亦) 불 붙은 듯 얼굴을 붉히고 다가오며(攵) 그 모습이 귀신처럼 바뀌니

변할 변

9획	変 変 変 変 変 変 変 変 変		
음독	**へん** [1순위]	変化 변화 (へんか)　　　変更 변경 (へんこう) 急変 급변 (きゅうへん)	
훈독	**[か]わる**	変(か)わる 바뀌다, 변하다 → 変(か)わり目(め) ⓐ 바뀔 때　ⓑ 구별, 차이 　相変(あいか)わらず 변함없이 　風変(ふうが)わり 색다름	
	[か]える	変(か)える 바꾸다, 변화시키다	

| 잠깐만요 |
• 「変」은 단순히 '변하다'의 의미뿐 아니라 일반적인 것이 변한 것이라는 의미에서 '이상하다'는 의미
로도 쓰입니다.
• 「かわる/かえる」는 「替(체)/代(대)/換(환)」으로도 쓰입니다. 「替」는 '교체', 「代」는 '교대', 「換」은
'교환'의 의미를 강조할 때 쓰입니다.

恋

중학 | N2 | 760위

생각하면 역시나(亦) 불 붙은 듯 얼굴이 달아오르고 마음(心)이 두근거려 사모하는 모습이니

사모할 련

10획 恋恋恋恋恋恋恋恋恋恋

음독	れん	1순위	恋愛 연애 (れんあい)	恋歌 연가 (れんか)
			失恋 실연 (しつれん)	
훈독	こい		恋(こい) 연정, 사랑	恋煩(こいわずら)い 상사병
			恋人(こいびと) 연인	初恋(はつこい) 첫사랑
	[こい]しい		恋(こい)しい 그립다	

| 잠깐만요 |
• 일반적인 남녀 간의 연정은 「恋(こい)」라고 합니다. 「愛(あい)」는 보다 깊이가 있고 농밀한 경우의 '사랑'을 의미합니다. 단, 「愛人(あいじん)」은 예외적으로 한국어로 '애인'으로 읽지만, 일본에서는 '불륜 관계, 내연 관계'의 상대를 말하니 주의가 필요합니다. 일반적인 '애인'은 「恋人(こいびと)」를 씁니다.
• 중학 레벨이지만 「変(변할 변)」과의 형태적 유사성, 단어의 실질적 사용 빈도 등을 고려하여 추가하였습니다.

亡

6학년 | N2 | 749위

단두대에 누워 머리(亠)가 칼날(ㄴ)에 베이는 모습으로 전쟁에서 망해 없어짐을 나타내니 ㄴ: 숨을 은(단두대 칼날의 모습)

없어질 망 · 망할 망

3획 亡亡亡

음독	ぼう	1순위	逃亡 도망 (とうぼう)	死亡 사망 (しぼう)
			滅亡 멸망 (めつぼう)	
	もう	4순위	亡者 망자 (もうじゃ)	
훈독	[な]い		亡(な)い 죽었다, 죽고 없다	
			→ 亡(な)くなる 죽다, 돌아가시다 亡(な)き者(もの) 죽은 이
	[な]くす		亡(な)くす 잃다, 여의다, 사별하다	

忘

6학년 | N2 | 802위

관심이 없어져(亡) 마음(心)이 가지 않으면 곧 잊으니

잊을 망

7획 忘忘忘忘忘忘忘

음독	ぼう	3순위	忘却 망각 (ぼうきゃく)	
			忘年会 망년회 송년회 (ぼうねんかい)	
훈독	[わす]れる		忘(わす)れる 잊다, 두고 내리다	
			→ 忘(わす)れ物(もの) 분실물 物忘(ものわす)れ 건망증

0457

구름에 가려 없어진(亡) 달(月)을 어두운 국운에 빛대어 왕(王)이 국가의 밝은 미래를 상징하는 보름달이 뜨기를 바라니

바랄 망

4학년 | N2 | 517위

11획 望望望望望望望望望望望

음독	ぼう	1순위	希望 희망 (きぼう)　　*願望 원망소원 (がんぼう) 失望 실망 (しつぼう)
	もう	4순위	*本望 본망숙원 (ほんもう)
훈독	[のぞ]む		望(のぞ)む 바라다, 소망하다 → 望(のぞ)み 바람, 소망
	[のぞ]ましい		望(のぞ)ましい 바람직하다
	예외		望月(もちづき) 보름달

| 잠깐만요 |
• 예전에는 달과 별로 국운을 점쳤습니다. '달 = 나라의 흥망성쇠'로 생각했어요.
• 「聖(성스러울 성)」과 구분에 주의하세요!

---

101 頁: 머리 혈 ▶ 頂順顔頭類憂優

0458

못(丁)대가리(頁)의 꼭대기이니　　　　　　　　　　　　丁: 못 정

꼭대기 정

6학년 | N2 | 1119위

11획 頂頂頂頂頂頂頂頂頂頂頂

음독	ちょう	1순위	頂点 정점 (ちょうてん)　　絶頂 절정 (ぜっちょう) *有頂天 유정천너무 기뻐 어쩔 줄 모름 (うちょうてん)
훈독	[いただ]く		頂(いただ)く 받들다, 모시다 ← もらう(받다)의 겸양어
	[いただ]き		頂(いただき) 맨 위쪽, 꼭대기, 정상, 머리

| 잠깐만요 |
• 「有頂天」은 본디 불교관에서 9개의 하늘 중 가장 높은 곳을 말해요.

0459

모든 이가 흐르는 물(川)처럼 우두머리(頁)의 명령에 차례차례 순응하는 모습이니

① 차례 순　② 순응할 순

4학년 | N2 | 975위

12획 順順順順順順順順順順順順

| 음독 | じゅん | 1순위 | ① 順序 순서 (じゅんじょ)　　② 順応 순응 (じゅんのう)
① *背(せ)の順(じゅん) 키 순 |

| 잠깐만요 |
• 「명사+順(じゅん)」으로 '~순'의 뜻으로 자주 쓰입니다.

0460

2학년 | N3 | 134위

머리(亠) 아래 두 눈(ㅛ)과 입가(厂) 아래 수염(彡)까지가 머리(頁) 중에서 얼굴이니

亠 : 머리 두   ㅛ : 여기서는 눈 모양   彡 : 터럭 삼

얼굴 안 · 안면 안

18획 顔 顔 顔 顔 顔 顔 顔 顔 顔 顔 顔 顔 顔 顔 顔 顔

음독	がん	1순위	顔面 안면 (がんめん)	顔色 안색 (がんしょく)
			童顔 동안 (どうがん)	
훈독	かお		顔(かお) 얼굴, 체면	顔色(かおいろ) 안색

0461

2학년 | N3 | 191위

콩(豆)처럼 둥근 머리(頁) 전체를 나타내니

머리 두

16획 頭 頭 頭 頭 頭 頭 頭 頭 頭 頭 頭 頭 頭 頭 頭 頭

음독	とう	1순위	頭皮 두피 (とうひ)	先頭 선두 (せんとう)
	ず	2순위	頭痛 두통 (ずつう)	頭脳 두뇌 (ずのう)
			頭巾 두건 (ずきん)	
훈독	あたま		頭(あたま) 머리	頭金(あたまきん) 선불 계약금
			頭数(あたまかず) 머릿수	石頭(いしあたま) 돌대가리
	かしら		頭(かしら) 두목, 우두머리	
			頭文字(かしらもじ) 두문자(머리글자, 이니셜)	

0462

4학년 | N2 | 563위

쌀알(米)처럼 대체로(大) 비슷한 머리(頁)를 한 무리이니

米 : 쌀 미   大 : 클 대

무리 류 · 종류 류

18획 類 類 類 類 類 類 類 類 類 類 類 類 類 類 類 類

음독	るい	1순위	類型 유형 (るいけい)	類推 유추 (るいすい)
			種類 종류 (しゅるい)	
훈독	たぐい		類(たぐい) (같은) 부류, 종류	

| 잠깐만요 |
· 「類(るい)는 友(とも)를 呼(よ)ぶ」(유유상종)와 같이 문어적 표현으로 「類(るい)」가 단독으로 쓰이기도 합니다.

머리(頁)에 수심이 덮여서(冖) 걱정(心)을 한가득 안고 천천히 걷는(夊) 근심스런 모습이니
冖: 덮을 멱　夊: 걸어올 치

근심 우 · 걱정 우

15획 憂 憂 憂 憂 憂 憂 憂 憂 憂 憂 憂 憂 憂 憂 憂

음독	ゆう [1순위]	憂慮 우려 (ゆうりょ)　　憂鬱 우울 (ゆううつ) 憂患 우환 (ゆうかん)
훈독	[うれ]い	憂(うれ)い 근심, 걱정
	[うれ]える	憂(うれ)える 근심하다, 걱정하다

중학 | N1 | 1753위

| 잠깐만요 |
• 고풍스런 말투로는 「憂(う)い」(근심, 걱정)도 있으나 일반적으로는 사용하지 않습니다.

근심(憂) 어린 모습을 우아하고 우수하게 표현하는 사람(亻)은 배우이니
亻: 사람 인

① 우수할 우 · 우아할 우　② 배우 우

17획 優 優 優 優 優 優 優 優 優 優 優 優 優 優 優 優 優

음독	ゆう [1순위]	① 優雅 우아 (ゆうが)　　① 優秀 우수 (ゆうしゅう) ② 俳優 배우 (はいゆう)
훈독	[すぐ]れる	優(すぐ)れる 우수하다, 뛰어나다
	[やさ]しい	優(やさ)しい 마음이 곱다, 상냥하다 → 優(やさ)しさ 상냥함, 상냥한 마음

6학년 | N2 | 437위

---

102 首: (우두)머리 수 ▶ 道導

우두머리(首)가 가야(辶) 할 길은 도리에 맞아야 하니
辶: 쉬어 갈 착

① 길 도　② 도리 도　(③ 알릴 도)

12획 道 道 道 道 道 道 道 道 道 道 道 道

음독	どう [1순위]	① 道路 도로 (どうろ)　　② 道德 도덕 (どうとく) ② 道理 도리 (どうり)
	どう [4순위]	③ 報道局 보도국 (ほうどうきょく)
	とう [4순위]	② *神道 신도 일본의 민족 신앙 (しんとう) ② *天道 천도 태양 (てんとう)
훈독	みち	道(みち) ⓐ 길 ⓑ 도덕, 도리 筋道(すじみち) (응당 그래야 할) 순서

2학년 | N4 | 96위

| 잠깐만요 |
훈독인 경우, '도로'의 의미일 때는 「路(길 로)」 자와 바꿔서 쓰이는 경우가 많습니다.

| 잠깐만요 |
• '길'이란 물리적인 '길', 추상적으로 벗어나지 않게 나아가는 길인 '도리나 도덕', 형식적으로는 '방법'을 의미합니다.
• 예외적으로 '보도(報道)'의 경우는 '알리다'는 의미로 쓰입니다.

導

5학년 | N2 | 625위

도리(道)를 조금(寸)이라도 벗어나지 않도록 인도하니

寸 : 마디 촌 · 아주 조금 촌

인도할 도

15획 導 導 導 導 導 導 導 導 導 導 道 道 導 導 導

음독	どう	1순위	指導 지도(しどう)	主導權 주도권(しゅどうけん)
			誘導 유도(ゆうどう)	
훈독	しるべ		導(しるべ) 길 안내, 이정표, 길잡이	
	[みちび]く		導(みちび)く 인도하다, 이끌다	

질문 있어요

의 · 과학 용어는 일본에서 번역된 것들이 많다?

한자 문화권 국가 중 가장 빠르게 서양의 문물을 접하고 수용한 나라는 일본이에요. 에도 시대 이전부터 제한적이기는 하지만 네덜란드, 포르투갈과 많은 교류를 했죠. 그 과정에서 받아들인 서구의 지식을 「蘭学(らんがく): 네덜란드의 학문」이라고 해요. 새로운 학문인 蘭学을 받아들이기 위해서는 개념조차 존재하지 않았던 수많은 단어들을 번역해야 했고, 의미 조합 능력이 뛰어난 한어로 다수의 어휘가 번역되었답니다.

蘭学 수용 과정에서 만들어진 번역어(네덜란드어/포르투갈어 → 한어)

- 의학 ▶ 神経(しんけい) 신경   網膜(もうまく) 망막
  軟骨(なんこつ) 연골   静脈(じょうみゃく) 정맥
- 과학 ▶ 重力(じゅうりょく) 중력   速力(そくりょく) 속력
  重量(じゅうりょう) 중량
- 물리 · 화학 ▶ 元素(げんそ) 원소   細胞(さいぼう) 세포
  酸素(さんそ) 산소   結晶(けっしょう) 결정
- 지리학 ▶ 半島(はんとう) 반도   海流(かいりゅう) 해류

(정답은 507쪽에)

1 빈칸에 들어갈 한자로 적절한 것을 고르시오.

1. ___化 (변화)　　ⓐ 変　　ⓑ 恋　　ⓒ 忘
2. 希___ (희망)　　ⓐ 望　　ⓑ 忘　　ⓒ 亡
3. ___点 (정점)　　ⓐ 類　　ⓑ 順　　ⓒ 頂
4. 死___ (사망)　　ⓐ 望　　ⓑ 亡　　ⓒ 忘
5. 童___ (동안)　　ⓐ 類　　ⓑ 頭　　ⓒ 顔
6. ___雅 (우아)　　ⓐ 優　　ⓑ 憂　　ⓒ 愚
7. 報___ (보도)　　ⓐ 渡　　ⓑ 導　　ⓒ 道
8. ___推 (유추)　　ⓐ 頭　　ⓑ 類　　ⓒ 順

2 다음 한자의 뜻을 (　　)에 적고 일본 음독을 a, b, c 중에 하나 고르시오.

1. 道路 (　　)　　ⓐ どうろう　　ⓑ どうろ　　ⓒ どろう
2. 忘却 (　　)　　ⓐ もうきゃく　　ⓑ ぼうきゃく　　ⓒ まんきゃく
3. 亡者 (　　)　　ⓐ もうじゃ　　ⓑ ぼうしゃ　　ⓒ まんじゃ
4. 頭痛 (　　)　　ⓐ とうつう　　ⓑ ずつうとん　　ⓒ ずつう
5. 誘導 (　　)　　ⓐ ゆどう　　ⓑ ゆうどう　　ⓒ ゆうど
6. 順応 (　　)　　ⓐ じゅんおう　　ⓑ じゅんのう　　ⓒ しゅんのう
7. 憂鬱 (　　)　　ⓐ ゆううつ　　ⓑ ううつ　　ⓒ ゆうつ
8. 顔面 (　　)　　ⓐ あんめん　　ⓑ かんめん　　ⓒ がんめん

目의 파생 [12자]

103 目: 눈 목 ▶ 看算県

0467

看

6학년 | N1 | 1149위

손(手)을 눈(目) 위에 대고 살펴보는 모양이니   手: 손 수

살펴볼 간 · 지켜볼 간

9획 看 看 看 看 看 看 看 看 看

| 음독 | かん | 1순위 | 看板 간판 (かんばん)   看病 간병 (かんびょう) |
| | | | 看護 간호 (かんご) |

0468

算

2학년 | N2 | 481위

대나무(⺮)로 된 주판알을 눈(目)으로 보며 손으로 들고(廾) 튕기며 계산하는 모습이니

⺮: 대나무 죽 廾: 받들 공

계산할 산 · 셈할 산

14획 算 算 算 算 算 算 算 算 算 算 算 算 算 算

| 음독 | さん | 1순위 | 算数 산수 (さんすう)   計算 계산 (けいさん) |
| | | | 暗算 암산 (あんざん) |

0469

県

3학년 | N2 | 422위

관리가 두 눈(目)을 치켜뜨고 숨어서(ㄴ) 작은(小) 범죄도 빠짐없이 관리하는 고을이니

ㄴ: 숨을 은

고을 현

9획 県 県 県 県 県 県 県 県 県

음독	けん	1순위	*県 현 (けん) *県庁 현청 (けんちょう)
			*県知事 현지사 (けんちじ)
			*都道府県 도도부현 (とどうふけん)

| 잠깐만요 |
• 「県(현)」은 한국의 도(道)에 해당하는 지방 행정 구역의 하나입니다. 한국의 특별시나 도(道)에 해당하는 일본의 행정 구역은 「都道府県(도도부현)」의 4종류가 있어요.

0470

現

5학년 | N2 | 100위

수정 구슬(王)에서 본(見) 점괘가 현재 나타나니　　王: 구슬 옥 · 임금 왕

① 현재 현　② 나타날 현

11획 現 現 現 現 現 現 現 現 現 現 現

음독	げん	1순위	① 現在 현재 (げんざい)　　① 現状 현상 (げんじょう) ② 現像 현상 (げんぞう)
훈독	うつつ		現(うつつ) ⓐ 현실, 생시 ⓑ 제정신 ⓒ 꿈과 현실의 사이
	[あらわ]れる		現(あらわ)れる 나타나다 → 現(あらわ)れ ⓐ 표현, 발로 ⓑ 결과
	[あらわ]す		現(あらわ)す 드러내다

| 잠깐만요 |
· 「現状」는 '현재 상태 · 상황'이고, 「現像」는 '현재의 모습 · 형상'입니다.

0471

規

5학년 | N2 | 575위

힘 있는 사내(夫)가 엄격하게 지켜보며(見) 관리하는 규칙과 법규이니　　夫: 남편 부 · 사내 부

규칙 규 · 법규 규

11획 規 規 規 規 規 規 規 規 規 規 規

음독	き	1순위	規則 규칙 (きそく)　　規制 규제 (きせい) 法規 법규 (ほうき)

0472

視

6학년 | N1 | 346위

신(ネ)이 세상을 보듯(見) 살피니　　ネ(示): 보일 시 · 신 시

볼 시 · 살필 시

11획 視 視 視 視 視 視 視 視 視 視 視

음독	し	1순위	視線 시선 (しせん)　　無視 무시 (むし) 重視 중시 (じゅうし)

머릿속이 불(ʸʸ)에 덮인(ㄇ) 듯 깨달음을 느끼고 이치를 보고(見) 눈을 뜨는 모습에서

ʸʸ : 불 화   ㄇ : 덮을 멱

① 눈 뜰 각 ② 느낄 각 · 깨달을 각

12획	覚 覚 覚 覚 覚 覚 覚 覚 覚 覚 覚 覚

4학년 | N2 | 361위

음독	**かく** [1순위]	① 覚醒 각성 (かくせい) ① 発覚 발각 (はっかく) ② 感覚 감각 (かんかく)
훈독	**[おぼ]える**	覚(おぼ)える ⓐ 기억하다 ⓑ 배우다 → 覚(おぼ)え 기억 覚書(おぼえがき) 메모
	[さ]ます	覚(さ)ます 깨다, 깨우치다 → 目覚(めざ)まし時計(どけい) 자명종
	[さ]める	覚(さ)める 깨다, 눈이 뜨이다, 제정신이 들다
	[さと]る	覚(さと)る 깨닫다

| 잠깐만요 |
- 깨달음을 얻은 사람이 눈을 뜨는 장면을 떠올려 주세요.
- 「さとる」는 「覚る」와 「悟る」로 쓸 수 있습니다. 「悟(깨달을 오)」를 쓰는 「悟る」는 '명확하게 이해하다, 깨우치다'의 의미로 좀 더 일반적으로 쓰이고, 「覚る」는 '자신의 사명이나 운명 등 드러나지 않고 숨겨져 있던 것을 깨닫다'는 의미로 쓰입니다.

---

105 直: 곧을 직 ▶ 直植値置真

저격수가 숨어서(ㄴ) 눈(目)으로 겨냥하고(十) 쏜 탄환이 대상에 직통(직선+직접)으로 맞으니

ㄴ : 숨을 은

① 곧을 직 ② 바로 직

8획	直 直 直 直 直 直 直 直

2학년 | N2 | 216위

음독	**ちょく** [1순위]	② 直接 직접 (ちょくせつ) ② 直前 직전 (ちょくぜん) ① 一直線 일직선 (いっちょくせん) ①② *直(ちょく)で 직통으로
	じき [2순위]	② 正直 정직 (しょうじき) ② *直々(じきじき) 직접 ② *直(じき)に 직접
훈독	**[ただ]ちに**	直(ただ)ちに ⓐ 곧, 즉각 ⓑ 바로, 직접
	[なお]る	直(なお)る 고쳐지다, 복구되다, 바로잡다
	[なお]す	直(なお)す ⓐ 고치다 ⓑ 다시 ~하다

| 잠깐만요 |
- 일직선으로 '곧다'는 것은 시간적으로 가장 빨라 '바로'의 의미를, 형식적으로는 다른 사람을 거치지 않고 '직접'한다는 것이 됩니다. 이런 이미지를 복합적으로 잘 표현한 단어가 '직통'이라고 생각해요. 총알이 일직선으로 빠르게 날아가 중간에 다른 것에 맞지 않고 직접 대상을 뚫는 이미지를 떠올려 보세요.

植

3학년 | N2 | 805위

나무(木)를 곧게(直) 세워 심는 것이니

심을 식

12획 植植植植·植植植植植植植植植

음독	しょく [1순위]	植物 식물 (しょくぶつ)　　植民地 식민지 (しょくみんち) 移植 이식 (いしょく)
훈독	[う]える	植(う)える 심다 → 植木(うえき) 나무를 심는 것　　植木鉢(うえきばち) 화분
	[う]わる	植(う)わる 심어지다, 심기다

値

6학년 | N2 | 699위

사람(亻)이 곧은(直) 자로 기록한 수치/값이니

값 치

10획 値値値値値値値値値値

음독	ち [1순위]	価値 가치 (かち)　　　　　平均値 평균치 (へいきんち) 数値 수치 (すうち)
훈독	ね	値(ね) 값, 가격　　　　　値段(ねだん) 값, 가격 値打(ねう)ち 가격, 가치　　高値(たかね) 고가
	あたい	値(あたい) 값어치, 가치

| 잠깐만요 |
• 「ち」는 단독 사용은 하지 않고 대부분 끝에 붙어서 '~치'로 쓰입니다.
• 가격일 때는 「ね」를 주로 쓰고, 숫자값·대가 개념의 가치일 때는 「あたい」를 자주 씁니다.

置

4학년 | N2 | 260위

물건을 손으로 그물(罒)처럼 덮어 잡고 곧게(直) 아래로 내려서 놓아 두니　　罒: 그물 망

둘 치

13획 置置置置置置置置置置置置置

음독	ち [1순위]	配置 배치 (はいち)　　　　設置 설치 (せっち) 装置 장치 (そうち)
훈독	[お]く	置(お)く 두다 → 物置(ものおき) 헛간, 곳간

| 잠깐만요 |
• 물건을 어딘가 둘 때에는 물건의 위쪽을 덮듯이 잡고 아래로 곧게 내려서 두죠?

0478

真

3학년 | N3 | 148위

열(十) 명의 눈(目)이 하나(一)를 보아 그중 여덟(八)이 인정한 진실이니

참 진 · 진짜 진

10획 真 真 真 真 真 真 真 真 真 真

음독	しん	1순위	真実 진실(しんじつ) 写真 사진(しゃしん)	*真剣 진검진심(しんけん)
훈독	ま		真(ま) 정말, 참, 진실 → 真面目(まじめ) 착실함, 성실함 　真冬(まふゆ) 한겨울	

| 잠깐만요 |
• 「真剣(しんけん)」은 단순히 '진짜 검'이라는 의미도 되지만, '진심'이라는 의미로 자주 쓰입니다.

인문학 용어는 일본에서 번역된 것들이 많다?

일본은 메이지 시대에 들어서면서 영어권 선진국의 각종 문물을 흡수했어요. 그리고 그 과정 속에서 국가 체제를 정비하기 위해 법률 · 행정을 필두로 한 인문 · 사회 · 문화 분야의 수용이 본격적으로 이루어졌고, 그에 따른 번역어가 많이 만들어졌어요. 여러분이 생각하는 것보다 아시아 전역의 일상에는 일본에서 만든 어휘가 아주 많이 정착해 있답니다.

메이지 시대 이후의 인문사회학 번역어 (영어/유럽어 → 한어)

- 법률 ▶ 義務(ぎむ) 의무　　　民権(みんけん) 민권
　　　　国際(こくさい) 국제　　不動産(ふどうさん) 부동산
- 학문 ▶ 哲学(てつがく) 철학　　心理学(しんりがく) 심리학　　倫理学(りんりがく) 윤리학
　　　　概念(がいねん) 개념　　範疇(はんちゅう) 범주　　　抽象(ちゅうしょう) 추상
- 예체 ▶ 野球(やきゅう) 야구　　美術(びじゅつ) 미술

214

(정답은 507쪽에)

1 빈칸에 들어갈 한자로 적절한 것을 고르시오.

1. ___病 (간병)　　ⓐ 看　　ⓑ 算　　ⓒ 県

2. 感___ (감각)　　ⓐ 算　　ⓑ 覚　　ⓒ 角

3. ___庁 (현청)　　ⓐ 都　　ⓑ 府　　ⓒ 県

4. 重___ (중시)　　ⓐ 現　　ⓑ 視　　ⓒ 規

5. ___接 (직접)　　ⓐ 値　　ⓑ 植　　ⓒ 直

6. 数___ (수치)　　ⓐ 値　　ⓑ 植　　ⓒ 直

7. ___理 (진리)　　ⓐ 伸　　ⓑ 振　　ⓒ 真

8. 移___ (이식)　　ⓐ 値　　ⓑ 植　　ⓒ 直

2 다음 한자의 뜻을 (　　)에 적고 일본 음독을 a, b, c 중에 하나 고르시오.

1. 看板 (　　)　　ⓐ かんばん　　ⓑ がんぱん　　ⓒ がんばん

2. 計算 (　　)　　ⓐ けさん　　ⓑ げいさん　　ⓒ けいさん

3. 現象 (　　)　　ⓐ けんしょう　　ⓑ へんしょう　　ⓒ げんしょう

4. 法規 (　　)　　ⓐ ほうきゅう　　ⓑ ほうき　　ⓒ ほうきゅ

5. 価値 (　　)　　ⓐ かち　　ⓑ がち　　ⓒ かし

6. 真実 (　　)　　ⓐ しんじつ　　ⓑ じんじつ　　ⓒ ちんじつ

7. 配置 (　　)　　ⓐ へち　　ⓑ はいち　　ⓒ ほうち

8. 県知事 (　　)　　ⓐ へんちじ　　ⓑ けんちさ　　ⓒ けんちじ

言·曰의 파생 [37자]

106 言: 말 언 ▶ 吾悟語訓信計

0479 ❶ 제부수

吾

N1 | 1043위

다섯(五) 손가락으로 자기 가슴을 탁탁 두드리며 입(口)으로 나라고 하니

나 오

7획 吾 吾 吾 吾 吾 吾 吾

음독	ご	4순위	吾人 오인나 (ごじん)
훈독	われ		吾(われ) 나 ↔ 汝(なんじ) 그대

| 잠깐만요 |
• 「吾人」「吾」는 1인칭 대명사 '나'의 문어적 표현입니다. 「汝」 또한 문어적이고 고풍스런 표현입니다.

0480

悟

중학 | N1 | 1225위

마음(忄)으로 참된 나(吾)를 이해하여 깨달으니   忄: 마음 심

깨달을 오

10획 悟 悟 悟 悟 悟 悟 悟 悟 悟 悟

음독	ご	3순위	覚悟 각오 (かくご) *頓悟 돈오 (とんご) 大悟 대오 (たいご)
훈독	[さと]る		悟(さと)る 깨닫다 → 悟(さと)り 깨달음

| 잠깐만요 |
• 대부분의 어휘가 불교에서 말하는 '깨달음'의 의미를 나타내요. 頓悟, 大悟 또한 진리를 깨닫다는 의미랍니다. 음독 어휘 중에서는 「覚悟」만 일반 어휘로 사용 빈도가 높게 사용돼요.

0481

語

2학년 | N4 | 129위

말(言)로 내(吾) 스토리를 이야기하니

말할 어 · 이야기 어

14획 語 語 語 語 語 語 語 語 語 語 語 語 語 語

음독	ご	1순위	語学 어학 (ごがく) 言語 언어 (げんご) 単語 단어 (たんご)
훈독	[かた]る	語(かた)る 이야기하다, 말하다 → 物語(ものがたり) 이야기
	[かた]らう	語(かた)らう 이야기를 주고받다, 서로 이야기하다

| 잠깐만요 |
• 「語る」는 흐름을 가진 스토리 혹은 주제를 이야기하는 것을 말해요.

0482

4학년 | N2 | 1277위

말(言)을 물(川) 흐르듯 하며 글귀의 의미를 가르치니

① 가르칠 훈 (② 의미 훈)

10획 訓 訓 訓 訓 訓 訓 訓 訓 訓 訓

| 음독 | くん | 1순위 | ① 訓 훈 (くん) | ② 訓練 훈련 (くんれん) |
| | | | ② 訓令 훈령 (くんれい) | ② 教訓 교훈 (きょうくん) |

0483

2학년 | N3 | 319위

말(言) 한마디에도 열(十) 가지 상황을 헤아려 계산하니

계산할 계

9획 計 計 計 計 計 計 計 計 計

음독	けい	1순위	計算 계산 (けいさん)　　計画 계획 (けいかく) 時計 시계 (とけい)
훈독	[はか]る		計(はか)る 계산하다, 헤아리다
	[はか]らう		計(はか)らう 처리하다, 상의하다, 생각해서 정하다 見計(みはか)らう 가늠하다

| 잠깐만요 |
- 「はかる」는 「計/測/量/図/謀/諮」 등의 한자로 쓰이는데, 근본 의미는 전부 '구체화시키다'입니다. 구분해서 암기하기보다는 한자의 의미와 연관지어 이해하는 게 중요해요.
  - [時計 시계, 計算 계산] → 計る: (시간을) 재다, (수치를) 셈하다
  - [測定 측정, 推測 추측] → 測る: (높이, 넓이, 깊이, 정도를) 측정하다
  - [重量 중량]　　　　　 → 量る: (무게, 용적을) 재다
  　　　　　　　　　　　 → 測る·計る·量る): 헤아리다, 가늠하다
  - [企図 기도(도모)]　　 → 図る: 생각하다, 계획하다
  - [謀略 모략]　　　　　 → 謀る: 속이다, 꾀하다, 꾸미다
  - [諮問 자문]　　　　　 → 諮る: 의견을 묻다, 상의하다, 자문하다

0484

4학년 | N2 | 126위

다른 사람(イ)의 말(言)로 전달된 소식을 굳게 믿으니

① 믿을 신 ② 소식 신

9획 信 信 信 信 信 信 信 信 信

음독	しん	1순위	① 信用 신용 (しんよう)	① 信頼 신뢰 (しんらい)
			① 自信 자신 (じしん)	① *信(しん)じる 믿다, 의지하다
		2순위	② 受信 수신 (じゅしん)	② 通信 통신 (つうしん)
			② 信号 신호 (しんごう)	

| 잠깐만요 |
- 「한자어+じる/ずる」는 「한자어+する」의 옛 용법이 어휘적으로 남아 있는 것들입니다. 한국어에도 '한자어+하다'의 표현이 많죠?
- 발음이 동일해도 단어 생산성에 따라 나누어서 정리했습니다.

0485

号

3학년 | N2 | 430위

군대에서 하늘에서 천둥이 내리치듯(丂) 입(口)으로 자신의 번호를 부르짖는 모습이니

丂: 번개가 내리치는 모양

① 번호 호 ② 부를 호

5획 号 号 号 号 号

음독 ごう [1순위] ① 信号 신호 (しんごう)   ① 番号 번호 (ばんごう)
② *号泣 호읍흐느껴 울다 (ごうきゅう)

0486

呉

중학 | N1 | 1517위

오나라(呉)가 물자를 팔방으로 나누어(八) 주었다는 뜻에서

呉: 한글 '오' 모양   八: 여덟 팔·나눌 팔

① 오나라 오 ② 줄 오

7획 呉 呉 呉 呉 呉 呉 呉

음독 ご [4순위] *呉服 오복포목 (ごふく)
呉越同舟 오월동주 (ごえつどうしゅう)

0487

誤

6학년 | N2 | 1264위

말(言)로만 줄(呉) 것처럼 하다가는 관계만 어긋날 뿐이니

그르칠 오·어긋날 오

14획 誤 誤 誤 誤 誤 誤 誤 誤 誤 誤 誤 誤 誤 誤

음독 ご [1순위] 誤解 오해 (ごかい)   誤差 오차 (ごさ)   錯誤 착오 (さくご)

훈독 [あやま]る 誤(あやま)る 실패하다, 실수하다, 그르치다
→ 誤(あやま)り 실수, 잘못, 틀림

0488

極

4학년 | N2 | 616위

번개(丂)가 땅(一)에 내려꽂혀도 나무(木)처럼 우직하게 입(口)으로 외고 손(又)으로 쓰며
학문의 끝을 보고자 극한까지 정진하는 모습이니   丂: 번개가 내리치는 모양   又: 오른손 우

끝 극·다할 극

12획 極 極 極 極 極 極 極 極 極 極 極 極

음독 きょく [1순위] 極限 극한 (きょくげん)   両極 양극 (りょうきょく)
*究極 구극궁극 (きゅうきょく)

ごく [2순위] 極秘 극비 (ごくひ)   極楽 극락 (ごくらく)
極悪 극악 (ごくあく)

훈독 [きわ]み 極(きわ)み 극도, 극점, 최정점

[きわ]まる 極(きわ)まる 극도에 달하다, 극히 ~하다

[きわ]める 極(きわ)める 끝까지 하다, 더없이 ~하다

与

중학 | N2 | 477위

입 벌린(勹) 곳으로 먹이를 던지듯(一) 주니

① 줄 여 ② 참여할 여·관여할 여

3획 与 与 与

음독	よ	1순위	② 与党 여당 (よとう)	① 授与 수여 (じゅよ)
			② 関与 관여 (かんよ)	① 給与 급여 (きゅうよ)
훈독	[あた]える		与(あた)える 주다, 수여하다	

写

3학년 | N3 | 516위

덮어(冖) 놓고 주어진(与) 그대로 베껴서 그리니　　　　　　　　冖: 덮을 멱

베낄 사·그릴 사

5획 写 写 写 写 写

음독	しゃ	1순위	写真 사진 (しゃしん)　　写本 사본 (しゃほん)
			描写 묘사 (びょうしゃ)
훈독	[うつ]る		写(うつ)る ⓐ (속이) 비치다 ⓑ 찍히다
	[うつ]す		写(うつ)す ⓐ (사진을) 찍다 ⓑ 베끼다
			→ 写(うつ)し ⓐ (사진을) 찍음 ⓑ 베낌, 모조품 ⓒ 사본

🔵108 舌: 혀 설 ▶ 舌活話辞乱

舌

6학년 | N1 | 1181위

천(千) 번은 입(口)안에서 움직이는 혀이니　千: 일천 천　口: 입 구

혀 설

6획 舌 舌 舌 舌 舌 舌

음독	ぜつ	1순위	毒舌 독설 (どくぜつ)　　*活舌 활설명료한 발음 (かつぜつ)
			*弁舌 변설말솜씨 (べんぜつ)
훈독	した		舌(した) 혀 → 舌打(したう)ち 혀 차는 소리(쯧)
			舌先(したさき) ⓐ 혀끝 ⓑ 말주변

活

2학년 | N2 | 190위

침(氵)까지 튀겨 가며 혀(舌)를 놀려 분위기/활기를 살리니　　　　氵: 물 수

살 활·활기 활

9획 活 活 活 活 活 活 活 活 活

| 음독 | かつ | 1순위 | 活動 활동 (かつどう)　　　活力 활력 (かつりょく) |
| | | | 生活 생활 (せいかつ) |

話

2학년 | N4 | 54위

말(言)을 혀(舌)가 지칠 정도로 많이 하며 이야기하니

이야기할 화

13획 話 話 話 話 話 話 話 話 話 話 話 話 話

음독	わ	1순위	話術 화술 (わじゅつ)	話題 화제 (わだい)
			会話 회화 (かいわ)	
훈독	はなし		話(はなし) 이야기	
	[はな]す		話(はな)す 이야기하다	
			→ 話(はな)し方(かた) 이야기하는 태도, 말투	

| 잠깐만요 |
• 「話」의 본래 의미와 직접적인 의미 관련은 옅지만 사용 빈도가 상당히 높은 단어로는 「世話(せわ)」 (보살펴 줌, 신세를 짐)가 있습니다.

辞

4학년 | N2 | 942위

충신이 혀(舌)로 매서운(辛) 말을 올리고 관직을 물러나는 모습에서

辛: 매울 신 · 매서울 신

① 물러날 사 ② 말 사 · 글 사

13획 辞 辞 辞 辞 辞 辞 辞 辞 辞 辞 辞 辞 辞

음독	じ	1순위	① 辞表 사표 (じひょう)	① 辞退 사퇴 (じたい)
			② 辞書 사서사전 (じしょ)	
훈독	[や]める		辞(やめ)る (관직 따위를) 그만두다, 사직하다	
			→ 辞(や)め時(どき) 그만둬야 할 때	

| 잠깐만요 |
• 보통 '말씀 사'로 알고 있지만, 실쓰임은 '물러나다, 사직하다, 그만두다'로 더 많이 사용됩니다.
• '말씀'의 의미로는 '격식과 예의를 차린 공적인 말'로, 「辞令(じれい): 사령지령(*한국에는 없는 의미로 ⓐ예의성 멘트, 겉치렛말 ⓑ사령장[관직의 임명/해임을 담은 공문서]를 의미합니다.)」, 「辞典(じてん): 사전」이 사용 빈도가 높은 예입니다.

乱

6학년 | N2 | 689위

세 치 혀(舌)로 진실을 숨겨(乚) 세상을 어지럽히고 혼란을 불러일으키니

乚: 숨길 은

어지러울 란 · 혼란할 란

7획 乱 乱 乱 乱 乱 乱 乱

음독	らん	1순위	乱 난 (らん)	乱暴 난폭 (らんぼう)
			混乱 혼란 (こんらん)	
훈독	[みだ]す		乱(みだ)す 어지럽히다	
	[みだ]れる		乱(みだ)れる 흐트러지다, 문란해지다	

0496

2학년 | N4 | 301위

조상으로부터 열(十) 세대는 거쳐 입(口)을 통해 전해진 오래된 옛 말들이니

十: 열 십 · 많을 십

오랠 고 · 옛 고

5획 古 古 古 古 古

음독	こ	1순위	古代 고대 (こだい)	考古学 고고학 (こうこがく)
			中古 중고 (ちゅうこ)	
훈독	[ふる]い		古(ふる)い 낡다, 오래되다	
			→ 古着(ふるぎ) 헌 옷	古巣(ふるす) 옛집, 옛 보금자리

0497

5학년 | N1 | 715위

옛(古)일임에도 때려(攵) 버릴 정도로 이유있는 옛일이니

攵: 때릴 복

① 옛 고 ② 이유 고

9획 故 故 故 故 故 故 故 故 故

음독	こ	1순위	① 故~ 고죽은 이 (こ)	① 故郷 고향 (こきょう)
			① 故人 고인 (こじん)	
		2순위	② 故障 고장 (こしょう)	② 故意 고의 (こい)
			② 事故 사고 (じこ)	
훈독	ゆえ		故(ゆえ) 까닭, 이유, 사정	
			→ 何故(なにゆえ) 어떤 이유로, 무엇 때문에	

| 잠깐만요 |
• 「故+인명」의 형태로 이미 죽은 사람임을 나타냅니다.
• 발음이 동일해도 단어 생산성에 따라 나누어서 정리했어요.

0498

4학년 | N2 | 862위

에워싼(口) 틀에 넣어 오래도록(古) 굳혀 단단하니

口: 에워쌀 위

굳을 고 · 단단할 고

8획 固 固 固 固 固 固 固 固

음독	こ	1순위	固体 고체 (こたい)	固定 고정 (こてい)
			固有 고유 (こゆう)	
훈독	[かた]い		固(かた)い ⓐ 단단하다, 견고하다 ⓑ 융통성이 없다	
	[かた]まる		固(かた)まる ⓐ 굳어지다 ⓑ 덩어리지다, 뭉치다	
	[かた]める		固(かた)める ⓐ 굳히다 ⓑ 덩어리지게 하다	

5학년 | N2 | 567위

사람(亻)이 너무 단단하면(固) 저 홀로 따로 지내니

낱 개 · 개별 개

10획	個 個 個 個 個 個 個 個 個 個

음독	こ	1순위	個人 개인 (こじん)　　　　個別 개별 (こべつ) *個々(ここ)の 개개의

| 잠깐만요 |
- 「々」자는 앞의 한자를 반복할 때 쓰는 기호예요.
- '개'지만 「こ」로 발음되어 「固」자와 헷갈릴 수 있으니 주의하세요.

3학년 | N2 | 1216위

물(氵)이 오랫동안(古) 모여 달(月)처럼 둥글게 고인 호수이니　　　氵:물 수　月:달 월

호수 호

12획	湖 湖 湖 湖 湖 湖 湖 湖 湖 湖 湖 湖

음독	こ	1순위	江湖 강호 (こうこ)　　　　淡水湖 담수호 (たんすいこ)
훈독	**みずうみ**		湖(みずうみ) 호수

| 잠깐만요 |
- 중국에서는 고대(古)부터 달(月)이 뜨는 밤에 풍류를 즐기는 물(氵)은 호수였어요.

苦

3학년 | N2 | 466위

풀(艹)만 오랫동안(古) 씹어대면 쓰고 괴롭기만 하니　　　艹 : 풀 초

쓸 고 · 괴로울 고

8획	苦 苦 苦 苦 苦 苦 苦 苦

음독	く	1순위	苦心 고심 (くしん)　　　　苦痛 고통 (くつう) *苦労 고로고생, 노고 (くろう)
훈독	**[くる]しい**	苦(くる)しい 괴롭다
	[くる]しむ	苦(くる)しむ 괴로워하다 → 苦(くる)しみ 괴로움
	[くる]しめる	苦(くる)しめる 괴롭게 하다, 괴롭히다
	[にが]い	苦(にが)い 씁쓸하다, 쓰다
	[にが]む	苦(にが)む 찌푸린 얼굴을 하다 → 苦(にが)み 쓴맛

| 잠깐만요 |
- '노고'는 한국어와 반대로 「苦労」라 씁니다.
- 「苦」의 훈독이 「くる」일 때는 '괴롭다', 「にが」일 때는 '쓰다'의 뜻일 때가 많아요.

0502

回

2학년 | N3 | 141위

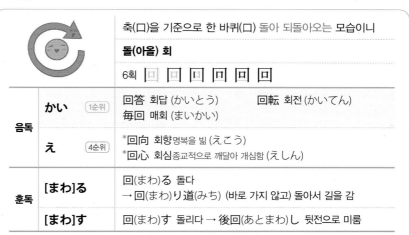

축(口)을 기준으로 한 바퀴(口) 돌아 되돌아오는 모습이니

돌(아올) 회

6획 回 回 回 回 回 回

음독	かい	1순위	回答 회답 (かいとう) 回転 회전 (かいてん) 毎回 매회 (まいかい)
	え	4순위	*回向 회향명복을 빎 (えこう) *回心 회심종교적으로 깨달아 개심함 (えしん)
훈독	[まわ]る		回(まわ)る 돌다 → 回(まわ)り道(みち) (바로 가지 않고) 돌아서 길을 감
	[まわ]す		回(まわ)す 돌리다 → 後回(あとまわ)し 뒷전으로 미룸

0503

品

3학년 | N3 | 213위

대상을 보고 여럿이 입으로(口口口) 품평하여 그 물건의 등급을 정하니

① 물건 품 ② 등급 품

9획 品 品 品 品 品 品 品 品 品

| 음독 | ひん | 1순위 | 部品 부품 (ぶひん) 商品 상품 (しょうひん) 作品 작품 (さくひん) |
| 훈독 | しな | | 品(しな) ⓐ 물건 ⓑ 등급 品物(しなもの) 물품 品切(しなぎ)れ 품절, 절품 品分(しなわ)け 품별 |

0504

操

6학년 | N1 | 988위

손(扌)으로 나무(木) 위에 있는 물건(品)을 움직이게끔 조종하는 모습에서   扌: 손 수

① 다룰 조 · 조종할 조 (② 지조 조)

16획 操 操 操 操 操 操 操 操 操 操 操 操 操 操 操 操

음독	そう	1순위	① 操作 조작 (そうさ) ① 操縦 조종 (そうじゅう) ① 体操 체조 (たいそう)
		3순위	② *操行 조행품행 (そうこう) ② 志操 지조 (しそう)
훈독	みさお		操(みさお) 정조, 지조, 절개
	[あやつ]る		操(あやつ)る 조종하다, 다루다 → 操(あやつ)り人形(にんぎょう) 꼭두각시 인형

| 잠깐만요 |

• 꼭두각시 인형을 연상해 주세요. 나무 인형을 실이나 나무 장치로 조작하고 다루는 이미지예요. 또 부모가 자녀를 꼭두각시 인형 다루듯 지조를 강조하는 이미지를 연결시키면 더 이해하기 쉽겠죠?

• '② 지조'의 의미는 단어 생산성이 낮고 사용 빈도도 낮으니 제시한 두 단어만 알아 두세요.

0505

4학년 | N1 | 467위

많은 입들(品)이 둘러싸여 먹는 커다란(大) 그릇/용기이니

그릇 기 · 용기 기

15획 器 器 器 器 器 器 器 器 器 器 器 器 器 器 器

음독	き	1순위	器量 기량 (きりょう)	*器用 기용요령 있음 (きよう)
			楽器 악기 (がっき)	容器 용기 (ようき)
훈독	うつわ		器(うつわ) 그릇, 용기	

⑪ 曰: 아뢸 왈 ▶ 由油笛演画

0506

3학년 | N2 | 286위

주장하는 말(曰)의 중심이 바로 서기(丨) 위해서는 많은 생각을 거쳐 이유를 담아내야 하니

말미암을 유 (① 이유 ② 거쳐 오다)

5획 由 由 由 由 由

음독	ゆ	1순위	② 由来 유래 (ゆらい)	① *由縁 유연연유 (ゆえん)
			② 経由 경유 (けいゆ)	
	ゆう	3순위	① 理由 이유 (りゆう)	① 自由 자유 (じゆう)
	ゆい	4순위	② 由緒 유서내력 (ゆいしょ)	
훈독	よし		由(よし) 유래, 이유	事(こと)の由(よし) 사정, 이유

| 잠깐만요 |
· 由는 촛불이 타는 모습으로 보거나, 밭에서 자란 싹으로 보고 의미를 유추하기도 해요.
· 「ゆい」로 읽히는 경우는 「由緒(ゆいしょ)」 정도입니다.

0507

3학년 | N3 | 937위

액체(氵) 중 동식물에서 말미암아(由) 만들어지는 것은 기름이니

기름 유

8획 油 油 油 油 油 油 油 油

음독	ゆ	1순위	油田 유전 (ゆでん)	*油断 유단방심, 부주의 (ゆだん)
			石油 석유 (せきゆ)	
훈독	あぶら		油(あぶら) 기름	油絵(あぶらえ) 유화

0508

笛

3학년 | N1 | 1897위

대나무(⺮)는 속이 비었기 때문에(由) 피리로 만들어졌으니   ⺮ : 대나무 죽

피리 적

11획 笛 笛 笛 笛 笛 笛 笛 笛 笛 笛 笛

음독	てき	3순위	汽笛 기적 (きてき)	警笛 경적 (けいてき)
훈독	ふえ		笛(ふえ) 피리 口笛(くちぶえ) 휘파람	草笛(くさぶえ) 풀피리

0509

演

5학년 | N2 | 480위

지붕(宀) 아래서 한(一) 사람에 의해(由) 여덟(八) 인물상이 물(氵) 흐르듯 펼쳐지니   宀 : 집 면 · 지붕 면

펼 연

14획 演 演 演 演 演 演 演 演 演 演 演 演 演 演

음독	えん	1순위	演説 연설 (えんぜつ) 演技 연기 (えんぎ)	演習 연습 (えんしゅう) 演奏 연주 (えんそう)

| 잠깐만요 |
- '말'을 펼쳐 보이면 '설명'이 되고 '행동'을 펼쳐 보이면 '연습'이 되며, '리듬 · 흉내'를 펼쳐 보이면 '연주'와 '연기'가 됩니다.
- 「練習(연습)」은 학문이나 기술 등을 되풀이하여 익히는 것, 「演習(연습)」은 '모의로 무언가를 실습하거나 대학 등에서 토론이나 발표 등을 하는 세미나 형식의 교육법을 의미합니다.

0510

画

2학년 | N3 | 168위

한(一) 획씩 그어지는 붓에 의해(由) 완성되어 액자(凵)에 넣는 그림이니   凵 : 위 뚫릴 감

① 그림 화 ② 그을 획

8획 画 画 画 画 画 画 画 画

음독	が	1순위	① 画面 화면 (がめん) ① 漫画 만화 (まんが)	① 映画 영화 (えいが)
	かく	2순위	② 画数 획수 (かくすう) ② 区画 구획 (くかく)	② 計画 계획 (けいかく)

| 잠깐만요 |
- '화(が)'는 완성된 '면(그림)'의 이미지이고, '획(かく)'은 과정의 '선(획순)'이 하나하나 구성되는 이미지예요.
- 보통 단독 한자로 '그림'을 뜻할 때에는 「絵(え)」를 사용해요.

0511

3학년 | N2 | 734위

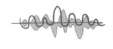

말(曰)의 중심/가락(丨丨)이 왔다 갔다 바뀌며 굽이치니

① 굽을 곡 ② 노래 곡

6획 凵 凸 凹 曲 曲 曲

음독	きょく	1순위	② 曲 곡노래 (きょく)	① 曲折 곡절 (きょくせつ)
			① 曲線 곡선 (きょくせん)	② 作曲 작곡 (さっきょく)
훈독	曲[ま]げる		曲(ま)げる 굽히다, 구부리다	
	曲[ま]がる		曲(ま)がる 구부러지다 → 曲(ま)がり角(かど) ⓐ 길모퉁이 ⓑ 전환점, 분기점	

| 잠깐만요 |
• '노래'라는 의미는 '소리가 굽이굽이 변한다'는 데서 온 의미예요. 리듬 곡선을 떠올려 보세요.

0512

4학년 | N1 | 898위

굽고(曲) 비틀린 세상사를 잘게 나누어(八) 다스리는 법을 적은 책이니

八: 여덟 팔 · 나눌 팔

① 법 전 · 전형 전 ② 책 전 · 경전 전

8획 典 典 典 典 典 典 典 典

음독	てん	1순위	② 辞典 사전 (じてん)	② 出典 출전 (しゅってん)
			② 古典 고전 (こてん)	
		2순위	① 典型 전형 (てんけい)	① 式典 식전의식 (しきてん)

| 잠깐만요 |
• 전형적이고 법식적인 무언가를 적은 것이 옛날에는 경전, 법전 등의 책이었기 때문에 '책 · 경전'이라는 의미로 파생되었어요.
• 발음이 동일해도 단어 생산성에 따라 나누어서 정리했습니다.

0513

학년 외 | N1 | 1523위

굴바위(厂) 사이로 반짝이는 밤하늘의 별을 나타내니

厂: 굴바위 엄

별 신

7획 辰 辰 辰 辰 辰 辰 辰

| 음독 | しん | 4순위 | 誕辰 탄신 (たんしん) | *星辰 성신별 (せいしん) |

| 잠깐만요 |
• 일반적으로는 쓰이지 않고 부수로 많이 쓰이며, 어려운 한문체에서 사용됩니다.
• 파생 한자(振/農/震/唇/辱 등)가 중학 레벨 이후에 많이 등장하니 잘 외워 두세요.

0514

허리를 구부리고(曲) 별(辰)이 뜰 때까지 하는 농사 일이니

농사 농

3학년 | N2 | 753위

13획 農農農農農農農農農農農農農

음독	のう	1순위	農村 농촌 (のうそん)	農業 농업 (のうぎょう)
			農薬 농약 (のうやく)	

0515

줄기가 굽을(曲) 정도로 콩(豆)이 잔뜩 풍성하게 열리니

풍성할 풍

5학년 | N2 | 801위

13획 豊豊豊豊豊豊豊豊豊豊豊豊豊

음독	ほう	1순위	豊作 풍작 (ほうさく)	豊富 풍부 (ほうふ)
			豊満 풍만 (ほうまん)	
훈독	ゆたか		豊(ゆたか) 넉넉함, 풍족함	

질문 있어요

云々은 왜 うんぬん이 되고, 天王星는 왜 てんのうせい인가요?

35P의 촉음화 현상과 마찬가지로, 한어에서 '보다 편안한 발음'을 위해 발음이 변하는 음운 현상 중 하나로, 연성(連声 : れんじょう)이라는 현상이 있습니다. 「ん」 뒤에 모음으로 시작하는 발음이 붙어 하나의 단어를 이룰 경우, 발음의 편의를 위해 모음이 「な행」으로 바뀌는 현상입니다. 현재는 극히 일부 단어에만 흔적처럼 남아 있어요('ま행'으로 바뀌는 경우도 존재하는데, 그 예를 찾기 힘들 만큼 수가 적어요. 또, 한국어에서 '안양'을 [아냥]으로 발음하는 연음 법칙도 이와 유사한 메커니즘이에요.). 촉음화 현상처럼 연성 현상도, '반드시 그렇게 된다'는 문법적 강제력이 있기보다는 '그렇게 될 수도 있다'는 가능성을 나타내는 경향성이에요. 그러니 규칙을 암기하기보다는 아래와 같은 예시 단어가 등장할 때 그 이해를 위한 참고사항으로 봐 주세요.

① ~ん+모음~ → [~ん+な행~]

うん(云)＋うん(云) → うんぬん (云々: 운운)　はん(反)＋おう(応) → はんのう (反応: 반응)

てん(天)＋おう(皇) → てんのう (天皇: 천황)　いん(因)＋えん(縁) → いんねん (因縁: 인연)

② ~ん+모음~ → [~ん+ま행~](그 수가 극히 적습니다. 陰陽 정도만 참고해 주세요.)

おん(陰)＋よう(陽) → おんみょう(陰陽: 음양)

(정답은 507쪽에)

1 빈칸에 들어갈 한자로 적절한 것을 고르시오.

1. ____学 (어학) ⓐ 吾 ⓑ 語 ⓒ 悟
2. 江____ (강호) ⓐ 胡 ⓑ 号 ⓒ 湖
3. ____解 (오해) ⓐ 誤 ⓑ 呉 ⓒ 吾
4. 自____ (자신) ⓐ 訓 ⓑ 信 ⓒ 語
5. ____典 (사전) ⓐ 辞 ⓑ 話 ⓒ 乱
6. 楽____ (악기) ⓐ 操 ⓑ 品 ⓒ 器
7. ____数 (획수) ⓐ 由 ⓑ 画 ⓒ 演
8. ____作 (풍작) ⓐ 典 ⓑ 農 ⓒ 豊

2 다음 한자의 뜻을 ( )에 적고 일본 음독을 a, b, c 중에 하나 고르시오.

1. 極秘 ( ) ⓐ ごくひ ⓑ こくひ ⓒ きょくひ
2. 個人 ( ) ⓐ こじん ⓑ かいじん ⓒ ごじん
3. 描写 ( ) ⓐ みょうさ ⓑ びょうさ ⓒ びょうしゃ
4. 操縦 ( ) ⓐ ぞじゅう ⓑ そうじゅう ⓒ そじゅう
5. 会話 ( ) ⓐ かいは ⓑ かいあ ⓒ かいわ
6. 曲線 ( ) ⓐ きょくせん ⓑ ぎょくせん ⓒ こくせん
7. 計画 ( ) ⓐ けいかく ⓑ けかく ⓒ げいかく
8. 典型 ( ) ⓐ ぜんけい ⓑ せんけい ⓒ てんけい

手·크의 파생 [22자]

113 手[扌]: 손 수 ▶ 挙拝

0516

挙

4학년 | N1 | 596위

불(ⅴⅴ)이 붙은 듯 하나(一) 같이 사방팔방(八)에서 손(手)을 번쩍 들어대니   ⅴⅴ: 불 화

① 들 거   ② 행할 거

10획	挙 挙 挙 挙 挙 挙 挙 挙 挙 挙

음독	きょ [1순위]	② 挙動 거동 (きょどう)	② 検挙 검거 (けんきょ)
		① 選挙 선거 (せんきょ)	① 列挙 열거 (れっきょ)

훈독	[あ]がる	挙(あ)がる 오르다, 올라가다
	[あ]げる	挙(あ)げる ⓐ (손을) 올리다 ⓑ (예식을) 거행하다

0517

拝

6학년 | N2 | 1144위

손(扌)과 손(手→龵)을 하나(一)로 나란히 겹쳐 모아 절을 하니

절할 배 · 삼가 배

8획	拝 拝 拝 拝 拝 拝 拝 拝

음독	はい [1순위]	拝礼 배례 (はいれい) *拝見 배견삼가 봄 (はいけん)
		崇拝 숭배 (すうはい)

훈독	[おが]む	拝(おが)む ⓐ 양손 모아 절하다, 합장하다 ⓑ 간절히 바라다

114 [크]: 오른손 계 ▶ 尹君郡群

0518 ● 부수자

尹

오른손(크)에 지휘봉(ノ)을 들고 지휘하듯 다스리는 모습이니

다스릴 윤

4획	尹 尹 尹 尹

君

3학년 | N2 | 512위

많은 이를 다스릴(尹) 때 입(口)으로 명하는 것은 군주이니

① 군주 군 ② 그대 군

7획 君 君 君 君 君 君 君

음독	**くん** 1순위	① 君主 군주（くんしゅ） ① 君臨 군림（くんりん） ② 諸君 제군여러분（しょくん）
훈독	**きみ**	君（きみ） 그대, 자네, 너

| 잠깐만요 |
• '② 그대'의 의미는 보통 상대를 부르는 경칭으로, 한국의 '~군'과 같이 접미사로 주로 쓰입니다.

郡

4학년 | N1 | 1398위

군주(君)가 다스리는 언덕(阝) 위의 고을이니 　　　阝: (왼편) 언덕 부 · (오른편) 고을 읍

고을 군

10획 郡 郡 郡 郡 郡 郡 郡 郡 郡 郡

음독	**ぐん** 3순위	郡民 군민（ぐんみん） 　　郡県 군현（ぐんけん） 郡内 군내（ぐんない）

| 잠깐만요 |
• 일본은 한국의 도에 해당하는 도도부현(都道府県) 아래에 시군정촌(市郡町村)의 하위 행정구역을 가지고 있어요.

群

4학년 | N2 | 926위

군주(君)에게 끌려다니는 양 떼(羊)와 같은 무리이니 　　　羊: 양 양

무리 군

13획 群 群 群 群 群 群 群 群 群 群 群 群 群

음독	**ぐん** 1순위	群衆 군중（ぐんしゅう） 　　群集 군집（ぐんしゅう） 抜群 발군（ばつぐん）
훈독	**むら**	群（むら） 떼~ 群雲（むらくも） 떼구름 　　群鳥（むらどり） 새 떼
	[む]れる	群（む）れる 무리를 짓다, 몰려 있다 → 群（む）れ 무리, 떼

| 잠깐만요 |
• '발군(抜群)'이란 '무리 중에서 뽑을 만한' 즉, '뛰어나다'는 의미입니다.

0522 ● 부수자

오른손(⺕)으로 붓(丨)을 들어 한두(二) 획 긋는 모습을 본떠

⺕ : 오른손 계 | 丨 : 뚫을 곤(여기서는 붓의 모양)

붓들율

6획 聿 聿 聿 聿 聿 聿

0523

3학년 | N2 | 922위

죽간(⺮) 앞에서 붓을 들(聿) 때에는 제대로 된 붓으로 달필로 글씨를 쓰니

⺮ : 대나무 죽

① 붓필 ② 글쓸필

12획 筆 筆 筆 筆 筆 筆 筆 筆 筆 筆 筆 筆

음독	ひつ	1순위	筆記 필기 (ひっき)	随筆 수필 (ずいひつ)
			自筆 자필 (じひつ)	
훈독	ふで		筆(ふで) 붓	

| 잠깐만요 |
• 옛날에는 글 연습은 돌에 하고, 제대로 글씨를 쓰는 건 죽간(대나무 조각)에 했어요.

0524

2학년 | N4 | 72위

붓(聿)으로 말하듯(曰) 글을 써서 낸 책이니

聿 : 붓 들 율 曰 : 말할 왈

① 책서 ② 글쓸서

10획 書 書 書 書 書 書 書 書 書 書

음독	しょ	1순위	書類 서류 (しょるい)	文書 문서 (ぶんしょ)
			辞書 사서사전 (じしょ)	
훈독	[か]く		書(か)く 쓰다	

0525

6학년 | N2 | 1040위

걷고(彳) 행동하는 법을 붓을 들어(聿) 세세히 정해 기록한 법도/법칙이니

彳 : 조금 걸을 척

법칙 률

9획 律 律 律 律 律 律 律 律 律

음독	りつ	1순위	法律 법률 (ほうりつ)	因果律 인과율 (いんがりつ)
			規律 규율 (きりつ)	
	りち	4순위	律儀 율의의리가 두터움, 성실하고 정직함 (りちぎ)	

| 잠깐만요 |
• 「律儀(りちぎ)」는 '예의/의리(儀)를 법칙(律)처럼 여기다'에서 나온 의미입니다.

0526

建

4학년 | N3 | 377위

붓을 들고(聿) 현장을 걸어다니며(廴) 측량하고 도면을 작성해 건축물을 세우니

廴: 천천히 걸을 인

① 건축할 건 ② 세울 건

9획 建 建 建 建 建 建 建 建 建

음독	けん	1순위	建築 건축 (けんちく)　　建設 건설 (けんせつ)　再建 재건 (さいけん)
	こん	4순위	建立 건립 (こんりゅう)　*再建 (신사/절의) 재건 (さいこん)
훈독	[た]つ		建(た)つ (건조물이) 세워지다
	[た]てる		建(た)てる (건물·동상·나라 등을) 세우다, 짓다 → 建物(たてもの) 건물

0527

健

4학년 | N1 | 703위

사람(亻)이 몸과 의지를 세워(建) 굳세게 일어서는 건강함이니

亻: 사람 인

굳셀 건

11획 健 健 健 健 健 健 健 健 健 健 健

| 음독 | けん | 1순위 | 健康 건강 (けんこう)　　健闘 건투 (けんとう)
保健室 보건실 (ほけんしつ) |
| 훈독 | [すこ]やか | | 健(すこ)やか(だ) 튼튼함, 건강함 |

---

116 [帚]: 빗자루 추 ▶ 帚婦帰

0528 ● 부수자

帚

손(크)에 든 빗자루(帚) 모양에서

빗자루 추

8획 帚 帚 帚 帚 帚 帚 帚 帚

| 사용 예 | 掃(바닥 쓸 소) |

0529

婦

5학년 | N2 | 655위

여자(女) 중 빗자루(帚)를 들고 집안일을 하는 아내/여성이니

① 아내 부 ② 일하는 여성 부

11획 婦 婦 婦 婦 婦 婦 婦 婦 婦 婦 婦

| 음독 | ふ | 1순위 | ① 主婦 주부 (しゅふ)　　② 家政婦 가정부 (かせいふ)
① 夫婦 부부 (ふうふ) |

232

0530

2학년 | N3 | 270위

전쟁에서 비질(帚)하듯 칼(刂)을 휘두른 무사가 군영이나 집으로 돌아가는 모습이니

刂: 칼 도

돌아갈 귀

10획 帰 帰 帰 帰 帰 帰 帰 帰 帰 帰

음독	き [1순위]	帰国 귀국 (きこく) 帰省 귀성 (きせい)	*帰宅 귀택 귀가 (きたく)
훈독	[かえ]る	帰(かえ)る 돌아가다, 돌아오다 → 帰(かえ)り道(みち) 귀갓길	
	[かえ]す	帰(かえ)す 돌려보내다	

---

117 当: 맞을 당 ▶ 当康唐糖

0531

当

2학년 | N2 | 68위

작은(⺌) 행복을 내 손(⺕) 위에 맞이했던 바로 그 순간을 소중히 하는 것은 당연하니

⺌(小): 작을 소

① 맞을 당 ② 당연할 당 ③ 바로 이(그) 당

6획 当 当 当 当 当 当

음독	とう [1순위]	① 当選 당선 (とうせん) ② 当然 당연 (とうぜん) ③ 当事者 당사자 (とうじしゃ) ① 適当 적당 (てきとう) ① 担当 담당 (たんとう) ①*本当 본당 정말, 진짜 (ほんとう)
훈독	[あ]たる	当(あ)たる ⓐ 맞다 ⓑ (피해를) 당하다 → 当(あ)たり前(まえ) 당연함 　　日当(ひあ)たり 볕이 드는 것
	[あ]てる	当(あ)てる 맞히다 → 当(あ)て逃(に)げ 뺑소니　手当(てあて) 수당

| 잠깐만요 |
'① 맞다'라는 의미는 상황을 맞다 → 맞닥뜨리다/답을 맞다 → 들어맞다/임무를 맞다 → 피해를 맞다 → 당하다로 의미가 확장돼요.

0532

4학년 | N1 | 568위

집(广)에 돌아가 손(⺕)부터 물(氺)로 씻는 것은 건강을 위한 것이니 广: 집 엄 氺: 물 수

건강 강

11획 康 康 康 康 康 康 康 康 康 康 康

음독	こう [3순위]	健康 건강 (けんこう) 小康 소강 (しょうこう)

| 잠깐만요 |
• 「小康(소강)」은 전쟁 후 '소강 상태'라는 의미입니다. 이때의 「康」은 '편안함'의 의미예요.
• '건강'과 '소강' 외에는 사실상 거의 쓰이지 않으니 두 단어 정도만 외워 두세요.

0533

중학 | N1 | 1258위

당나라 사람이 손(⺕)에 몽둥이(丨)를 들고 갑자기 내 집(广) 입구(口)로 들이닥치니

广: 집 엄

① 당나라 당 ② 갑자기 당

10획 唐 唐 唐 唐 唐 唐 唐 唐 唐 唐

음독	とう	1순위	① 唐人 당인 (とうじん)
			① *唐辛子 당신자고추 (とうがらし)
			① 遣唐使 견당사 (けんとうし)
		4순위	② *唐突 당돌돌연 (とうとつ)
			② 荒唐無稽 황당무계 (こうとうむけい)
훈독	から		唐(から) ⓐ 당나라 ⓑ 외국에서 건너 온~
			→ 唐揚(からあ)げ 카라아게 唐物(からもの) 중국 유입 물품

| 잠깐만요 |
• 생산성이 높은 건 '당나라'의 의미입니다. 하지만 실제 사용 빈도는 「唐突(당돌)」이 가장 높습니다.
• 「唐突(당돌)」은 '당돌하다'는 의미가 아니라 '돌연'이라는 의미이니 주의하세요. 또, 「荒唐(황당)」은 어려운 말투로 쓰이는 문어체에서나 간간히 등장하고, 한국처럼 빈번히 사용하지 않습니다.
• 발음이 동일해도 단어 생산성에 따라 나누어서 정리했어요.

0534

6학년 | N1 | 1494위

쌀(米)을 계속 씹으면 갑자기(唐) 설탕처럼 단맛이 나니

米: 쌀 미

달달할 당 · 달달할 탕

16획 糖 糖 糖 糖 糖 糖 糖 糖 糖 糖 糖 糖 糖 糖 糖 糖

| 음독 | とう | 1순위 | 糖類 당류 (とうるい) 糖尿病 당뇨병 (とうにょうびょう) |
| | | | *砂糖 사탕설탕 (さとう) |

| 잠깐만요 |
• 「砂糖」은 '모래(砂) 같은 가루로 된 당(糖)', 「糖尿病」은 '단(糖) 오줌(尿)이 나오는 병(病)'이라는 의미입니다.

118 争: 다툴 쟁 ▶ 争急事

0535

4학년 | N2 | 359위

내려찍는 칼(⼓)을 손(⺕)에 갈고리(丿)를 들고 막으며 싸워대니

⼓: 칼 도 丿: 갈고리 궐

싸울 쟁 · 다툴 쟁

6획 争 争 争 争 争 争

음독	そう	1순위	戦争 전쟁 (せんそう) 競争 경쟁 (きょうそう)
			論争 논쟁 (ろんそう)
훈독	[あらそ]う		争(あらそ)う 다투다 → 争(あらそ)い 다툼, 분쟁

急

3학년 | N3 | 406위

휘두르는 칼(ク)을 손(ヨ)으로 막는 심장(心)이 벌렁이는 급박한 상황이니

ク: 칼 도　心: 마음 심

급할 급

9획　急 急 急 急 急 急 急 急 急

음독	きゅう [1순위]	急行 급행 (きゅうこう)　*急用 급용 급한 용무 (きゅうよう) 緊急 긴급 (きんきゅう)
훈독	[いそ]ぐ	急(いそ)ぐ 서두르다 → 急(いそ)ぎ足(あし) 급한 걸음, 종종걸음

| 잠깐만요 |
• 「急(きゅう)」만으로도 「急だ(급하다)」 「急な(급한)」 「急で(급행)」 등으로 사용됩니다.

事

3학년 | N4 | 22위

한 일(一) 자로 입(口)을 다물고 손(ヨ)에 도구(亅)를 들고 일하는 모습이니

亅: 갈고리 궐

일 사

8획　事 事 事 事 事 事 事 事

음독	じ [1순위]	事件 사건 (じけん)　　　事務室 사무실 (じむしつ) 大事 대사 (だいじ)
	ず [4순위]	好事家 호사가 (こうずか)
훈독	こと	事(こと) 일, 것　　　事柄(ことがら) 사항, 일, 사정 事細(ことこま)かく 세세하게, 자세하게

| 잠깐만요 |
• 「大事(だいじ)」는 '큰일'이라는 뜻으로도 쓰이고, '중요하다'는 뜻으로도 쓰입니다.
• 음독 「ず」는 「好事家(호사가)」 외에는 거의 사용되지 않습니다.

(정답은 508쪽에)

1 빈칸에 들어갈 한자로 적절한 것을 고르시오.

1. ___民 (군민) ⓐ 君 ⓑ 郡 ⓒ 群
2. 崇___ (숭배) ⓐ 挙 ⓑ 拝 ⓒ 俳
3. ___行 (급행) ⓐ 急 ⓑ 争 ⓒ 事
4. 法___ (법률) ⓐ 律 ⓑ 建 ⓒ 帰
5. ___類 (당류) ⓐ 康 ⓑ 唐 ⓒ 糖
6. ___設 (건설) ⓐ 律 ⓑ 建 ⓒ 健
7. 夫___ (부부) ⓐ 帚 ⓑ 帰 ⓒ 婦
8. 自___ (자필) ⓐ 筆 ⓑ 書 ⓒ 唐

2 다음 한자의 뜻을 (   )에 적고 일본 음독을 a, b, c 중에 하나 고르시오.

1. 検挙 (   ) ⓐ けんきょ ⓑ こんきょ ⓒ げんきょ
2. 群衆 (   ) ⓐ くんしゅう ⓑ ぐんしゅう ⓒ きゅんしゅう
3. 自筆 (   ) ⓐ じひつ ⓑ しひつ ⓒ しっぴつ
4. 健康 (   ) ⓐ けんこ ⓑ げんごう ⓒ けんこう
5. 辞書 (   ) ⓐ さしょ ⓑ じしょう ⓒ じしょ
6. 担当 (   ) ⓐ たんとう ⓑ たんと ⓒ たんたん
7. 建立 (   ) ⓐ けんりゅう ⓑ こんりゅう ⓒ こんりゅ
8. 戦争 (   ) ⓐ ぜんぞう ⓑ せんそ ⓒ せんそう

又·皮의 파생 [21자]

119 又: 오른손 우 ▶ 友収取最

0538

2학년 | N4 | 458위

자주(ナ) 손(又)을 맞잡고 사귀는 친구이니 　　　　　ナ: 열 십·많을 십(十)의 변형

친구 우

4획 友 友 友 友

음독	ゆう	1순위	友情 우정 (ゆうじょう) 　　　*友人 우인벗 (ゆうじん) 親友 친우 (しんゆう)
훈독	とも		友(とも) ⓐ 친구, 동료 ⓑ (〜の友식으로) 동행, 길벗 友達(ともだち) 친구

0539

6학년 | N2 | 468위

얽힌 덩굴(丩)을 손(又)으로 뜯어 거두어 수습하니
丩: 얽힐 구·덩쿨 구(여기서는 담벼락(丨)에 난 덩굴(乚)의 모습)

거둘 수·수습할 수

4획 収 収 収 収

음독	しゅう	1순위	収入 수입 (しゅうにゅう) 　　収縮 수축 (しゅうしゅく) 回収 회수 (かいしゅう)
훈독	[おさ]まる		収(おさ)まる 수습되다
	[おさ]める		収(おさ)める 수습하다

0540

3학년 | N3 | 98위

귀(耳)로 듣고 손(又)으로 잡아내며 정보를 취하니 　　　　　又: 오른손 우

잡을 취·취할 취

8획 取 取 取 取 取 取 取 取

음독	しゅ	1순위	取材 취재 (しゅざい) 　　　搾取 착취 (さくしゅ) 取捨選択 취사선택 (しゅしゃせんたく)
훈독	[と]る		取(と)る ⓐ 잡다, 취하다 ⓑ 집어 오다 → 物取(ものと)り 도둑, 강도

여러 사람이 말하는(曰) 것을 취하여(取) 내리는 결정이 가장 최선이니　　曰: 말할 왈

가장 최

12획　最 最 最 最 最 最 最 最 最 最 最 最

음독	さい	[1순위]	最初 최초 (さいしょ)　　最高 최고 (さいこう) 最低 최저 (さいてい)
훈독	[もっと]も		最(もっと)も (무엇보다) 가장

4학년 | N2 | 101위

---

⑫⓪ [圣]: 가는 흙줄기 경 ▶圣軽経径

● 부수자

주먹(又)에서 흘러내리는 가늘고 긴 흙(土) 줄기 모양에서

가는 흙줄기 경

5획　圣 圣 圣 圣 圣

수레(車)에 가늘고 긴 흙줄기(圣) 정도만 실은 듯 가벼우니　　車: 수레 차

가벼울 경

12획　軽 軽 軽 軽 軽 軽 軽 軽 軽 軽 軽 軽

음독	けい	[1순위]	軽率 경솔 (けいそつ)　　軽重 경중 (けいちょう) 軽薄 경박 (けいはく)
훈독	[かる]い		軽(かる)い 가볍다 ↔ 重(おも)い 무겁다
	[かろ]やか		軽(かろ)やか(だ) 발랄하고 경쾌함

3학년 | N3 | 684위

걸을(彳) 수 있게 흙줄기(圣)를 뿌려 길게 다져 만든 길이니　　彳: 조금 걸을 척

길 경 · 지름 경

8획　径 径 径 径 径 径 径 径

음독	けい	[1순위]	*径路 경로샛길 (けいろ)　　半径 반경 (はんけい) 直径 직경 (ちょっけい)

4학년 | N1 | 1881위

국경선(糸)을 따라 길게(圣) 이어진 길을 지나다니며 경영하고 다스리니 　糸: 실 사

① 지나올 경 ② 다스릴 경·경영할 경 ③ 불경 경

11획 経 経 経 経 経 経 経 経 経 経 経

음독	けい	1순위	① 経路 경로 (けいろ)	① 経歴 경력 (けいれき)
			② 経営 경영 (けいえい)	② 経済 경제 (けいざい)
	きょう	3순위	③ (お)経 경불경 (きょう)	
			③ 法華経 법화경 (ほっけきょう/ほけきょう)	
훈독	[へ]る		経(へ)る 지나치다, 거치다	

5학년 | N2 | 125위

| 잠깐만요 |
• 「経」의 음독은 '어떤 선을 따라 지나다'라는 의미에서 ① 지나온 길·지나온 시간·스토리 등의 의미(けい)를 기본으로 하고, ② 이미 지나온 것들을 통해 다스리고 관리하며(けい) ③ 불교에서는 부처님이 지나온 깨달음을 기록한 것이 경전이니 경전의 의미(きょう)를 지닙니다.

---

121 支: 지탱할 지 ▶ 支枝技岐

支

많이(十) 갈라져 뻗은 나뭇가지를 손(又)으로 쥐고 지탱하는 모습이니　　十: 열 십·많을 십(여기서는 갈라진 나뭇가지 모양)

① 지탱할 지 ② 갈라져 나갈 지

4획 支 支 支 支

음독	し	1순위	① 支持 지지 (しじ)	① 支配 지배 (しはい)
			② 支店 지점 (してん)	② 支出 지출 (ししゅつ)
훈독	[ささ]える		支(ささ)える 버티다, 지탱하다 → 支(ささ)え 버팀목, 받침	

5학년 | N2 | 328위

枝

나무(木) 줄기에서 갈라져 나온(支) 나뭇가지이니

가지 지

8획 枝 枝 枝 枝 枝 枝 枝 枝

음독	し	3순위	枝葉 지엽 줄기와 잎 (しよう)	
훈독	えだ		枝(えだ) 가지, 갈래	枝道(えだみち) 샛길
			枝豆(えだまめ) 풋콩	枝打(えだう)ち 가지치기

5학년 | N2 | 1071위

| 잠깐만요 |
• 음독으로는 잘 쓰이지 않고 대부분 훈독으로 사용됩니다.

0548

5학년 | N2 | 487위

손(扌) 쓰는 법이 많이 갈라져 나가(支) 발전되는 재주/기술이니 扌: 손 수

재주 기 · 기술 기

7획 技 技 技 技 技 技 技

음독	ぎ	1순위	技能 기능 (ぎのう)　　　　技術 기술 (ぎじゅつ) 特技 특기 (とくぎ)
훈독	わざ		技(わざ) 기술, 재주 裏技(うらわざ) 비법, 비밀 기술　大技(おおわざ) 큰 기술

| 잠깐만요 |
• 게임의 '스킬트리'와 같이 사람이 손을 쓰고 그에 따른 기술들이 가지가 갈라지듯 뻗어 나가면서 생기는 게 기술이죠?

0549

4학년 | N1 | 1443위

산(山) 정상으로 가는 수없이 갈라져 나간(支) 갈림길이니

갈림길 기

7획 岐 岐 岐 岐 岐 岐 岐

음독	き	3순위	岐路 기로 (きろ)　　　分岐点 분기점 (ぶんきてん)

122 反: 반대 반 ▶ 反板版坂阪返仮

0550

3학년 | N2 | 276위

손(又)을 허리(厂)에 대고 몸을 반대로 젖혔다 돌이키는 것을 반복하는 모습이니　　厂: 굴바위 엄(여기서는 허리를 뒤로 젖힌 모습)

① 반대 반 · 배반 반　② 젖힐 반　③ 돌이킬 반　④ 반복할 반

4획 反 反 反 反

음독	はん	1순위	① 反対 반대 (はんたい)　　③ 反省 반성 (はんせい) ④ 反復 반복 (はんぷく)
	ほん	4순위	① 謀反 모반 (むほん)
훈독	[そ]る		反(そ)る (활처럼) 뒤로 젖혀지다
	[そ]らす		反(そ)らす (활처럼) 휘게 하다, 뒤로 젖히다

| 잠깐만요 |
• 「反(たん)」으로 읽는 경우가 존재합니다. 이는 임야의 면적 단위로 쓰일 때로 일반인은 사용하지 않으니 참고만 하세요.
　예 反当(たんあた)리 1반(反)의 면적당

0551

板

3학년 | N2 | 755위

나무(木)를 반대로 젖힐(反) 수 있을 만큼 납작하게 만든 널빤지이니

널빤지 판

8획 板 板 板 板 板 板 板 板

음독	ばん	1순위	看板 간판 (かんばん)	平板 평판 (へいばん)
			円盤 원반 (えんばん)	基盤 (전기)기판 (きばん)
	はん	4순위	合板 합판 (ごうはん)	甲板 갑판 (こうはん/かんぱん)
			鉄板 철판 (てっぱん)	
훈독	いた		板(いた) 단단하고 넓적하며 평평한 모양의 것, 주로 널빤지	
			まな板(いた) 도마	板蔵(いたぐら) 널빤지로 만든 창고

0552

版

5학년 | N2 | 778위

글자 모양을 새긴 조각(片)을 뒤집어(反) 찍어내는 인쇄이니   片 : 조각 편

인쇄할 판

8획 版 版 版 版 版 版 版 版

| 음독 | はん | 1순위 | 版画 판화 (はんが) | 出版 출판 (しゅっぱん) |
| | | | 初版 초판 (しょはん) | |

| 잠깐만요 |
• は행의 단어는 뒤에 붙을 때 탁음/반탁음이 되는 연탁 현상이 자주 발생하니 주의하세요.
• 版이 접미어로 쓰여서 '명사+~판(~ version)'이 될 경우에는 'ばん'으로 읽으니 주의해 주세요.
　📖 映画版 영화판 (えいがばん), 現代版 현대판 (げんだいばん)

0553

坂

3학년 | N2 | 586위

흙(土)이 담긴 트럭의 짐칸을 젖혀서(反) 쌓으면 생기는 비탈이니

비탈 판·언덕 판

7획 坂 坂 坂 坂 坂 坂 坂

음독	はん	3순위	*坂路 판로언덕길 (はんろ)	
			登坂 등판언덕을 오름 (とうはん/とはん)	
훈독	さか		坂(さか) 언덕	坂道(さかみち) 언덕길, 비탈길
			上(のぼ)り坂(ざか) 오르막길	下(くだ)り坂(ざか) 내리막길

| 잠깐만요 |
• 음독으로는 거의 쓰이지 않으니 참고만 하세요.

241

0554

4학년 | N1 | 855위

언덕(阝)이 반복해서(反) 있는 오사카를 의미하여   阝: (왼편) 언덕 부 · (오른편) 고을 읍

언덕 판

7획 阪 阪 阪 阪 阪 阪 阪

음독	はん	1순위	*大阪 대판오사카 (おおさか) *阪神 판신오사카와 고베 (はんしん) *京阪 경판교토와 오사카 (けいはん)

| 잠깐만요 |
• 인명/지명용 한자로, 주로 '오사카'를 의미하는 한자입니다.

0555

3학년 | N2 | 263위

왔던 길을 반대(反)로 걸어가(辶) 원래 자리로 되돌아오는 것이니   辶: 쉬어 갈 착

되돌아올 반

7획 返 返 返 返 返 返 返

음독	へん	1순위	返品 반품 (へんぴん) 返還 반환 (へんかん) *返事 반사대답 (へんじ)
훈독	[かえ]る		返(かえ)る (본래 상태로) 되돌아오다, 되돌아가다
	[かえ]す		返(かえ)す 되돌리다, 돌려주다

0556

5학년 | N1 | 1079위

사람(亻)만이 현재와 반대(反)되는 거짓 상황을 임시로 가정해 보니   亻: 사람 인

① 임시로 가 · 가정할 가   ② 거짓 가

6획 仮 仮 仮 仮 仮 仮

음독	か	1순위	① 仮定 가정 (かてい) ① 仮借 가차 (かしゃく) ① 仮説 가설 (かせつ)
	け	3순위	② *仮病 가병꾀병 (けびょう) ② *虚仮 허가바보, 웃음거리 (こけ)
훈독	かり		仮(かり) ⓐ 임시 ⓑ 가정 → 仮(かり)に ⓐ 임시로 ⓑ 만약

| 잠깐만요 |
• 보통 '거짓 가'로 외우지만, 「仮」의 실사용 의미는 '임시로 진짜가 아닌 것/상황을 빌리다'라는 의미에 가깝습니다.
• 우리가 흔히 쓰는 '거짓'과 직결된 단어는 '꾀병(仮病)' 정도라서 차라리 '임시인 가정'의 의미로 아는 것이 실용적입니다.
• 「け」는 '꾀병' 외에는 일부 불교 용어로만 쓰입니다.

0557

波

3학년 | N2 | 542위

우그러진 가죽(皮)처럼 물(氵)이 요동치는 물결과 파도의 모습이니   氵: 물 수

물결 파 · 파도 파

8획 波 波 波 波 波 波 波 波

음독	は	1순위	波動 파동 (はどう) 電波 전파 (でんぱ) 風波 풍파 (ふうは)
훈독	なみ		波(なみ) 파도, 물결, 굴곡, 기복 波風(なみかぜ) (소란 · 곤란한 일 등의) 풍파 津波(つなみ) 해일, 쓰나미

0558

破

5학년 | N2 | 649위

돌(石)처럼 단단한 겉면(皮)은 유연하지 못해 깨져 버리니

깨뜨릴 파 · 파괴할 파

10획 破 破 破 破 破 破 破 破 破 破

음독	は	1순위	破壊 파괴 (はかい) 破裂 파열 (はれつ) 破損 파손 (はそん)
훈독	[やぶ]る		破(やぶ)る 깨다, 찢다 → 形破(かたちやぶ)り 틀 · 형식 · 관습을 깨는 것 見破(みやぶ)る 간파하다
	[やぶ]れる		破(やぶ)れる 찢어지다, 터지다, 깨지다

(정답은 508쪽에)

1 빈칸에 들어갈 한자로 적절한 것을 고르시오.

1. ____入 (수입)   ⓐ 又   ⓑ 受   ⓒ 収

2. 特____ (특기)   ⓐ 技   ⓑ 枝   ⓒ 岐

3. ____率 (경솔)   ⓐ 経   ⓑ 軽   ⓒ 径

4. 平____ (평판)   ⓐ 阪   ⓑ 板   ⓒ 版

5. ____説 (가설)   ⓐ 仮   ⓑ 板   ⓒ 反

6. 直____ (직경)   ⓐ 軽   ⓑ 圣   ⓒ 径

7. ____壊 (파괴)   ⓐ 版   ⓑ 波   ⓒ 破

8. 初____ (초판)   ⓐ 版   ⓑ 坂   ⓒ 板

2 다음 한자의 뜻을 ( )에 적고 일본 음독을 a, b, c 중에 하나 고르시오.

1. 友情 (   )   ⓐ ゆうじょう   ⓑ うじょう   ⓒ にゅうじょう

2. 謀反 (   )   ⓐ むほん   ⓑ もはん   ⓒ もばん

3. 波動 (   )   ⓐ ぱどう   ⓑ はどう   ⓒ ぱどん

4. 取材 (   )   ⓐ しゅうざい   ⓑ ちゅうざい   ⓒ しゅざい

5. 反対 (   )   ⓐ はんたい   ⓑ ばんたい   ⓒ はんだい

6. 経路 (   )   ⓐ けんろう   ⓑ けいろう   ⓒ けいろ

7. 登坂 (   )   ⓐ とうばん   ⓑ とうはん   ⓒ どうぱん

8. 最初 (   )   ⓐ さいしょ   ⓑ そうしょ   ⓒ ちょうしょ

爪[爫]·勹의 파생 [25자]

124 采: 티 날 채 ▶ 采採菜

0559 ◑ 제부수

采

급수 외 | 2504위

동물은 손톱(爫)으로 나무(木)를 할퀴어 티 나도록 표시를 해 두니

티 날 채·표시할 채

8획 采 采 采 采 采 采 采 采

음독	さい	3순위	喝采 갈채 (かっさい)	風采 풍채 (ふうさい)

0560

採

5학년 | N2 | 1012위

손(扌)으로 티 나는(采) 것을 골라 뽑으니

(골라) 뽑을 채

11획 採 採 採 採 採 採 採 採 採 採 採

음독	さい	1순위	採集 채집 (さいしゅう) 採用 채용 (さいよう) 採決 채결 (さいけつ)
훈독	[と]る		採(と)る 뽑다, 채집하다, 채용하다

0561

菜

4학년 | N3 | 1101위

풀(艹) 중에서 먹을 수 있는 게 티 나는(采) 나물이니   艹: 풀 초

나물 채·채소 채

11획 菜 菜 菜 菜 菜 菜 菜 菜 菜 菜 菜

음독	さい	1순위	菜食 채식 (さいしょく) 山菜 산채 (さんさい) 野菜 야채 (やさい)
훈독	な		青菜(あおな) 푸성귀, 푸른 채소 若菜(わかな) 봄나물

0562

受

3학년 | N2 | 183위

손(爫)으로 덮어(冖) 잡은 물건을 손(又)으로 받는 모습이니

冖: 덮을 멱 又: 오른손 우

받을 수

8획 受 受 受 受 受 受 受 受

음독	じゅ [1순위]	受信 수신 (じゅしん)　　受容 수용 (じゅよう) 受験 수험 (じゅけん)
훈독	[う]かる	受(う)かる 합격하다, 붙다
	[う]ける	受(う)ける ⓐ 받다, 입다, 당하다　ⓑ (시험 등을) 치르다 → 受(う)け身(み) 수동, 수동적 자세

0563

授

5학년 | N1 | 779위

손(扌)으로 상대가 받을(受) 수 있게 무언가를 주니

扌: 손 수

① 줄 수 · 수여할 수　② 가르칠 수

11획 授 授 授 授 授 授 授 授 授 授 授

음독	じゅ [1순위]	① 授与 수여 (じゅよ)　　② 授業 수업 (じゅぎょう) ① 伝授 전수 (でんじゅ)
훈독	[さず]かる	授(さず)かる 내려 주시다, 점지하다 → 授(さず)かり婚(こん) 속도위반 결혼
	[さず]ける	授(さず)ける 수여하다, 하사하다

| 잠깐만요 |
• 지식이나 기술을 상대가 받을 수 있게끔 잘 다듬어서 주는(제공하는) 것을 가르친다고 하죠?

0564

愛

4학년 | N3 | 287위

어미가 손(爫)으로 얼굴을 조심스레 덮고(冖) 쓰다듬으며 아끼고 사랑하는 마음(心)으로 안은 채 천천히 걸어가는(夂) 모습에서

夂: 뒤따라올 치 · 걸어올 치

사랑 애 · 아낄 애

13획 愛 愛 愛 愛 愛 愛 愛 愛 愛 愛 愛 愛 愛

음독	あい [1순위]	愛 애사랑 (あい)　　　　愛情 애정 (あいじょう) 愛好 애호 (あいこう)　　純愛 순애 (じゅんあい)
훈독	まな〜	愛(まな)[+명사] 사랑하는〜, 귀여운〜 → 愛娘(まなむすめ) 사랑스러운 딸 　　愛弟子(まなでし) 총애하는 제자
	[め]でる	愛(め)でる ⓐ 이뻐하다, 애지중지하다　ⓑ 보며 즐기다
	[いと]しい	愛(いと)しい ⓐ (아이/이성이) 사랑스럽다 　　　　　　　ⓑ (사랑하는 아이/이성이) 보고 싶다, 그립다

0565

乳

6학년 | N2 | 962위

아직 손톱(爫)도 안 난 자식(子)이 마시는 어머니의 가슴에 숨어 있는(乚) 우유이니

乚: 숨을 은(여기서는 젖가슴 모양)

젖 유·우유 유

8획 乳 乳 乳 乳 乳 乳 乳 乳

음독	にゅう 1순위	乳房 유방 (にゅうぼう)　　乳製品 유제품 (にゅうせいひん) 牛乳 우유 (ぎゅうにゅう)
훈독	ちち	乳(ちち) (여성의) 가슴, 유방
	ち	乳首(ちくび) 젖꼭지　　乳飲(ちの)み子(ご) 젖먹이

| 잠깐만요
• 훈독의 경우, 단독으로 발음 시에는 「ちち」지만, 복합어가 될 때는 「ち」가 되는 경우가 많습니다.

---

126 [爰]: 끌어당길 원 ▶ 爰暖媛

0566 ● 부수자

爰

손(爫)으로 물(一)에 빠진 벗(友)을 끌어당기는 모습이니

끌어당길 원

9획 爰 爰 爰 爰 爰 爰 爰 爰 爰

0567

暖

6학년 | N1 | 1359위

해(日)를 지구 가까이 끌어당긴(爰) 듯 기온이 따뜻해지니

따뜻할 난

13획 暖 暖 暖 暖 暖 暖 暖 暖 暖 暖 暖 暖 暖

음독	だん 1순위	暖房 난방 (だんぼう)　　温暖 온난 (おんだん) 寒暖 한난 (かんだん)
훈독	[あたた]かい	暖(あたた)かい ⓐ 따뜻하다 ⓑ 다정하다
	[あたた]まる	暖(あたた)まる ⓐ 따뜻해지다 ⓑ 훈훈해지다
	[あたた]める	暖(あたた)める 따뜻하게 하다

| 잠깐만요
• 「あたたかい」는 「暖(난)」 대신 「温(온)」으로도 쓸 수 있는데 「暖」으로 쓸 때에는 각각 '공기·분위기'가 따뜻함을 의미하고, 「温」을 쓰면 '물'의 온도가 따뜻해짐을 의미합니다.
• 회화에서는 발음 편의상 「あ(っ)たかい」처럼 훈독 어간에서 「た」를 하나 생략하고 쓰기도 해요.

0568

媛

4학년 | N1 | 2968위

여자(女)가 남자들을 끌어당길(爰) 정도로 미인이니

미인 원

12획  媛 媛 媛 媛 媛 媛 媛 媛 媛 媛 媛

음독	えん	4순위	才媛 재원 (さいえん)
훈독	ひめ		愛媛県 (えひめけん) 에히메현〈지명〉

| 잠깐만요 |
• 단어나 단독 사용은 거의 없습니다. 「愛媛県」의 지명에 사용되어 초등한자로 지정된 경우예요.

---

127 [龹]: 말 권 ▶ 龹巻券勝

0569 ● 부수자

龹

손으로 무언가를 말아 쥐고 있는 모습을 본떠

말 권 · 감을 권

6획 龹 龹 龹 龹 龹 龹

0570

巻

6학년 | N2 | 371위

돌돌 말려 있는(龹) 두루마리 책 그 자체(己)이니   己: 몸 기 · 자기 기

두루마리 책 권 · 돌돌 말 권

9획 巻 巻 巻 巻 巻 巻 巻 巻 巻

음독	かん	1순위	巻頭 권두 (かんとう)　　巻末 권말 (かんまつ) *一巻 일권한 권 (いっかん)
	예외		席巻 석권 (せっけん)
훈독	[ま]く		巻(ま)く 말다, 소용돌이치다 → 巻(ま)き 두루마리, 서적, 감기

| 잠깐만요 |
• 옛날 책은 두루마리처럼 말리는 형태였어요.

0571

券

6학년 | N2 | 1107위

말려 있는(龹) 두루마리 중 일부를 칼(刀)로 잘라 증거로 만든 증서이니

증서 권

8획 券 券 券 券 券 券 券 券

음독	けん	1순위	証券 증권 (しょうけん)　　旅券 여권 (りょけん) 食券 식권 (しょっけん)

몸(月)을 말아(龹) 모은 힘(力)으로 상대를 힘껏 때려 쓰러뜨리고 승리하니   月: 고기 육

이길 승

勝

3학년 | N2 | 282위

12획 勝 勝 勝 勝 勝 勝 勝 勝 勝 勝 勝 勝

음독	しょう [1순위]	勝 승승리 (しょう)	勝利 승리 (しょうり)
		勝負 승부 (しょうぶ)	勝敗 승패 (しょうはい)
훈독	[か]つ	勝(か)つ 이기다, 승리하다 ↔ 負(ま)ける 지다, 패배하다	
		勝(か)ち負(ま)け 이기고 짐, 승패 勝ち目(かちめ) 승산	
	[まさ]る	勝(まさ)る ~보다 낫다, 뛰어나다 ↔ 劣(おと)る ~보다 못하다	
		~に勝(まさ)るとも劣(おと)らない	
		~보다 나으면 낫지 못하지 않다	

---

128 [勹]: 감쌀 포 ▶ 包句苟敬警

겉을 감싸서(勹) 몸(己)이 안 보이게 포장하니   己: 몸 기 · 자기 기

쌀 포 · 포장할 포

5획 包 包 包 包 包

음독	ほう [1순위]	包装 포장 (ほうそう)	内包 내포 (ないほう)
		包容力 포용력 (ほうようりょく)	
훈독	[つつ]む	包(つつ)む 싸다, 포장하다	
		→ 包(つつ)み 꾸러미, 보따리 小包(こづつみ) 소포	

4학년 | N2 | 193위

글귀를 의미/발음의 덩어리로 감싸서(勹) 입(口)으로 말하기 쉽게 나눈 구절이니

글귀 구 · 구절 구

句

5학년 | N1 | 193위

5획 句 句 句 句 句

| 음독 | く [1순위] | 句 구 (く) | 句読点 구두점 (くとうてん) |
| | | 語句 어구 (ごく) | *文句 문구불평 (もんく) |

| 잠깐만요 |
• 「文句(もんく)」는 '문구'라는 뜻 외에 '불평, 불만'이라는 뜻으로 더 많이 쓰여요.

● 제부수

만일 풀(艹)만 먹는 생활일지라도 적어도 좋은 글귀(句) 한 구절만 있었으면 하니   艹: 풀 초

적어도 구 · 만일 구

苟

8획 苟 苟 苟 苟 苟 苟 苟 苟

| 훈독 | [いやしく]も | 苟(いやしく)も 적어도, 만일 |

0576

敬

6학년 | N2 | 1140위

높은 이에게 적어도(苟) 맞지(攵) 않으려면 존경과 경의를 보여야 하니

攵: 때릴 복·칠 복

존경할 경 · 경의 경

12획 敬 敬 敬 敬 芍 苟 敬 敬 敬 敬 敬 敬

음독	けい	1순위	敬意 경의 (けいい)	敬語 경어 (けいご)
			尊敬 존경 (そんけい)	
훈독	[うやま]う		敬(うやま)う 존경하다, 공경하다	

0577

警

6학년 | N2 | 435위

겉으로 존경한다(敬) 말하는(言) 이들의 속내를 경계하라는 의미에서

경계할 경

19획 警 警 警 警 苟 警 苟 警 苟 警 警 警 警 警 警 警
警 警 警

음독	けい	1순위	警告 경고 (けいこく)	警備 경비 (けいび)
			警察 경찰 (けいさつ)	

---

129 勹: 작은 그릇 작 ▶ 勺約的均勿物

0578 ◑ 제부수

勺

N1 | 3753위

손바닥으로 감싸 안은(勹) 작은 그릇(丶) 모양에서   勹: 감쌀 포

작은 그릇 작

3획 勺 勺 勺

음독	しゃく	4순위	一勺 일작한 잔 (いっしゃく)

250

인연의 실(糸)로 서로를 엮듯 술잔(勺)을 교환하며 굳게 맺은 약속이니

맺을 약 · 약속 약

9획 約 約 約 約 約 約 約 約 約

음독	やく	1순위	約束 약속 (やくそく)	予約 예약 (よやく)
			契約 계약 (けいやく)	

4학년 | N2 | 297위

희고(白) 작은 술잔(勺)을 과녁 삼아 적중시키니

과녁 적

8획 的 的 的 的 的 的 的 的

음독	てき	1순위	的中 적중 (てきちゅう)	目的 목적 (もくてき)
			知的 지적 (ちてき)	
훈독	まと		的(まと) ⓐ 과녁 ⓑ 목표, 대상	
			的外(まとはず)れ 빗나감	

4학년 | N2 | 32위

흙(土)으로 술잔(勺)처럼 파인 곳을 채워 넣어(一) 모든 땅을 고르고 균등하게 하니

고를 균 · 균등할 균

7획 均 均 均 均 均 均 均

음독	きん	1순위	均等 균등 (きんとう)	均衡 균형 (きんこう)
			平均 평균 (へいきん)	

5학년 | N2 | 1215위

| 잠깐만요 |
• 화장으로 모공을 매끈하게 해서 전체적으로 균등한 피부를 만드는 걸 떠올려 보세요.

손으로 감싼다(勹) 한들 모래는 흩날려(丿丿) 없어지니

없을 물 · 말 물

4획 勿 勿 勿 勿

음독	もち	1순위	勿論 물론 (もちろん)	*勿体(もったい)ない 아깝다

급수 외 | 2187위

物

3학년 | N3 | 48위

소(牛)를 죽여 없애면(勿) 수많은 부산물(물건)이 나오는 데서

물건 물

8획 物 物 物 物 物 物 物 物

음독	ぶつ	1순위	*物 물현금, 물품 (ぶつ) 物体 물체 (ぶったい)	物理 물리 (ぶつり) 生物 생물 (せいぶつ)
	もつ	2순위	貨物 화물 (かもつ) *荷物 하물짐 (にもつ)	禁物 금물 (きんもつ)
훈독	もの		物(もの) ⓐ 것, 물건, 물체 ⓑ 세상물정, 사리 食(た)べ物(もの) 음식 着物(きもの) 옷, 의복 物語(ものがたり) 이야기, 전설 物事(ものごと) 일체의 사물과 일, 만물	品物(しなもの) 물품 本物(ほんもの) 진짜

| 잠깐만요 |
• 소는 죽어서 고기 · 가죽 · 뿔 등 모두 물품으로 상품화되었어요.
• 음독 「もつ」는 단독으로는 사용되지 않습니다.
• 「食物」은 「しょくぶつ」「しょくもつ」 둘 다 많이 사용됩니다.
• 「食物繊維(しょくもつせんい)」(식이섬유)처럼 뒤에 무언가 붙을 때는 「しょくもつ」만 사용해요.
• 「食物」은 원래 「しょくもつ」였지만, 1순위 음독 「ぶつ」가 많이 사용되면서 둘 다 쓰이게 된 경우입니다. 또 훈독 「もの」로도 읽혀서 「たべもの」나 「くいもの」로도 읽습니다.

(정답은 508쪽에)

1 빈칸에 들어갈 한자로 적절한 것을 고르시오.

1. ____食 (채식)　　ⓐ 菜　　ⓑ 採　　ⓒ 爰

2. 牛____ (우유)　　ⓐ 乳　　ⓑ 授　　ⓒ 媛

3. ____業 (수업)　　ⓐ 爰　　ⓑ 授　　ⓒ 媛

4. 温____ (온난)　　ⓐ 授　　ⓑ 媛　　ⓒ 暖

5. ____末 (권말)　　ⓐ 勝　　ⓑ 券　　ⓒ 巻

6. 語____ (어구)　　ⓐ 包　　ⓑ 句　　ⓒ 苟

7. ____束 (약속)　　ⓐ 均　　ⓑ 的　　ⓒ 約

8. ____論 (물론)　　ⓐ 勿　　ⓑ 物　　ⓒ 勻

2 다음 한자의 뜻을 ( )에 적고 일본 음독을 a, b, c 중에 하나 고르시오.

1. 採集 (　　　)　　ⓐ さいしゅう　　ⓑ さいしつ　　ⓒ さいじつ

2. 授受 (　　　)　　ⓐ じゅじゅう　　ⓑ じゅうじゅ　　ⓒ じゅじゅ

3. 寒暖 (　　　)　　ⓐ かんだん　　ⓑ はんだん　　ⓒ はんなん

4. 警告 (　　　)　　ⓐ けんこく　　ⓑ けいこ　　ⓒ けいこく

5. 旅券 (　　　)　　ⓐ よけん　　ⓑ りょけん　　ⓒ りょうけん

6. 均等 (　　　)　　ⓐ きんとう　　ⓑ きんどう　　ⓒ きゅんとう

7. 貨物 (　　　)　　ⓐ かぶつ　　ⓑ かもつ　　ⓒ はぶつ

8. 才媛 (　　　)　　ⓐ せいえん　　ⓑ ざいえん　　ⓒ さいえん

寸·才의 파생 [18자]

130 寸: (아주) 조금 촌 ▶ 村討付府守団射謝

0584

村

1학년 | N3 | 189위

그 지역에 나무(木)처럼 뿌리내린 사람들이 조금씩(寸) 늘어나며 생긴 마을이니

마을 촌

7획 村 村 村 村 村 村 村

음독	そん	1순위	村落 촌락 (そんらく)	農村 농촌 (のうそん)
			漁村 어촌 (ぎょそん)	
훈독	むら		村(むら) 마을	村人(むらびと) 마을 사람

| 잠깐만요 |
• 옛날 마을에는 신령수가 있어서 그 주위로 사람들이 모여들며 거주하기 시작했어요.
• 「材(재료 재)」와 구분에 주의하세요.

0585

討

6학년 | N1 | 896위

상대의 말(言)에 조금(寸)도 지지 않고 상대를 치며 따져대니

칠 토 · 따질 토

10획 討 討 討 討 討 討 討 討 討 討

음독	とう	1순위	討論 토론 (とうろん)	討伐 토벌 (とうばつ)
			検討 검토 (けんとう)	
훈독	[う]つ		討(う)つ ⓐ 베어 죽이다 ⓑ 토벌하다, 쳐 없애다

0586

付

4학년 | N2 | 248위

사람(亻)들이 조금(寸)이라도 가까워지면 정을 붙이고 무언가를 주곤 하니

① 줄 부 · 부여할 부   ② 붙일 부 · 첨부할 부

5획 付 付 付 付 付

음독	ふ	1순위	① 付与 부여 (ふよ)	② 付属 부속 (ふぞく)
			① 納付 납부 (のうふ)	② 添付 첨부 (てんぷ)
훈독	[つ]く		付(つ)く 붙다 → ～付(つ)き ～이 딸려 있음
			賞金付(しょうきんつ)き 상금이 있는 것
	[つ]ける		付(つ)ける 붙이다
			→ 行(い)き付(つ)け 단골 動機付(どうきづ)け 동기 부여

4학년 | N2 | 369위

집(广) 중에서 문서와 세금을 주거나 공지를 붙이는(付) 관청이니

관청 부

8획	府 府 府 府 府 府 府 府		
음독	ふ 〔1순위〕	政府 정부 (せいふ)	幕府 막부 (ばくふ)
		*大阪府 대판부오사카부 (おおさかふ)	
		*京都府 경도부교토부 (きょうとふ)	

| 잠깐만요 |
• 행정 자치 구역 중 하나로 쓰이는 경우가 많은데, 「府」가 붙는 것은 오사카와 교토 두 지역뿐이에요.

3학년 | N2 | 387위

적이 집(宀) 안으로 조금(寸)도 들어가지 못하게 지키니   宀: 집 면·지붕 면

지킬 수

6획	守 守 守 守 守 守	
음독	しゅ 〔1순위〕	守備 수비 (しゅび) 保守 보수 (ほしゅ)
		厳守 엄수 (げんしゅ)
	す 〔4순위〕	*留守 유수부재중 (るす)
훈독	もり	守(もり) 지키는 일 또는 그 사람
		子守(こもり) 아이를 돌봄, 또는 그런 사람
		子守歌(こもりうた) 자장가
		墓守(はかもり) 묘지기
	[まも]る	守(まも)る 지키다
		→ 守(まも)り ⓐ 지킴, 수호, 수비 ⓑ 수호신
		お守(まも)り 부적

5학년 | N2 | 333위

사람들이 아주 조그마한(寸) 공간을 가득 채워 에워싸듯(囗) 집단으로 모여 있는
모습이니   囗: 에워쌀 위 寸: 아주 조금 촌·마디 촌

모일 단

6획	団 団 団 団 団 団		
음독	だん 〔1순위〕	団体 단체 (だんたい)	団結 단결 (だんけつ)
		集団 집단 (しゅうだん)	
	とん 〔4순위〕	*布団 포단이불 (ふとん)	*座布団 좌포단방석 (ざぶとん)

| 잠깐만요 |
• 「とん」은 사실상 「布団(ふとん)」에만 쓰이는 예외적인 발음입니다. '방석'은 결국 「座+布団」이죠?

0590

射

6학년 | N1 | 836위

활시위나 총을 몸(身) 쪽으로 당겨 손가락 마디(寸)를 움직여 쏘아 보내니

쏠 사

10획 射 射 射 射 射 射 射 射 射 射

음독	しゃ [1순위]	射撃 사격 (しゃげき)　　　注射 주사 (ちゅうしゃ) 反射 반사 (はんしゃ)
훈독	[い]る	射(い)る 쏘다 的(まと)を射(い)る ⓐ 목표에 맞다, 과녁을 맞추다 　　　　　　　　　　　 ⓑ 요점을 찌르다

0591

謝

5학년 | N1 | 1094위

말(言)과 행동을 활 쏠(射) 때처럼 엄중하고 격식에 맞게 해야 하는 사과와 사례이니

사과할 사 · 사례할 사

17획 謝 謝 謝 謝 謝 謝 謝 謝 謝 謝 謝 謝 謝 謝 謝 謝 謝

음독	しゃ [1순위]	謝礼 사례 (しゃれい)　　　謝罪 사죄 (しゃざい) 感謝 감사 (かんしゃ)
훈독	[あやま]る	謝(あやま)る 사과하다

---

131 寺: 절 사 ▶ 寺詩時持待特等

0592

寺

2학년 | N2 | 403위

극락정토(土)로 가기 위해 헛된 마음이 조금(寸)이라도 없어지게 수행하는 절이니

절 사

6획 寺 寺 寺 寺 寺 寺

음독	じ [1순위]	寺院 사원 (じいん)　　　*寺社 사사절과 신사 (じしゃ) 古寺 고사 (こじ)
훈독	てら	寺(てら) 절　　　寺参(てらまい)り 절에 참배함 山寺(やまでら) 산사

詩

3학년 | N1 | 1073위

말(言) 중에서 절(寺)에서 불경 외우듯 운율을 넣어 읊던 시이니

시 시

13획 詩 詩 詩 詩 詩 詩 詩 詩 詩 詩 詩 詩 詩

음독	し	1순위	詩 시(し)	詩人 시인(しじん)
			詩語 시어(しご)	詩集 시집(ししゅう)
	예외		詩歌 시가(しいか)	

時

2학년 | N4 | 24위

해(日)의 위치에 따라 절(寺)에서 종을 쳐 때와 시간를 알렸으니

때 시 · 시각 시

10획 時 時 時 時 時 時 時 時 時 時

음독	じ	1순위	時間 시간(じかん)	時刻 시각(じこく)
			日時 일시(にちじ)	
훈독	とき		時(とき) 시간, 시각, 때	
			→ 時々(ときどき) 때때로	時折(ときおり) 때때로
	예외		時計(とけい) 시계	

| 잠깐만요 |

• 옛날에는 일반 서민이 시간을 정확히 알 방법이 없었어요. 하지만 절에서는 공양 시간, 기상 시간이
되면 커다란 종을 쳐서 시각을 알려 주었어요.

持

3학년 | N3 | 95위

스님은 절(寺)에서 손(扌)에 염주와 목탁을 계속 가지고 수행을 유지해야 하니 扌:손 수

① 가질 지 · 소지할 지 ② 유지할 지

9획 持 持 持 持 持 持 持 持 持

음독	じ	1순위	② 持参 지참(じさん)	② 維持 유지(いじ)
			① 所持 소지(しょじ)	
훈독	[も]つ		持(も)つ 들다, 가지다	
			→ 金持(かねも)ち 부자	気持(きも)ち 마음, 기분, 감정
	[も]てる		持(も)てる ⓐ 인기가 있다 ⓑ 들 수 있다 ⓒ 견딜 수 있다	

0596

待

3학년 | N3 | 300위

대기자 줄을 조금씩 걸어가며(彳) 큰 절(寺)에 대접하려 대기하니

彳: 조금 걸을 척

① 기다릴 대 ② 대접할 대

9획 待 待 待 待 待 待 待 待 待

음독	たい	1순위	① 待機 대기 (たいき)	② 接待 접대 (せったい)
			① 期待 기대 (きたい)	② 優待 우대 (ゆうたい)
훈독	[ま]つ		待(ま)つ 기다리다 → 待合室(まちあいしつ) 대합실 　待(ま)ち合(あ)わせ 약속해 만나기로 함	

0597

特

4학년 | N3 | 225위

소(牜)도 잡고 절(寺)에서 스님도 부르는 특별한 날이니

특별할 특

10획 特 特 特 特 特 特 特 特 特 特

| 음독 | とく | 1순위 | 特別 특별 (とくべつ)　　特殊 특수 (とくしゅ)
独特 독특 (どくとく) |

0598

等

3학년 | N2 | 538위

대나무(⺮) 죽간으로 된 경전을 절(寺)에서 같은 내용끼리 등급을 구분하여 선반에 층을 나누어 넣어 둔 데서

⺮: 대나무 죽

① 같을 등·동등할 등 ② 순위 등·등급 등

12획 等 等 等 等 等 等 等 等 等 等 等 等

음독	とう	1순위	② 等級 등급 (とうきゅう)	② 一等 일등 (いっとう)
			① 平等 평등 (びょうどう)	① 同等 동등 (どうとう)
훈독	など		等(など) ~등	
	[ひと]しい		等(ひと)しい 같다, 동등하다, 동일하다	

| 잠깐만요 |
• 「平等(평등)」이 「びょうどう」가 된 것은 발음 편의상 탁음화된 거예요.

0599

才

2학년 | N2 | 1038위

손목(十)에 흐르는 혈관(丿)을 강조해 손재주가 있는 혈통의 자질과 재주를 나타내니

① 재주 재 · 바탕 재 (② 나이 세)

3획 才 才 才

음독	さい	1순위	① 才能 재능 (さいのう)	① 天才 천재 (てんさい)
			② 三才 삼세세 살 (さんさい)	

| 잠깐만요 |
• 재능이 뛰어난 오케스트라의 지휘자가 양팔을 들어 지휘하는 모습을 떠올리세요.
• 「三才」처럼 어린아이의 나이를 셀 때 「歳(나이 세)」의 약자로 사용합니다.

0600

材

4학년 | N2 | 566위

나무(木)는 무언가를 만드는 재주(才)를 펼치는 데 가장 필요한 재료이니

재료 재

7획 材 材 材 材 材 材 材

음독	ざい	1순위	材質 재질 (ざいしつ) 材料 재료 (ざいりょう)
			木材 목재 (もくざい)

0601

財

5학년 | N2 | 681위

돈(貝)을 부리는 재주(才)로 불어나는 재물이니

재물 재

10획 財 財 財 財 財 財 財 財 財

음독	ざい	1순위	財産 재산 (ざいさん) 財政 재정 (ざいせい)
			文化財 문화재 (ぶんかざい)
	さい	4순위	*財布 재포지갑 (さいふ)

(정답은 508쪽에)

1 빈칸에 들어갈 한자로 적절한 것을 고르시오.

1. ____論 (토론)　　ⓐ 村　　ⓑ 討　　ⓒ 付
2. 政____ (정부)　　ⓐ 射　　ⓑ 府　　ⓒ 守
3. ____体 (단체)　　ⓐ 府　　ⓑ 守　　ⓒ 団
4. 木____ (목재)　　ⓐ 材　　ⓑ 財　　ⓒ 才
5. ____人 (시인)　　ⓐ 時　　ⓑ 詩　　ⓒ 寺
6. 独____ (독특)　　ⓐ 待　　ⓑ 侍　　ⓒ 特
7. ____能 (재능)　　ⓐ 才　　ⓑ 寸　　ⓒ 財
8. 所____ (소지)　　ⓐ 持　　ⓑ 待　　ⓒ 特

2 다음 한자의 뜻을 (　　)에 적고 일본 음독을 a, b, c 중에 하나 고르시오.

1. 財政 (　　　)　　ⓐ ざいせい　　ⓑ ざいぜい　　ⓒ ぜぜい
2. 漁村 (　　　)　　ⓐ ぎょちょん　　ⓑ ぎょそん　　ⓒ ぎょうそん
3. 持参 (　　　)　　ⓐ じさん　　ⓑ ちさん　　ⓒ しさん
4. 納付 (　　　)　　ⓐ なっぶ　　ⓑ なっぷ　　ⓒ のうふ
5. 同等 (　　　)　　ⓐ どうづう　　ⓑ どうとう　　ⓒ どうどう
6. 注射 (　　　)　　ⓐ じゅうしゃ　　ⓑ ちゅうしゃ　　ⓒ じゅしゃ
7. 財布 (　　　)　　ⓐ ざいふ　　ⓑ さいふ　　ⓒ せいぶ
8. 留守 (　　　)　　ⓐ るす　　ⓑ りゅうしゅ　　ⓒ ゆうしゅ

尸·骨·歹·心의 파생 [18자]

133 [尸]: 지친 몸 시 ▶ 届居展属刷

0602

届

6학년 | N2 | 1007위

몸(尸)을 숙여 신청 이유(由)를 작성하고 담당 부서로 보내 신고하니　由: 말미암을 유

① 도달할 계　② 신고할 계

8획 届 届 届 届 届 届 届 届

| 훈독 | [とど]く | 届(とど)く　(보낸 것이) 닿다. 도달하다 |
| | [とど]ける | 届(とど)ける ⓐ ~가 닿게 하다. 보내 주다 ⓑ 신고하다
→ 届出(とどけで) 신고　　届先(とどけさき) 보낼 곳
　婚約届(こんやくとど)け 혼인 신고 |

| 잠깐만요 |
• 음독으로 「かい」가 존재하지만 쓰이는 경우는 없어요. 훈독으로만 쓰이는 특이한 경우입니다.
• 어딘가로 무언가를 '보내서 닿는다'는 의미입니다. 그것이 문서가 되면 신청·신고가 되죠?

0603

居

5학년 | N2 | 395위

한곳에 몸(尸)을 오래(古) 머무르며 거주하니　古: 오랠 고·옛 고

살 거 · 거주할 거

8획 居 居 居 居 居 居 居 居

| 음독 | きょ [1순위] | 同居 동거 (どうきょ)　　住居 주거 (じゅうきょ)
別居 별거 (べっきょ) |
| 훈독 | [い]る | 居(い)る 있다
→ 居留守(いるす) 집에 있으면서 일부러 없는 것처럼 꾸미는 것 |

| 잠깐만요 |
• 한국에서 흔히 쓰는 '남녀의 동거'는 「同棲(どうせい)」라고 합니다.
• 「同居」는 룸메이트처럼 단순하게 주거 공간에서 같이 거주하고 생활하는 것을 의미합니다.

0604

展

6학년 | N1 | 660위

죽어 쓰러진 몸(尸)들이 풀(艹)로 덮여 변할(𧘇) 만큼 녹지가 넓게 펼쳐지니
艹: 풀 초　𧘇: 변화할 화(化)의 변형

넓게 펼칠 전

10획 展 展 展 展 展 展 展 展 展 展

| 음독 | てん [1순위] | 展開 전개 (てんかい)　　展示 전시 (てんじ)
発展 발전 (はってん) |

| 잠깐만요 |
• 전쟁이 끝난 대지가 녹지로 넓게 퍼지면서 변화하는 모습을 떠올려 주세요.

属

5학년 | N1 | 928위

아기 펭귄들이 어미 몸(尸) 아래에 머리(丿)를 맞대고 가운데(中)에 발자국(🤚 →内)을 찍어대며 아래에 붙어서 하나의 무리를 이루니

内 : 발자국 유

① 아래에 붙을 속   ② 무리 속

12획 属 属 属 属 属 属 属 属 属 属 属 属

음독	ぞく	1순위	① 付属 부속 (ふぞく) ② 所属 소속 (しょぞく)
			② *属(ぞく)する 속하다

| 잠깐만요 |
- 어린 펭귄들이 어미 몸 아래에서 무리 지어 붙어 있는 모습을 떠올려 주세요.
- '속하다'는 말의 뉘앙스처럼 '아래에 붙어 있는 같은 무리'를 의미합니다.

刷

4학년 | N2 | 1497위

몸(尸)을 숙여 활자판의 오물을 수건(巾)으로 지우고 칼(刂)로 파내 인쇄하는 모습이니

巾 : 수건 건   刂 : 칼 도

① 인쇄 쇄   (② 지울 쇄)

8획 刷 刷 刷 刷 刷 刷 刷 刷

음독	さつ	3순위	① 印刷 인쇄 (いんさつ) ① 重刷 중쇄 (じゅうさつ)
			② 刷新 쇄신 (さっしん)
훈독	[す]る		刷(す)る 인쇄하다 → 刷(す)り 인쇄

| 잠깐만요 |
- 「刷新(쇄신)」은 '헌것을 버리고 새롭게 함'이란 뜻인데, 유일하게 '② 지우다'는 의미로 쓰이는 단어입니다.

---

134 骨[咼]: 뼈 골 ▶咼過

● 부수자

咼

골반뼈(咼)의 관절(口)이 빠져 삐뚤어진 모습이니

삐뚤 와

9획 咼 咼 咼 咼 咼 咼 咼 咼 咼

過

3학년 | N2 | 295위

골반뼈가 삐뚤어질(咼) 만큼 달려가 버려서(辶) 적정선을 지나치게 되니

辶: 쉬어 갈 착

지날 과 · 지나칠 과

12획 過 過 過 過 過 過 過 過 過 過 過 過

음독	か	1순위	過激 과격 (かげき)	過労 과로 (かろう)
			過去 과거 (かこ)	
훈독	[す]ぎる		過(す)ぎる 지나다, 통과하다	
	[す]ごす		過(す)ごす 경과시키다 → 思(おも)い過(す)ごし 지나친 생각, 쓸데없는 걱정	
	[あやま]つ		過(あやま)つ ⓐ 잘못하다 ⓑ (뜻하지 않게) 과오를 범하다 → 過(あやま)ち 과오, 잘못	

135 [歹]: 죽음 사 ▶ 死列例

死

3학년 | N3 | 169위

죽은(歹) 이의 제삿밥에 숟가락(匕) 꽂듯 향을 꽂아 죽음을 나타내니

匕: 숟가락 비 · 비수 비

죽을 사 · 사망 사

6획 死 死 死 死 死 死

음독	し	1순위	死 사죽음 (し)	死体 사체시체 (したい)
			死亡 사망 (しぼう)	必死 필사 (ひっし)
훈독	[し]ぬ		死(し)ぬ 죽다 → 死神(しにがみ) 사신 　死(し)に物狂(ものぐる)い 죽을 힘을 다함, 필사적인 몸부림	

列

3학년 | N3 | 776위

죽음(歹)을 애도하는 이를 칼(刂)처럼 줄 세워 만든 행렬이니

刂: 칼 도

줄 세울 렬 · 행렬 렬

6획 列 列 列 列 列 列

| 음독 | れつ | 1순위 | 列 열 (れつ) | 行列 행렬 (ぎょうれつ) |
| | | | 配列 배열 (はいれつ) | 並列 병렬 (へいれつ) |

例

4학년 | N2 | 490위

전형적인 것을 사람(イ)들이 알기 쉽게 줄 세워(列) (본)보기로 제시하여 지키게 하니

① 보기 례 ② 법식 례

8획 例 例 例 例 例 例 例 例

음독	れい	1순위	① 例 예 (れい) ① 例年 예년 (れいねん)	① 例外 예외 (れいがい) ① 事例 사례 (じれい)
		2순위	② 凡例 범례 (はんれい) ② 慣例 관례 (かんれい)	② 条例 조례 (じょうれい)
훈독	[たと]える		例(たと)える 예를 들다 → 例(たと)えば 예를 들면　例(たと)え 예시	

| 잠깐만요 |
- 「例」는 '본보기로 드는 것'이란 이미지예요. 예를 든다는 것은 구체적인 것을 들어 제시한다는 의미이고, 그런 의미에서 다시금 '지켜야 하는 구체적인 것'으로 확장되었어요.
- 음독이 동일해도 단어 생산성에 따라서 나누어서 정리했어요.

---

136 心[忄]: 마음 심 ▶ 応亜悪徳息

応

5학년 | N1 | 336위

단단한 집(广) 같은 가슴속에서 심장(心)이 쿵쾅대며 상대에 반응하여 답하는 모습이니

广 : 집 엄

반응할 응 · 답할 응

7획 応 応 応 応 応 応 応

| 음독 | おう | 1순위 | 応答 응답 (おうとう)
 反応 반응 (はんのう) | 応用 응용 (おうよう) |
| 훈독 | [こた]える | | 応(こた)える 응하다, 반응하다 → 応(こた)え 반응, 응답 | |

| 잠깐만요 |
- 「反応(반응)」이 「はんのう」가 되는 것은 ん 뒤에 모음이 오면 발음이 어려워져서입니다.
- 「感応(감응)」도 「かんのう」가 돼요. (227P 질문있어요 참조)

亜

중학 | N1 | 1210위

제 입(口)으로 스스로가 두 번째(Ⅱ)라고 말하니

다음 아 · 두 번째 아

7획 亜 亜 亜 亜 亜 亜 亜

| 음독 | あ | 1순위 | 亜流 아류 (ありゅう)
 亜細亜 아세아아시아 (アジア) | 亜鉛 아연 (あえん) |

| 잠깐만요 |
- 본디 의미는 '다음가는, 두 번째의'란 뜻이지만, 실사용은 '아시아 아'로 쓰이거나 외래어 발음을 한자로 표기할 때, 또 화학 용어에 쓰입니다.

悪

3학년 | N3 | 273위

일등에게 매번 지는 두 번째(亜)의 속마음(心)은 일등을 미워하는 악한 마음이니

① 악할 악   ② 미워할 오 · 증오 오

11획	悪 悪 悪 悪 悪 悪 悪 悪 悪 悪 悪		
음독	**あく** 〔1순위〕	① 悪 악 (あく)	① 悪魔 악마 (あくま)
		① 最悪 최악 (さいあく)	① 善悪 선악 (ぜんあく)
	お 〔3순위〕	② 悪寒 오한 (おかん)	② 憎悪 증오 (ぞうお)
		② 嫌悪 혐오 (けんお)	
훈독	**[わる]い**	悪(わる)い 나쁘다	意地悪(いじわる)い 심술궂다
		気味悪(きみわる)い 어쩐지 기분이 나쁘다	
	예외	悪阻(つわり/おそ) 입덧	

| 잠깐만요 |
• 「お」로 쓰이는 경우는 그리 많지 않습니다. 그중에서 자주 쓰이는 표현도 그 수가 한정적이니 위의 세 단어 정도만 알아 두세요.

徳

4학년 | N1 | 595위

걸어다니며(彳) 많은(十) 선행을 하여 그물(罒)로 선한 마음(心)을 쓸어담듯 쌓는 덕이니

彳: 조금 걸을 척   罒: 그물 망

덕 덕

14획	徳 徳 徳 徳 徳 徳 徳 徳 徳 徳 徳 徳 徳 徳	
음독	**とく** 〔1순위〕	道徳 도덕 (どうとく) 不徳 부덕 (ふとく)
		*背徳 배덕:도덕에 어긋남 (はいとく)

息

3학년 | N2 | 417위

스스로(自) 가슴(心)이 들썩이며 숨 쉬는 모습에서

自: 스스로 자   心: 마음 심

숨 쉴 식

10획	息 息 息 息 息 息 息 息 息 息	
음독	**そく** 〔1순위〕	生息 생식 (せいそく) *利息 이식:이자 (りそく)
		嘆息 탄식 (たんそく)
훈독	**いき**	息(いき) 숨 溜息(ためいき) 한숨
		一息(ひといき) 단숨, 한숨 돌림

| 잠깐만요 |
• '이자(利息)'는 숨(息)만 쉬어도 생기는 이익(利)이죠?

0617

必

4학년 | N2 | 283위

누구나 마음(心)에 상처(丿) 하나는 반드시 있으니

반드시 필

5획 必 必 必 必 必

음독	ひつ [1순위]	必要 필요 (ひつよう)	必須 필수 (ひっす)
		必需 필수 (ひつじゅ)	必修 필수 (ひっしゅう)
훈독	[かなら]ず	必(かなら)ず 반드시	

| 잠깐만요 |
· 앞에 올 때는 촉음으로 연탁화되는 경우가 빈번해요.
· '필수'의 경우,「必須(ひっす)」는 '마땅히 수(須)'이므로 당연히 해야 하는 것(예 필수 조건),
「必需(ひつじゅ)」는 '구할 수(需)'이므로 당연히 구하게끔 되는 물건(예 필수품),
「必修(ひっしゅう)」는 '닦을 수(修)'이므로 당연히 수행해야 하는 것(예 필수 과목)이라는 의미입
니다.

0618

秘

6학년 | N1 | 695위

약탈당하지 않기 위해 벼(禾)는 반드시(必) 숨겨야만 했으니   禾: 벼 화

숨길 비

10획 秘 秘 秘 秘 秘 秘 秘 秘 秘 秘

음독	ひ [1순위]	秘密 비밀 (ひみつ)	秘訣 비결 (ひけつ)
		神秘 신비 (しんぴ)	
훈독	[ひ]める	秘(ひ)める ⓐ (속에) 간직하다, 숨기다 ⓑ 내부에 품다	

0619

密

6학년 | N1 | 558위

비밀 기지인 집(宀)은 반드시(必) 산속(山) 빽빽한 나무 속 어딘가에 비밀스레 존재하니
                                                                        宀: 집 면

① 빽빽할 밀 ② 비밀 밀

11획 密 密 密 密 密 密 密 密 密 密 密

음독	みつ [1순위]	① 密閉 밀폐 (みっぺい)	① 密着 밀착 (みっちゃく)
		② 秘密 비밀 (ひみつ)	
훈독	ひそか	密(ひそ)か 가만히 몰래함	
		→ 密(ひそ)かに 은밀히, 비밀리에, 몰래	

| 잠깐만요 |
· 같은 비밀스런 이미지라도 「秘」는 '안 보이게 숨기는 것'이고 「密」은 '상대가 모르도록 은밀하게
한다'는 이미지입니다.

(정답은 508쪽에)

1 빈칸에 들어갈 한자로 적절한 것을 고르시오.

1. 別___ (별거)　　ⓐ 届　　　ⓑ 展　　　ⓒ 居

2. ___去 (과거)　　ⓐ 骨　　　ⓑ 過　　　ⓒ 鍋

3. 印___ (인쇄)　　ⓐ 展　　　ⓑ 属　　　ⓒ 刷

4. ___亡 (사망)　　ⓐ 死　　　ⓑ 列　　　ⓒ 裂

5. 条___ (조례)　　ⓐ 例　　　ⓑ 列　　　ⓒ 死

6. ___答 (응답)　　ⓐ 息　　　ⓑ 応　　　ⓒ 悪

7. ___魔 (악마)　　ⓐ 息　　　ⓑ 亜　　　ⓒ 悪

8. 神___ (신비)　　ⓐ 秘　　　ⓑ 密　　　ⓒ 泌

2 다음 한자의 뜻을 (　　)에 적고 일본 음독을 a, b, c 중에 하나 고르시오.

1. 利息 (　　)　　ⓐ いそく　　ⓑ りしき　　ⓒ りそく

2. 刷新 (　　)　　ⓐ さいしん　ⓑ せいしん　ⓒ さっしん

3. 住居 (　　)　　ⓐ じゅうきょ　ⓑ じゅきょう　ⓒ じゅうぎょ

4. 秘密 (　　)　　ⓐ ひみつ　　ⓑ びみつ　　ⓒ ふうみつ

5. 亜鉛 (　　)　　ⓐ がえん　　ⓑ あえん　　ⓒ なえん

6. 嫌悪 (　　)　　ⓐ けんあく　ⓑ けんお　　ⓒ けんがく

7. 展示 (　　)　　ⓐ てんじ　　ⓑ でんじ　　ⓒ せんじ

8. 行列 (　　)　　ⓐ ごうれつ　ⓑ ぎょれつ　　ⓒ ぎょうれつ

넷째마디

●

무기 II [126자]

力·刀의 파생 [32자]

138 力: 힘 력 ▶ 加賀筋労協

0620

加

4학년 | N2 | 239위

힘(力)을 내기 위해 입(口)으로 응원과 기합을 더하니

더할 가

5획 加 加 加 加 加

음독	か	1순위	加入 가입 (かにゅう)　　参加 참가 (さんか) 追加 추가 (ついか)
훈독	[くわ]える		加(くわ)える ⓐ 가하다, 더하다 ⓑ 가담시키다, 참가시키다
	[くわ]わる		加(くわ)わる ⓐ 가해지다, 더해지다 ⓑ 가담하다, 참가하다

0621

賀

4학년 | N1 | 934위

나이나 명예가 더해서(加) 높아질 때는 돈(貝)을 보내 축하하니　　貝: 조개 패·돈 패

축하할 하

12획 賀 賀 賀 賀 賀 賀 賀 賀 賀 賀 賀 賀

음독	が	1순위	*賀詞 하사축사 (がし)　　祝賀 축하 (しゅくが) 年賀状 연하장 (ねんがじょう)

0622

筋

6학년 | N1 | 833위

대나무(⺮) 다발처럼 유연하고 질겨 몸(月)에서 힘(力)을 내게 하는 힘줄이자 근육이니　⺮:대나무 죽　月:고기 육·달 월　力:힘 력

힘줄 근

12획 筋 筋 筋 筋 筋 筋 筋 筋 筋 筋 筋 筋

음독	きん	1순위	筋肉 근육 (きんにく)　　筋力 근력 (きんりょく) 鉄筋 철근 (てっきん)
훈독	すじ		筋(すじ) ⓐ 힘줄 ⓑ (이야기 등의) 맥, 줄거리 ⓒ (밟아야 할) 순서, 절차 一筋(ひとすじ) ⓐ 외곬, 한결같음 ⓑ 한 줄기 粗筋(あらすじ) 줄거리, 개요

労

4학년 | N2 | 598위

머리가 불(⁔)에 덮일(冖) 듯한 땡볕 아래에서 힘(力)써서 노동하는 모습이니

⁔: 불 화   冖: 덮을 멱

힘쓸 로 · 노동 로

7획 労 労 労 労 労 労 労

음독	ろう [1순위]	労働 노동 (ろうどう) 疲労 피로 (ひろう) 勤労 근로 (きんろう)
훈독	[いた]わる	労(いた)わる ⓐ (노약자를 동정하여) 친절하게 돌보다 ⓑ (노고를) 위로하다

協

4학년 | N2 | 570위

많은(十) 일을 처리하고자 힘들(劦)을 하나로 합치니

十: 열 십 · 많을 십

합칠 협 · 일치할 협

8획 協 協 協 協 協 協 協 協

음독	きょう [1순위]	協力 협력 (きょうりょく) 協調 협조 (きょうちょう) 妥協 타협 (だきょう)

---

139 刀: 칼 도 ▶ 切初辺久

切

2학년 | N3 | 157위

묶인 쇠사슬을 일곱(七) 번의 칼질(刀)로 끊어내듯 절실하게 모든 마음을 다하니

七: 일곱 칠

① 끊을 절 ② 마음 다할 절 ③ 모두 체

4획 切 切 切 切

음독	せつ	[1순위]	① 切断 절단 (せつだん) ① 切開 절개 (せっかい) ① 適切 적절 (てきせつ)
		[2순위]	② 切実 절실 (せつじつ) ② 親切 친절 (しんせつ) ② *大切 대절소중함/중요함 (たいせつ)
	さい	[4순위]	③ 一切 일체 (いっさい) ③ *合切 합체남김없이 (がっさい)
훈독	[き]る		切(き)る 베다, 자르다, 끊다, 깎다 → 皮切(かわき)り 개시, 시작 首切(くびき)り ⓐ 망나니 ⓑ 참수, 해고
	[き]れる		切(き)れる ⓐ 끊어지다 ⓑ (비축분이) 다 떨어지다 ⓒ 유능하다 ⓓ 날이 잘 들다 → 切(き)れ味(あじ) 칼이 잘 드는 정도, 솜씨의 날카로움 切(き)れ者(もの) 수완가 品切(しなぎ)れ 품절

| 잠깐만요 |
- '모두'라는 의미일 때는 한국어로 '체'가 되고 「さい」로 읽히는데 위의 두 단어 외에는 사용되지 않습니다.
- 「切」자는 '끊다'에서 파생되는 의미가 아주 다양하니 한 번에 다 외우려 하기보다는 의미의 확장을 이해하면서 예시 단어들을 잘 곱씹으세요. 또한 훈독도 그 의미가 다양하니 사전에서 예문을 찾아보면서 이해하시기 바랍니다.

| 잠깐만요 |
- 소중(大切)한 것을 지키기 위해 절실(切実)하게 적절(適切)한 곳을 모두 끊어낸다(切断)고 이해하면 좋습니다.

初

4학년 | N2 | 206위

옷(衤)처럼 가장 겉을 덮은 것부터 칼(刀)로 자르는 것이 칼질의 처음/시작이니

衤(衣): 옷 의

처음 초 · 시작 초

7획 初 初 初 初 初 初 初

음독	しょ	1순위	初級 초급 (しょきゅう)	*初日 초일첫날 (しょにち)
			最初 최초 (さいしょ)	
훈독	[はじ]め		初(はじ)め (시간) 처음, 최초 ↔ 終(お)わり/末(すえ) 끝	
			初(はじ)めて 처음으로, 첫 번째로	
	はつ		初(はつ) (경험) 처음, 최초 → 初恋(はつこい) 첫사랑	
			初耳(はつみみ) 초문, 처음 듣는 일	
	うい		初(うい) (경험) 첫 ~, 처음의 ~	
			→ 初産(ういざん) 초산　　初陣(ういじん) 첫 출진	
			初々(ういうい)しい 순진하다 = 初心(うぶ)だ	

辺

4학년 | N2 | 606위

칼(刀)까지 차고 가야(辶) 하는 영역의 국경 근처/가쪽이니

辶: 쉬어 갈 착

가 변 · 근처 변

5획 辺 辺 辺 辺 辺

음독	へん	1순위	辺 변근처, 부근/정도 (へん)	辺境 변경변방 (へんきょう)
			周辺 주변 (しゅうへん)	底辺 저변 (ていへん)
훈독	[あた]り		辺(あた)り 근처, 주변, 언저리	
	～べ		～辺(べ) ～가, 근처	
			海辺(うみべ) 바닷가　　上辺(うわべ) 겉, 표면, 외관	

| 잠깐만요 |
• '변두리, 언저리'의 의미입니다. 국경 인근은 항시 전쟁 위협으로 반드시 칼을 차고 가야 하는 곳이라는 이미지로 이해해 주세요.

久

5학년 | N2 | 518위

칼(ク)을 손(乀)에 든 자의 권력은 오랫동안 지속되니

오랠 구

3획 久 久 久

음독	きゅう	1순위	永久 영구 (えいきゅう)	持久力 지구력 (じきゅうりょく)
			耐久 내구 (たいきゅう)	
	く	4순위	久遠 구원 (くおん)	
훈독	[ひさ]しい		久(ひさ)しい 오래다, 오래되다 → 久(ひさ)しぶり 오랜만임	

| 잠깐만요 |
• 「く」로 읽는 경우는 사실상 「久遠(구원)」뿐이니 예외 단어로 익혀 두세요.
• 「夂(뒤따라올 치, 걸어올 치)」와의 구분에 주의하세요.

140 刃: 칼날 인 ▶ 刃忍認

0629

刃

중학 | N1 | 1555위

칼날(刀)에 내려앉은 머리카락(丶)이 반으로 잘리는 날카로운 칼날을 강조하니

칼날 인

3획 刃 刃 刃

음독	じん	3순위	*自刃 자인칼로 자살함 (じじん) *白刃 백인빼어 든 예리한 칼날 (はくじん)
	にん	4순위	*刃傷 인상칼날로 인한 상처 (にんじょう)
훈독	は		刃(は) 칼날 　刃物(はもの) 날붙이

| 잠깐만요 |
- 음독으로는 잘 사용되지 않습니다.
- 「刃傷」는 「にん」으로 읽히지만, 예외적으로 읽히는 단어이므로 참고로만 알아 두세요.

0630

忍

중학 | N1 | 122위

칼날(刃)에 난도질당해도 마음(心)을 굳게 먹고 참고 견디는 첩자이니

① 참을 인 · 인내할 인 ② 은밀할 인

7획 忍 忍 忍 忍 忍 忍 忍

음독	にん	1순위	① 忍耐 인내 (にんたい) 　② *忍者 인자첩자 (にんじゃ) ① *堪忍 감인참고 견딤 (かんにん)
훈독	[しの]ぶ		忍(しの)ぶ 남의 눈에 띄지 않게 행동하다, 남 모르게 하다, 숨다 → 忍(しの)び ⓐ 남몰래 함, 미행 ⓑ 절도
	[しの]ばせる		忍(しの)ばせる 숨겨 놓다, 잠입시키다, 몰래 품다

0631

認

6학년 | N2 | 380위

반박하고픈 말(言)을 참고(忍) 옳고 그름을 인식해 상대를 인정함이니

① 인정할 인 ② 인식할 인

14획 認 認 認 認 認 認 認 認 認 認 認 認 認 認

음독	にん	1순위	① 認定 인정 (にんてい) 　② 認識 인식 (にんしき) ① 公認 공인 (こうにん)
훈독	[みと]める		認(みと)める 인정하다

0632

召

중학 | N2 | 1540위

칼(刀)처럼 날카로운 기세와 목소리로 입(口)을 열어 상대를 부르니

부를 소

5획 召 召 召 召 召

음독	しょう [4순위]	召喚 소환 (しょうかん)　　召集 소집 (しょうしゅう)
훈독	[め]す	召(め)す 불러들이다, 먹다 · 마시다 · 입다 · 타다 등의 존경어

0633

招

5학년 | N2 | 1162위

 상대에게 손짓(扌)까지 하면서 불러서(召) 초대하니　　扌: 손 수

초대할 초

8획 招 招 招 招 招 招 招 招

음독	しょう [3순위]	招待 초대 (しょうたい)　　招請 초청 (しょうせい)
훈독	[まね]く	招(まね)く 손짓하여 부르다, 불러오다, 초대하다 → 招(まね)き 초대, 초청　　招(まね)き猫(ねこ) 마네키네코

| 잠깐만요 |
• 일본 상점에서 손을 들고 손짓하는 고양이 인형을 '마네키네코'라고 해요. 손짓을 통해 손님이나 금전운을 초대한다고 해요.

0634

昭

3학년 | N1 | 553위

해(日)를 불러온(召) 듯 밝으니

밝을 소

9획 昭 昭 昭 昭 昭 昭 昭 昭 昭

음독	しょう [4순위]	*昭和 소화쇼와 (しょうわ)

| 잠깐만요 |
• 초등한자에 들어가 있지만, 쇼와(昭和) 시대 외에는 거의 사용되지 않습니다.

0635

照

4학년 | N2 | 889위

 밝아지도록(昭) 켠 불(灬)로 사물을 비추어 보니　　灬: 불 화

비출 조 · 비추어 볼 조

13획 照 照 照 照 照 照 照 照 照 照 照 照 照

음독	しょう [1순위]	照明 조명 (しょうめい)　　照会 조회 (しょうかい) 対照 대조 (たいしょう)
훈독	[て]る	照(て)る ⓐ 아름답게 비치다 ⓑ (날이) 개다 火照(ほて)る (몸 · 얼굴 등이) 화끈해지다, 달아오르다
	[て]らす	照(て)らす 비추다 → 照(て)らし合(あわ)せ 대조, 조회 照(て)らし合(あわ)せる ⓐ 대조하다, 조회하다 ⓑ 양쪽에서 비추다
	[て]れる	照(て)れる 수줍어하다, 부끄러워하다, 거북해하다

273

0636

分

2학년 | N4 | 14위

⅛로 나누기(八) 위해 덩어리를 칼질(刀)하여 나눈 것이니　　八: 여덟 팔·나눌 팔

나눌 분 (① 분리하다·구분하다　② 시간·비율·직분·분량)

4획　分 分 分 分

음독	ぶん	1순위	① 分離 분리 (ぶんり)　　① 等分 등분 (とうぶん) ① *親分 친분부모격, 두목 (おやぶん)
	ふん	3순위	② 分 분 (ふん)　　② 分針 분침 (ふんしん) ① 分別 분별 (ふんべつ)
	ぶ	3순위	② *分 분할 (ぶ) ② *五分五分 오분오분비등함 (ごぶごぶ) ② *大分 대분상당히, 꽤 (だいぶ)
훈독	[わ]かる		分(わ)かる 알다, 헤아리다
	[わ]ける		分(わ)ける 나누다 → 分(わ)け前(まえ) 할당량
	[わ]かれる		分(わ)かれる 갈라지다, 분기되다
	[わ]かつ		分(わ)かつ ⓐ 구분하다 ⓑ 분배하다 ⓒ 떼어 놓다

| 잠깐만요 |
- 하나의 덩어리를 1/n로 '나눈다'는 의미에서 동작 자체에 착안하면 '분리하다, 구분하다', 결과로 발생한 것들에 착안하면 '시간·비율·직분·분량'의 의미가 돼요.
- 「分(わ)かる」가 '알다, 헤아리다'라는 의미로 나타나는 것은 '대상을 구분하고 분별할 줄 안다=이해한다, 안다'는 과정에 착안한 거예요.
- 「分(わ)かつ」는 문어적·관용적으로 사용됩니다.

0637

粉

5학년 | N2 | 1431위

쌀(米)과 같은 곡식류를 분해해서(分) 만드는 가루이니

가루 분·분말 분

10획　粉 粉 粉 粉 粉 粉 粉 粉 粉 粉

음독	ふん	1순위	粉末 분말 (ふんまつ)　　粉砕 분쇄 (ふんさい) 花粉 화분 (かふん)
훈독	こな		粉(こな) 가루, 분말 粉雪(こなゆき) 가루눈　　粉薬(こなぐすり) 가루약
	～こ		～粉(こ) ～가루 小麦粉(こむぎこ) 밀가루　　強力粉(きょうりきこ) 강력분

| 잠깐만요 |
- 훈독 「こ」는 주로 접미어로 쓰입니다.

0638

貧

5학년 | N2 | 1223위

빚쟁이가 다 나누어(分) 가져가서 돈(貝)이 없는 가난과 빈곤함이니　貝: 조개 패·돈 패

가난할 빈 · 빈곤할 빈

11획 貧貧貧貧貧貧貧貧貧貧貧

음독	ひん	1순위	貧困 빈곤 (ひんこん)　　貧弱 빈약 (ひんじゃく) 貧血 빈혈 (ひんけつ)
	びん	4순위	*貧乏 빈핍가난함 (びんぼう)
훈독	[まず]しい		貧(まず)しい ⓐ 가난하다 ⓑ 적다, 빈약하다, 변변찮다

| 잠깐만요 |
• 원래 월급날에는 여기저기서 돈을 다 나누어 가져가 빈털터리가 되죠?
• 「びん」은 「貧乏」 정도에만 쓰이니 예외 어휘로 외워 두세요.

---

143 [刂]: 칼 도 ▶ 亥刻半判別

0639 ◐ 제부수

亥

머리(亠)부터 꼬리까지 내려오는 등뼈의 모양을 본떠

뼈 해

6획 亥亥亥亥亥亥

| 사용 예 | 該(갖출 해)　咳(기침 해)　骸(뼈 해)　核(씨 핵) |

| 잠깐만요 |
• 「玄(검을 현)」과의 구분에 주의하세요.

0640

刻

6학년 | N2 | 726위

등뼈(亥)처럼 일정하게 칼(刂)로 매 시각을 나타내는 눈금을 깎아내 새기니

亥: 뼈 해　刂: 칼 도

① 깎아 새길 각　② 시간 각

8획 刻刻刻刻刻刻刻刻

| 음독 | こく | 1순위 | ① 刻印 각인 (こくいん)　　① 深刻 심각 (しんこく)
② 時刻 시각 (じこく)　　② 遅刻 지각 (ちこく) |
| 훈독 | [きざ]む | | 刻(きざ)む 잘게 썰다, 새기다, 칼자국을 내다 |

275

0641 半

2학년 | N4 | 250위

나눌(八) 때 둘(二)로 똑같이 가운데(丨)를 나누니

八: 나눌 팔·여덟 팔

반 반

5획 半 半 半 半 半

음독	はん	1순위	半 반 (はん)	*半分 반분반 (はんぶん)
			折半 절반 (せっぱん)	過半数 과반수 (かはんすう)
훈독	[なか]ば		半(なか)ば 절반, 반쯤	

0642 判

5학년 | N2 | 321위

흑백을 칼(刂)로 반(半)으로 잘라내듯 판단하여 도장을 찍으니

刂: 칼 도

① 판단할 판·재판 판   ② 도장 판

7획 判 判 判 判 判 判 判

음독	はん	1순위	② 判 판도장 (はん)	② *判子 판자도장 (はんこ)
			① 判断 판단 (はんだん)	① 判事 판사 (はんじ)
	ばん	2순위	① *判 판종이의 규격 (ばん)	① 裁判 재판 (さいばん)
			① 評判 평판 (ひょうばん)	

| 잠깐만요 |
• 「ばん」의 경우, 대다수의 단어가 단어의 끝에 붙는 경향이 강해요.

0643 別

4학년 | N3 | 219위

입(口)으로 힘(力) 있게 말해 병사들을 칼(刂)로 자르듯 병과별로 구별해 나누어 보내니

다를 별·나눌 별

7획 別 別 別 別 別 別 別

음독	べつ	1순위	区別 구별 (くべつ)	分別 분별 (ふんべつ)
			決別 결별 (けつべつ)	
훈독	[わか]れる		別(わか)れる (사람과) 헤어지다 → 別(わか)れ 이별	

---

144 則: 원칙 칙 ▶ 則側測

0644 則

5학년 | N2 | 973위

권력의 근원인 돈(貝)과 칼(刂)은 그 관리에 엄중한 원칙과 법칙이 있으니

貝: 조개 패·돈 패

원칙 칙·법칙 칙

9획 則 則 則 則 則 則 則 則 則

| 음독 | そく | 1순위 | 原則 원칙 (げんそく) | 法則 법칙 (ほうそく) |
| | | | 変則 변칙 (へんそく) | |

0645

側

4학년 | N3 | 363위

많은 사람(亻) 중 자신의 원칙(則)에 딱 맞는 사람만이 바로 곁에 설 수 있으니

곁 측

11획	側側側側側側側側側側側	
음독	そく 1순위	側面 측면 (そくめん)　　側近 측근 (そっきん) 側頭部 측두부옆머리 (そくとうぶ)
훈독	～がわ	～側(がわ) ～쪽, ～측, ～편 内側(うちがわ) 안쪽, 내면　　外側(そとがわ) 외측, 겉면

0646

測

5학년 | N2 | 958위

깊이가 보이지 않는 물(氵)을 눈대중이 아니라 법칙(則)을 통해 구체적으로 헤아려 측정하니

잴 측 (① 재다 · 측정하다　② 헤아리다 · 예측하다)

12획	測測測測測測測測測測測測	
음독	そく 1순위	① 測定 측정 (そくてい)　　① 測量 측량 (そくりょう) ② 推測 추측 (すいそく)　　② 予測 예측 (よそく)
훈독	[はか]る	測(はか)る 측정하다, 재다

| 잠깐만요 |
• はかる의 한자 비교 ☞ 217P 0483 計의 | 잠깐만요 | 참조

145 [刀]: 칼 도 ▶ 欠次姿資茨

0647

欠

4학년 | N2 | 1021위

칼(刀)로 사람(人)을 벤 만큼 인원이 비어 모자람을 의미하니

모자랄 결 · 없을 결

4획	欠欠欠欠	
음독	けつ 1순위	欠乏 결핍 (けつぼう)　　欠如 결여 (けつじょ) 不可欠 불가결 (ふかけつ)
훈독	[か]く	欠(か)く 결여하다, 없다, ～이 부족하다
	[か]ける	欠(か)ける (있어야 할 것이) 결여되어 있다, 부족하다
	[か]かす	欠(か)かす ～하지 않고 넘기다, 빠뜨리다
	예외	欠伸(あくび) 하품　　欠片(かけら) 조각, 파편

次

3학년 | N2 | 138위

얼음(冫)처럼 차가운 칼(ク)로 다음 사람(人)을 순서대로 차례차례 베어 버리니

① 다음 차 ② 차례 차·순서 차

6획 次 次 次 次 次 次

음독	じ	1순위	① 次回 차회 (じかい)　　① 次席 차석 (じせき) ② 目次 목차 (もくじ)
	し	4순위	② *次第 차제순서 (しだい) ② *次第 (しだい)に ~대로, 차차, 점차
훈독	[つ]ぐ		次(つ)ぐ ⓐ 뒤를 잇다 ⓑ 다음가다 → 次(つぎ) 다음 相次(あいつ)ぐ 연달다, 잇따르다

姿

6학년 | N1 | 373위

옛날에는 심성 다음(次)으로 중요한 여자(女)의 요소는 우아한 용모와 자태였으니

모양 자

9획 姿 姿 姿 姿 姿 姿 姿 姿

음독	し	2순위	姿勢 자세 (しせい)　　姿態 자태 (したい) *容姿 용자용모와 자태 (ようし)
훈독	すがた		姿(すがた) 모양　　姿形(すがたかたち) 용모와 자태 後(うし)ろ姿(すがた) 뒷모습

資

5학년 | N2 | 312위

재산 다음(次)으로 돈(貝) 버는 데 필요한 것은 개인의 밑천과 자질이니

밑천 자·자질 자

13획 資 資 資 資 資 資 資 資 資 資 資 資

음독	し	1순위	資金 자금 (しきん)　　資質 자질 (ししつ) 資料 자료 (しりょう)

茨

4학년 | 급수 외 | 2356위

풀(艹)이 없는(欠) 대신 가시(冫)가 있는 가시나무이니

艹 : 풀 초　冫 : 얼음 빙(여기서는 가시가 나 있는 모습)

가시나무 자

9획 茨 茨 茨 茨 茨 茨 茨 茨 茨

훈독	いばら	茨(いばら) 가시나무　　茨木(いばらき) 이바라키현

|잠깐만요|
• 「茨木(이바라키현)」의 이름에 쓰이기에 4학년 한자로 편입된 글자예요. 실제 사용도 이바라키현에 쓰이는 정도이니 참고만 하세요.

(정답은 508쪽에)

1 빈칸에 들어갈 한자로 적절한 것을 고르시오.

1. ___入 (가입)　　ⓐ 加　　　ⓑ 賀　　　ⓒ 召

2. 親___ (친절)　　ⓐ 判　　　ⓑ 初　　　ⓒ 切

3. ___力 (근력)　　ⓐ 労　　　ⓑ 筋　　　ⓒ 久

4. 周___ (주변)　　ⓐ 辺　　　ⓑ 初　　　ⓒ 切

5. ___耐 (인내)　　ⓐ 認　　　ⓑ 召　　　ⓒ 忍

6. 対___ (대조)　　ⓐ 召　　　ⓑ 照　　　ⓒ 招

7. 予___ (예측)　　ⓐ 則　　　ⓑ 側　　　ⓒ 測

8. ___金 (자금)　　ⓐ 資　　　ⓑ 姿　　　ⓒ 茨

2 다음 한자의 뜻을 (　　)에 적고 일본 음독을 a, b, c 중에 하나 고르시오.

1. 測量 (　　)　　ⓐ そくりょう　　ⓑ そくりょ　　ⓒ ちょくりょう

2. 目次 (　　)　　ⓐ もくちゃ　　ⓑ もくじ　　ⓒ もくち

3. 深刻 (　　)　　ⓐ しんこう　　ⓑ しんかく　　ⓒ しんこく

4. 貧困 (　　)　　ⓐ びんこん　　ⓑ ひんこん　　ⓒ びんごん

5. 判断 (　　)　　ⓐ はんだん　　ⓑ ぱんだん　　ⓒ はんたん

6. 適切 (　　)　　ⓐ てきせつ　　ⓑ てきぜつ　　ⓒ てきてつ

7. 招待 (　　)　　ⓐ しょたい　　ⓑ じょうたい　　ⓒ しょうたい

8. 祝賀 (　　)　　ⓐ しゅくは　　ⓑ しゅくが　　ⓒ しゅっか

弓·矢의 파생 [19자]

146 弓: 활 궁 ▶ 引強弱

0652

引

2학년 | N3 | 166위

활(弓)의 시위(丨)를 잡아 뒤로 당기는 모습이니

당길 인 · 끌 인

4획 引 引 引 引

음독	いん [1순위]	引力 인력 (いんりょく)　　　引用 인용 (いんよう) *引退 인퇴은퇴 (いんたい)
훈독	[ひ]く	引(ひ)く 끌다, 활시위를 당기다 → 手引(てび)き 인도, 안내, 입문　　　引(ひ)き金(がね) 방아쇠
	[ひ]ける	引(ひ)ける ⓐ 파하다 ⓑ 소극적이 되다 → 引(ひ)け目(め) 열등감, 결점, 약점

| 잠깐만요 |
• '은퇴'를 한국에서는 「隠(숨을 은)」 자를 써서 「隠退」라 하지만 일본에서는 「引退(인퇴)」라고 합니다.

0653

強

2학년 | N4 | 179위

멀리서도 활(弓)을 당겨(厶) 벌레(虫)만하게 보이는 적을 꿰뚫을 만큼 강하니

厶: 나 사(여기서는 활을 당기는 팔의 모양)　虫: 벌레 충

강할 강

11획 強 強 強 強 強 強 強 強 強 強 強

음독	きょう [1순위]	強制 강제 (きょうせい)　　　強力 강력 (きょうりょく) *勉強 면강공부 (べんきょう)
	ごう [2순위]	強盗 강도 (ごうとう)　　　強奪 강탈 (ごうだつ) *強引 강인억지로 끌고 감 (ごういん)
훈독	[つよ]い	強(つよ)い 강하다, 세다 → 強気(つよき) 기세가 강함, 강하게 승부를 겲 　　強(つよ)み 강점
	[つよ]まる	強(つよ)まる 강해지다, 세지다
	[つよ]める	強(つよ)める 강하게 하다
	[し]いる	強(し)いる 강요하다, 강제하다, 강권하다 → 無理強(むりじ)い 어거지, 강제, 강권

| 잠깐만요 |
• 「きょう」는 '강하게'의 의미로, 「ごう」는 '(힘으로/억지로) 강요하다'라는 의미로 사용되는 경향이 있습니다.

활(弓)이 얼어붙으면(冫) 탄력이 죽어 힘이 약해지니   冫: 얼음 빙

弱

약할 약

10획 弱 弱 弱 弱 弱 弱 弱 弱 弱 弱

2학년 | N2 | 895위

음독	じゃく [1순위]	弱小 약소 (じゃくしょう) 弱点 약점 (じゃくてん) 貧弱 빈약 (ひんじゃく)
훈독	[よわ]い	弱(よわ)い 약하다, 모자라다 → 弱気(よわき) 기세가 약함, 나약함 弱(よわ)み 약점 弱虫(よわむし) 겁쟁이
	[よわ]まる	弱(よわ)まる 약해지다
	[よわ]める	弱(よわ)める 약화시키다
	[よわ]る	弱(よわ)る 약해지다, 곤란해지다

147 矢[𠂉]: 화살 시 ▶ 知短侯候医疑

화살(矢)을 쏘아대듯 입(口)으로 지식을 뱉어낼 만큼 잘 아니

知

알 지

8획 知 知 知 知 知 知 知 知

2학년 | N3 | 58위

음독	ち [1순위]	知覚 지각 (ちかく) 知人 지인 (ちじん) 未知 미지 (みち)
훈독	[し]る	知(し)る 알다 → 知(し)り合(あ)い 지인

화살(矢)로 콩(豆)도 맞힐 만큼 짧고 모자란 거리이니

短

짧을 단 · 모자랄 단

12획 短 短 短 短 短 短 短 短 短 短 短 短

3학년 | N3 | 770위

음독	たん [1순위]	短縮 단축 (たんしゅく) *短所 단소단점 (たんしょ) 長短 장단 (ちょうたん)
훈독	[みじか]い	短(みじか)い 짧다, 모자라다

| 잠깐만요 |
• '단점'은 일본에서 「短所」라고 하니 주의하세요. '장점'은 「長所(ちょうしょ)」라고 합니다.

侯

중학 | N1 | 1994위

사람(亻)의 상투(그)를 화살(矢)로 맞힐 실력이 있어야 되는 제후이니

그: 여기서는 상투머리의 모습

제후 후

9획 侯 侯 侯 侯 侯 侯 侯 侯 侯

| 음독 | こう | 1순위 | 侯爵 후작 (こうしゃく)　諸侯 제후 (しょこう)　王侯 왕후 (おうこう) |

| 잠깐만요 |
• 봉건 시대 제후급의 인물들은 무예에 출중했습니다. 특히 궁술은 높은 이들이 익히는 기본 소양이었어요.

候

4학년 | N2 | 929위

사람(亻)이 한 번(丨)에 상투(그)를 화살(矢)로 명중하기 위해 좋은 날씨를 기다리니

① 기후 후　② 기다릴 후

10획 候 候 候 候 候 候 候 候 候 候

| 음독 | こう | 1순위 | ② 候補 후보 (こうほ)　① 症候 증후 (しょうこう)　① 気候 기후 (きこう) |
| 훈독 | そうろう | | 候(そうろう) あり(있다)의 겸양어 → 居候(いそうろう) (남의 집에) 붙어 삶, 식객 |

| 잠깐만요 |
• 활을 쏠 때 상투를 맞히는 실력이 있더라도 그걸 단번에 성공하기 위해서는 바람이 불 조짐이 없는 최적의 날씨 상태를 기다리는 것이 중요합니다.

医

3학년 | N3 | 391위

깊게 박혀서 감춰진(匸) 화살(矢)을 제거하거나 치료하는 의원이니

匸: 감출 혜 · 덮을 혜

의원 의

7획 医 医 医 医 医 医 医

| 음독 | い | 1순위 | 医学 의학 (いがく)　*医者 의자·의사 (いしゃ)　医療 의료 (いりょう) |

疑

6학년 | N2 | 623위

비수(匕) 같은 추궁과 화살(矢) 같은 눈초리를 날리고 창의 머리날(マ)을 겨누며 정당성(正→疋)을 의심하고 혐의를 두는 모습이니

匕: 숟가락 비 · 비수 비　矢: 화살 시　マ: 머리날 마　疋: 바를 정 (正의 변형)

의심할 의

14획 疑 疑 疑 疑 疑 疑 疑 疑 疑 疑 疑 疑 疑 疑

| 음독 | ぎ | 1순위 | 疑問 의문 (ぎもん)　疑惑 의혹 (ぎわく)　容疑 용의 (ようぎ)　質疑 질의 (しつぎ) |
| 훈독 | [うたが]う | | 疑(うたが)う 의심하다 → 疑(うたが)い 의심, 혐의 |

| 잠깐만요 |
• 바른(正) 대로 말하라며 비수(匕)와 화살(矢)의 날 끝(マ)을 겨누며 의심하는 모습을 그려 보세요.

0660

午

2학년 | N4 | 873위

시곗바늘(十) 중 화살(ㅗ) 모양의 시침이 12시를 가리키는 낮을 의미하니

낮 오

4획 午午午午

음독	ご	2순위	午前 오전 (ごぜん)	午後 오후 (ごご)
			正午 정오 (しょうご)	

| 잠깐만요 |
• 「牛(소 우)」와의 구분에 주의하세요!

0661

許

5학년 | N2 | 671위

높은 이의 말(言) 중에 한낮(午)의 햇살처럼 환하게 해 주는 허락의 말이니

허락할 허

11획 許許許許許許許許許許許

음독	きょ	1순위	許容 허용 (きょよう)	許可 허가 (きょか)
			免許 면허 (めんきょ)	

훈독	[ゆる]す	許(ゆる)す ⓐ 허락하다, 허가하다, 허용하다
		ⓑ 용서하다, 면제하다
		→ 許(ゆる)し 허가, 인가, 용서

0662

年

1학년 | N4 | 5위

때로는 화살(ㅗ)처럼 빠르고 때로는 걷듯이(帀) 느리게 흘러가는 한 해/나이이니

帀: 걸을 과

해 년·나이 년

6획 年年年年年年

음독	ねん	1순위	年間 연간 (ねんかん)	少年 소년 (しょうねん)
			昨年 작년 (さくねん)	

| 훈독 | とし | 年(とし) 나이, 해 | 毎年(まいとし) 매해 |
| | | 年越(としこ)しそば 해를 넘길 때 먹는 메밀국수 |

| 잠깐만요 |
• とし의 경우, 나이/연세를 뜻할 때는 의미를 명확히 하기 위해 「歳(세월 세, 연세 세)」를 써서, 「歳(とし)」라고 쓰는 것이 일반적입니다.

0663 ◑ 제부수

乍

급수 외 | 2615위

날아온 화살(丿)이 샤(乍)하는 소리와 동시에 잠깐 사이에 사라지니   乍 : 한국어의 모음

잠깐 사 · 동시에 사

5획 乍 乍 乍 乍 乍

훈독	ながら	乍(ながら) ~하면서

| 잠깐만요 |
• 옛날 문서에서는 조사도 한자를 달았습니다. 「乍」는 「ながら」를 표기할 때 썼지만, 현대에는 잘 사용하지 않는 표기이니 참고만 하세요.

0664

作

2학년 | N3 | 67위

사람(亻)만이 잠깐(乍) 사이에 복잡한 동작을 통해 무언가를 만들어 내니   亻 : 사람 인

① 만들 작 ② 동작 작

7획 作 作 作 作 作 作 作

음독	さく	1순위	① 作品 작품 (さくひん) ① 作成 작성 (さくせい) ① 創作 창작 (そうさく)
	さ	2순위	① 作業 작업 (さぎょう) ② 作法 작법예의범절 (さほう) ② 動作 동작 (どうさ)
훈독	[つく]る		作(つく)る 만들다 → 作(つく)り ⓐ 만듦새, 꾸밈새 ⓑ 가장, 거짓, 만들어 낸 것 作(つく)り話(ばなし) 지어낸 말

| 잠깐만요 |
• 오직 사람만이 짧은 시간 안에 수많은 동작을 하고 무언가를 만들어 내죠? 춤이나 의식처럼 정해진 짧은 시간 내에 창의적으로 동작을 만들어 낸다고 생각하면 의미를 이해하기 쉬울 거예요.
• 「作法(さほう)」는 '예의범절' 외에도 '시나 문장을 만드는 법, 법식 · 관례'라는 의미로도 사용됩니다.
• つくる의 다양한 한자 비교 ☞ 178P **0393** 造의 | 잠깐만요 | 참조

0665

昨

4학년 | N2 | 756위

날(日)이 잠깐(乍) 사이에 지난 날이니   日 : 날 일

지난날 작 · 어제 작

9획 昨 昨 昨 昨 昨 昨 昨 昨 昨

음독	さく	1순위	昨年 작년 (さくねん) *昨日 작일어제 (さくじつ) *昨夜 작야어젯밤 (さくや)
훈독	예외		昨日(きのう) 어제 一昨日(おととい) 그제

0666 ● 부수자

复

쏟아지는 화살(ㅗ)이 천천히 걸어오듯(夊) 해(日)에 빛나며
하늘에 가득한 모습이니   夊: 뒤따라올 치 · 걸어올 치

가득할 복

9획 复 复 复 复 复 复 复 复 复

| 잠깐만요 |
• 「夏(여름 하)」와 구분에 주의하세요.

0667

複

5학년 | N2 | 1064위

옷(衤)을 최대한 풍채 가득하게(复) 보이려고 잔뜩 겹쳐 입은 모습이니   衤: 옷 의

겹칠 복

14획 複 複 複 複 複 複 複 複 複 複 複 複 複 複

음독	ふく	1순위	複数 복수 (ふくすう) 複雑 복잡 (ふくざつ)
			重複 중복 (じゅうふく/ちょうふく)

0668

復

5학년 | N2 | 672위

모든 게 가득했던(复) 때로 천천히 걷듯(彳) 다시 돌아가니   彳: 조금 걸을 척

① 돌아갈 복 · 회복할 복 ② 다시 부

12획 復 復 復 復 復 復 復 復 復 復 復 復

음독	ふく	1순위	① 復習 복습 (ふくしゅう) ① 往復 왕복 (おうふく)
			① 回復 회복 (かいふく)
		4순위	② 復活 부활 (ふっかつ)

| 잠깐만요 |
• '② 다시'의 의미는 「復活(부활)」 외에는 예가 없으니 예외로 외워 두세요.

0669

腹

6학년 | N2 | 666위

몸(月)에서 가득 찬(复) 부푼 곳은 배이니   月: 고기 육 · 달 월

배 복

13획 腹 腹 腹 腹 腹 腹 腹 腹 腹 腹 腹
　　　腹 腹

음독	ふく	1순위	腹部 복부 (ふくぶ) 腹筋 복근 (ふっきん)
			空腹 공복 (くうふく)
훈독	はら		腹(はら) ⓐ 배 ⓑ 속마음
			→ 腹立(はらだ)ち 화냄 腹黒(はらぐろ)い 속이 검다

(정답은 508쪽에)

1 빈칸에 들어갈 한자로 적절한 것을 고르시오.

1. ___力 (인력)　　ⓐ 弓　　ⓑ 弱　　ⓒ 引

2. 未___ (미지)　　ⓐ 強　　ⓑ 知　　ⓒ 短

3. ___爵 (후작)　　ⓐ 短　　ⓑ 候　　ⓒ 侯

4. 空___ (공복)　　ⓐ 腹　　ⓑ 複　　ⓒ 復

5. ___者 (의사)　　ⓐ 区　　ⓑ 医　　ⓒ 囚

6. 創___ (창작)　　ⓐ 乍　　ⓑ 昨　　ⓒ 作

7. ___習 (복습)　　ⓐ 復　　ⓑ 腹　　ⓒ 複

8. 免___ (면허)　　ⓐ 許　　ⓑ 午　　ⓒ 午

2 다음 한자의 뜻을 (　　)에 적고 일본 음독을 a, b, c 중에 하나 고르시오.

1. 強弱 (　　)　　ⓐ きょうじゃく　ⓑ ごうじゃく　ⓒ きょじゃく

2. 正午 (　　)　　ⓐ しょうおう　　ⓑ しょうごう　　ⓒ しょうご

3. 長短 (　　)　　ⓐ ちょうたん　　ⓑ ちょうだん　　ⓒ しょうたん

4. 復活 (　　)　　ⓐ ふくがつ　　ⓑ ふっかつ　　ⓒ ふかつ

5. 気候 (　　)　　ⓐ きこう　　ⓑ きごう　　ⓒ きこ

6. 強奪 (　　)　　ⓐ きょうだつ　　ⓑ ごうだつ　　ⓒ こうだつ

7. 複雑 (　　)　　ⓐ ふくざつ　　ⓑ ほくざつ　　ⓒ ぼくざつ

8. 昨夜 (　　)　　ⓐ さきや　　ⓑ ざつや　　ⓒ さくや

弋의 파생 [30자]

151 **[弋]: 무기 익 ▶ 代貸式試武**

0670

代

3학년 | N3 | 42위

사람(亻)이 무기(弋)를 드는 것은 윗 세대를 대신하여 영토를 지키기 위함이니

① 대신할 대 ② 세대 대

5획 代 代 代 代 代

음독	だい	1순위	① 代行 대행 (だいこう)　　① 代価 대가 (だいか) ② 時代 시대 (じだい)
	たい	3순위	① 交代 교대 (こうたい)　　① 代謝 대사 (たいしゃ)
훈독	[か]わる		代(か)わる 대리하다, 대표하다 → 身代(みが)わり 대역
	[か]える		代(か)える 대신하다
	しろ		代(しろ) 재료, 대용물 代物(しろもの) ⓐ 상품, 물건 ⓑ 사람, 인물 ⓒ 대금
	よ		代(よ) 〈역사/신앙〉 한 통치자의 치세, 시대 ⓔ 明治(めいじ)の代(よ) 메이지 시대 　　代(よ)に逆(さか)らう 시대에 역행하다

| 잠깐만요 |
· 「世代交代(せだいこうたい)」(세대교체)로 외우면 편하겠죠?
· 「かわる/かえる」는 '바뀌다, 바꾸다'의 의미로 「変/替/換/代」 등의 한자가 자잘한 의미에 맞춰서 쓰입니다.

0671

貸

5학년 | N3 | 1231위

담보를 주고 대신(代) 돈(貝)을 빌리니　　　　　　　　　　　代: 대신할 대

빌릴 대

12획 貸 貸 貸 貸 貸 貸 貸 貸 貸 貸 貸 貸

| 음독 | たい | 1순위 | 貸与 대여 (たいよ)　　　　貸借 대차 (たいしゃく)
賃貸 임대 (ちんたい) |
| 훈독 | [か]す | | 貸(か)す 빌려주다
→ 貸(か)し借(か)り 대차(빌려주고 빌리는 것) |

287

0672

무기(弋)를 만들(工) 때 장인은 엄격하게 법과 형식을 중시하니   工: 만들 공·장인 공

법 식·형식 식

6획　式 式 式 式 式 式

| 음독 | しき | 1순위 | 形式 형식 (けいしき)　　方程式 방정식 (ほうていしき)
結婚式 결혼식 (けっこんしき) |

3학년 | N2 | 351위

0673

말(言)을 형식(式)에 맞춰 시간 내에 기술하는 시험이니

시험할 시

13획　試 試 試 試 試 試 試 試 試 試 試 試 試

음독	し	1순위	試験 시험 (しけん)　　試行錯誤 시행착오 (しこうさくご) 入試 입시 (にゅうし)
훈독	[こころ]みる		試(こころ)みる 시험해 보다, 시도해 보다
	[ため]す		試(ため)す 시험해 보다, 시도해 보다 → 試(ため)し 시도

4학년 | N3 | 707위

0674

하나(一)의 무기(弋)만으로 상대의 숨을 멎게(止) 만드는 힘을 무력이라 하니   止: 멈출 지·그만둘 지

무력 무

8획　武 武 武 武 武 武 武 武

| 음독 | ぶ | 1순위 | 武力 무력 (ぶりょく)　　*武勇伝 무용전무용담 (ぶゆうでん)
武術 무술 (ぶじゅつ) |
| | む | 4순위 | *武者 무자무사 (むしゃ) |

5학년 | N2 | 317위

---

152 戈: 창 과 ▶ 戒械或域

0675

창(戈)을 받쳐 들고(廾) 주의하며 경계하는 모습이니   廾: 받쳐 들 공

경계할 계

7획　戒 戒 戒 戒 戒 戒 戒

| 음독 | かい | 1순위 | 戒律 계율 (かいりつ)　　戒厳令 계엄령 (かいげんれい)
警戒 경계 (けいかい) |
| 훈독 | [いまし]める | | 戒(いまし)める ⓐ 경고하다 ⓑ 금하다, 제지하다 ⓒ 징계하다
→ 戒(いまし)め ⓐ 응징, 징계 ⓑ 훈계, 교훈 |

중학 | N1 | 1390위

0676

械

4학년 | N2 | 1519위

나무(木)로 적을 경계(戒)하기 위해 만든 기계 장치이니

기계 계

11획 械械械械械械械械械械械

| 음독 | かい | 4순위 | 機械 기계 (きかい) |

| 잠깐만요 |
• '기계(機械)' 이외의 단어에는 거의 사용되지 않습니다.

0677 ◑ 제부수

或

1816위

창(戈)으로 구멍(口)을 한 번(一) 뚫어 혹시 어떤 것이 있나 보는 것이니

혹시 혹 · 어떤 혹

8획 或或或或或或或或

| 훈독 | [あ]る | 或(あ)る 어느, 어떤
→ ある日(ひ) 어느 날　　ある程度(ていど) 어느 정도 |

| 잠깐만요 |
• 음독으로 쓰이지 않는 한자입니다.

0678

域

6학년 | N2 | 548위

땅(土)이 어떤(或) 이의 것인지 범위를 나타낸 구역이니

구역 역

11획 域域域域域域域域域域域

| 음독 | いき | 1순위 | 域 역범위/경지 (いき)　　区域 구역 (くいき)
領域 영역 (りょういき) |

⓯ **[戠]: 새길 식** ▶ 戠職識織弋裁

0679 ● 부수자

戠

현명한 말소리(音)는 창(戈)처럼 날아와 머리와 가슴에
새겨지니　　　　　　　　　　　音: 소리 음 戈: 창 과

새길 식

12획 戠戠戠戠戠戠戠戠戠戠戠

0680

職

5학년 | N2 | 432위

백성과 상관의 말을 귀(耳)에 새겨들으며(戠) 맡은 바 직무를 다하니

맡을 직 · 직무 직

18획 職

| 음독 | しょく | 1순위 | 職務 직무 (しょくむ) | 職業 직업 (しょくぎょう) |
| | | | 職場 직장 (しょくば) | |

0681

識

5학년 | N2 | 434위

선인의 말(言)을 머릿속에 새겨(戠) 넣어 알아가며 늘리는 지식이니

알 식 · 지식 식

19획 識 識 識 識 識 識 識 識 識 識 識 識 識 識 識 識 識 識 識

| 음독 | しき | 1순위 | 識別 식별 (しきべつ) | 常識 상식 (じょうしき) |
| | | | 知識 지식 (ちしき) | |

0682

織

5학년 | N1 | 610위

실(糸)을 서로 얽히게 찔러 넣어 새기듯(戠) 짜는 직물이니

짤 직 · 직물 직

18획 織 織 織 織 織 織 織 織 織 織 織 織 織 織 織 織 織 織

음독	しょく	2순위	紡織 방직 (ぼうしょく)	不織布 부직포 (ふしょくふ)
			製織 제직 (せいしょく)	
	しき	4순위	組織 조직 (そしき)	
훈독	[お]る		織(お)る (직물을) 짜다 → 織物(おりもの) 직물	

| 잠깐만요 |
• 생산성은 「しょく」쪽이 높지만, 실사용 빈도는 「組織(そしき)」가 훨씬 높은 특이 케이스입니다. 실질적으로 「しき」로 읽히는 어휘는 「組織」정도지만 사용 빈도가 매우 높으니 주의하세요.

0683 ● 부수자

戈

수많이(十) 창(戈)을 휘둘러 무언가를 잘라내니

자를 재

6획 戈 戈 戈 戈 戈 戈

| 사용 예 | 裁(재단할 재) 栽(심을 재) 載(실을 재) 纖(가늘 섬) 등 |

0684

6학년 | N1 | 706위

옷감(衣)을 치수에 맞게 자르기(㦮) 위해 판단해서 재단하니　　衣: 옷 의

① 재단할 재　② 판단할 재

12획 裁 裁 裁 裁 裁 裁 裁 裁 裁 裁 裁 裁

음독	さい [1순위]	① 裁縫 재봉 (さいほう)　　② 裁判 재판 (さいばん) ② 制裁 제재 (せいさい)
훈독	[た]つ	裁(た)つ (천을) 재단하다
	[さば]く	裁(さば)く 판가름하다, 재판하다, 중재하다 → 裁(さば)き 중재, 재판, 재단, 심판

---

154 [㦮]: 바닥 전 ▶ 㦮錢浅残

0685 ● 부수자

말에 탄 채 창(戈)을 아래로 두(二) 번 휘둘러 적의 시체를 바닥에 깔아 버리니

바닥 전

6획 㦮 㦮 㦮 㦮 㦮 㦮

0686

6학년 | N1 | 1188위

금(金)이 바닥(㦮)에 깔린 듯 빛나는 돈이니　　金: 금속 금·돈 금

돈 전

14획 錢 錢 錢 錢 錢 錢 錢 錢 錢 錢 錢 錢 錢 錢

음독	せん [1순위]	*錢湯 전탕(공중)목욕탕 (せんとう) 金錢 금전 (きんせん)　　　無錢 무전 (むせん)
훈독	ぜに	錢(ぜに) 돈 錢形(ぜにがた) 엽전 모양　　小錢(こぜに) 잔돈, 용돈

| 잠깐만요 |
• 원래 재물을 의미하는 돈은 중국의 금은보, 외국의 금화, 일본의 코반처럼 모두 금으로 나타냈어요.

0687

4학년 | N2 | 847위

바닥(㦮)이 보일 만큼 물(氵)이 얕아진 모습이니　　氵: 물 수

얕을 천

9획 浅 浅 浅 浅 浅 浅 浅 浅 浅

음독	せん [1순위]	浅薄 천박 (せんぱく)　　*浅慮 천려얕은 생각 (せんりょ) 浅海 천해얕은 바다 (せんかい)
훈독	[あさ]い	浅(あさ)い 얕다 → 浅知恵(あさぢえ) 잔꾀

291

殘

4학년 | N2 | 320위

전쟁이 끝나면 바닥(戋)에는 죽은(歹) 시체와 물건만 남으니

歹 : 뼈 사 · 죽을 사

남을 잔

10획 殘 殘 殘 殘 殘 殘 殘 殘 殘 殘

음독	ざん	1순위	殘存 잔존 (ざんぞん)	*殘念 잔념유감 (ざんねん)
			殘業 잔업 (ざんぎょう)	
훈독	[のこ]る		殘(のこ)る 남다 → 殘(のこ)り 남은 것	
	[のこ]す		殘(のこ)す 남기다 → 食(た)べ殘(のこ)し 먹다 남긴 것	

155 戊 : 빽빽할 무 ▶ 戊成城誠盛

◑ 제부수

戊

3335위

전장에 꽂힌(丿) 창(戈)이 빽빽히 많은 모습이니

빽빽할 무 · 많을 무

5획 戊 戊 戊 戊 戊

| 잠깐만요 |
• 10간(갑을병정무기경신임계) 중 5번째로, 「戊辰年(ぼしんねん): 무신년」「戊戌年(ぼじゅつねん): 무술년」 등으로 사용되긴 하지만 일반적으로는 쓰지 않으니 참고만 하세요.
• 아래쪽을 삐치면 「戌(도끼 월)」이 됩니다.

成

4학년 | N2 | 121위

모든 일은 수많은(戊) 못질(丁)을 하듯 이루고 완성해 나감이니

丁 : 못 정

이룰 성 · 완성할 성

6획 成 成 成 成 成 成

음독	せい	1순위	成功 성공 (せいこう)	成年 성년 (せいねん)
			完成 완성 (かんせい)	
	じょう	3순위	成仏 성불 (じょうぶつ)	成就 성취 (じょうじゅ)
훈독	[な]す		成(な)す 이루다, 달성하다, 만들다	
	[な]る		成(な)る 되다	

| 잠깐만요 |
• 다른 사람 마음에 못을 박기도 하고, 못질하듯 결단을 내리면서 성장하고 꿈을 이루어 나가죠?
• 「じょう」는 주로 불교 용어에 쓰입니다.

城

4학년 | N2 | 323위

흙(土)을 쌓고 다져 이룰(成) 수 있는 최고의 건축물은 성이니

土: 흙 토

성 성

9획 城 城 城 城 城 城 城 城 城

음독	じょう [1순위]	城主 성주 (じょうしゅ)　　　城内 성내 (じょうない) *王城 왕성왕궁 (おうじょう)
훈독	しろ	城(しろ) 성　　　　　　城跡(しろあと) 성터

誠

6학년 | N1 | 1342위

말한(言) 대로 이루려면(成) 진실된 마음과 정성이 있어야 하니

진실된 마음 성 · 정성 성

13획 誠 誠 誠 誠 誠 誠 誠 誠 誠 誠 誠 誠 誠

음독	せい [1순위]	誠実 성실 (せいじつ)　　　誠意 성의 (せいい) 忠誠 충성 (ちゅうせい)
훈독	まこと	誠(まこと) ⓐ 진실, 사실 ⓑ 진심, 성의 ↔ 偽(いつわ)り 거짓

盛

6학년 | N1 | 766위

전성기를 이루어(成) 그릇(皿)에 음식을 가득 담아 성대하게 차려 먹으니　　皿: 그릇 명

① 가득 담을 성　② 성대할 성

11획 盛 盛 盛 成 成 成 成 盛 盛 盛 盛

음독	せい [1순위]	盛大 성대 (せいだい)　　　盛衰 성쇠 (せいすい) 全盛期 전성기 (ぜんせいき)
	じょう [4순위]	繁盛 번성 (はんじょう) *盛者必衰 성자필쇠 (じょうしゃひっすい)
훈독	[も]る	盛(も)る ⓐ 높이 쌓아 올리다 ⓑ (그릇에) 음식을 가득 담다 → 盛(も)り合(あ)わせ (요리) 모듬
	[さか]る	盛(さか)る ⓐ 활성화되다, 활발해지다 → 盛(さか)ん 성행, 한창　　～盛(さか)り 한창 ~할 때

| 잠깐만요 |

· 「盛者必衰(성자필쇠)」는 '세력이 성한 자도 반드시 쇠할 때가 있다'는 뜻이에요.

0694 ◑ 제부수

咸

3116위

수많은(戊) 병사가 상관의 한(一)마디 말(口)에 모두 다 함께 움직이는 모습에서

口: 입 구

모두 함 · 다 함

9획 咸 咸 咸 咸 咸 咸 咸 咸 咸

0695

減

5학년 | N2 | 717위

수분(氵)이 모두 다(咸) 빠지면 몸무게가 줄어들어 감소하니

氵: 물 수

줄어들 감 · 감소할 감

12획 減 減 減 減 減 減 減 減 減 減 減 減

음독	**げん**	1순위	減少 감소 (げんしょう) 　　削減 삭감 (さくげん) 増減 증감 (ぞうげん)
훈독	**[へ]る**		減(へ)る 줄다, 감소하다
	[へ]らす		減(へ)らす 줄이다, 삭감하다

0696

感

3학년 | N2 | 90위

감정은 모두 다(咸) 마음(心) 먹은 데서 느끼는 것이니

心: 마음 심

느낄 감

13획 感 感 感 感 感 感 感 感 感 感 感 感 感

음독	**かん**	1순위	感 감 (かん)　　　　　　　感情 감정 (かんじょう) 感覚 감각 (かんかく)　　　感想 감상 (かんそう) *感(かん)じる 느끼다　　*感(かん)じ 느낌

0697 ● 부수자

戚

신하(臣)는 수많은(戈) 속내를 보이지 않게 감추고 사니 臣: 신하 신

안 보일 장 · 감출 장

12획 丿 戚 戚 戚 戚 戚 戚 戚 戚 戚 戚 戚

| 잠깐만요 |
• 신하란 결국 정치꾼이고, 정치꾼은 대부분 속내를 보이지 않게 주의하죠?

0698

蔵

6학년 | N2 | 392위

풀(艹)로 안 보이게(戚) 감추어 두듯 물건을 저장하는 창고이니 艹: 풀 초

① 감출 장 ② 창고 장

15획 蔵 蔵 蔵 蔵 蔵 蔵 蔵 蔵 蔵 蔵 蔵 蔵 蔵 蔵 蔵

음독	ぞう [1순위]	貯蔵 저장 (ちょぞう)	冷蔵庫 냉장고 (れいぞうこ)
		埋蔵 매장 (まいぞう)	
훈독	くら	蔵 (くら) 창고, 곳간	

0699

臓

6학년 | N2 | 1202위

몸(月)의 창고(蔵)와 같은 역할을 하는 장/내장이니 月: 고기 육 · 달 월

장 장 · 내장 장

19획 丿 臓 丿 臓 臓 臓 臓 臓 臓 臓 臓 臓 臓 臓 臓 臓 臓 臓 臓

| 음독 | ぞう [1순위] | 臓器 장기 (ぞうき) | 内臓 내장 (ないぞう) |
| | | 心臓 심장 (しんぞう) | |

(정답은 508쪽에)

1 빈칸에 들어갈 한자로 적절한 것을 고르시오.

1. ___大 (성대)　　ⓐ 盛　　ⓑ 誠　　ⓒ 成
2. 形___ (형식)　　ⓐ 式　　ⓑ 武　　ⓒ 試
3. ___海 (천해)　　ⓐ 浅　　ⓑ 銭　　ⓒ 残
4. 賃___ (임대)　　ⓐ 武　　ⓑ 代　　ⓒ 貸
5. ___別 (식별)　　ⓐ 織　　ⓑ 職　　ⓒ 識
6. 機___ (기계)　　ⓐ 域　　ⓑ 械　　ⓒ 戒
7. ___情 (감정)　　ⓐ 感　　ⓑ 減　　ⓒ 咸
8. ___器 (장기)　　ⓐ 盛　　ⓑ 蔵　　ⓒ 臓

2 다음 한자의 뜻을 (　　)에 적고 일본 음독을 a, b, c 중에 하나 고르시오.

1. 成仏 (　　　)　　ⓐ せいぶつ　　ⓑ じょうぶつ　　ⓒ しょうぶつ
2. 埋蔵 (　　　)　　ⓐ ばいぞう　　ⓑ まいぞう　　ⓒ まいぞ
3. 誠意 (　　　)　　ⓐ せいい　　ⓑ せんい　　ⓒ せい
4. 残業 (　　　)　　ⓐ ざんぎょう　　ⓑ さんぎょう　　ⓒ じゃんぎょう
5. 繁盛 (　　　)　　ⓐ はんじょう　　ⓑ ばんじょう　　ⓒ ぼんじょう
6. 裁判 (　　　)　　ⓐ ざいばん　　ⓑ さいばん　　ⓒ さいはん
7. 職業 (　　　)　　ⓐ しきぎょう　　ⓑ そくぎょう　　ⓒ しょくぎょう
8. 武術 (　　　)　　ⓐ むしゅつ　　ⓑ むじゅつ　　ⓒ ぶじゅつ

乂의 파생 [19자]

158 [乂]: 벨 예 ▶ 図区凶胸脳

0700

2학년 | N3 | 408위

종이(口) 위에 미리 곰곰(ヽヽ)이 계획한 끝에 베어내듯(乂) 한 획씩 그려내는 그림이니

口: 에워쌀 위

① 그림 도   ② 앞서 생각할 도 · 계획할 도

7획 | 図 図 図 図 図 図 図

음독	**ず**	1순위	① *図 도그림 (ず)	① 図表 도표 (ずひょう)
			① 図面 도면 (ずめん)	① 地図 지도 (ちず)
	と	3순위	② 図書館 도서관 (としょかん)	② 意図 의도 (いと)
훈독	[はか]る		図(はか)る 생각하다, 계획하다, 노리다	

| 잠깐만요 |
• 단독으로는 「図(ず)」(그림)로 사용됩니다. 「と」로 읽히는 경우는 대체로 '커다란 계획'의 의미이고, 일반적으로 사용되는 단어는 위의 두 단어 정도입니다.
• 「と」로 읽히는 단어 중 사용빈도가 높은 것은 図書館과 意図 뿐입니다.
• 「はかる」는 의미에 맞춰서 「量 / 図 / 測 / 計 / 諮 / 謀」 등의 한자가 쓰여요. ☞ 0483 計의 | 잠깐만요 | 참조

0701

3학년 | N3 | 541위

금싸라기 땅은 윗사람들이 감춘(匸) 채 베어내듯(乂) 나누어 네 것 내 것 구분해대니

匸: 감출 혜 · 덮을 혜

나눌 구 · 구분 구

4획 | 区 区 区 区

| 음독 | **く** | 1순위 | 区域 구역 (くいき) | 区分 구분 (くぶん) |
| | | | 区別 구별 (くべつ) | |

0702

중학 | N1 | 1772위

위가 뚫린(凵) 함정에 넣고 베어(乂) 버리는 흉(악)한 모습이니

凵: 입 벌릴 감 · 위 터질 감

흉할 흉 · 흉악할 흉

4획 | 凶 凶 凶 凶

| 음독 | **きょう** | 1순위 | 凶悪 흉악 (きょうあく) | 元凶 원흉 (げんきょう) |
| | | | 吉凶 길흉 (きっきょう) | |

297

胸

6학년 | N2 | 638위

신체(月) 중에서 흉하게(凶) 생긴 갈비뼈로 감싸인(勹) 부위는 가슴이니

月: 고기 육 勹: 감쌀 포

가슴 흉

10획 胸 胸 胸 胸 胸 胸 胸 胸 胸 胸

음독	きょう 1순위	胸部 흉부 (きょうぶ)	胸筋 흉근 (きょうきん)
		*度胸 도흉담력, 배짱 (どきょう)	
훈독	むね	胸(むね) 가슴	胸肉(むねにく) 가슴살
	むな~	胸毛(むなげ) 가슴털	胸元(むなもと) 앞가슴

| 잠깐만요 |
• 「度胸」는 '가슴(胸)'이 '얼마나(度)' 강한가의 의미로 '담력, 배짱'을 의미하게 되었어요.

脳

6학년 | N2 | 638위

몸(月)에서 불(ㅛ) 같은 생각을 하는 흉하게(凶) 생긴 뇌이니

ㅛ: 불 화

뇌 뇌

11획 脳 脳 脳 脳 脳 脳 脳 脳 脳 脳 脳

음독	のう 1순위	脳 뇌 (のう)	脳裏 뇌리 (のうり)
		頭脳 두뇌 (ずのう)	首脳 수뇌 (しゅのう)

---

159 文: 글 문 ▶ 文紋対斉済

文

1학년 | N3 | 88위

머릿속(亠) 생각을 붓으로 베어내듯(乂) 적어낸 글귀이니

亠: 머리 두

글 문

4획 文 文 文 文

음독	ぶん 1순위	文 문문장, 글 (ぶん)	文書 문서 (ぶんしょ)
		作文 작문 (さくぶん)	古文 고문 (こぶん)
	もん 2순위	*文 문주문, 경문 (もん)	*文句 문구불평, 불만 (もんく)
		呪文 주문 (じゅもん)	古文書 고문서 (こもんじょ)
훈독	ふみ	文(ふみ) 서한, 문서	
		文殼(ふみがら) 다 읽고 필요 없어진 편지	

| 잠깐만요 |
• 단독 사용의 경우, 훈독 「ふみ」는 고풍스런 말에 사용되며, 일반적으로는 음독 「ぶん」으로 사용됩니다.

0706

중학 | N1 | 1489위

실(糸)로 글(文)을 적은 듯 유려하게 수놓은 무늬이니

무늬 문

10획 紋 紋 紋 紋 紋 紋 紋 紋 紋 紋

| 음독 | もん | 1순위 | 紋様 문양 (もんよう) | 指紋 지문 (しもん) |
| | | | 波紋 파문 (はもん) | |

0707

3학년 | N2 | 81위

한 쌍의 글(文)이 조금(寸)이라도 다른 부분이 없는지 마주 대고 대조하니

寸 : 마디 촌 · (아주) 조금 촌

① 마주할 대 · 상대할 대   ② 쌍 대

7획 対 対 対 対 対 対 対

음독	たい	1순위	① 対決 대결 (たいけつ)	① 対照 대조 (たいしょう)
			① 相対 상대 (そうたい)	① 反対 반대 (はんたい)
	つい	3순위	② *対 대쌍, 짝 (つい)	② 対句 대구 (ついく)

0708

중학 | N1 | 1347위

글(文)이 가로(二) 세로(丿丨) 폭이 반듯해 모두 가지런한 모양이니

가지런할 제

8획 斉 斉 斉 斉 斉 斉 斉 斉

| 음독 | せい | 1순위 | 斉唱 제창 (せいしょう) | *斉射 제사일제 사격 (せいしゃ) |
| | | | 一斉 일제 (いっせい) | |

0709

6학년 | N2 | 337위

흘러넘치는 물(氵)을 물길을 내어 가지런히(斉) 해결하여 수해를 구제하니

氵 : 물 수

① 마칠 제 · 해결할 제   ② 구제할 제

11획 済 済 済 済 済 済 済 済 済 済 済

음독	さい	1순위	① 決済 결제 (けっさい)	① *返済 반제변제 (へんさい)
			② 経済 경제 (けいざい)	② 救済 구제 (きゅうさい)
훈독	[す]む		済(す)む (일이) 완료되다, 해결되다	
	[す]ます		済(す)ます 끝내다, 해결하다, 때우다	

| 잠깐만요 |
· 「経済(けいざい)」(경제)만 특이하게 「ざい」로 발음되니 주의하세요.

0710

交

2학년 | N2 | 305위

상투머리(亠)에 갓을 쓴 아버지(父)들이 서로의 집을 오가며 사귀니

① 오갈 교 · 교차할 교 ② 사귈 교 · 교제할 교

6획 交 交 交 交 交 交

음독	こう	1순위	① 交換 교환 (こうかん) ① 交差 교차 (こうさ) ② 交際 교제 (こうさい)
훈독	[ま]ざる		交(ま)ざる 섞이다
	[ま]じる		交(ま)じる 사귀다, 교제하다
	[ま]ぜる		交(ま)ぜる 섞다
	[まじ]わる		交(まじ)わる ⓐ 교차하다 ⓑ 교제하다 ⓒ 성교하다
	[まじ]える		交(まじ)える ⓐ 섞다 ⓑ 교차시키다 ⓒ 주고받다
	[かわ]す		交(かわ)す ⓐ 주고받다 ⓑ 교차하다
	[か]う		〜交(か)う 서로 〜하다 → 行(ゆ)き交(か)う 오가다, 왕래하다

│잠깐만요│
• 훈독에서 '섞다'의 의미인 경우, 「混(섞을 혼)」과 「雑(섞일 잡)」이 함께 사용되는데 일반적으로 '섞어서 하나가 되어 구분이 안 되는 상태'일 때는 「混(섞을 혼)」「雑(섞일 잡)」을 쓰고, '이것저것 섞여 있지만 각각의 것이 구분이 되는 상태'일 때는 「交」를 써요. 그리고 '사귀다 · 교차하다'로 쓰일 때는 보통 「交」만 사용됩니다.

0711

校

1학년 | N4 | 316위

나무(木) 책걸상에 앉아 친구와 사귀며(交) 잘못된 인성을 교정하고 공부하는 학교이니

① 교정할 교 ② 학교 교

10획 校 校 校 校 校 校 校 校 校 校

음독	こう	1순위	① 校正 교정 (こうせい) ① 校閲 교열 (こうえつ) ② 学校 학교 (がっこう)

0712

効

5학년 | N2 | 664위

다른 이들과의 사귐(交)은 내 힘(力)이 필요할 때에 비로소 효과가 나타나니

나타날 효 · 효과 효

8획 効 効 効 効 効 効 効 効

음독	こう	1순위	効能 효능 (こうのう) 効果 효과 (こうか) 無効 무효 (むこう)
훈독	[き]く		効(き)く 듣다, 효과가 있다 → 効(き)き目(め) 효과, 효능

0713

散

4학년 | N2 | 750위

풀(艹)이 자란 땅(一)에 적의 몸(月)을 눕히고 강하게 때리면(夂) 피와 살이 흩어져 비산하니

艹: 풀 초

흩어질 산 · 비산할 산

12획 散散散散散散散散散散散散

음독	さん	1순위	散漫 산만 (さんまん) 発散 발산 (はっさん) 解散 해산 (かいさん)
훈독	[ち]らす		散(ち)らす 흩뜨리다, 퍼뜨리다
	[ち]らかす		散(ち)らかす 흩뜨리다, 어지르다
	[ち]らかる		散(ち)らかる 흩어지다, 어지러지다
	[ち]る		散(ち)る ⓐ 꽃잎이 지다, 떨어지다 ⓑ 흩어지다, 퍼지다

0714

敗

4학년 | N2 | 793위

돈(貝)을 배상하는 것은 맞고(夂) 패배한 쪽이니

貝: 조개 패 · 돈 패

패배할 패

11획 敗敗敗敗敗敗敗敗敗敗敗

음독	はい	1순위	敗北 패배 (はいぼく) 勝敗 승패 (しょうはい) 失敗 실패 (しっぱい)
훈독	[やぶ]れる		敗(やぶ)れる 지다, 패배하다

0715

枚

6학년 | N2 | 979위

나무(木)를 칼로 쳐내어(夂) 얇은 판을 한 장 한 장 만드니

낱장 매

8획 枚枚枚枚枚枚枚枚

음독	まい	1순위	枚数 매수 (まいすう) 二枚 2매 (にまい) *二枚目 이매목미남 (にまいめ)

[잠깐만요]
· 「二枚目」는 원래 가부키에서 미남 역할의 배우가 배우 일람표에서 두 번째 이름에 쓰여 있던 데서 유래한 표현입니다.

0716

평원에서 소(牛)를 작대기로 치며(攵) 다스려 방목하는 모습에서　　　　　牛 : 소 우

다스릴 목 · 방목할 목

8획　牧 牧 牧 牧 牧 牧 牧 牧

음독	ぼく	1순위	牧場 목장 (ぼくじょう)　　　　牧師 목사 (ぼくし) 遊牧 유목 (ゆうぼく)
훈독	まき		牧場(まきば) 목장

4학년 | N1 | 1381위

| 잠깐만요 |
• 「牧師(목사)」는 신의 뜻을 설파하여 사람들을 종교적으로 다스리는 사람이죠?

0717

사람(亻)이 바로 서도록(丨) 스스로를 채찍질하며(攵) 흰 수염(彡)이 날 때까지 심신을
수행하며 고쳐 나가니　　　　　彡 : 터럭 삼

① 닦을 수 · 수행할 수　② 고칠 수 · 수정할 수

10획　修 修 修 修 修 修 修 修 修

음독	しゅう	1순위	② 修理 수리 (しゅうり)　　② 修正 수정 (しゅうせい) ① 研修 연수 (けんしゅう)
	しゅ	3순위	① 修行 수행 (しゅぎょう)　　① 修羅 수라 (しゅら)
훈독	[おさ]まる		修(おさ)まる (품행이) 바르게 되다
	[おさ]める		修(おさ)める (학문을) 닦다

5학년 | N1 | 680위

| 잠깐만요 |
• 「修羅(수라)」는 인도의 귀신 「あしゅら」의 준말이에요.

추가자 9

쌀(米)알 같은 주판알을 아내(女)가 튕기며(攵) 생활비를 셈하는 모습이니
米 : 쌀 미　攵 : 때릴 복

숫자 수 · 셈할 수

13획　数 数 数 数 数 数 米 数 数 数 数 数 数

음독	すう	1순위	数 수 (すう)　　　　　数学 수학 (すうがく) 数字 숫자 (すうじ)　　　*手数 수수 수고, 귀찮음 (てすう) *奇数 기수 홀수 (きすう)　　*偶数 우수 짝수 (ぐうすう)
훈독	かず		数(かず) 수　　　　　数々(かずかず) 여러가지, 갖가지
	[かぞ]える		数(かぞ)える 세다, 계산하다 → 数(かぞ)え年(どし) 한국식 나이

2학년 | N2 | 139위

| 잠깐만요 |
• '전통적인 다실 혹은 그런 풍취의 양식'을 「数寄屋(すきや)」라고 하는데, 예외적으로 数가 「す」로 읽히는 단어이니 참고만 해주세요.
• 「数」 자체가 단어로 사용될 때, 사람의 수나 물건의 수 등 '개수로서의 숫자'일 때는 「かず」로, '수학적 개념인 숫자'나, '계산 · 운수'의 의미인 경우일 때는 「すう」로 읽는 경향이 있습니다.
　예 数(かず)が足(た)りない : 개수가 부족하다
　　　数(すう)にあかるい : 계산 · 셈에 밝다 (계산하는 방법을 잘 안다)

(정답은 508쪽에)

1 빈칸에 들어갈 한자로 적절한 것을 고르시오.

1. ____悪 (흉악)   ⓐ 区   ⓑ 凶   ⓒ 図

2. 首____ (수뇌)   ⓐ 胸   ⓑ 脳   ⓒ 図

3. ____唱 (제창)   ⓐ 斉   ⓑ 済   ⓒ 対

4. 指____ (지문)   ⓐ 交   ⓑ 文   ⓒ 紋

5. ____差 (교차)   ⓐ 交   ⓑ 校   ⓒ 効

6. 決____ (결제)   ⓐ 対   ⓑ 斉   ⓒ 済

7. ____北 (패배)   ⓐ 散   ⓑ 敗   ⓒ 枚

8. 研____ (연수)   ⓐ 修   ⓑ 牧   ⓒ 紋

2 다음 한자의 뜻을 (   )에 적고 일본 음독을 a, b, c 중에 하나 고르시오.

1. 文書 (   )   ⓐ もんしょ   ⓑ ぶんしょ   ⓒ ふんしょ

2. 意図 (   )   ⓐ いと   ⓑ いど   ⓒ いとう

3. 波紋 (   )   ⓐ はもん   ⓑ ぱもん   ⓒ ぱむん

4. 図面 (   )   ⓐ とめん   ⓑ どめん   ⓒ ずめん

5. 返済 (   )   ⓐ へんさい   ⓑ べんさい   ⓒ べんざい

6. 胸筋 (   )   ⓐ きゅうきん   ⓑ きょうこん   ⓒ きょうきん

7. 勝敗 (   )   ⓐ すうはい   ⓑ しょうはい   ⓒ しょうへい

8. 遊牧 (   )   ⓐ ゆもく   ⓑ ゆうほく   ⓒ ゆうぼく

32 干·矛·斤의 파생 [26자]

162 干: 방패 간 · 마를 간 ▶ 刊岸南

0718

刊

5학년 | N2 | 729위

먹물로 쓴 글씨를 잘 말리고(干) 종이를 칼(刂)로 반듯이 잘라 **책을 펴내니**　刂: 칼 도

책 펴낼 간

5획　刊 刊 刊 刊 刊

음독	かん	1순위	刊行 간행 (かんこう)	夕刊 석간 (ゆうかん)
			月刊 월간 (げっかん)	

0719

岸

3학년 | N2 | 2505위

산(山) 아래 절벽에 난 굴바위(厂)와 마른(干) 흙이 펼쳐진 강가/해안가를 의미하니　厂: 굴바위 엄

① 물가 안　② 절벽 안

8획　岸 岸 岸 岸 岸 岸 岸 岸

음독	がん	1순위	② 岸壁 안벽 (がんぺき)	① 海岸 해안 (かいがん)
			① 沿岸 연안 (えんがん)	
훈독	きし		岸(きし) ⓐ 물가 ⓑ 절벽	岸辺(きしべ) 물가

| 잠깐만요 |
- 절벽과 동굴이 있는 강가나 물가의 모습을 떠올리면 쉬워요.
- 「岸壁(안벽)」이란 벽처럼 깎아지른 절벽이나 항구 연안을 따라 배를 대기 쉽게 만든 수직의 벽을 의미해요.

0720

南

2학년 | N4 | 378위

많은(十) 이들이 오가는 양쪽(丷)으로 열리는 방패(干) 모양의 성문(冂)을 가진 남문을 본떠　冂: 단단한 모양 경

남쪽 남

9획　南 南 南 南 南 南 南 南 南

음독	なん	1순위	南北 남북 (なんぼく)	南米 남미 (なんべい)
			南国 남국 (なんこく)	
훈독	みなみ		南(みなみ) 남쪽	南風(みなみかぜ/なんぷう) 남풍

| 잠깐만요 |
- 성은 대체로 남쪽에 있는 문이 지방에서 서울로 올라가는 이들이 몰리기 때문에 중요했어요.

0721

平

3학년 | N2 | 120위

마른(干) 쌀알(丷)조차 한쪽으로 기울지 않는 평평한 저울이니

평평할 평 · 기울지 않을 평

5획 平 平 平 平 平

음독	へい [1순위]	平面 평면 (へいめん)　　　 平和 평화 (へいわ) 公平 공평 (こうへい)
	びょう [4순위]	平等 평등 (びょうどう)
훈독	ひら	平(ひら) 보통의, 평평한　　 平社員(ひらしゃいん) 평사원
	たいら	平(たいら) 평평함, 평탄함

| 잠깐만요 |
• 「平等(평등)」의 「平」은 「びょう」라고 읽습니다.

0722

評

5학년 | N1 | 587위

말(言)로 공평하게(平) 평가하니

평가할 평

12획 評 評 評 評 評 評 評 評 評 評 評 評

| 음독 | ひょう [1순위] | 評価 평가 (ひょうか)　　　 好評 호평 (こうひょう)
批評 비평 (ひひょう) |

0723 ◑ 제부수

乎

급수 외 | 2866위

밋밋한(平) 느낌을 조금 힘 있게 틀어 만든 어조사이니

어조사 호 · 힘 더할 호

5획 乎 乎 乎 乎 乎

| 음독 | こ [1순위] | 断乎 단호 (だんこ) |
| 훈독 | | か、かな、や、を의 한자 표기 |

| 잠깐만요 |
• 「平」이라는 글자를 힘 있게 틀어 쓴 거라고 생각하면 편해요.
• 앞 글자의 느낌을 강조하는 방식으로 쓰입니다.
• 보통 옛 서적에서 조사의 일부를 한자로 표기할 때 쓰였어요.

0724

6학년 | N2 | 315위

입(口)으로 힘을 더해(乎) 숨소리를 뱉으며 이름을 부르니

뱉을 호·부를 호

8획 呼 呼 呼 呼 呼 呼 呼 呼

음독	こ	1순위	呼応 호응 (こおう)　　呼吸 호흡 (こきゅう) 歓呼 환호 (かんこ)
훈독	[よ]ぶ		呼(よ)ぶ 부르다 → 呼(よ)びかけ 불러 세움 　呼(よ)び名(な) 보통 불리는 이름, 통칭

---

164 矛: 창 모 ▶ 務予預野勇序

0725

5학년 | N2 | 243위

창(矛)으로 치듯(攵) 힘써(力) 업무에 임하니　　　　　攵: 칠 복

힘써 임할 무

11획 務 務 務 務 務 務 務 務 務 務 務

음독	む	1순위	勤務 근무 (きんむ)　　事務 사무 (じむ) 公務 공무 (こうむ)
훈독	[つと]まる		務(つと)まる (맡은 임무를) 잘 수행해 내다
	[つと]める		務(つと)める 임무를 맡다

0726

3학년 | N2 | 398위

술(丿)을 달기 전에 미리 준비해 둔 창(矛)의 모습에서

미리 예

4획 予 予 予 予

음독	よ	1순위	予約 예약 (よやく)　　予習 예습 (よしゅう) 予定 예정 (よてい)

| 잠깐만요 |
- 여벌용으로 만들어서 아직 술이나 깃을 달지 않은 창들의 모습이에요.
- 「預(맡겨 보관할 예)」와 교체해서 사용됩니다.

0727

預

6학년 | N2 | 1278위

미리(予) 머리(頁)를 써서 안전한 곳에 맡겨 보관하니 　　　　　頁: 머리 혈

맡겨 보관할 예

13획 預預預預預預預預預預預預預

음독	よ	1순위	預金 예금 (よきん)　　　　　預託 예탁 (よたく) 預言 예언 (よげん)
훈독	[あず]かる		預(あず)かる 맡다 → 預(あず)り金(きん) 맡은 돈, 꾼 돈
	[あず]ける		預(あず)ける 맡기다

| 잠깐만요 |
• 「預言(예언)」은 「予言(よげん)」처럼 '미리'의 의미일 때는 「予(미리 예)」와 교체해서 사용되기도 합니다. 하지만 이는 부차원적인 사용입니다.

0728

野

2학년 | N3 | 117위

마을(里)에서 미리(予) 이것저것 챙겨서 나가야 하는 넓고 거친 들판이니 　　　里: 마을 리

들 야

11획 野野野野野野野野野野野

음독	や	1순위	野外 야외 (やがい)　　　　　野生 야생 (やせい) 分野 분야 (ぶんや)
훈독	の		野(の) 들, 논밭, 야생　　　　野原(のはら) 들, 들판 野良(のら) 야생　　　　　　野良猫(のらねこ) 들고양이

0729

勇

4학년 | N2 | 1089위

무기의 머리날(ㄱ)을 머리 위로 치켜든 남자(男)의 용맹한 모습이니 　　　ㄱ: 머리날 마

용감할 용

9획 勇勇勇勇勇勇勇勇勇

음독	ゆう	1순위	勇敢 용감 (ゆうかん)　　　　勇気 용기 (ゆうき) 勇者 용자 (ゆうしゃ)
훈독	[いさ]む		勇(いさ)む 용기가 용솟음치다, 기운이 솟다

0730

序

5학년 | N1 | 1475위

집(广)안일도 미리(予) 순서를 정해 시작해야 하니 　　　广: 집 엄

① 시작 서　② 순서 서

7획 序序序序序序序

음독	じょ	1순위	序論 서론 (じょろん)　　　　序列 서열 (じょれつ) 順序 순서 (じゅんじょ)

0731

近

2학년 | N3 | 127위

휘두른 도끼날(斤)이 가닿을(辶) 만큼 가까우니   辶: 쉬어 갈 착

가까울 근

7획 近 近 近 近 近 近 近

음독	きん 1순위	*近所 근소근처 (きんじょ) 最近 최근 (さいきん) 接近 접근 (せっきん)
훈독	[ちか]い	近(ちか)い 가깝다 → 近頃(ちかごろ) 최근 近道(ちかみち) 지름길

0732

折

4학년 | N2 | 823위

손(扌)에 든 도끼(斤)로 봉을 내리찍으면 반으로 꺾여 부러지니   扌: 손 수

① 꺾일 절 ② 절반 절

7획 折 折 折 折 折 折 折

음독	せつ 1순위	② 折半 절반 (せっぱん) ② 折衷 절충 (せっちゅう) ① 骨折 골절 (こっせつ)
훈독	[お]る	折(お)る 접다, 굽히다 → 折(お)り合(あ)い 타협, 매듭
	[お]れる	折(お)れる ⓐ 접히다, 꺾이다 ⓑ (뼈가) 부러지다
	[おり]	折(おり) ⓐ 그 시기, 그때 ⓑ 기회, 틈 관 折(おり)が折(おり)だけに 때가 때이니만큼

| 잠깐만요 |
• 「折衷(절충)」은 두 개를 반반씩 뽑아서 조화롭게 만든 것으로, 흔히 한국에서 '퓨전'이라고 표현하는 의미로 씁니다. 예를 들면 「和洋折衷(わようせっちゅう)」라고 한다면 일본의 것(和)과 서양의 것(洋)을 퓨전한 것을 말해요.

0733

斷

5학년 | N2 | 350위

감춰둔(乚) 쌀(米)을 도끼(斤)로 끊어 내듯 결단하니   乚: 감출 은   斤: 도끼 근

끊을 단 · 결단할 단

11획 斷 斷 斷 米 米 米 斷 斷 斷 斷 斷

음독	だん 1순위	斷絕 단절 (だんぜつ) 斷定 단정 (だんてい) 決斷 결단 (けつだん)
훈독	[た]つ	斷(た)つ 끊다
	[ことわ]る	斷(ことわ)る 거절하다 → 斷(ことわ)り ⓐ 사절, 거절 ⓑ 사죄, 사과 ⓒ 예고, 미리 얻는 양해

0734

兵

4학년 | N2 | 171위

도끼(斤)를 하나씩(一) 들고 나뉘어(八) 경계를 서고 있는 병사를 나타내니

八 : 여덟 팔 · 나눌 팔

병사 병

7획 兵 兵 兵 兵 兵 兵 兵

음독	へい	1순위	兵士 병사 (へいし)	*兵隊 병대군대 (へいたい)
			兵器 병기 (へいき)	
	ひょう	3순위	兵法 병법 (ひょうほう)	*兵糧 병량군량 (ひょうろう)

| 잠깐만요 |
• 「兵(へい)」는 접미어로 자주 쓰이는 편입니다. **예** 一等兵(いっとうへい) : 일등병
• '언덕 구(丘)'와 통합해 외우고 싶으면 '성이 있는 언덕(丘) 아래 문을 나누어(八) 서서 지키는 병사'를 생각하세요.
• 「丘(언덕 구)」와의 구분에 주의하세요.

0735

貿

5학년 | N2 | 1317위

도끼(斤→厶)와 칼(刀)로 무장한 이를 데리고 돈(貝)을 벌러 다니는 무역이니

厶 : 도끼 근(斤)의 변형

무역할 무

12획 貿 貿 貿 貿 貿 貿 貿 貿 貿 貿 貿 貿

| 음독 | ぼう | 4순위 | 貿易 무역 (ぼうえき) |

| 잠깐만요 |
• 사실상 '무역' 외에는 쓰이지 않는 한자입니다.

0736

留

5학년 | N2 | 768위

도끼(斤→厶)와 칼(刀)로 무장한 이들은 너른 들판(田)과 같은 전장에 항시 머무르니

머무를 류

10획 留 留 留 留 留 留 留 留 留 留

음독	りゅう	1순위	留学 유학 (りゅうがく)	保留 보류 (ほりゅう)
			*停留所 정류소정류장 (ていりゅうじょ)	
	る	4순위	留守(るす) ⓐ 부재중 ⓑ 부재중에 집을 지킴	
훈독	[と]まる		留(と)まる ⓐ 머물다 ⓑ 고정되다	
	[と]める		留(と)める ⓐ 만류하다 ⓑ 고정시키다	

| 잠깐만요 |
• 「る」로 읽히는 단어는 「留守」뿐이니 예외 어휘로 외워 두세요.

0737 ● 부수자

책상(几) 다리 같은 몽둥이를 손(又)에 들고 내려치니

几: 책상 궤   又: 오른손 우

몽둥이 수 · 내리칠 수

4획 殳 殳 殳 殳

사용 예   投(던질 투)   役(부릴 역)   股(허벅지 고)

0738

投

3학년 | N2 | 438위

손(扌)으로 몽둥이(殳)를 던지는 모습에서

扌: 손 수

던질 투

7획 投 投 投 投 投 投 投

음독	とう	1순위	投手 투수 (とうしゅ)	投票 투표 (とうひょう)
			投資 투자 (とうし)	
훈독	[な]げる		投(な)げる 던지다	

0739

段

6학년 | N2 | 469위

언덕(阝)의 측면(')을 차례차례 몽둥이로 쳐내며(殳) 만든 계단이니

차례 단 · 계단 단

9획 段 段 段 段 段 段 段 段 段

| 음독 | だん | 1순위 | 段階 단계 (だんかい) | *値段 치단값, 가격 (ねだん) |
| | | | 手段 수단 (しゅだん) | |

0740

役

3학년 | N2 | 322위

걸으면서(彳) 몽둥이를 내려쳐(殳) 일을 부려 먹으니

彳: 조금 걸을 척

부릴 역

7획 役 役 役 役 役 役 役

음독	やく	1순위	役割 역할 (やくわり)	重役 중역 (じゅうやく)
			*市役所 시역소,시청 (しやくしょ)	
	えき	2순위	現役 현역 (げんえき)	懲役 징역 (ちょうえき)
			兵役 병역 (へいえき)	

0741

5학년 | N2 | 340위

미리 말한(言) 대로 몽둥이(殳) 같은 기둥을 세우는 모습에서

세울 설 · 설치할 설

11획 設 設 設 設 設 設 設 設 設 設 設

음독	せつ	1순위	設備 설비 (せつび) 施設 시설 (しせつ)	建設 건설 (けんせつ)
훈독	[もう]ける		設(もう)ける ⓐ (기회나 장을) 마련하다, 베풀다 ⓑ 만들다, 설치하다	

0742

5학년 | N2 | 257위

빠르게 칼로 베고(乂) 나무(木)로 쳐서(殳) 확실히 죽여 없애니   乂: 벨 예

① 죽일 살   ② 줄어들 쇄 · 빠를 쇄

10획 殺 殺 殺 殺 殺 殺 殺 殺 殺 殺

음독	さつ	1순위	① 殺人 살인 (さつじん) ② 殺到 쇄도 (さっとう)	① 自殺 자살 (じさつ)
	さい	4순위	② 相殺 상쇄 (そうさい)	② 減殺 감쇄 (げんさい)
훈독	[ころ]す		殺(ころ)す 죽이다 → 殺(ころ)し屋(や) 살인 청부업자 　人殺(ひとごろ)し 살인자	

| 잠깐만요 |
· 「殺到(쇄도)」는 예외적으로 '온다(到)'를 강조하는 의미로 쓰였습니다. 이런 표현은 그 수가 굉장히 적으니 '쇄도' 정도만 알아 두세요.
· '쇄도' 외에 '살'로 쓰이는 경우는 대부분 「さつ」로 읽으며, '쇄'는 「さい」로 읽힙니다. 「さい」로 읽히는 단어 또한 그 수는 극소수입니다.

0743

穀

6학년 | N1 | 2186위

선비(士)의 지혜로 쌀겨가 겉을 덮은(冖) 벼(禾)를 도리깨로 때려(殳) 탈곡하는 곡물이니   士: 선비 사 · 군사 사   冖: 덮을 멱   禾: 벼 화

곡식 곡

14획 穀 穀 穀 穀 穀 穀 穀 穀 穀 穀 穀 穀 穀 穀

음독	こく	1순위	穀物 곡물 (こくもつ) 雑穀 잡곡 (ざっこく)	穀倉 곡창 (こくそう)

| 잠깐만요 |
· 벼의 쌀겨를 때려서 편하게 탈곡하는 도리깨라는 도구는 지혜를 짜내서 만든 것이죠?

(정답은 508쪽에)

1 빈칸에 들어갈 한자로 적절한 것을 고르시오.

1. ___行 (간행)　　ⓐ 干　　ⓑ 幹　　ⓒ 刊

2. 公___ (공평)　　ⓐ 平　　ⓑ 評　　ⓒ 坪

3. ___外 (야외)　　ⓐ 預　　ⓑ 野　　ⓒ 務

4. 断___ (단호)　　ⓐ 平　　ⓑ 乎　　ⓒ 呼

5. ___半 (절반)　　ⓐ 近　　ⓑ 断　　ⓒ 折

6. 順___ (순서)　　ⓐ 序　　ⓑ 留　　ⓒ 貿

7. ___階 (단계)　　ⓐ 段　　ⓑ 投　　ⓒ 役

8. 雑___ (잡곡)　　ⓐ 殻　　ⓑ 殺　　ⓒ 穀

2 다음 한자의 뜻을 (　　)에 적고 일본 음독을 a, b, c 중에 하나 고르시오.

1. 投手 (　　　)　　ⓐ としゅ　　ⓑ とうしゅ　　ⓒ つうしゅ

2. 相殺 (　　　)　　ⓐ そうさい　　ⓑ さんさい　　ⓒ そうさつ

3. 留学 (　　　)　　ⓐ ゆうがく　　ⓑ りゅがく　　ⓒ りゅうがく

4. 勤務 (　　　)　　ⓐ きんむ　　ⓑ きんも　　ⓒ きんぼ

5. 貿易 (　　　)　　ⓐ むえき　　ⓑ もうえき　　ⓒ ぼうえき

6. 勇敢 (　　　)　　ⓐ よんかん　　ⓑ ようかん　　ⓒ ゆうかん

7. 沿岸 (　　　)　　ⓐ えんあん　　ⓑ えんがん　　ⓒ よんがん

8. 設備 (　　　)　　ⓐ せつび　　ⓑ ぜつび　　ⓒ せつひ

다섯째마디

●

생활II [163자]

33 宀의 파생 [31자]

167 [宀]: 지붕 면·집 면 ▶ 家毛宅

0744

家

2학년 | N3 | 28위

지붕(宀) 밑에서 돼지(豕)처럼 살찌우며 자라는 아이가 있는 집/가정이니　家: 돼지 시

① 집 가·가정 가　② 전문가 가

10획 家家家家家家家家家家

음독	か	1순위	① 家族 가족 (かぞく)	① 家庭 가정 (かてい)
			② 専門家 전문가 (せんもんか)	
	け	2순위	① 本家 본가 (ほんけ)	① 宗家 종가 (そうけ)
			① 両家 양가 (りょうけ)	
훈독	いえ		家(いえ) 집	家出(いえで) 가출
	や		家賃(やちん) 집세	家主(やぬし) 집주인
			貸家(かしや) 셋집	大家(おおや) 셋집 주인

| 잠깐만요 |
• 가문·혈통을 뜻하는 '~가'의 경우는 「け」로 발음하는 것이 일반적입니다.

| 잠깐만요 |
• 「や」로 읽는 경우는 단독으로는 사용되지 않고 접두/접미어적으로 쓰입니다.
• 「~家」는 '건물·방'의 개념이고, 「~屋」는 '~가게'의 개념입니다.

0745 ● 부수자

毛

머리(丿)를 일곱(七) 번 숙여 의지하고 부탁하니

의탁할 탁

3획 毛毛毛

0746

宅

6학년 | N2 | 642위

지붕(宀) 아래 숙식을 의탁해(毛) 사는 건물인 집이니

집 택·댁 택

6획 宅宅宅宅宅宅

| 음독 | たく | 1순위 | 住宅 주택 (じゅうたく) | *帰宅 귀택귀가 (きたく) |
| | | | 家宅 가택 (かたく) | *お宅(たく) 그쪽, 당신, 댁 |

| 잠깐만요 |
• 「お宅」란 단어는 한국어에서도 쓰는 '댁' '댁네'를 말합니다. 마니아층을 일컫는 '오타쿠'라는 단어는 잡지사에서 취재를 나갔을 때 마니아들이 모인 모임에서 서로를 「お宅」라고 높여 부르는 모습에서 착안된 것이랍니다.

314

0747

呂

중학 | N1 | 1207위

	한 층 한 층 나누어진 등뼈(呂)의 모습이니
	등뼈 려
	7획 呂 呂 呂 呂 呂 呂 呂
음독 **ろ** 〔4순위〕	*風呂 풍려욕조/목욕 (ふろ)

| 잠깐만요 |
• 「風呂」 외에는 단어로는 잘 쓰이지 않아요. 또 '성씨 려'로도 사용돼요.

0748

宮

3학년 | N1 | 386위

지붕(宀) 달린 크고 많은 건물들이 등뼈(呂)마냥 복잡하게 연결된 큰 궁궐이니

궁궐 궁

10획 宮 宮 宮 宮 宮 宮 宮 宮 宮 宮

음독	**きゅう** 〔1순위〕	宮殿 궁전 (きゅうでん) 迷宮 미궁 (めいきゅう) 子宮 자궁 (しきゅう)
	ぐう 〔2순위〕	竜宮 용궁 (りゅうぐう) 神宮 신궁 (じんぐう) 行宮 행궁 (あんぐう)
	く 〔4순위〕	宮内庁 궁내청 (くないちょう)
훈독	**みや**	宮(みや) 신사, 왕족(집안)

| 잠깐만요 |
• 「宮内庁(궁내청)」은 '일본 왕실에 관한 사무를 맡아 보는 관청'이에요.

0749

営

5학년 | N2 | 368위

왕이 불(ツ) 같은 고민을 덮은(冖) 채 등뼈(呂)가 휘도록 다스리며 경영하는 모습이니

ツ : 불 화 冖 : 덮을 멱

다스릴 영 · 경영 영

12획 営 営 営 営 営 営 営 営 営 営 営 営

음독	**えい** 〔1순위〕	営業 영업 (えいぎょう) 経営 경영 (けいえい) 運営 운영 (うんえい)
훈독	**[いとな]む**	営(いとな)む 경영하다, 영위하다 → 営(いとな)み 일, 노동, 행위

| 잠깐만요 |
• 왕이 궁궐에서 하는 일은 수많은 번뇌와 고민을 하며 국가를 다스리고 경영하는 거죠?

0750

官

4학년 | N2 | 304위

언덕(𦣇) 위 높은 곳에 위치한 집(宀)인 관청과 거기서 일하는 벼슬아치를 의미하니

宀: 집 면·지붕 면 𦣇: 언덕 부(阜)의 변형

벼슬 관·관청 관

8획 官 官 官 官 官 官 官 官

| 음독 | かん | 1순위 | 官庁 관청 (かんちょう) | *警官 경관경찰관 (けいかん) |
| | | | 長官 장관 (ちょうかん) | |

| 잠깐만요 |
• 「宮(궁궐 궁)」과의 구분에 주의하세요.

0751

館

3학년 | N3 | 503위

머무르며 식사(食)까지 할 수 있어 관리(官)들이 단체로 애용하는 큰 건물이니

食: 먹을 식(食)의 부수화

건물 관

16획 館 館 館 館 館 館 館 館 館 館 館 館 館 館 館 館

| 음독 | かん | 1순위 | 旅館 여관 (りょかん) | 映画館 영화관 (えいがかん) |
| | | | 会館 회관 (かいかん) | |

| 잠깐만요 |
• 「会館(회관)」은 특수한 목적을 가지고 지어진 많은 인원을 수용할 수 있는 건물을 의미합니다.

0752

管

4학년 | N2 | 654위

속이 빈 대나무(⺮) 대롱 속에 관리(官)가 각종 문서를 넣어 보관하고 관리했으니

⺮: 대나무 죽

① 대롱 관 ② 다스릴 관·관리할 관

14획 管 管 管 管 管 管 管 管 管 管 管 管 管 管

음독	かん	1순위	② 管理 관리 (かんり)	① 水道管 수도관 (すいどうかん)
			② 保管 보관 (ほかん)	① 血管 혈관 (けっかん)
훈독	くだ		管(くだ) 관, 대롱	

| 잠깐만요 |
• '대롱'이라는 의미만 기억하고 넘어가기 쉬운 한자이니 ②의 '관리하다'는 의미도 확실히 기억해 두
세요. 대나무(⺮)에 의미의 포인트가 맞춰지면 '대롱'이라는 의미가 되고, 관리(官)에 포인트가 맞춰
지면 '다스리다, 관리하다'는 의미입니다.

0753

3학년 | N2 | 409위

언덕(自)으로 도망가는 사냥감 뒤를 쫓아가는(辶) 모습이니   辶: 쉬어 갈 착

① 쫓을 추 ② 추가할 추

9획 追 追 追 追 追 追 追 追 追

음독	つい [1순위]	① 追跡 추적 (ついせき)	① 追究 추구 (ついきゅう)
		② 追加 추가 (ついか)	② 追試 추시추가시험 (ついし)
훈독	[お]う	追(お)う 쫓다	
		追(お)い払(はら)う (귀찮거나 방해되는 것을) 쫓아 버리다	

---

170 至: 이를 지 ▶ 至室屋宿縮

0754

6학년 | N1 | 1049위

사적(厶)인 바람이 지상(土)에서 하늘(一)까지 이를 만큼 지극하니   厶: 나 사·사사로울 사   土: 흙 토

① 이를 지 ② 매우 지

6획 至 至 至 至 至 至

음독	し [1순위]	② 至極 지극 (しごく)	② *至急 지급매우 급함 (しきゅう)
		② 至近 지근 (しきん)	
훈독	[いた]る	至(いた)る 이르다	
		→ 至(いた)るどころ 도처에, 가는 곳마다	

0755

2학년 | N3 | 360위

지붕(宀)을 보고 마지막에 이르는(至) 곳은 집/방이니   宀: 집 면

집 실 · 방 실

9획 室 室 室 室 室 室 室 室 室

음독	しつ [1순위]	室内 실내 (しつない)	客室 객실 (きゃくしつ)
		教室 교실 (きょうしつ)	
훈독	むろ	室(むろ) 온도 유지를 위한 구조물	
		氷室(ひむろ) 빙실, 빙고	石室(いしむろ) 석실, 돌방

큰집 옥 · 건물 옥

3학년 | N3 | 89위

시체(尸)처럼 지치고 다친 이가 이르러(至) 쉴 수 있는 곳은 병원 같은 건물이니
尸 : 지친 몸 시

9획 屋屋屋屋屋屋屋屋屋

음독	おく　1순위	屋上 옥상 (おくじょう)　　家屋 가옥 (かおく) 社屋 사옥 (しゃおく)
훈독	〜や	〜屋(や) ⓐ 전문가 ⓑ 건물, 가게 → 殺(ころ)し屋(や) 살인 청부업자 魚屋(さかなや) 생선 가게　　部屋(へや) 방

① 머물 숙 · 묵을 숙　② 오래될 숙

3학년 | N2 | 634위

집(宀)에 사람(亻)이 백(百) 일 넘게 오래 지내면 머무르는 것이니　宀 : 집 면 · 지붕 면

11획 宿宿宿宿宿宿宿宿宿宿宿

음독	しゅく　1순위	① 宿泊 숙박 (しゅくはく)　　② 宿題 숙제 (しゅくだい) ② 宿敵 숙적 (しゅくてき)
훈독	やど	宿(やど) 숙소, 사는 집 宿屋(やどや) 여인숙, 여관, 숙박소
	[やど]す	宿(やど)す 머금다, 잉태하다
	[やど]る	宿(やど)る 머물다, 맺히다, 임신하다

줄어들 축

6학년 | N1 | 1169위

실(糸)을 오랫동안(宿) 묵혀 두면 탄성이 죽어 줄어드니

17획 縮縮縮縮縮縮縮縮縮縮縮縮縮縮縮縮縮

음독	しゅく　1순위	縮小 축소 (しゅくしょう)　　伸縮 신축 (しんしゅく) 圧縮 압축 (あっしゅく)
훈독	[ちぢ]む	縮(ちぢ)む 줄어들다, 주름이 지다
	[ちぢ]まる	縮(ちぢ)まる ⓐ 오그라들다 ⓑ (시간 · 거리 등이) 짧아지다
	[ちぢ]める	縮(ちぢ)める 줄이다, 단축하다
	[ちぢ]らす	縮(ちぢ)らす 오그라들게 하다, 곱슬거리게 하다
	[ちぢ]れる	縮(ちぢ)れる 주름이 져서 오그라지다, 주름이 지다, 곱슬해지다

0759

元

2학년 | N3 | 223위

아담과 이브(환웅과 웅녀) 두(二) 사람은 모든 사람(儿)의 근원이니

儿: 사람 인

원래 원 · 근원 원

4획 元 元 元 元

음독	げん	1순위	元気 원기 (げんき) 根元 근원 (こんげん)	元素 원소 (げんそ)
	がん	2순위	元祖 원조 (がんそ) 元来 원래 (がんらい)	元旦 원단(설날) (がんたん)
훈독	もと		元(もと) 처음, 원래, 기원 元金(もときん) 원금 身元(みもと) 신원 地元(じもと) 그 고장, 그 지방	

| 잠깐만요 |
• 「もと」는 한자 표기에 따라 뉘앙스가 조금씩 달라집니다. 근본 의미는 같기 때문에 무작정 외우는 것보다는 이해가 필요해요.
→ 元원(もと) 근원, 기원 | 本본(もと) 뿌리, 근본
基기(もと) 기초, 토대 | 素소(もと) 소재, 원료 | 下하(もと) 아래, 곁, 슬하

0760

完

4학년 | N2 | 736위

든든한 지붕(宀)이 완성되어야 비로소 삶의 근원(元)이 완전해지니

완전할 완 · 완성 완

7획 完 完 完 完 完 完 完

음독	かん	1순위	完全 완전 (かんぜん) 完成 완성 (かんせい)	完了 완료 (かんりょう)

0761

院

3학년 | N3 | 324위

언덕(阝) 위의 큰 건물에 들어선 조직을 완전(完)하게 갖춘 기관이니

阝: (왼편) 언덕 부 · (오른편) 고을 읍

큰 건물 원 · 기관 원

10획 院 院 院 院 院 院 院 院 院 院

음독	いん	1순위	院 원 (いん) 病院 병원 (びょういん)	大学院 대학원 (だいがくいん) 衆議院 중의원 (しゅうぎいん)

| 잠깐만요 |
• 「院(いん)」 단독 사용 시에는 해당 기관을 지칭합니다.
• '의원'의 한자에 주의하세요. 「議員(ぎいん)」이라고 하면 '정치인'을 의미하고, '참의원(参議院)' '중의원(衆議院)'은 '기관 · 기구'를 의미합니다.

0762

穴

6학년 | N1 | 1113위

| 잠깐만요 |
움막의 입구는 어두컴컴한
구멍이죠?

천장(宀) 같은 절벽이 쪼개져(八) 생긴 동굴의 입구/**구멍**이니

八: 나눌 팔·여덟 팔(여기서는 입구 모양)

구멍 혈 · 동굴 혈

5획 穴 穴 穴 穴 穴

음독	けつ	3순위	穴 혈 (けつ)　　　　　　　経穴 경혈 (けいけつ) *墓穴 묘혈무덤 (ぼけつ)
훈독	あな		穴(あな) 구멍, 구멍류, 굴 穴場(あなば) 잘 알려지지 않은 좋은 곳 毛穴(けあな) 모공　　　　節穴(ふしあな) 옹이 구멍

0763

空

1학년 | N4 | 253위

속에 구멍(穴)이 나게 만든(工) 텅 빈 공간이니　　　工: 만들 공 · 장인 공

텅 빌 공

8획 空 空 空 空 空 空 空 空

음독	くう	1순위	空気 공기 (くうき)　　　　空間 공간 (くうかん) 空白 공백 (くうはく)
훈독	から		空(から) ⓐ 빔 ⓑ 헛동작 空回(からまわ)り 헛돎, 겉돎 空振(からぶ)り ⓐ 헛침 ⓑ 헛수고
	そら		空(そら) ⓐ 허공, 하늘 ⓑ 거짓 空似(そらに) 남남인데 얼굴이 닮음 空事(そらごと) 거짓　　　空寝(そらね) 자는 체함
	[あ]く		空(あ)く 비다 → 空(あ)き巣(す) 빈집, 빈 둥지
	[あ]ける		空(あ)ける ⓐ (속을) 비우다 ⓑ (시간·구멍을) 내다
	[す]く		空(す)く ⓐ 틈이 나다, 짬이 나다 ⓑ 속이 비다

0764

窓

6학년 | N2 | 894위

| 잠깐만요 |
대체로 훈독으로 사용됩니다.

벽에 난 구멍(穴)으로 밖을 보며 사적(厶)인 마음(心)을 다스리는 창문이니

厶: 사사로울 사 · 나 사

창문 창

11획 窓 窓 窓 窓 窓 窓 窓 窓 窓 窓 窓

음독	そう	1순위	*窓外 창외창밖 (そうがい)　　車窓 차창 (しゃそう) 同窓会 동창회 (どうそうかい)
훈독	まど		窓(まど) 창, 창문 窓口(まどぐち) 창구　　　窓(まど)ガラス 창유리

究

3학년 | N3 | 573위

구멍(穴)을 파듯 아홉(九) 번은 파고들며 연구해 알아내니　　　　　　九: 아홉 구

연구 구 · 알아낼 구

7획 究 究 究 究 究 究 究

음독	きゅう	1순위	究明 구명 (きゅうめい)　　研究 연구 (けんきゅう) 追究 추구 (ついきゅう)
		4순위	*究極 구극궁극 (きゅうきょく)
훈독	[きわ]める		究(きわ)める ⓐ 깊이 연구하다 ⓑ 알아내다

| 잠깐만요 |
• 「窮(궁)」과 「究(구)」는 발음이 「きゅう」로 같습니다. 그런데 「窮」은 한자가 많이 어렵기 때문에 자주 쓰이는 단어의 경우는 예외적으로 형태와 의미가 비슷한 한자로 대체해서 사용됩니다. '궁극'도 본 디 「窮極」이지만 자주 쓰이는 「究極」 쪽이 일반화된 경우입니다.

173 [罙]: 구덩이 심 ▶ 罙深探

● 부수자

罙

어둠으로 덮여(冖) 속이 보이지 않고 사람(儿)이나 나무(木)가
빠질 만큼 깊은 구덩이이니　　　　　　冖: 덮을 멱　儿: 사람 인

깊은 구덩이 심

8획 罙 罙 罙 罙 罙 罙 罙 罙

深

3학년 | N2 | 357위

물(氵)이 깊은 구덩이(罙)에 채워져 바닥이 보이지 않을 만큼 깊으니

깊을 심

11획 深 深 深 深 深 深 深 深 深 深 深

음독	しん	1순위	深海 심해 (しんかい)　　深夜 심야 (しんや) 深刻 심각 (しんこく)
훈독	[ふか]い		深(ふか)い 깊다 → 深(ふか)さ 깊이　　欲深(よくぶか)い 욕심이 많다
	[ふか]まる		深(ふか)まる 깊어지다
	[ふか]める		深(ふか)める 깊게 하다

0768

6학년 | N2 | 615위

손(扌)을 깊은 구덩이(罙)에 넣어 더듬어 가며 찾으니   扌: 손 수

찾을 탐·탐색할 탐

11획   探 探 探 探 探 探 探 探 探 探 探

음독	たん [1순위]	探索 탐색 (たんさく) 探知 탐지 (たんち) 探検 탐험 (たんけん)
훈독	[さが]す	探(さが)す 찾다 → 探(さが)し物(もの) 찾는 물건
	[さぐ]る	探(さぐ)る ⓐ 뒤지다, 더듬어 찾다 ⓑ 탐색하다, 살피다 → 手探(てさぐ)り 손끝으로 더듬어 찾는 것, 또는 그런 모양

---

174 宇: 우주 우 ▶ 宇宙字学安案

0769

6학년 | N2 | 782위

커다란 지붕(宀)과 그것을 받치고 있는 처마와 대들보(于)가 눈에 띄는 커다란 집이니

집 우·우주 우

6획   宇 宇 宇 宇 宇 宇

음독	う [1순위]	宇宙 우주 (うちゅう) *宇内 우내온 세계 (うだい) *気宇 기우기개와 도량 (きう)

0770

6학년 | N1 | 1193위

세상의 지붕(宀)이라 부르는 이유(由)가 있는 하늘이니

하늘 주·공중 주

8획   宙 宙 宙 宙 宙 宙 宙 宙

음독	ちゅう [1순위]	*宙 주하늘, 공중 (ちゅう) 宇宙 우주 (うちゅう) *宙返(ちゅうがえ)り 공중제비

|잠깐만요|
• 「宇宙(우주)」 외에는 「宙」 단독으로 '공중'이라는 의미로 사용됩니다.

0771

1학년 | N3 | 400위

지붕(宀) 아래에서 아들(子)이 익혀야 하는 것은 글자이니

글자 자

6획   字 字 字 字 字 字

음독	じ [1순위]	字 자글자, 글씨 (じ) 字体 자체글자체 (じたい) 文字 문자 (もじ) 漢字 한자 (かんじ)

|잠깐만요|
• 옛날에 아들은 '글자'와 글을 익히고, 딸은 집안일을 익혔어요.
• 훈독으로 촌리 이하의 행정구역명으로 쓰이는 「あざ」가 있긴 하지만, 학습자가 쓸 일은 거의 없으니 참고만 하세요.

학

머릿속이 불(ᵎᵎ)에 덮인(冖) 듯 지식을 깨달으며 자식(子)들이 학문을 배우니

ᵎᵎ : 불 화   冖 : 덮을 멱

배울 학

8획 学 学 学 学 学 学 学 学

음독	がく	1순위	学問 학문 (がくもん) 学校 학교 (がっこう) 大学 대학 (だいがく)
훈독	[まな]ぶ		学(まな)ぶ ⓐ (교육을 통해) 배우다 ⓑ (경험을 통해) 알게 되다

| 잠깐만요 |

• 「習(なら)う」는 '연습 · 습득'의 한자를 써서 '머리로 알기보다는 연습 등을 통해서 몸에 익숙해지도록 하는 종류'의 배움을 의미합니다. 반면, 「学(まな)ぶ」는 '학문'과 같이 '머리로 이해하거나 깨닫는 종류'의 배움을 의미해요.

安

집의 지붕(宀) 아래에서 여자(女)가 편안한 모습으로 안정을 취하니

① 편안할 안 · 안정될 안   ② 값쌀 안

6획 安 安 安 安 安 安

음독	あん	1순위	① 安定 안정 (あんてい) ② *安価 안가쌀 값 (あんか) ① 保安 보안 (ほあん)
훈독	[やす]い		安(やす)い ⓐ 값이 싸다 ⓑ 간단하다 → 安値(やすね) 싼 값 　気安(きやす)い 마음 편하다, 거리낄 것 없다
	[やす]らぐ		安(やす)らぐ 편안해지다, 평온해지다 → 安(やす)らぎ 평온함, 평안
	[やす]らか		安(やす)らか(だ) 평안함, 평화로움, 평온함 예 安(やす)らかな顔(かお) 편안한 얼굴 　安(やす)らかに眠(ねむ)る 평온하게 자다

| 잠깐만요 |

• '② 값쌀 안'은 옛날에는 제 집(宀)에서 여성(女: 어머니나 부인)과 편안히 지내는 것이 가장 쉬운 일이면서 돈이 적게 드는(값싼) 일이었다는 파생의 의미로 이해해 주세요.

案

책상 앞에 편안히(安) 앉아 생각을 나뭇가지(木)처럼 확장시켜 안/생각을 내니

① 생각 안   ② 책상 안

10획 案 案 案 案 案 案 案 案 案 案

음독	あん	1순위	① 案 안생각 (あん) ① 案内 안내 (あんない) ② *案下 안하책상 아래 (あんか) ① 提案 제안 (ていあん)

(정답은 508쪽에)

1 빈칸에 들어갈 한자로 적절한 것을 고르시오.

1. ___族 (가족)   ⓐ 家   ⓑ 宅   ⓒ 室

2. 経___ (경영)   ⓐ 管   ⓑ 宮   ⓒ 営

3. ___内 (실내)   ⓐ 窓   ⓑ 屋   ⓒ 室

4. 血___ (혈관)   ⓐ 完   ⓑ 館   ⓒ 管

5. ___小 (축소)   ⓐ 宿   ⓑ 縮   ⓒ 探

6. 根___ (근원)   ⓐ 元   ⓑ 穴   ⓒ 至

7. ___索 (탐색)   ⓐ 究   ⓑ 探   ⓒ 深

8. 保___ (보안)   ⓐ 安   ⓑ 案   ⓒ 字

2 다음 한자의 뜻을 ( )에 적고 일본 음독을 a, b, c 중에 하나 고르시오.

1. 家宅 ( )   ⓐ かたく   ⓑ がたく   ⓒ かてく

2. 本家 ( )   ⓐ ほんか   ⓑ ほんが   ⓒ ほんけ

3. 竜宮 ( )   ⓐ りゅうきゅう   ⓑ りょうぐん   ⓒ りゅうぐう

4. 元祖 ( )   ⓐ えんそ   ⓑ がんそ   ⓒ がんそう

5. 社屋 ( )   ⓐ しゃおく   ⓑ さおく   ⓒ さぎょく

6. 追究 ( )   ⓐ ついきゅう   ⓑ ついきゅ   ⓒ ちゅうきゅう

7. 宇宙 ( )   ⓐ うちゅ   ⓑ うちゅう   ⓒ うじゅう

8. 窓外 ( )   ⓐ そうがい   ⓑ そがい   ⓒ ちょうがい

門·戶·片의 파생 [16자]

175 門 : 문 문 ▶ 問聞開閉間簡関

0775

問

3학년 | N3 | 132위

문(門) 밖에서 입(口)으로 누구 없느냐고 방문해 물으니

① 물을 문   ② 방문할 문

11획	問 問 問 問 問 問 問 問 問 問 問	
음독	もん 〔1순위〕	問答 문답 (もんどう)　　　問題 문제 (もんだい) 訪問 방문 (ほうもん)
훈독	[と]う	問(と)う 묻다 → 問(と)い 물음　　　問(と)い合(あ)わせ 문의
	예외	問屋(とんや) 도매상, 중개업자

| 잠깐만요 |
• 「問屋(とんや)」는 발음 편의상 생긴 음편 현상입니다.

0776

聞

2학년 | N4 | 115위

문(門)에 귀(耳)를 바싹 대고 듣는 모습이니　　　　　耳 : 귀 이

들을 문

14획	聞 聞 聞 聞 聞 聞 聞 聞 聞 聞 聞 聞 聞 聞	
음독	ぶん 〔1순위〕	新聞 신문 (しんぶん)　　　風聞 풍문 (ふうぶん) 伝聞 전문 (でんぶん)
	もん 〔3순위〕	見聞 견문 (けんもん)　　　聴聞会 청문회 (ちょうもんかい) 前代未聞 전대미문 (ぜんだいみもん)
훈독	[き]く	聞(き)く 듣다 → 聞(き)き取(と)り 듣기, 청해
	[き]こえる	聞(き)こえる 들리다 → 聞(き)こえ 소문, 평판

| 잠깐만요 |
• 「きく」는 한자에 따라 의미가 바뀌는 대표적인 어휘라 주의가 필요합니다. 자세한 해설은 2권을 참조해 주세요!
　→ 聞く (일반적) 듣다 | 聴く (자세히) 듣다, 청취하다 | 訊く 질문하다 | 効く (약발이) 듣다, 효과가 있다 | 利く 잘 움직이다, 가능하다

開

3학년 | N3 | 123위

문(門)의 빗장(一)을 들어 올려(廾) 문을 여니   廾: 받쳐 들 공

열 개

12획 開 開 開 開 開 開 開 開 開 開 開 開

음독	かい 1순위	開始 개시 (かいし) 開放 개방 (かいほう) 公開 공개 (こうかい)
훈독	[あ]く	開(あ)く 열리다
	[あ]ける	開(あ)ける 열다 → 開(あ)け閉(た)て (문을) 열고 닫음, 개폐
	[ひら]く	開(ひら)く (닫혔던 것이) 열리다, 열다 → 開(ひら)き戸(ど) 여닫이문
	[ひら]ける	開(ひら)ける (닫혔던 것을) 열다

0778

閉

6학년 | N2 | 856위

문(門)에 빗장(才)을 끼워 닫으니   才: 재주 재(여기서는 빗장 모양)

닫을 폐

11획 閉 閉 閉 閉 閉 閉 閉 閉 閉 閉 閉

음독	へい 1순위	閉店 폐점 (へいてん) 閉会 폐회 (へいかい) 開閉 개폐 (かいへい)
훈독	[し]まる	閉(し)まる 닫히다
	[し]める	閉(し)める 닫다 → 開(あ)け閉(し)め (문·밸브 등을) 여닫음, 개폐
	[と]じる	閉(と)じる ⓐ 닫다 ⓑ (눈을) 감다
	[と]ざす	閉(と)ざす (문을) 닫다, (길·통행을) 막다, 폐쇄하다

0779

間

2학년 | N4 | 21위

문(門)틈 사이로 햇살(日)이 들어오는 모습이니

사이 간

12획 間 間 間 間 間 間 間 間 間 間 間 間

음독	かん 1순위	間接 간접 (かんせつ) 区間 구간 (くかん) 期間 기간 (きかん)
	けん 3순위	世間 세간 (せけん) 眉間 미간 (みけん)
훈독	ま	間(ま) ⓐ 사이 ⓑ 틈, 기회 昼間(ひるま) 주간 手間(てま) 수고 仲間(なかま) 동료
	あいだ	間(あいだ) ⓐ 사이 ⓑ ~동안
	예외	幕間(まくあい) 막간

| 잠깐만요 |
「けん」은 주로 불교 용어로 쓰이고, 길이 단위(6척)로 쓰이기도 하지만 이는 일반적인 사용이 아니라 제외했어요.

0780

簡

6학년 | N2 | 995위

대나무(⺮) 조각 사이(間)에 담기 위해 글을 간략하게 하니

간략할 간

18획 簡 簡 簡 簡 簡 簡 簡 簡 簡 簡 簡 簡 簡 簡 簡 簡 簡

음독	かん	1순위	簡単 간단 (かんたん) 　　 簡略 간략 (かんりゃく) 簡易 간이 (かんい)

0781

関

4학년 | N2 | 87위

문(門)의 두 손잡이(丷)를 밀어야만 하늘(天)과 이어지는 관문이니

① 이어질 관·관계 관　② 관문 관

14획 関 関 関 関 関 関 関 関 関 関 関 関 関 関

음독	かん	1순위	関門 관문 (かんもん) 　　 関係 관계 (かんけい) 連関 연관 (れんかん)
훈독	せき		関(せき) 관문, 가로막는 것 関(せき)が原(はら) 운명을 건 싸움
	[かか]わる		関(かか)わる ⓐ 관계있다 ⓑ 구애되다

| 잠깐만요 |
• 「関が原」는 역사와 연관된 장소를 관용적으로 쓰는 표현이에요. 전국시대에 도요토미와 도쿠가와 두 세력이 천하제패를 두고 마지막으로 대전쟁을 벌인 장소가 「関が原」였어요. 그러한 배경으로 인해 「関が原」는 '운명을 판가름하는 장면·전투'라는 의미로 쓰여요.

---

176 戸: 집문 호 ▶ 所扁編倉創

0782

所

3학년 | N3 | 99위

문(戸)에 도끼(斤) 자국을 내어 목표가 바로 그/이곳(장소)임을 나타내니　　斤: 도끼 근

① 장소 소·곳 소　② 바 소

8획 所 所 所 所 所 所 所 所

음독	しょ	1순위	① 所在 소재 (しょざい) 　　 ① 場所 장소 (ばしょ) ① *近所 근소근처 (きんじょ)
		2순위	② 所得 소득 (しょとく) 　　 ② 所見 소견 (しょけん) ② 所持 소지 (しょじ)
훈독	ところ		所(ところ) 곳 　　 出所(でどころ) 출처, (기회를 보다가) 나설 때

| 잠깐만요 |
• '② 바'라는 의미는 포괄적입니다. 앞의 것을 받거나(例 상기 기술한 바), 일 또는 일의 방법이나 방도(例 所見: 어떤 일을 본 바 가지는 생각 / 所持: 가지고 있는 것) 등으로 폭넓게 쓰여요.

문(戶) 한쪽이 다시금 쪼개져 책(冊)처럼 작고 넓적하니

冊 : 책 책

작고 넓적할 편

扁

9획 扁 扁 扁 扁 扁 扁 扁 扁 扁

음독	へん	1순위	扁平 편평 (へんぺい)	扁桃腺 편도선 (へんとうせん)

0784

실(糸)로 작은(扁) 것들을 모아 만들어 엮으니

만들 편 · 엮을 편

編

15획 編 編 編 編 編 編 編 編 編 編 編 編 編 編 編

5학년 | N2 | 578위

음독	へん	1순위	編集 편집 (へんしゅう) 長編 장편 (ちょうへん)	編入 편입 (へんにゅう)
훈독	[あ]む		編(あ)む 엮다, 편찬하다, 계획을 짜다	

0785

문(戶) 앞에 지키는 사람(人)을 하나(一) 두고 식구(口)가 먹을 곡식을 저장하는 창고이니

① 창고 창 (② 갑자기 창)

倉

10획 倉 倉 倉 倉 倉 倉 倉 倉 倉 倉

4학년 | N1 | 724위

음독	そう	1순위	① 倉庫 창고 (そうこ) ① 弾倉 탄창 (だんそう)	① 穀倉 곡창 (こくそう)
		4순위	② *倉卒 창졸매우 급작스러움 (そうそつ)	
훈독	くら		倉(くら) 창고	

0786

생명의 창고(倉)인 자궁을 칼(刂)로 째면서 새 생명이 시작하니

刂 : 칼 도

① 시작할 창 ② 베인 상처 창

創

12획 創 創 創 創 創 創 創 創 創 創 創 創

6학년 | N1 | 941위

음독	そう	1순위	① 創造 창조 (そうぞう) ① 創作 창작 (そうさく)	① 創刊 창간 (そうかん)
		2순위	② 創傷 창상 (そうしょう) ② 満身創痍 만신창이 (まんしんそうい)	② 絆創膏 반창고 (ばんそうこう)
훈독	[つく]る		創(つく)る 창조하다, 창업하다, 창작하다	

0787

将

6학년 | N2 | 419위

| 잠깐만요 |
「将来(장래)」는 예외적으로
「将」이 '장차, 바야흐로'라는
의미로 쓰이는 단어입니다.

장기판의 나무패(丬)를 손끝(寸)으로 한 마디(寸)씩 움직이듯 병사를 지휘하는 장수이니

丬: 조각 편　⺺: 손톱 조　寸: 마디 촌·아주 조금 촌

지휘할 장·장수 장

10획　将 将 将 将 将 将 将 将 将 将

음독	しょう [1순위]	将軍 장군 (しょうぐん)	将棋 장기 (しょうぎ)
		将来 장래 (しょうらい)	武将 무장 (ぶしょう)

| 잠깐만요 |
• 丬(조각 편)은 나무 조각의 의미로 봐도 되지만, 상형 모양으로 장기판이나 침상과 같이 다리가 달린 판이 옆으로 누운 모습으로 봐도 의미가 통하는 경우가 많아요. 여기서는 두 가지 의미를 모두 적어 넣어서 이미지화가 쉽게끔 했어요.

0788

状

5학년 | N2 | 299위

나무 조각(丬)에 글자를 크게(大) 새겨 점(丶) 하나의 모습도 놓치지 않고 찍어낸 문서이니

① 모습 상　② 문서 장

7획　状 状 状 状 状 状 状

음독	じょう [1순위]	① 状況 상황 (じょうきょう)	① 形状 형상 (けいじょう)
		② 告訴状 고소장 (こくそじょう)	

| 잠깐만요 |
• 활자에 새기는 글자는 작은 점 하나에도 글자가 바뀌어 버리기 때문에 나무 조각에 작은 점 하나조차 크게 새겨서 그 모습과 형상을 제대로 찍어내죠?
• 형상이나 모습 중에서도 상황과 같은 '추상적이고 전체적인 상'을 주로 의미합니다.

0789

壮

중학 | N1 | 1566위

장기판의 나무패(丬)를 보는 선비(士)의 기세는 크고 굳세니

클 장·굳셀 장

6획　壮 壮 壮 壮 壮 壮

음독	そう [1순위]	壮大 장대 (そうだい)	壮年 장년 (そうねん)
		*壮絶 장절·아주 장하고 뛰어남 (そうぜつ)	

0790

装

6학년 | N2 | 588위

| 잠깐만요 |
「しょう」는 대부분 위의 두
단어에만 쓰입니다.

크고 굳세게(壮) 보이고자 옷(衣)을 맞추고 외견을 꾸미니

꾸밀 장

12획　装 装 装 装 装 装 装 装 装 装 装 装

음독	そう [1순위]	装備 장비 (そうび)	服装 복장 (ふくそう)
		包装 포장 (ほうそう)	
	しょう [3순위]	*衣装 의장·의상 (いしょう)	*装束 장속·옷차림 (しょうぞく)
훈독	[よそお]う	装(よそお)う ⓐ 치장하다, 꾸미다　ⓑ 가장하다, 그런 체하다	

(정답은 508쪽에)

1 빈칸에 들어갈 한자로 적절한 것을 고르시오.

1. 風____ (풍문)　　ⓐ 聞　　ⓑ 問　　ⓒ 門
2. ____始 (개시)　　ⓐ 閉　　ⓑ 開　　ⓒ 関
3. 長____ (장편)　　ⓐ 扁　　ⓑ 偏　　ⓒ 編
4. ____連 (관련)　　ⓐ 間　　ⓑ 簡　　ⓒ 関
5. 穀____ (곡창)　　ⓐ 蔵　　ⓑ 倉　　ⓒ 創
6. ____棋 (장기)　　ⓐ 将　　ⓑ 状　　ⓒ 壮
7. 期____ (기간)　　ⓐ 関　　ⓑ 間　　ⓒ 簡
8. ____大 (장대)　　ⓐ 壮　　ⓑ 装　　ⓒ 状

2 다음 한자의 뜻을 (　　)에 적고 일본 음독을 a, b, c 중에 하나 고르시오.

1. 倉卒 (　　　)　　ⓐ そうそつ　　ⓑ ちゃんそつ　　ⓒ ちょうそつ
2. 世間 (　　　)　　ⓐ せかん　　ⓑ せいけん　　ⓒ せけん
3. 編集 (　　　)　　ⓐ へんしつ　　ⓑ へんしゅ　　ⓒ へんしゅう
4. 簡単 (　　　)　　ⓐ かんたん　　ⓑ かんだん　　ⓒ がんたん
5. 装備 (　　　)　　ⓐ さんび　　ⓑ ぞうび　　ⓒ そうび
6. 創作 (　　　)　　ⓐ ちょうさく　　ⓑ そうさく　　ⓒ つうさく
7. 形状 (　　　)　　ⓐ けいじょう　　ⓑ けいじょ　　ⓒ けんじょう
8. 衣装 (　　　)　　ⓐ いしょ　　ⓑ いしょう　　ⓒ いぞう

几·酉·皿·匕·臼의 파생 [24자]

178 几: 책상 궤 ▶ 机凡築

0791

机

6학년 | N2 | 1568위

나무(木)로 만든 큰 책상(几)의 모습에서

책상 궤

6획 机 机 机 机 机 机

음독	き	4순위	*机上 궤상탁상 (きじょう)
훈독	つくえ		机(つくえ) 책상

| 잠깐만요 |
• 훈독으로 자주 쓰이는 한자입니다.

0792

凡

중학 | N1 | 1779위

책상(几)에 상처(丶)가 남는 건 보통이니

보통 범

3획 几 几 凡

음독	ぼん	1순위	凡人 범인보통 사람 (ぼんじん)　凡夫 범부보통 사람 (ぼんぷ) 平凡 평범 (へいぼん)
	はん	4순위	凡例 범례 (はんれい)

0793

築

5학년 | N2 | 902위

대나무(⺮)로 만든(工) 뼈대에 보통(凡) 나무(木)를 덧대서 건축물을 지으니

工: 만들 공·장인 공

지을 축 · 건축 축

16획 築 築 築 築 築 築 築 築 築 築 築 築 築 築 築 築

음독	ちく	1순위	建築 건축 (けんちく)　　新築 신축 (しんちく) 構築 구축 (こうちく)
훈독	[きず]く		築(きず)く 쌓다, 구축하다

| 잠깐만요 |
• 철근이 없던 옛날에는 대나무를 기둥으로 삼아 나무를 덧대서 건축물을 지었죠?

0794

西

2학년 | N5 | 291위

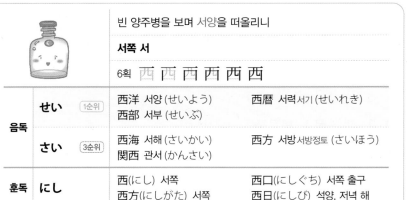

빈 양주병을 보며 서양을 떠올리니

서쪽 서

6획 西 西 西 西 西 西

음독	せい	1순위	西洋 서양 (せいよう)	西暦 서력 서기 (せいれき)
			西部 서부 (せいぶ)	
	さい	3순위	西海 서해 (さいかい)	西方 서방 서방정토 (さいほう)
			関西 관서 (かんさい)	
훈독	にし		西(にし) 서쪽	西口(にしぐち) 서쪽 출구
			西方(にしがた) 서쪽	西日(にしび) 석양, 저녁 해

| 잠깐만요 |
• 일반적으로는 「せい」를 쓰지만, 지역(관서)·바다(서해)·땅(서방정토)과 같이 영역적인 개념을 지시하는 경우에는 「さい」를 씁니다. 다만, 용례는 10단어 내외이므로 그중 사용 빈도가 높은 위의 세 단어 정도만 알아 두세요.

0795

酒

3학년 | N2 | 511위

술병(酉)에 든 액체(氵)는 술이니　　氵:물 수

술 주

10획 酒 酒 酒 酒 酒 泗 酒 洒 酒 酒

음독	しゅ	1순위	*酒豪 주호 술고래 (しゅごう)	飲酒 음주 (いんしゅ)
			日本酒 일본주 (にほんしゅ)	
훈독	さけ		酒(さけ) 술	
			酒好(さけずき) 애주가	酒癖(さけぐせ) 술버릇
	さか~		酒(さか) 술의 ~	酒場(さかば) 술집, 바
			酒屋(さかや) 주조가, 술집	酒蔵(さかぐら) 술 창고

0796

酸

5학년 | N1 | 1058위

술병(酉)에 과일을 사적(厶)으로 몰래 담아 발(儿) 아래에 묻어 천천히(夊) 발효시키면 시큼한 신맛이 나니　　厶: 나 사·사사로울 사　儿: 사람 인　夊: (천천히) 걸어올 치

신맛 산 · 식초 산

14획 酸 酸 酸 酸 酸 酸 酸 酸 酸 酸 酸 酸 酸 酸

| 음독 | さん | 1순위 | 酸味 산미 (さんみ) | 酸性 산성 (さんせい) |
| | | | 酸素 산소 (さんそ) | |

| 잠깐만요 |
• 훈독으로 「酸(す)い 신맛이 나다」가 있지만, 현대에는 주로 아래의 관용어구로만 자주 사용됩니다.
　→ 酸(す)いも甘(あま)いも知(し)る 쓴맛 단맛 다 안다(세상 물정을 겪다)

0797 ◐ 제부수

급수 외 | 3467위

없는 형편에도 코(丷)를 술병(酉)에 대고 향을 맡으며 즐길 여유가 있는 **우두머리**이니

丷: 좌우 여기저기의 의미

우두머리 추

9획 酋 酋 酋 酋 首 酋 酋 酋 酋

음독 **しゅう** [4순위] 　酋長 추장 (しゅうちょう)

| 잠깐만요 |

• 「猶(같을 유)」「尊(높일 존)」「遵(따라갈 준)」 등에 쓰이는 생산성이 높은 부수이니 익혀 두세요.
• 「酋」만으로는 잘 쓰이지 않습니다.

0798

6학년 | N2 | 1060위

아랫사람은 우두머리(酋)를 조금(寸)이라도 높이고 존중해야 하니

寸: 마디 촌 · 아주 조금 촌

높일 존 · 존중할 존

12획 尊 尊 尊 尊 尊 尊 尊 尊 尊 尊 尊 尊

음독	そん [1순위]	尊敬 존경 (そんけい)　　尊重 존중 (そんちょう) 尊厳 존엄 (そんげん)
훈독	[とうと]い	尊(とうと)い 소중하다, 고귀하다
	[たっと]い	尊(たっと)い 소중하다, 고귀하다
	[とうと]ぶ	尊(とうと)ぶ 공경하다, 존중하다
	[たっと]ぶ	尊(たっと)ぶ 공경하다, 존중하다

⑱ [襾]: 덮을 아 ▶ 襾価要票標

0799 ● 부수자

	마개로 술병 주둥이를 덮은 모습을 본떠
	덮을 아
	6획 襾 襾 襾 襾 襾 襾
사용 예	価(가격 가)

0800

5학년 | N1 | 418위

사람(亻)이 물건을 포장지로 덮어도(襾) 그 가치를 알게 하는 **값/가격**이니

값 가

8획 価 価 価 価 価 価 価 価

음독	か [1순위]	価値 가치 (かち)　　価格 가격 (かかく)　　高価 고가 (こうか)
훈독	あたい	価(あたい) 값, 가격

要

4학년 | N2 | 153위

작은 흠은 덮어(覀) 주는 따뜻함도 여자(女)에게는 중요하고 필요하니

① 중요할 요 ② 필요할 요

9획 要 要 要 要 要 要 要 要 要

음독	よう	1순위	① 要旨 요지 (ようし)	② 要求 요구 (ようきゅう)
			② 必要 필요 (ひつよう)	① 重要 중요 (じゅうよう)
훈독	かなめ		要(かなめ) 가장 중요한 부분	
	[い]る		要(い)る 필요하다	

票

4학년 | N1 | 1236위

안쪽을 펼쳐야만 누구를 찍었는지 보이게(示) 접어서 덮어둔(覀) 표이니   示: 보일 시

표 표

11획 票 票 票 票 票 票 票 票 票 票 票

| 음독 | ひょう | 1순위 | 票 (투표 등의) 표 (ひょう) | 投票 투표 (とうひょう) |
| | | | 得票 득표 (とくひょう) | 開票 개표 (かいひょう) |

標

4학년 | N1 | 868위

나무(木)를 다듬어 표(票)처럼 세워둔 이정표는 목적지를 표시해 보여 주니

① 보여 줄 표 · 표시할 표 ② 목표 표 · 좌표 표

15획 標 標 標 標 標 標 標 標 標 標 標 標 標 標 標

| 음독 | ひょう | 1순위 | ① 標語 표어 (ひょうご) | ① 標本 표본 (ひょうぼん) |
| | | | ② 座標 좌표 (ざひょう) | ② 目標 목표 (もくひょう) |

---

181 皿: 그릇 명 ▶ 益塩

益

5학년 | N1 | 925위

물(氺)을 그릇(皿)에 부어(더하여) 마시면 이롭기 그지없으니   氺: 물 수 皿: 그릇 명

더할 익 · 이로울 익

10획 益 益 益 益 益 益 益 益 益 益

음독	えき	1순위	利益 이익 (りえき)	損益 손익 (そんえき)
			収益 수익 (しゅうえき)	
	やく	3순위	*利益 이익공덕, 부처의 은혜 (りやく)	

| 잠깐만요 |
• 「やく」는 불교 용어로만 쓰입니다.

0805

화살(乀) 같이 내리쬐는 태양 아래 만들어진 먹을(口) 수 있게 접시(皿)에 담은 흙(土) 알갱이 같은 소금이니

乀: 화살 시

소금 염

13획 塩 塩 塩 塩 塩 塩 塩 塩 塩 塩 塩 塩 塩

음독	えん	1순위	塩分 염분 (えんぶん)	塩田 염전 (えんでん)
			岩塩 암염 (がんえん)	
훈독	しお		塩(しお) 소금	
			塩気(しおけ) 소금기	塩辛(しおから)い 짜다

4학년 | N2 | 1203위

---

182 [匕]: 숟가락 비 ▶ 旨指化花貨

0806

글귀를 숟가락(匕)으로 입(口)에 떠넣듯 혀(一)를 움직여 읊으며 뜻과 맛을 느끼는 모습에서

① 뜻 지 ② 맛 지

6획 旨 旨 旨 旨 旨 旨

음독	し	1순위	① 要旨 요지 (ようし)	① 趣旨 취지 (しゅし)
			① 論旨 논지 (ろんし)	
훈독	むね		旨(むね) 뜻, 취지	
	[うま]い		旨(うま)い ⓐ 맛있다 ⓑ 화술이 뛰어나다	

중학 | N1 | 1504위

| 잠깐만요 |
• 본 의미는 '맛'이지만, 실질적인 사용은 '뜻'에 치중되어 있어요.

0807

손(扌)가락으로 뜻(旨)을 짚어 가리키며 책을 읽으니

扌: 손 수

① 손가락 지 ② 가리킬 지

9획 指 指 指 指 指 指 指 指 指

음독	し	1순위	① 指紋 지문 (しもん)	② 指示 지시 (しじ)
			② 指導 지도 (しどう)	
훈독	ゆび		指(ゆび) 손가락	
			指先(ゆびさき) 손끝	指輪(ゆびわ) 반지
	[さ]す		指(さ)す 가리키다, 지적하다	

3학년 | N2 | 197위

化

3학년 | N2 | 102위

사람(イ)이란 숟가락(匕)으로 무엇을 먹는지에 따라 확 바뀌니

바뀔 화 · 변화할 화

4획 化 化 化 化

음독	か	1순위	化石 화석 (かせき)	化学 화학 (かがく)
			文化 문화 (ぶんか)	
	け	3순위	化身 화신 (けしん)	化粧 화장 (けしょう)
훈독	[ば]ける		化(ば)ける 변신하다, 변하다	
			→ 化(ば)け物(もの) 괴물 化学(ばけがく) 화학	
	[ば]かす		化(ば)かす 속이다, (정신을) 호리다	

| 잠깐만요 |
• 「化石化(かせきか)」(화석화)와 같이 접미사로도 많이 쓰입니다.
• 「化学(ばけがく)」는 발음이 같은 「科学(かがく): 과학」와 「化学(かがく): 화학」를 구별하여 쓰는 말입니다.

花

1학년 | N4 | 436위

풀(艹)이 자라 모습이 확 변하여(化) 피어나는 꽃이니   艹: 풀 초

꽃 화

7획 花 花 花 花 花 花 花

음독	か	1순위	花瓶 화병 (かびん)	*花粉 화분꽃가루 (かふん)
			花柳界 화류계 (かりゅうかい)	
훈독	はな		花(はな) 꽃	花(はな)びら 꽃잎
			花見(はなみ) 꽃구경	花嫁(はなよめ) 신부, 새색시

| 잠깐만요 |
• 「はな」로 읽을 경우, '꽃 화'의 본래자인 「華(화려할 화, 꽃 화)」를 사용하여 좀 더 고풍스럽고 화려한 느낌을 강조하기도 합니다.

貨

4학년 | N2 | 1199위

변하여(化) 돈(貝)이 되는 값어치 있는 재물이니

재물 화

11획 貨 貨 貨 貨 貨 貨 貨 貨 貨 貨 貨

| 음독 | か | 1순위 | 貨幣 화폐 (かへい) | 貨物 화물 (かもつ) |
| | | | 雑貨 잡화 (ざっか) | |

0811

臼

중학 | 급수 외 | 2392위

그릇(凵) 안에 돌기(臼)가 있고 빻는 봉(ノ)이 있는 절구의 모양에서

절구 구

6획 臼 臼 臼 臼 臼 臼

음독	きゅう 〔3순위〕	*臼歯 구치·어금니 (きゅうし) 脱臼 탈구 (だっきゅう)
훈독	うす	臼(うす) 절구, 맷돌

| 잠깐만요 |
• 음독은 대부분 의학 용어에서 사용됩니다. '관절'을 의미하거나 '어금니'를 한문 투로 말할 때 주로 사용됩니다. 일반적으로 '어금니'는 「奥歯(おくば)」라 하며 「臼歯(きゅうし/うすば)」는 한문 투 어휘입니다.

0812

潟

4학년 | N1 | 1637위

물(氵)이 절구(臼)처럼 감싸인(勹) 곳 바닥 아래 불꽃(灬)처럼 생명들이 살아 숨쉬는 개펄이니

氵:물 수 勹:감쌀 포 灬:불 화

개펄 석

15획 潟 潟 潟 潟 潟 潟 潟 潟 潟 潟 潟 潟 潟 潟 潟

음독	せき 〔4순위〕	潟湖 석호 (せきこ)
훈독	かた	潟(かた) 갯가, 개펄, 석호 干潟(ひがた) 간석지 新潟県(にいがたけん) 니가타현〈지명〉

| 잠깐만요 |
• 대부분 훈독으로만 씁니다. 그나마도 자주 사용되진 않으며, 「新潟県(にいがたけん)」(니가타현)의 현명에 들어가기에 4학년용 한자로 지정된 경우입니다.

0813 ● 부수자

臾

큰 절구통 같이 생긴 가마(臼 → 臼)를 여럿이(八) 모두 함께 마주 드는 모습에서

八: 여덟 팔·나눌 팔

모두 여 · 마주 들 여

10획 臾 臾 臾 臾 臾 臾 臾 臾 臾 臾

興

5학년 | N1 | 579위

마을의 모두(舁)가 함께(同) 부흥을 축하하는 흥겨운 축제의 모습이니

舁: 모두 여   同: 함께 동

① 흥할 흥 · 부흥 흥   ② 흥겨울 흥

16획 興 興 興 興 興 興 興 興 興 興 興 興 興 興 興 興

음독	きょう [1순위]	② 興 흥 (きょう)	② 興味 흥미 (きょうみ)
		② 余興 여흥 (よきょう)	② 即興 즉흥 (そっきょう)
	こう [2순위]	① 興亡 흥망 (こうぼう)	① 新興 신흥 (しんこう)
		① 復興 부흥 (ふっこう)	
훈독	[おこ]る	興(おこ)る 흥하다, 일어나다	
	[おこ]す	興(おこ)す 일으키다	

| 잠깐만요 |

• 「きょう」로 읽힐 때는 '흥겹다'의 의미로, 「こう」로 읽힐 때는 '흥하다, 부흥하다'의 의미로 주로 쓰입니다.

(정답은 509쪽에)

1 빈칸에 들어갈 한자로 적절한 것을 고르시오.

1. ____分 (염분)   ⓐ 益   ⓑ 塩   ⓒ 皿

2. 建____ (건축)   ⓐ 机   ⓑ 築   ⓒ 西

3. ____味 (산미)   ⓐ 酋   ⓑ 酒   ⓒ 酸

4. 高____ (고가)   ⓐ 価   ⓑ 酒   ⓒ 要

5. ____長 (추장)   ⓐ 酋   ⓑ 尊   ⓒ 益

6. 必____ (필요)   ⓐ 標   ⓑ 票   ⓒ 要

7. ____紋 (지문)   ⓐ 旨   ⓑ 指   ⓒ 貨

8. 潟____ (석호)   ⓐ 臼   ⓑ 舁   ⓒ 湖

2 다음 한자의 뜻을 ( )에 적고 일본 음독을 a, b, c 중에 하나 고르시오.

1. 投票 (   )   ⓐ つうぴょう   ⓑ とうひょ   ⓒ とうひょう

2. 重要 (   )   ⓐ じゅうよ   ⓑ じゅうよう   ⓒ じゅよう

3. 尊重 (   )   ⓐ そんちょう   ⓑ ぞんじゅう   ⓒ ぞんちょう

4. 飲酒 (   )   ⓐ いんじゅう   ⓑ いんしゅう   ⓒ いんしゅ

5. 化粧 (   )   ⓐ けしょう   ⓑ かしょう   ⓒ はじょう

6. 利益 (   )   ⓐ りいき   ⓑ りえき   ⓒ いいき

7. 興味 (   )   ⓐ こうみ   ⓑ きょみ   ⓒ きょうみ

8. 凡人 (   )   ⓐ ぼんじん   ⓑ ほんじん   ⓒ ばんじん

玄·衣의 파생 [25자]

184 [玄]: 작을 요 ▶ 幼後幾機

6학년 | N2 | 1078위

너무 작고(玄) 힘(力)이 없어 돌봐 줘야 하는 작고 어린 아이이니

작을 유 · 어릴 유

5획 幼 幼 幼 幼 幼

음독	よう	1순위	幼稚 유치 (ようち) 幼児 유아 (ようじ)	*幼時 유시/유년 시절 (ようじ)
훈독	[おさな]い		幼(おさな)い 어리다, 미숙하다 → 幼馴染(おさな·なじみ) 어릴 때부터 사귄 친구, 소꿉친구, 죽마고우	

2학년 | N4 | 38위

걸음(彳) 보폭이 작은(玄) 어린애는 뒤처져(夂) 뒤에서 늦게 오니

彳: 조금 걸을 척　夂: 뒤따라올 치·걸어올 치

뒤 후 · 늦을 후

9획 後 後 後 後 後 後 後 後 後

음독	こう	1순위	後半 후반 (こうはん)　　後悔 후회 (こうかい) 後輩 후배 (こうはい)
	ご	2순위	最後 최후 (さいご)　　直後 직후 (ちょくご) *その後(ご) 그 후
훈독	あと		後(あと) (순서) 뒤　　後先(あとさき) 앞뒤, 전후 後回(あとまわ)し 뒤로 미룸, 뒷전
	のち		後(のち) (시간) 후 後(のち)ほど 조금 지난 뒤에, 나중에
	うしろ		後(うし)ろ (공간) 뒤　　後(うし)ろ指(ゆび) 뒷손가락질
	[おく]れる		後(おく)れる 뒤떨어지다, 뒤처지다

| 잠깐만요 |
· 음독 「こう」와 「ご」는 둘 다 비슷하게 많이 쓰입니다. 다만 단어의 앞에 쓰일 때는 「こう」가, 단어
의 뒤에 쓰일 때는 「ご」를 많이 씁니다.

0817

성벽 위에 작디(幺) 작아(幺) 보이는 창(戈)을 든 사람(人)이 몇이나 있나 헤아리니

戈 : 창 과

몇 기

12획 幾 幾 幾 幾 幾 幾 幾 幾 幾 幾 幾 幾

| 음독 | き | 4순위 | 幾何学 기하학 (きかがく) |
| | | | 幾何級数 기하급수 (きかきゅうすう) |

훈독	いく〜	幾(いく)〜 얼마, 어느, 몇	
		幾(いく)つ 몇 개	幾度(いくど) 몇 번
		幾多(いくた) 수많이	幾分(いくぶん) 일부분, 어느 정도

중학 | N2 | 1350위

| 잠깐만요 |
• 멀리서 성벽을 바라보며 창을 든 사람이 몇이나 있나 헤아리는 이미지입니다.
• 「幾」는 음독으로는 「幾何(きか)」(기하) 정도로만 사용됩니다.

0818

좋은 나무(木)를 몇(幾) 개나 쓸 기회를 잡아 만든 정밀 기계이니

① 기계 기   ② 기회 기

16획 機 機 機 機 機 機 機 機 機 機 機 機 機 機 機

| 음독 | き | 1순위 | ① 機械 기계 (きかい) | ① 機能 기능 (きのう) |
| | | | ② 機会 기회 (きかい) | ② 危機 위기 (きき) |

| 훈독 | はた | 機(はた) 베틀 | |

4학년 | N2 | 136위

| 잠깐만요 |
• 「機(き)」가 단어 뒤에 접미어로 붙으면 '① 기계'의 의미로 쓰이지만, 단독 사용 시는 '② 시기, 기회'의 의미로 쓰입니다. **예** これを機(き)にして: 이 기회에
• 원래는 실을 잣는 '베틀'을 의미했어요. 베틀은 나무를 몇 개나 쓰고 실을 수없이 사용하는 정밀한 기계죠?

---

185 **玄 : 검을 현 ▶ 玄茲磁滋率**

0819

머리(亠)를 작은(幺) 새끼줄처럼 땋아내린 머리카락은 검은색이니

亠 : 머리 두

검을 현

5획 玄 玄 玄 玄 玄

| 음독 | げん | 1순위 | 玄米 현미 (げんまい) | 玄武岩 현무암 (げんぶがん) |
| | | | 玄関 현관 (げんかん) | |

중학 | N1 | 767위

| 잠깐만요 |
• 사람의 신체 중에서 땋을 정도로 긴 머리카락은 가장 검고 면적이 컸기 때문에 검은색을 나타내요.
• 「亥(뼈 해)」와의 구분에 주의하세요.

세상에는 검디(玄) 검은(玄) 것들이 넘쳐날 만큼 많으니

많을 자

9획 茲 茲 茲 茲 茲 茲 茲 茲 茲

0821

6학년 | N1 | 1693위

돌(石)에 검은색(玄玄 → 茲) 철가루들이 붙는 자석이니　　茲 : 많을 자

① 자석 자　② 사기그릇 자

14획 磁 磁 磁 磁 磁 磁 磁 磁 磁 磁 磁 磁 磁 磁

| 음독 | じ | 1순위 | ① 磁石 자석 (じしゃく)　② 磁器 자기 (じき)
① 電磁波 전자파 (でんじは) |

0822

4학년 | N1 | 2023위

물(氵)을 먹고 잘 자란 식물은 많은(茲) 영양분을 지니니　　氵 : 물 수

영양분 자

12획 滋 滋 滋 滋 滋 滋 滋 滋 滋 滋 滋 滋

| 음독 | じ | 4순위 | 滋養 자양 (じよう)　　*滋強 자강·자양강장 (じきょう) |

0823

率

5학년 | N1 | 583위

검은색(玄) 깃발을 상하좌우(冫 〈)로 흔들어 10(十)% 비율의 인원을 이끌며 통솔하니

① 비율 률　② 이끌 솔　③ 솔직할 솔

11획 率 率 率 率 率 率 率 率 率 率 率

음독	りつ	1순위	① 率 율·비율 (りつ)　① 比率 비율 (ひりつ) ① 能率 능률 (のうりつ)
	そつ	2순위	② 率先 솔선 (そっせん)　② 軽率 경솔 (けいそつ) ② 引率 인솔 (いんそつ)
		4순위	③ 率直 솔직 (そっちょく)
훈독	[ひき]いる		率(ひき)いる 거느리다, 인솔하다, 통솔하다

| 잠깐만요 |
• '③ 솔직하다'는 의미로는 「率直(솔직)」 외에는 잘 사용되지 않아요.
• 전쟁에서 부대를 이끌 때에는 10인대, 100인대, 1000인대처럼 10단위 배수로 전체 군을 일정
　비율로 나누고, 깃발을 휘둘러서 그들을 통솔하고 이끌죠?

0824

絹

6학년 | N1 | 1892위

실(糸)을 뒷구멍(口)으로 뱉어 몸(月)을 감싼 고치에서 만드는 비단이니

비단 견

13획	絹 絹 絹 絹 絹 絹 絹 絹 絹 絹 絹 絹 絹		
음독	けん　③순위	絹糸 견사명주실 (けんし)	人絹 인견인조 견사 (じんけん)
훈독	きぬ	絹(きぬ) 명주, 비단 絹地(きぬじ) 비단 천	絹糸(きぬいと) 명주실

| 잠깐만요 |
• 한자의 오른쪽 모양(月)도 마치 고치나 벌레를 닮았죠? 원래 벌레를 나타내는 획이랍니다.
  누에고치를 연상해 주세요.

0825

綿

5학년 | N2 | 1580위

가는 실(糸)을 하얗게(白) 뭉쳐 천(巾)에 넣어서 따뜻하게 쓰는 솜이니　巾: 수건 건

솜 면

14획	綿 綿 綿 綿 綿 綿 綿 綿 綿 綿 綿 綿 綿 綿		
음독	めん　①순위	綿 면 (めん) 木綿 목면면직물/솜 (もめん)	綿密 면밀 (めんみつ)
훈독	わた	綿(わた) ⓐ 목화 ⓑ 솜 綿雲(わたぐも) 뭉게구름	綿飴(わたあめ) 솜사탕

| 잠깐만요 |
• 한자의 오른쪽 모양(帛)도 마치 흰(白) 목화송이가 줄기(巾) 위에 달린 것처럼 보이지 않나요?
• 「綿密(면밀)」은 솜처럼 아주 가는 실뭉치가 틈이 보이지 않게 촘촘히 있다는 의미예요.

0826

繩

4학년 | N1 | 1072위

실(糸)을 두껍게 꼬아 중간중간에 매듭(曰 曰)이 있는 굵직한 밧줄을 본떠

밧줄 승

15획	繩 繩 繩 繩 繩 繩 繩 繩 繩 繩 繩 繩 繩 繩 繩		
음독	じょう　③순위	*繩文 승문죠몬 시대 (じょうもん)	捕繩 포승 (ほじょう)
훈독	なわ	繩(なわ) 새끼, 줄	繩跳(なわと)び 줄넘기

| 잠깐만요 |
• 「繩文(죠몬)」 시대는 토기에 새겨진 빗금 문양이 밧줄 두른 모양으로 보인다고 하여 붙여진 이름이
  에요.

0827

系

3학년 | N1 | 608위

하나(一)의 실(糸)처럼 여러 개가 이어진 일련의 계통/계열이니

이어질 계 · 계통/계열 계

7획 系系系系系系系

음독	けい	1순위	系列 계열 (けいれつ) 系統 계통 (けいとう) 体系 체계 (たいけい)

0828

係

3학년 | N2 | 285위

사람(亻)의 업이 이어져서(系) 얽히고 묶여 만들어지는 관계이니 亻: 사람 인

관계 계 · 묶일 계

9획 係係係係係係係係係

음독	けい	1순위	係数 계수 (けいすう) 係累 계루 (けいるい) 関係 관계 (かんけい)
훈독	[かか]る		係(かか)る 관계되다, 관련되다 → 係(かか)り 담당, 계 掃除係(そうじがかり) 청소 담당

| 잠깐만요 |
• 음독은 「関係(관계)」로 주로 쓰이고 그 외에는 잘 안 쓰입니다. 특히 훈독의 「〜係(かかり)」로
  사용되는 경우가 많으니 주의하세요.

0829

孫

4학년 | N2 | 1000위

자식(子)과 피로 이어진(系) 손자이니

손자 손

10획 孫子孫孫孫孫孫孫孫孫

음독	そん	4순위	子孫 자손 (しそん) 王孫 왕손 (おうそん)
훈독	まご		孫(まご) 손자 孫息子(まごむすこ) 손자 孫娘(まごむすめ) 손녀딸

0830 ◑ 제부수

袁

N1 | 1970위

흙(土)과 돌멩이(口)에 옷 끝(𧘇)이 끌릴 만큼 옷자락이 길게
늘어진 모습에서 土: 흙 토 口: 돌 모양 𧘇: 옷 의(衣)의 변형

길 원

10획 袁袁袁袁袁袁袁袁袁袁

| 잠깐만요 |
• 레드카펫처럼 직선으로 길~게 끌리는 옷자락을 떠올려 주세요.
• 몇몇 단어나 인물명에 주로 쓰입니다.

遠

2학년 | N3 | 496위

천천히 쉬면서 갈(辶) 만큼 길게(袁) 뻗은 거리가 먼 곳을 말하니　　　辶 : 쉬어 갈 착

멀 원

13획 遠 遠 遠 遠 遠 遠 遠 遠 遠 遠 遠 遠 遠

음독	えん	1순위	*遠慮 원려사양 (えんりょ)	*遠足 원족소풍 (えんそく)
			永遠 영원 (えいえん)	
	おん	3순위	*遠流 원류멀리 귀양 보냄 (おんる)	*久遠 구원영원 (くおん)
훈독	[とお]い		遠(とお)い ⓐ 멀다 ⓑ (의식·감각이) 둔하다	

園

2학년 | N2 | 622위

울타리(口)를 길게(袁) 친 동산이니　　　口 : 에워쌀 위

동산 원

13획 園 園 園 園 園 園 園 園 園 園 園 園 園

음독	えん	1순위	園芸 원예 (えんげい)	遊園地 유원지 (ゆうえんち)
			公園 공원 (こうえん)	
훈독	その		園(その) 동산, 정원	

| 잠깐만요 |
• 훈독「その」는 평상시에는 잘 안 씁니다.

表

3학년 | N2 | 143위

상의 중 두(二) 번째 옷(衣)은 가장 겉에 입는 겉옷이니

① 겉표 · 표면표 ② 문서표 · 표표

8획 表 表 表 表 表 表 表 表

음독	ひょう	1순위	① 表面 표면 (ひょうめん)　① 表情 표정 (ひょうじょう) ① 代表 대표 (だいひょう)
		2순위	② 辞表 사표 (じひょう) ② 成績表 성적표 (せいせきひょう)
훈독	おもて		表(おもて) ⓐ 표면 ⓑ 바깥쪽에 있는 것 裏表(うらおもて) 안팎, 겉과 속, 표리
	[あらわ]す		表(あらわ)す 나타내다, 증명하다, 발휘하다
	[あらわ]れる		表(あらわ)れる 나타나다, 드러나다 ↔ 隠(かく)れる 숨다

| 잠깐만요 |
• 겉이나 표면이라는 것은 '정리 · 대표해서 보이게 두는 것'을 의미합니다. 내용을 글자로 정리해서 보이게 만든 것이 문서이고, 문서의 내용을 다시 정리해서 대표적으로 보여 주는 게 표이죠?
• 음독이 동일해도 단어 생산성에 따라 나누어서 정리했어요.

0834

6학년 | N1 | 2144위

俵

사람(亻)이 쌀을 나르도록 겉(表)을 짚으로 엮어 감싼 가마니이니

가마니 표

10획 俵 俵 俵 俵 俵 俵 俵 俵 俵 俵

음독	ひょう	4순위	*土俵 토표씨름판 (どひょう)
훈독	たわら		俵(たわら) 쌀이나 숯 등을 담는 가마니

| 잠깐만요 |
• 「土俵」는 '씨름판' 외에 '어떤 일이 행해지는 장소'를 뜻하기도 해요.

---

189 [巾]: 수건 건 ▶ 布希師市肺

0835

5학년 | N2 | 696위

布

많은(ナ) 수건(巾)을 쫙 펴서 천을 여기저기 퍼뜨리는 모습이니

ナ: 열 십·많을 십(十)의 변형

① 펼 포·퍼뜨릴 포 ② 직물 포·천 포

5획 布 布 布 布 布

음독	ふ	1순위	② *布団 포단이불 (ふとん) ① 公布 공포 (こうふ)
			② *財布 재포지갑 (さいふ) ① 流布 유포 (るふ)
	ぷ	4순위	① 分布 분포 (ぶんぷ)
훈독	ぬの		布(ぬの) ⓐ 직물 ⓑ 삼베와 무명

| 잠깐만요 |
• 알라딘의 양탄자를 떠올려 보세요! 많이(ナ) 두꺼운 수건(巾) 같은 게 막 날아다니죠?

0836

4학년 | N2 | 1041위

希

칼로 자른(乂) 천(布)을 문에 걸고 전쟁에 나간 남편의 희박한 생존을 바라니   乂: 벨 예

① 드물 희·희귀할 희 ② 바랄 희·희망 희

7획 希 希 希 希 希 希 希

| 음독 | き | 1순위 | ① 希薄 희박 (きはく)   ① 希少 희소 (きしょう) |
| | | | ② 希望 희망 (きぼう) |

| 잠깐만요 |
• 옛날에는 전쟁에 나간 남편의 생환을 기리며 천 조각을 달아 두었어요.
• 음독에서는 「稀(드물 희)」와 교체되어 쓰이며 사실상 의미에 차이가 없습니다.
• 「稀」는 상용외 한자라 상용자인 「希」로 교체하여 사용되다 보니 「希」가 정착되었어요.
• 실질적으로 '② 희망, 바라다'의 의미로 쓰이는 단어는 「希望」 외에는 거의 없습니다.

師

5학년 | N2 | 353위

언덕(𠂤) 위 높은 곳에서 한(一) 장의 수건(巾) 같은 깃발로 신호를 보내 군대를 훈련시키던 스승이니

𠂤: 언덕 부　巾: 수건 건

스승 사

10획　師 師 師 師 師 師 師 師 師 師

음독	し	1순위	医師 의사 (いし)	教師 교사 (きょうし)
			講師 강사 (こうし)	

| 잠깐만요 |
· 「帥(장수 수)」와의 구분에 주의하세요.

市

2학년 | N3 | 186위

머리(亠)에 수건(巾)을 두른 장사꾼은 번화가 시장에서나 볼 수 있으니

亠: 머리 두

① 도시 시　② 시장 시

5획　市 市 市 市 市

음독	し	1순위	市 시 (し)	市街 시가 (しがい)
			市民 시민 (しみん)	都市 도시 (とし)
훈독	いち		市(いち) ⓐ 시장　ⓑ 거리, 시가	
			市場(いちば) 시장	朝市(あさいち) 아침 장

肺

6학년 | N1 | 1809위

몸(月)에서 번화한 도시(市)처럼 쉴 틈 없이 활기찬 폐이니

月: 고기 육·달 월

허파 폐

9획　肺 肺 肺 肺 肺 肺 肺 肺 肺

음독	はい	1순위	肺 폐 (はい)	肺癌 폐암 (はいがん)
			肺炎 폐렴 (はいえん)	

| 잠깐만요 |
· 한자 모양도 기관지를 타고 내려와 양쪽에 달려 있는 폐의 모습과 비슷하죠?

(정답은 509쪽에)

1 빈칸에 들어갈 한자로 적절한 것을 고르시오.

1. ___何 (기하) ⓐ 幾   ⓑ 機   ⓒ 後

2. 比___ (비율) ⓐ 玄   ⓑ 率   ⓒ 後

3. ___石 (자석) ⓐ 兹   ⓑ 滋   ⓒ 磁

4. 体___ (체계) ⓐ 係   ⓑ 孫   ⓒ 系

5. ___密 (면밀) ⓐ 絹   ⓑ 綿   ⓒ 縄

6. 公___ (공원) ⓐ 園   ⓑ 遠   ⓒ 猿

7. ___少 (희소) ⓐ 布   ⓑ 希   ⓒ 師

8. 都___ (도시) ⓐ 姉   ⓑ 肺   ⓒ 市

2 다음 한자의 뜻을 ( )에 적고 일본 음독을 a, b, c 중에 하나 고르시오.

1. 幼児 (   ) ⓐ ゆうじ   ⓑ よじ   ⓒ ようじ

2. 直後 (   ) ⓐ ちょくご   ⓑ ちょくごう   ⓒ ちょっこう

3. 滋養 (   ) ⓐ ざよう   ⓑ ちよう   ⓒ じよう

4. 能率 (   ) ⓐ のうりつ   ⓑ のうりゅう   ⓒ のうそつ

5. 分布 (   ) ⓐ ぶんぽ   ⓑ ぶんぽう   ⓒ ぶんぷ

6. 軽率 (   ) ⓐ けいりゅう   ⓑ けいりつ   ⓒ けいそつ

7. 肺癌 (   ) ⓐ はいがん   ⓑ へいがん   ⓒ ぺあん

8. 土俵 (   ) ⓐ どぴょ   ⓑ どひょう   ⓒ どびょう

丁·工·尺의 파생 [21자]

190 丁: 못 정 ▶ 庁打町貯余除

0840

6학년 | N2 | 957위

건물(广) 중에서 그 지역의 행정을 못질(丁)하듯 고쳐 나가는 관청이니   广: 집 엄

관청 청

5획 庁 庁 庁 庁 庁

음독	ちょう [1순위]	官庁 관청 (かんちょう)	県庁 현청 (けんちょう)
		本庁 본청 (ほんちょう)	

0841

3학년 | N2 | 345위

손(扌)에 든 망치로 못(丁)을 쳐대니   扌: 손 수

칠 타 · 때릴 타

5획 打 打 打 打 打

음독	だ [1순위]	打撃 타격 (だげき)	打撲 타박 (だぼく)
		強打 강타 (きょうだ)	
훈독	[う]つ	打(う)つ 치다	
		→ 打(う)つ手(て) 해결 방법 打合(うちあわ)せ 협의, 회의	
		打(う)ち切(き)る 중단하다	

0842

1학년 | N3 | 277위

집집마다 논(田)을 하나씩 개간하고 못(丁) 박듯 살면서 생기는 마을이니

동네 정 · 마을 정

7획 町 町 町 町 町 町 町

음독	ちょう [1순위]	*町 정지자체 중 하나 (ちょう)
		*町内会 정내회주민 자치회 (ちょうないかい)
훈독	まち	町(まち) 동네, 마을
		町中(まちなか) 시내, 시가지
		下町(したまち) 서민의 동네, 상업 지역

| 잠깐만요 |
• 街(まち) 거리, 가로 vs 町(まち) 마을, 동네 ☞ **0333** 街 거리 가

貯

5학년 | N2 | 1576위

돈(貝)을 집(宀)에 쌓아 놓고 못(丁)처럼 박아 두니

宀: 집 면 · 지붕 면

쌓을 저

12획 貯 貯 貯 貯 貯 貯 貯 貯 貯 貯 貯 貯

| 음독 | ちょ | 1순위 | 貯金 저금 (ちょきん)
貯水 저수 (ちょすい) | 貯蓄 저축 (ちょちく) |

余

5학년 | N2 | 658위

사람(人)이 못(丁)을 바닥(一)에 여덟(八) 번 치고도 아직 머리 부분이 남은 모습이니

① 남을 여 ② 나 여

7획 余 余 余 余 余 余 余

| 음독 | よ | 1순위 | 余分 여분 (よぶん)
余裕 여유 (よゆう) | *余計 여계쓸데없음 (よけい) |

| 훈독 | [あま]る | 余(あま)る 남다, 넘치다
→ 余(あま)り ⓐ 여분 ⓑ 너무, 지나치게 |
| | [あま]す | 余(あま)す 남기다, 남아 있다 |

| 잠깐만요 |
• 바닥에 반쯤 박힌 못의 윗부분을 생각하세요.

除

6학년 | N2 | 835위

사람이 다니는 언덕(阝)에 머리만 내민 채 남아(余) 있는 못은 제거의 대상이니

阝: (왼쪽) 언덕 부 · (오른쪽) 고을 읍

없앨 제 · 제거할 제

10획 除 除 除 除 除 除 除 除 除 除

| 음독 | じょ | 1순위 | 除外 제외 (じょがい)
排除 배제 (はいじょ) | 削除 삭제 (さくじょ) |

| 훈독 | [のぞ]く | 除(のぞ)く 제거하다, 없애다 |

0846

歌

2학년 | N3 | 475위

가능한(可) 한(可) 감정을 빠짐없이(欠) 소리에 담아 부르는 것이 노래이니

欠: 모자랄 결 · 없을 결

노래 가

14획	歌 歌 歌 歌 歌 歌 歌 歌 歌 歌 歌 歌 歌 歌	
음독	**か** 1순위	歌手 가수 (かしゅ) 歌詞 가사 (かし) 歌謡 가요 (かよう)
훈독	**うた**	歌(うた) 노래 歌声(うたごえ) 노랫소리 歌姫(うたひめ) 가희, 여자 가수
	[うた]う	歌(うた)う 노래하다

0847

河

5학년 | N2 | 609위

물(氵) 중 여러모로 활용할 수 있는(可) 하천은 강이니

氵: 물 수

하천 하 · 강 하

8획	河 河 河 河 河 河 河 河	
음독	**か** 1순위	河川 하천 (かせん) 河流 하류 (かりゅう) 銀河 은하 (ぎんが)
훈독	**かわ**	河(かわ) 하천, 강

| 잠깐만요 |
• 상형자로 익힐 수도 있어요. 네모난 성곽마을(口)을 끼고 돌아 흐르는(ㄱ) 강물(氵)의 모습을 떠올려 보세요.

0848

何

2학년 | N4 | 51위

사람(亻)에게 가능한(可) 것은 무엇이며 어떻게 하느냐에서

무엇 하 · 어찌 하

7획	何 何 何 何 何 何 何	
음독	**か** 4순위	幾何学 기하학 (きかがく)
훈독	**なに**	何(なに) 무엇 → 何卒(なにとぞ) 제발, 부디 何事(なにごと) 어떤 일, 모든 일
	なん〜	何(なん)〜 ⓐ 몇 ⓑ なに의 발음 변화[なに+조사/조동사] 상황 → 何個(なんこ) 몇 개 何度(なんど) 몇 번

荷

3학년 | N2 | 1068위

풀(艹)을 가능한(可) 만큼 묶어 짊어진 짐이니   艹: 풀 초

짊어질 하 · 짐 하

10획 荷 荷 荷 荷 荷 荷 荷 荷 荷 荷

음독	か	1순위	荷重 하중 (かじゅう)	負荷 부하 (ふか)
			入荷 입하 (にゅうか)	
훈독	に		荷(に) 화물, 짐	
			荷物(にもつ) 화물, 짐	荷造(にづく)り 짐을 쌈

---

192 奇: 기이할 기 ▶ 奇寄崎埼

奇

중학 | N1 | 858위

너무 커서(大) 수용 가능한(可) 범위를 벗어나 기이할 뿐이니

기이할 기

8획 奇 奇 奇 奇 奇 奇 奇 奇

| 음독 | き | 1순위 | 奇跡 기적 (きせき) | 奇妙 기묘 (きみょう) |

寄

4학년 | N2 | 47위

집(宀)에 들러붙은 기이한(奇) 존재에게 부적을 날려 보내는 모습에서   宀: 집 면

① 붙을 기 ② (상대쪽으로) 보낼 기

11획 寄 寄 寄 寄 寄 寄 寄 寄 寄 寄 寄

음독	き	1순위	② 寄与 기여 (きよ)	① 寄生虫 기생충 (きせいちゅう)
			① 寄宿 기숙 (きしゅく)	② 寄付 기부 (きふ)
훈독	[よ]る		寄(よ)る 접근하다, 다가가다	近寄(ちかよ)る 접근하다
	[よ]せる		寄(よ)せる 밀려오다, 가까이대다	

| 잠깐만요 |
· 「寄」는 '(기준 가까이) 보내다, 있다'의 의미입니다. 그래서 '① 무언가의 가까이에 줄곧 있는 것
② 상대쪽 가까이로 보내 버리는 것'의 의미를 가지고 있답니다.

0852

崎

4학년 | 급수 외 | 2090위

산(山)처럼 기이하게(奇) 돌출된 지형이니

돌출 지형 기

11획 崎 崎 崎 崎 崎 崎 崎 崎 崎 崎 崎

| 훈독 | さき | 山崎(やまざき) 야마자키〈인명〉
宮崎県(みやざきけん) 미야자키현〈지명〉 |

| 잠깐만요 |
• 지명/인명용으로만 쓰이는 한자이니 지역명이나 인명을 읽는 법 정도만 알아 두세요.

0853

埼

4학년 | N1 | 590위

땅(土)이 기이하게(奇) 돌출된 지형이니

돌출 지형 기

11획 埼 埼 埼 埼 埼 埼 埼 埼 埼 埼 埼

| 훈독 | さい | 埼玉県(さいたまけん) 사이타마현〈지명〉 |

| 잠깐만요 |
• 지명/인명용으로만 쓰이는 한자이니 지역명이나 인명을 읽는 법 정도만 알아 두세요.

---

193 工: 만들 공 ▶ 功紅敢嚴

0854

功

4학년 | N1 | 931위

장인이 만드는(工) 데 힘(力)을 쏟으면 업적이나 공(공로)이 쌓이니

공로 공

5획 功 功 功 功 功

| 음독 | こう | 1순위 | 功績 공적 (こうせき)　　功労 공로 (こうろう)
成功 성공 (せいこう) |
| | く | 4순위 | 功徳 공덕 (くどく)　　*工夫 공부 궁리 (くふう) |

0855

紅

6학년 | N2 | 1062위

옛날 중국에서 실(糸)에 색을 입히고 장식까지 만들어(工) 다는 화려한 옷은 대부분 붉은색이었으니

붉을 홍

9획 紅 紅 紅 紅 紅 紅 紅 紅 紅

음독	こう	1순위	紅茶 홍차 (こうちゃ)　　*紅炎 홍염 붉은 불꽃 (こうえん) *紅葉 홍엽 단풍 (こうよう/もみじ)
	く	4순위	真紅 진홍 (しんく)
훈독	べに		紅(べに) 연지, 붉은색 紅色(べにいろ) 홍색, 붉은색　　口紅(くちべに) 립스틱
	くれない		紅(くれない) 다홍, 주홍색

0856

敢

중학 | N1 | 1909위

공격하여(攻) 적장의 귀(耳)를 잘라 오는 것은 용감함의 증거였으니

용감 감

12획 敢 敢 敢 敢 敢 敢 敢 敢 敢 敢 敢

| 음독 | かん | 1순위 | 敢行 감행 (かんこう) | 果敢 과감 (かかん) |
| | | | 勇敢 용감 (ゆうかん) | |

0857

厳

6학년 | N1 | 849위

불꽃(ʼʼ)이 이는 위험한 동굴(厂)에 용감하고(敢) 엄숙하게 들어가니

ʼʼ: 불꽃 화   厂: 굴바위 엄

엄할 엄

17획 厳 厳 厳 厳 厳 厳 厳 厳 厳 厳 厳 厳 厳 厳 厳 厳 厳

음독	げん	1순위	厳格 엄격 (げんかく)	厳重 엄중 (げんじゅう)
			尊厳 존엄 (そんげん)	
	ごん	4순위	荘厳 장엄 (そうごん)	華厳宗 화엄종 (けごんしゅう)
훈독	[きび]しい		厳(きび)しい ⓐ 엄하다, 심하다 ⓑ 냉엄하다, 긴박하다	
	[おごそ]か		厳(おごそ)か(だ) 엄숙함	

---

194 尺[月]: 자 척 · 길이 척 ▶ 駅訳局

0858

駅

3학년 | N4 | 976위

말(馬)을 타고 가다 일정 길이(尺)마다 쉬도록 설치한 역이니

馬: 말 마

역 역

14획 駅 駅 駅 駅 駅 駅 駅 駅 駅 駅 駅 駅 駅 駅

| 음독 | えき | 1순위 | 駅 역 (えき) | 駅前 역전 (えきまえ) |
| | | | *駅弁 역변 역에서 파는 도시락 (えきべん) | |

| 잠깐만요 |
• 원래 '역'이란 말을 타고 다니던 이들이 말을 바꾸고 쉬어 가도록 일정 거리마다 설치한 것입니다.
• 「駅前(역전)」은 특이하게 「えきぜん」은 거의 사용되지 않고 주로 「えきまえ」를 씁니다.

訳

6학년 | N1 | 834위

말(言)을 자(尺)로 재듯 앞뒤 맥락과 사정에 맞춰 번역하니

① 번역할 역 ② 사정 역

11획 訳 訳 訳 訳 訳 訳 訳 訳 訳 訳 訳

음독	やく	1순위	① 通訳 통역 (つうやく) ① 意訳 의역 (いやく) ① 翻訳 번역 (ほんやく)
훈독	わけ		訳(わけ) ⓐ 의미, 도리 ⓑ 사정, 이유 訳有(わけあ)り 속사정이 있음 言(い)い訳(わけ) 변명　　内訳(うちわけ) 내역

| 잠깐만요 |
• '번역'이란 단순히 기계적인 전환이 아니라 그 말을 한 사정과 상황에 맞춰 유기적으로 바꾸는 거죠?

局

3학년 | N2 | 441위

자(尺)로 재듯 규정이라고 입(口)만 놀리며 행정을 관리하는 기관/부서이니

① 한정된 부분 국 · 국부 국 ② 기관 국 · 부서 국

7획 局 局 局 局 局 局 局

음독	きょく	1순위	① 局部 국부-전체의 일부 (きょくぶ) ① 結局 결국 (けっきょく) ② 事務局 사무국 (じむきょく)

| 잠깐만요 |
• 본래 「局」자는 자(尺)를 대고 네모난(口) 격자를 그려 놓은 바둑'판'을 의미했어요. 거기에서 '당장 당면한 상황(국면)'이라는 의미나 정치 싸움, 국정을 논의하는 '관청'을 의미하게 됐어요.

(정답은 509쪽에)

1 빈칸에 들어갈 한자로 적절한 것을 고르시오.

1. ___外 (제외)　　　ⓐ 除　　　ⓑ 余　　　ⓒ 貯

2. ___部 (국부)　　　ⓐ 駅　　　ⓑ 訳　　　ⓒ 局

3. ___跡 (기적)　　　ⓐ 奇　　　ⓑ 寄　　　ⓒ 埼

4. 成___ (성공)　　　ⓐ 工　　　ⓑ 紅　　　ⓒ 功

5. ___重 (엄중)　　　ⓐ 厳　　　ⓑ 敢　　　ⓒ 取

6. 通___ (통역)　　　ⓐ 訳　　　ⓑ 駅　　　ⓒ 択

7. ___裕 (여유)　　　ⓐ 打　　　ⓑ 除　　　ⓒ 余

8. 官___ (관청)　　　ⓐ 打　　　ⓑ 町　　　ⓒ 庁

2 다음 한자의 뜻을 ( )에 적고 일본 음독을 a, b, c 중에 하나 고르시오.

1. 官庁 (　　　)　　　ⓐ かんちょ　　　ⓑ かんちょう　　　ⓒ かんじょう

2. 河川 (　　　)　　　ⓐ はせん　　　ⓑ かせん　　　ⓒ がせん

3. 寄宿 (　　　)　　　ⓐ きしゅく　　　ⓑ ぎしゅく　　　ⓒ げしゅく

4. 削除 (　　　)　　　ⓐ さくじょ　　　ⓑ さくじょう　　　ⓒ さくしょう

5. 真紅 (　　　)　　　ⓐ しんこう　　　ⓑ しんごう　　　ⓒ しんく

6. 負荷 (　　　)　　　ⓐ ふうか　　　ⓑ ふか　　　ⓒ ふが

7. 貯蓄 (　　　)　　　ⓐ ちょちく　　　ⓑ ちょつき　　　ⓒ ちょちゅく

8. 意訳 (　　　)　　　ⓐ いやく　　　ⓑ いよく　　　ⓒ いえき

38 井·用의 파생 [24자]

195 井: 우물 정 ▶ 耕囲

0861

耕

5학년 | N2 | 1685위

쟁기 머리(丿)로 밭이 아닌(未) 곳을 우물 정(井) 자 모양으로 갈아 밭을 일구니

丿: 삐침 별   未: 아닐 미

밭 갈 경

10획 耕 耕 耕 耕 耕 耕 耕 耕 耕 耕

음독	こう	[1순위]	耕作 경작 (こうさく)	耕地 경지 (こうち)
			農耕 농경 (のうこう)	
훈독	[たがや]す		耕(たがや)す (밭을) 갈다	

| 잠깐만요 |
· 「未」는 본래 '쟁기 뢰'이지만 생산성이 너무 낮으므로 「丿+未」로 쪼개서 봅니다.

0862

囲

5학년 | N2 | 604위

우물(井)을 둘러싸고(口) 있는 모습

口: 에워쌀 위

둘레 위 · 둘러쌀 위

7획 囲 囲 囲 囲 囲 囲 囲

음독	い	[1순위]	周囲 주위 (しゅうい)	範囲 범위 (はんい)
			包囲 포위 (ほうい)	
훈독	[かこ]う		囲(かこ)う ⓐ 둘러싸다 ⓑ 숨겨 두다	
	[かこ]む		囲(かこ)む ⓐ 두르다, 둘러싸다 ⓑ 대국하다	

196 开: 틀 정 ▶ 开形刑型研

0863 ● 부수자

开

우물틀(井)의 형태를 변형한 글자

틀 정

4획 开 开 开 开

形

2학년 | N2 | 278위

장인이 틀(开)에 머리카락(彡) 같은 붓으로 새긴 무늬가 형태(겉모습)로 드러나니

彡 : 터럭 삼

겉모습 형 · 형태 형

7획 形 形 形 形 形 形 形

음독	けい	1순위	形態 형태 (けいたい)	形成 형성 (けいせい)
			形式 형식 (けいしき)	
	ぎょう	2순위	形相 형상 (ぎょうそう)	人形 인형 (にんぎょう)
훈독	かた		形(かた) ⓐ 모양, 형상 ⓑ 무늬, 자국 ⓒ 담보, 저당 ⓓ 무술의 품세, 기술형 屋形(やかた) 임시 거처, 숙소 跡形(あとかた) 흔적, 자취	
	かたち		形(かたち) ⓐ 모양, 형태 ⓑ 형식, 형태	

| 잠깐만요 |
· 形(かた)와 形(かたち)는 의미가 거의 같지만, かたち 쪽을 쓰는 것이 훨씬 일반적이에요. 단, ⓒ 와 ⓓ의 의미는 形(かた)만 사용됩니다.
예 ⓒ 土地(とち)를 形(かた)に 金(かね)를 借(か)りる 땅을 담보로 돈을 빌리다
ⓓ 柔道(じゅうどう)には「投(な)げの形(かた)」がある 유도에는 '던지기 형'이 있다.

刑

중학 | N1 | 841위

죄인에게 틀(开)을 씌우고 칼(刂)로 베는 형벌이니

刂 : 칼 도

형벌 형

6획 刑 刑 刑 刑 刑 刑

| 음독 | けい | 1순위 | 刑 형벌 (けい) | 刑罰 형벌 (けいばつ) |
| | | | 刑法 형법 (けいほう) | 死刑 사형 (しけい) |

型

5학년 | N2 | 501위

형벌(刑)의 밑바탕(土)은 죄와 벌을 전형적인 틀에 맞춰 분류하는 것부터니

틀 형 · 전형 형

9획 型 型 型 型 型 型 型 型 型

음독	けい	1순위	典型 전형 (てんけい)	模型 모형 (もけい)
			原型 원형 (げんけい)	
훈독	かた		型(かた) 형, 틀, 거푸집	型板(かたいた) 형판
			型破(かたやぶ)り 틀 · 관행 · 관습을 깨는 것	

| 잠깐만요 |
· 형벌을 내릴 때는 그 죄와 형량을 전형적으로 규정하는 것이 기본이죠?
· 「形」은 표면적으로 드러나는 '형태'적인 의미이고, 「型」은 그것들의 근원이 되는 '틀'을 의미합니다. 예를 들어 머리 스타일을 의미하는 「かみがた」의 경우, 「髪形」는 '현재 눈에 보이는 머리 모양'을 의미하고, 「髪型」는 샤기 컷, 보브 스타일과 같이 근본적이고 전체를 아우르는 '헤어 스타일'을 의미합니다.

0867

돌(石)을 틀(开)에 맞도록 갈고 닦아 연마하고 연구하니

갈 연 · 연구할 연

9획 研 研 研 研 研 研 研 研 研

음독	けん	1순위	研究 연구 (けんきゅう)　　　研磨 연마 (けんま) 研修 연수 (けんしゅう)
훈독	[と]ぐ		研(と)ぐ 갈다

3학년 | N3 | 546위

---

197 [冂]: 단단한 모양 경 ▶ 内納病両満

0868

집 안쪽의 단단한 뼈대(冂)와 지붕 뼈대(人)로 안쪽 내부의 모습을 나타내니

冂: 단단한 모양 경

안 내

4획 内 内 内 内

음독	ない	1순위	内外 내외 (ないがい)　　　内容 내용 (ないよう) 国内 국내 (こくない)
	だい	3순위	境内 경내 (けいだい)　　　*宇内 우내온 세계 (うだい)
훈독	うち		内(うち) ⓐ 안, 내부, 속 ⓑ 사이, 동안 ⓒ 집(안) 　　　　　　ⓓ 우리(같은 동료, 조직 등) 内側(うちがわ) 안쪽　　　身内(みうち) 가족, 집안, 같은 무리

2학년 | N2 | 61위

| 잠깐만요 |
· 「囚(가둘 수)」와 구분에 주의하세요.

0869

실낱(糸) 같은 인맥으로 내부(内)에 돈을 바쳐 넣으니

糸: 실 사　内: 안 내

① 넣을 납　② 바칠 납

10획 納 納 納 納 納 納 納 納 納 納

음독	のう	1순위	② 納入 납입 (のうにゅう)　　② 納税 납세 (のうぜい) ① 収納 수납 (しゅうのう)
	な·なっ·なん	4순위	① *納屋 납옥헛간 (なや)　　① 納得 납득 (なっとく) ① *納戸 납호옷 보관방 (なんど)
	とう	4순위	① 出納 출납 (すいとう)
훈독	[おさ]める		納(おさ)める 바치다, 납입하다, 거두다, 받아들이다
	[おさ]まる		納(おさ)まる 납입되다, 끝나다, 납득되다

6학년 | N1 | 903위

0870

병 기운(疒)이 한 번(一) 몸 안쪽(内)으로 파고들면 병들어 앓으니   疒: 병들 녁

병들 병

病
3학년 | N3 | 344위

10획 病病病病病病病病病病

음독	びょう [1순위]	病 병 (びょう)	*病気 병기병 (びょうき)
		病院 병원 (びょういん)	*仮病 가병 꾀병 (けびょう)
훈독	やまい	病(やまい) 병	
	[や]む	病(や)む ⓐ (정신/육체적) 병들다, 앓다 ⓑ (심리적) 걱정하다 → 病(や)み上(あ)がり 병이 나은 지 얼마 되지 않은 상태, 그 사람	

0871

하나(一)의 콧대(冂) 안에 있는 양쪽의 콧구멍 모양을 본떠

① 두 량·양쪽 량 ② 단위 량

両
3학년 | N3 | 331위

6획 両両両両両両

음독	りょう [1순위]	両親 양친부모 (りょうしん)	*両替 양체환전 (りょうがえ)
		両立 양립 (りょうりつ)	

0872

수면의 풀(艹)들이 양쪽(両)으로 흘러넘칠 만큼 물(氵)이 가득 차니   艹: 풀 초 氵: 물 수

찰 만

満
4학년 | N3 | 388위

12획 満満満満満満満満満満満満

음독	まん [1순위]	満員 만원 (まんいん)	満足 만족 (まんぞく)
		不満 불만 (ふまん)	
훈독	[み]ちる	満(み)ちる 가득 차다, 충족되다, 완전해지다	
	[み]たす	満(み)たす 가득히 채우다, 만족시키다	

198 用: 쓸 용 ▶ 甬通痛備

0873 ● 부수자

창 끝(マ)이 나무통(用)을 뚫고 솟아오르는 모습이니   マ: 머리날 마

솟을 용

甬

7획 甬甬甬甬甬甬甬

通

2학년 | N3 | 86위

없던 길도 피땀이 솟을(甬) 정도로 왔다 갔다(辶) 하며 노력하면 통하니　　辶 : 쉬어 갈 착

통할 통

10획　通 通 通 通 通 通 通 通 通 通

음독	つう	1순위	通過 통과 (つうか)　　　共通 공통 (きょうつう) 交通 교통 (こうつう)
	つ	4순위	*通夜(つや) ⓐ (죽은 이의 유해를 지키며) 밤을 샘 　　　　　　ⓑ (불당·신사에서) 밤새 기원함
훈독	[かよ]う		通(かよ)う ⓐ 다니다, 왕래하다 ⓑ 통하다 似通(にかよ)う 서로 비슷하다
	[とお]る		通(とお)る 통(과)하다
	[とお]す		通(とお)す 통하게 하다, 통과시키다

痛

6학년 | N2 | 721위

병 기운(疒)이 솟으면(甬) 가장 먼저 통증이 느껴지고 아프니　　疒 : 병들 녁

아플 통 · 통증 통

12획　痛 痛 痛 痛 痛 痛 痛 痛 痛 痛 痛 痛

음독	つう	1순위	痛感 통감 (つうかん)　　　苦痛 고통 (くつう) 頭痛 두통 (ずつう)
훈독	[いた]い		痛(いた)い 아프다, 괴롭다 → 痛手(いたで) 깊은 상처, 손해
	[いた]む		痛(いた)む 아프다, 괴롭다 → 痛(いた)み 통증　　　痛(いた)み止(ど)め 진통제
	[いた]める		痛(いた)める 아프게 하다, 손상을 주다

備

5학년 | N2 | 483위

사람(亻)만이 풀(艹)로 덮인 굴바위(厂)를 이용해(用) 생활을 미리 준비하고 갖추니
　　艹 : 풀 초　厂 : 굴바위 엄

준비할 비 · 갖출 비

12획　備 備 備 備 備 備 備 備 備 備 備 備

음독	び	1순위	予備 예비 (よび)　　　準備 준비 (じゅんび) 装備 장비 (そうび)
훈독	[そな]わる		備(そな)わる 준비되다
	[そな]える		備(そな)える 준비하다, 대비하다, 갖추다 → 備(そな)え 대비, 준비

| 잠깐만요 |
· 오직 사람만이 굴바위를 풀로 가리고 그곳에 온갖 장비와 생활도구, 불을 갖추어 놓고 사냥과 밤을 준비했죠?

0877 ◐ 제부수

甫／甫

N1 | 2643위

많은(十) 것을 넣고 쓸(用) 수 있도록 손잡이(´)까지 단
바구니는 크고 넓으니

클 보 · 넓을 보

7획 甫 甫 甫 甫 甫 甫 甫

| 잠깐만요 |
• 「甫(甫)」는 「敷/薄/縛/簿」 등으로 확장되니 부수로 쓰일 때의 변형을 알아 두세요.

0878

補

6학년 | N2 | 808위

옷(衤)에 난 큰(甫) 구멍을 기워 보충하니　　　　　　　　　　衤 : 옷 의

기울 보 · 보충할 보

12획 補 補 補 補 補 補 補 補 補 補 補 補

| 음독 | ほ | 1순위 | 補充 보충 (ほじゅう)　　　補給 보급 (ほきゅう)
候補 후보 (こうほ) |
| 훈독 | [おぎな]う | | 補(おぎな)う (부족분을) 보충하다, 채우다 |

0879

専

6학년 | N2 | 763위

오로지 지식을 크고 넓게(甫) 갖추기 위해 조금(寸)의 의심도 없이 전념하니
　　　　　　　　　　　　　　　　　　　　　　　　寸 : 마디 촌 · 아주 조금 촌

① 오로지 전　② 전념할 전

9획 専 専 専 専 専 専 専 専 専

| 음독 | せん | 1순위 | 専門 전문 (せんもん)　　　専攻 전공 (せんこう)
専念 전념 (せんねん) |
| 훈독 | [もっぱ]ら | | 専(もっぱ)ら 오로지, 한결같이 |

0880

博

4학년 | N1 | 852위

두루 펼쳐 보일(専) 만큼 지식이 많고(十) 폭넓으니　　　　　　十 : 열 십 · 많을 십

① 폭넓을 박　② 도박 박

12획 博 博 博 博 博 博 博 博 博 博 博 博

음독	はく	1순위	① 博士 박사 (はくし)　　① 博物館 박물관 (はくぶつかん) ① 博識 박식 (はくしき)
	ばく	2순위	② *博打 박타노름 (ばくち)　② *博徒 박도노름꾼 (ばくと) ② 賭博 도박 (とばく)
	예외		博士 (はかせ) 박사

| 잠깐만요 |
「はかせ」는 '만물박사'처럼 어떤 방면의 전문가를 말하고, 「はくし」는 석박사와 같은 학위를 말합니다.

| 잠깐만요 |
• 「はく」로 읽을 때는 '① 폭넓다'는 의미로 쓰이고, 「ばく」로 읽을 때는 '② 도박'으로 쓰입니다.
• '도박'이라는 의미는 「十」 자가 '꽉 찬 숫자'라는 데서 도박판에서 전(十) 재산을 전념해(専) 쏟아붓는다는 데서 확장되었어요.

0881

再

5학년 | N2 | 459위

단단히 봉분(冂)을 쌓으려고 흙(土)을 그 위에 한 번(一) 더 재차 뿌리는 모습이니

冂: 단단한 모양 경

다시 재 · 재차 재

6획 再 再 冉 再 再 再

음독	さい	1순위	再会 재회 (さいかい) 再生 재생 (さいせい) 再発 재발 (さいはつ)
	さ	4순위	*再来 재래 다음다음의 (さらい)
훈독	[ふたた]び		再(ふたた)び 두 번, 재차, 다시

0882 ● 부수자

冓

실을 우물 정(井) 자 형태로 거듭해서(再) 단단히 얽어 짠 모습이니

짤 구

10획 冓 冓 冓 冓 冓 冓 冓 冓 冓 冓

0883

構

5학년 | N2 | 379위

다듬은 나무(木)를 이리저리 얽어 짜서(冓) 구조물을 만드니

짤 구 · 구조 구

14획 構 構 構 構 構 構 構 構 構 構 構 構 構 構

음독	こう	1순위	構造 구조 (こうぞう) 構築 구축 (こうちく) 構想 구상 (こうそう)
훈독	[かま]う		構(かま)う ⓐ 관계하다 ⓑ 마음을 쓰다
	[かま]える		構(かま)える ⓐ 만들다, 이루다 ⓑ 자세를 취하다 ⓒ 대비하다 → 構(かま)え ⓐ 구조 ⓑ 자세 ⓒ 준비 心構(こころがま)え 마음의 준비, 각오

0884

講

5학년 | N2 | 865위

말(言)을 잘 얽어 짜서(冓) 내용을 익히도록 강의하니

익힐 강 · 강의할 강

17획 講 講 講 講 講 講 講 講 講 講 講 講 講 講 講
講 講

| 음독 | こう | 1순위 | 講義 강의 (こうぎ)   講習 강습 (こうしゅう)
受講 수강 (じゅこう) |

(정답은 509쪽에)

1 빈칸에 들어갈 한자로 적절한 것을 고르시오.

1. ____地 (경지)　　ⓐ 耕　　　ⓑ 軽　　　ⓒ 珪
2. 収____ (수납)　　ⓐ 内　　　ⓑ 納　　　ⓒ 両
3. ____罰 (형벌)　　ⓐ 刑　　　ⓑ 型　　　ⓒ 形
4. 不____ (불만)　　ⓐ 病　　　ⓑ 両　　　ⓒ 満
5. ____過 (통과)　　ⓐ 満　　　ⓑ 通　　　ⓒ 痛
6. 候____ (후보)　　ⓐ 捕　　　ⓑ 甫　　　ⓒ 補
7. ____造 (구조)　　ⓐ 菁　　　ⓑ 講　　　ⓒ 構
8. ____磨 (연마)　　ⓐ 刑　　　ⓑ 型　　　ⓒ 研

2 다음 한자의 뜻을 ( )에 적고 일본 음독을 a, b, c 중에 하나 고르시오.

1. 農耕 (　　)　　ⓐ のうこう　　ⓑ のうぎょう　　ⓒ のうけん
2. 人形 (　　)　　ⓐ にんけい　　ⓑ にんぎょ　　ⓒ にんぎょう
3. 納入 (　　)　　ⓐ なつにゅう　　ⓑ のうにゅ　　ⓒ のうにゅう
4. 原型 (　　)　　ⓐ げんけい　　ⓑ げんげい　　ⓒ げんきょう
5. 痛感 (　　)　　ⓐ とんかん　　ⓑ つうかん　　ⓒ とうかん
6. 賭博 (　　)　　ⓐ とばく　　ⓑ とはく　　ⓒ どばく
7. 受講 (　　)　　ⓐ じゅこう　　ⓑ じゅごう　　ⓒ じゅかん
8. 出納 (　　)　　ⓐ しゅつのう　　ⓑ すいのう　　ⓒ すいとう

車·方·占의 파생 [22자]

201 車: 수레 차 ▶ 庫連軍運揮

0885

3학년 | N2 | 747위

집(广)에서 수레(車)를 보관해 두는 창고이니   广: 집 엄 車: 수레 차

창고 고

10획	庫 庫 庫 庫 庫 庫 庫 庫 庫 庫

음독	こ	1순위	書庫 서고 (しょこ)	倉庫 창고 (そうこ)
			金庫 금고 (きんこ)	

0886

4학년 | N2 | 131위

수레(車)가 지나다니는(辶) 길은 끊어지지 않고 마을로 이어지니   辶: 쉬어 갈 착

이을 련

10획	連 連 連 連 連 連 連 連 連 連

음독	れん	1순위	連続 연속 (れんぞく)	連日 연일 (れんじつ)
			連行 연행 (れんこう)	

훈독	[つら]なる	連(つら)なる 줄지어 있다, 연속해 있다
	[つら]ねる	連(つら)ねる 늘어놓다, 동반하다
	[つ]れる	連(つ)れる 동반하다, 거느리다, 데려가다

| 잠깐만요 |
- 사람이 지나다니는 길은 발자국이 띄엄띄엄 남고 길도 산이나 강에 막혀 사라지지만, 수레가 지나는 길은 끊임없이 마을로 이어지죠?

0887

4학년 | N2 | 122위

평원을 뒤덮은(冖) 수레(車)의 행렬은 군대를 의미하니   冖: 덮을 멱

군대 군

9획	軍 軍 軍 軍 軍 軍 軍 軍 軍

음독	ぐん	1순위	軍隊 군대 (ぐんたい)	軍人 군인 (ぐんじん)
			空軍 공군 (くうぐん)	軍 군 (ぐん)

0888

3학년 | N3 | 259위

군대(軍)가 진군해 갈(辶) 때는 운수를 점치고 군량을 운반하니   辶: 쉬어 갈 착

① 운반할 운 ② 운수 운

12획	運 運 運 運 運 運 運 運 運 運 運 運
음독	うん [1순위]	① 運転 운전 (うんてん)	① 運送 운송 (うんそう)
		② 運 운 (うん)	② 運命 운명 (うんめい)
훈독	[はこ]ぶ	運(はこ)ぶ 운반하다, 옮기다	

| 잠깐만요 |
• 군대의 진군은 그냥 하는 게 아니라 길운을 점쳐서 실행하고 수많은 군량을 운반하죠?

0889

6학년 | N1 | 1234위

내 손(扌) 움직이듯 군대(軍)를 지휘해야 비로소 군이 힘을 발휘하니   扌: 손 수

지휘할 휘 · 발휘할 휘

12획	揮 揮 揮 揮 揮 揮 揮 揮 揮 揮 揮 揮
음독	き [1순위]	指揮 지휘 (しき)	発揮 발휘 (はっき)

202 舟: 배 주 ▶ 船航俞輸

0890

2학년 | N2 | 407위

배(舟) 중 웬만한 늪(㕣) 정도는 메울 만큼 큰 배이니   㕣: 늪 연

배 선

11획	船 船 船 船 船 船 船 船 船 船 船
음독	せん [1순위]	漁船 어선 (ぎょせん)	乗船 승선 (じょうせん)
		造船 조선 (ぞうせん)	
훈독	ふね	船(ふね) 배	
	ふな～	船便(ふなびん) 선편	船旅(ふなたび) 선편 여행

0891

航

5학년 | N2 | 911위

배(舟)와 머리(亠) 위를 나는 책상(几) 같이 생긴 비행기가 바다와 하늘을 건너는 모습에서   舟: 배 주 亠: 머리 두 几: 책상 궤

건널 항

10획	航 航 航 航 航 航 航 航 航 航
음독	こう [1순위]	航海 항해 (こうかい)	航空 항공 (こうくう)
		運航 운항 (うんこう)	

사람(人)이 한(一) 몸(月)처럼 칼(刂) 같이 움직여 배가
점점 나아가니

刂: 칼 도

점점 나아갈 유

9획 俞 俞 俞 俞 俞 俞 俞 俞 俞

│잠깐만요│
• 중학한자 「愉(즐거울 유)」 「喩(비유할 유)」 「諭(깨우칠 유)」 「愈(더욱 유)」 「癒(병 나을 유)」 등에 쓰이니 외워 두세요.

0893

짐을 실은 수레(車)를 배가 나아가듯(俞) 이리저리 보내니

보낼 수

16획 輸 輸 輸 輸 輸 輸 輸 輸 輸 輸 輸 輸 輸 輸 輸

| 음독 | ゆ [1순위] | 輸送 수송 (ゆそう) | 輸入 수입 (ゆにゅう) |
| | | 運輸 운수 (うんゆ) | |

5학년 │ N2 │ 987위

│잠깐만요│
• 한국어 발음(수)과 일본어 음독(ゆ)이 전혀 맞지 않으니 발음을 유념해서 외우세요.

㉜ 方: 방향 방 ▶ 訪防放激

0894

현자의 말(言)을 듣고자 그가 사는 방향(方)으로 찾아가 방문하니

찾을 방 · 방문할 방

11획 訪 訪 訪 訪 訪 訪 訪 訪 訪 訪 訪

음독	ほう [1순위]	訪問 방문 (ほうもん)	来訪 내방문 (らいほう)
		探訪 탐방 (たんぼう)	
훈독	[たず]ねる	訪(たず)ねる 방문하다 〈주어가 대상에게 가는 것〉
	[おとず]れる	訪(おとず)れる ⓐ 내방하다
		ⓑ (자연히) 찾아오다 〈대상이 주어 쪽으로 오는 것〉

6학년 │ N2 │ 661위

0895

언덕(阝) 같은 성벽을 국경 방향(方)에 쌓아 방어하여 막으니

阝: (왼편) 언덕 부 · (오른편) 고을 읍

막을 방 · 방어할 방

7획 防 防 防 防 防 防 防

음독	ぼう [1순위]	防備 방비 (ぼうび)	国防 국방 (こくぼう)
		予防 예방 (よぼう)	
훈독	[ふせ]ぐ	防(ふせ)ぐ 막다

5학년 │ N2 │ 618위

放

3학년 | N2 | 293위

손에서 놓은 공을 먼 방향(方)으로 쳐서(攵) 보내 버리니

攵: 칠 복

① (손에서) 놓을 방   ② (멀리) 보낼 방

8획 放 放 放 放 放 放 放 放

음독	ほう	1순위	① 放置 방치 (ほうち)　　① 放火 방화 (ほうか) ① 解放 해방 (かいほう)
		2순위	② 放送 방송 (ほうそう)　　② 追放 추방 (ついほう)
훈독	[はな]す		放(はな)す ⓐ 놓다 ⓑ 풀어놓다 → 野放(のばな)し 방목
	[はな]つ		放(はな)つ ⓐ 풀어놓다 ⓑ (떼어) 놓다
	[はな]れる		放(はな)れる ⓐ (쥐고 있던 것이) 놓이다, 풀리다 ⓑ (화살 · 탄환 등이) 발사되다
	[ほう]る		放(ほう)る ⓐ 멀리 내던지다, 던지다 ⓑ 집어치우다, 단념하다

| 잠깐만요 |
• 절벽 위에서 손에 쥔 것을 놓아서 내 몸에서 먼 쪽으로 가 버리는 이미지를 생각해도 좋아요.
• '손에서 놓는다'는 것은 결국 '나의 관리 · 영역 · 관심 · 의무'를 놓아 버리는 것을 의미해요.

激

6학년 | N1 | 594위

바닷물(氵)이 파도를 하얗게(白) 한쪽 방향(方)으로 몰아치는(攵) 격한 모습이니

氵: 물 수

격할 격

16획 激 激 激 激 激 激 激 激 激 激 激 激 激 激 激 激

음독	げき	1순위	激変 격변 (げきへん)　　　激烈 격렬 (げきれつ) 過激 과격 (かげき)
훈독	[はげ]しい		激(はげ)しい 격하다, 열렬하다, 세차다

0898 ● 부수자

方

방향(方)을 알리는 천을 화살(ㅡ)에 단 깃대이니

깃대 언

6획 方 方 方 方 方 方

0899

族

3학년 | N3 | 330위

부족의 깃대(方)가 꽂힌 쪽으로 화살(矢) 날아가듯 몰리는 겨레와 일족이니   ㅡ: 화살 시

겨레 족

11획 族 族 族 族 族 族 族 族 族 族 族

| 음독 | ぞく | 1순위 | 家族 가족 (かぞく)　　民族 민족 (みんぞく) |
| | | | 貴族 귀족 (きぞく) |

0900

旅

3학년 | N3 | 509위

지나온 곳에 깃대(方)를 꽂으며 둘이 나란히(イ=氏) 돌아다니는 여행이니

① 여행 려　(② 군단 려)

10획 旅 旅 旅 旅 旅 旅 旅 旅 旅 旅

음독	りょ	1순위	① 旅行 여행 (りょこう)　　① 旅費 여비 (りょひ)
			① 旅館 여관 (りょかん)
		4순위	② 旅団 여단 (りょだん)
훈독	たび		旅(たび) 여행　　　　旅人(たびびと) 여행자
			旅立(たびだ)ち 여행길에 오름

0901

遊

3학년 | N2 | 682위

깃대(方)를 든 아들(子)이 뛰어다니며(辶) 자유로이 놀도록 풀어놓으니   辶: 쉬어 갈 착

풀어놓을 유 · 자유로이 놀 유

12획 遊 遊 遊 遊 遊 遊 遊 遊 遊 遊 遊 遊

음독	ゆう	1순위	遊説 유세 (ゆうぜい)　　遊園地 유원지 (ゆうえんち)
			遊牧 유목 (ゆうぼく)
훈독	[あそ]ぶ		遊(あそ)ぶ 놀다
			→ 遊(あそ)び 놀이　　遊(あそ)び人(にん) 난봉꾼

0902

占

중학 | N2 | 959위

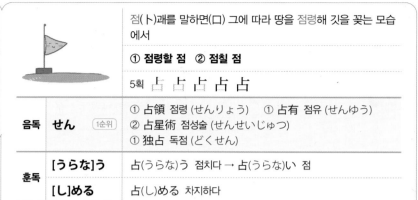

점(卜)괘를 말하면(口) 그에 따라 땅을 점령해 깃을 꽂는 모습에서

① 점령할 점   ② 점칠 점

5획 占 占 占 占 占

음독	せん	1순위	① 占領 점령 (せんりょう) ① 占有 점유 (せんゆう) ② 占星術 점성술 (せんせいじゅつ) ① 独占 독점 (どくせん)
훈독	[うらな]う		占(うらな)う 점치다 → 占(うらな)い 점
	[し]める		占(し)める 차지하다

| 잠깐만요 |
- 옛날에는 전쟁을 통해 영토를 침공하는 것도 점괘에 따라 정했어요. 원래는 '② 점치다'라는 의미였지만, 오히려 그에 따라 '① 점령하다'는 의미가 더 우선돼서 사용됩니다.
- '② 점치다'의 음독으로는 「占星術」 정도로만 사용되니 예외 어휘로 기억해 두세요.

0903

店

2학년 | N4 | 275위

시장의 건물(广)을 점령하고(占) 있는 것은 가게이니

가게 점

8획 店 店 店 店 店 店 店 店

음독	てん	1순위	店員 점원 (てんいん)　　　商店 상점 (しょうてん) 支店 지점 (してん)
훈독	みせ		店(みせ) 가게, 상점, 점포 店番(みせばん) 가게를 지킴, 가게 보는 사람

0904

点

2학년 | N2 | 241위

전자 지도에서 점령한(占) 곳마다 전구의 불(灬)을 켜서 점으로 표시하는 모습에서

① 점 점·표시 점   ② 불 켤 점

9획 点 点 点 点 点 点 点 点 点

음독	てん	1순위	① 点 점 (てん)　　　① 点検 점검 (てんけん) ① 点数 점수 (てんすう)　① 要点 요점 (ようてん)
		4순위	② 点火 점화 (てんか)　　② 点灯 점등 (てんとう)

4학년 | N3 | 128위

땅에 깃발(止)을 꽂고 서 있는 사람(人)의 모습으로 '여기부터'라는 기준을 나타내니

① 그보다 이 · 기준 이 (② 로써 이)

5획 以 以 以 以 以

음독	い	1순위	① 以下 이하 (いか)	① 以内 이내 (いない)
			② 以心伝心 이심전심 (いしんでんしん)	

| 잠깐만요 |
· 훈련을 할 때 정해진 반환점이나 기준점에는 깃발을 든 사람을 세워 두죠?

5학년 | N2 | 673위

다른 사람(亻)과 결혼하여 자신을 기준(以)으로 닮은 이들을 자손으로 남기는 데서

닮을 사

7획 似 似 似 似 似 似 似

음독	じ	3순위	類似 유사 (るいじ)	近似 근사유사 (きんじ)
			*疑似 의사유사 (ぎじ)	

훈독	**[に]る**	似(に)る 닮다　　　　　　　似合(にあ)う 어울리다 似顔絵(にがおえ) 초상화 似(に)ても似(に)つかない 조금도 닮지 않다
	[に]せる	似(に)せる 모조하다, (진짜와) 비슷하게 보이도록 하다 예 ハングルに似(に)せて作(つく)った文字(もじ) 　　한글을 베껴서 비슷하게 만든 글자

| 잠깐만요 |
· 似る는 보통 "似て(い)る ↔ 似て(い)ない"형으로 사용되고, 기본형(似る)으로 쓰이는 경우는 거의 없으니 참고해주세요.

(정답은 509쪽에)

1 빈칸에 들어갈 한자로 적절한 것을 고르시오.

1. ____続 (연속) ⓐ 揮 ⓑ 運 ⓒ 連
2. 漁____ (어선) ⓐ 航 ⓑ 船 ⓒ 輸
3. ____命 (운명) ⓐ 軍 ⓑ 揮 ⓒ 運
4. 家____ (가족) ⓐ 遊 ⓑ 族 ⓒ 旅
5. ____説 (유세) ⓐ 遊 ⓑ 族 ⓒ 旅
6. 支____ (지점) ⓐ 店 ⓑ 点 ⓒ 占
7. ____下 (이하) ⓐ 里 ⓑ 以 ⓒ 似
8. 書____ (서고) ⓐ 軍 ⓑ 連 ⓒ 庫

2 다음 한자의 뜻을 (   )에 적고 일본 음독을 a, b, c 중에 하나 고르시오.

1. 軍隊 (   ) ⓐ くんたい ⓑ ぐんたい ⓒ ぐんだい
2. 運航 (   ) ⓐ うんこう ⓑ うんごう ⓒ うんはん
3. 放送 (   ) ⓐ ほうそ ⓑ ほうそう ⓒ ぼうそう
4. 指揮 (   ) ⓐ しき ⓑ じき ⓒ じひ
5. 激変 (   ) ⓐ けきへん ⓑ げきへん ⓒ げきべん
6. 輸入 (   ) ⓐ ゆにゅう ⓑ しゅうにゅ ⓒ しゅうにゅう
7. 類似 (   ) ⓐ ゆうさ ⓑ ゆうじ ⓒ るいじ
8. 遊説 (   ) ⓐ ゆうせつ ⓑ ゆうぜい ⓒ ゆぜい

여섯째마디

•

사회 II [170자]

40 人의 파생 [32자]

206 人[亻]: 사람 인 ▶ 今含念

0907

今

2학년 | N4 | 71위

사람(人)들이 한(一) 글자라도 더 알고자 ㄱ자(ㄱ)부터 지금 배우니

지금 금

4획 今今今今

음독	こん	1순위	今回 금회 이번 (こんかい)　　*今夜 금야 오늘 밤 (こんや) 昨今 작금 요즘 (さっこん)
	きん	4순위	*古今 고금 고킨와카슈 (こきん)
훈독	いま		今(いま) 지금, 현재 今風(いまふう) 요즘 유행, 현대 풍속
	예외		今日(きょう/こんにち) 오늘

| 잠깐만요 |
• 「古今」은 「ここん」으로 읽으면 '옛날과 지금'이라는 뜻이고 「こきん」으로 읽으면 「古今和歌集」 (고킨와카슈)의 준말입니다.

0908

含

중학 | N2 | 803위

지금(今) ㄱ자를 입(口)안에 머금은 모습이니

머금을 함 · 포함할 함

7획 含含含含含含含

음독	がん	1순위	含有 함유 (がんゆう)　　　含意 함의 (がんい) 包含 포함 (ほうがん)
훈독	[ふく]む		含(ふく)む 포함하다, 머금다
	[ふく]める		含(ふく)める 포함시키다 言(い)い含(ふく)める 납득시키다

| 잠깐만요 |
• 「吟(읊을 음)」 「貪(탐할 탐)」과의 구분에 주의하세요.

374

念

4학년 | N2 | 446위

지금(今)의 배움 중 ㄱ자 하나조차 깊이 생각하여 마음(心)에 새겨 잊지 않으니

① 깊이 생각할 념 ② 잊지 않을 념

8획 念念念念念念念念

| 음독 | ねん | 1순위 | ① *念 념주의함 (ねん) | ② 念頭 염두 (ねんとう) |
| | | | ① 專念 전념 (せんねん) | ① *残念 잔념유감스러움 (ざんねん) |

| 잠깐만요 |
・「念」의 단독형은 「念入(ねんい)り」(공들임)처럼 뒤에 동사를 붙여 쓰거나 「念(ねん)のため」(만일을 위해) 등과 같은 관용어구로 주로 사용됩니다.

---

207 合: 합할 합 ▶ 合拾給答舍捨

合

2학년 | N3 | 37위

사람(人)들이 하나(一)로 입(口)을 맞춰 소리와 뜻을 합하니　　　　口: 입 구

합할 합 · 맞출 합

6획 合合合合合合

음독	ごう	1순위	合同 합동 (ごうどう)　　合意 합의 (ごうい) *都合 도합형편, 사정 (つごう)
	がっ	2순위	合体 합체 (がったい)　　合併 합병 (がっぺい) *合点 합점수긍 (がってん)
	예외		合戦 전투, 대전 (かっせん)　歌合戦(うたがっせん) 가요대전
훈독	[あ]う		合(あ)う ⓐ 만나다, 합류하다 ⓑ 서로 ~하다
	[あ]わす		合(あ)わす 맞추다, 짝짓다
	[あ]わせる		合(あ)わせる 어우르다, 합치다 → 問(と)い合(あ)わせ 문의

| 잠깐만요 |
・合戦은 앞에 명사가 붙는 경우, 탁음이 되어 "~がっせん"으로 읽습니다.

拾

3학년 | N2 | 1488위

손(扌)가락끼리 잘 맞추어(合) 무언가를 줍는 모습에서　　　　扌(手): 손 수

주울 습

9획 拾拾拾拾拾拾拾拾拾

음독	しゅう	1순위	拾得 습득 (しゅうとく)　　収拾 수습 (しゅうしゅう)
	예외		金拾万円 금십만엔일금 10만 엔 (きんじゅうまんえん)
훈독	[ひろ]う		拾(ひろ)う 줍다 ↔ 捨(す)てる 버리다 命拾(いのちびろ)い 목숨을 건짐

| 잠깐만요 |
・계약서에서 위조 방지를 위해 十자 대신 사용되요 (예 金拾万円)

0912

4학년 | N2 | 788위

여러 색의 실(糸)을 잘 맞추어서(合) 물레 틀에 공급하는 모습에서
糸: 실 사

줄 급 · 공급할 급

12획 給 給 給 給 給 給 給 給 給 給 給 給

| 음독 | きゅう | 1순위 | 給料 급료 (きゅうりょう) 支給 지급 (しきゅう) 月給 월급 (げっきゅう) |

0913

2학년 | N3 | 463위

상대방의 글을 읽고 내용에 맞추어(合) 대나무(竹) 조각에 글을 써 응답하니
竹: 대나무 죽

답할 답 · 응답 답

12획 答 答 答 答 答 答 答 答 答 答 答 答

| 음독 | とう | 1순위 | 答案 답안 (とうあん) 応答 응답 (おうとう) 問答 문답 (もんどう) |
| 훈독 | [こた]える | 答(こた)える 대답하다 → 答(こた)え 대답 |

| 잠깐만요 |
• 답한다는 것은 결국 '상대가 주는 무언가에 맞춰서 무언가를 주는 것'이에요.
• 「問答(もんどう)」는 연탁이 발생하니 주의하세요.

0914

5학년 | N1 | 1099위

사람(人)이 흙(土)길을 걷다가 마른 입(口)을 축이고 잠시 쉬어 가는 간이 시설이니

집 사 · 간이 시설 사

8획 舍 舍 舍 舍 舍 舍 舍 舍

| 음독 | しゃ | 1순위 | 官舎 관사 (かんしゃ) 寄宿舎 기숙사 (きしゅくしゃ) 校舎 교사 (こうしゃ) |
| | 예외 | 田舎(いなか) 시골 |

0915

6학년 | N2 | 877위

손(扌)에 든 물건을 간이 시설(舎)처럼 일시적으로 들고 있다 버리니

버릴 사

11획 捨 捨 捨 捨 捨 捨 捨 捨 捨 捨 捨

| 음독 | しゃ | 3순위 | 取捨 취사 (しゅしゃ) 四捨五入 사사오입반올림 (ししゃごにゅう) |
| 훈독 | [す]てる | 捨(す)てる 버리다 → 捨(す)て駒(ごま) 버리는 말 呼(よ)び捨(す)て 경칭을 붙이지 않고 이름을 부름 |

| 잠깐만요 |
• 「拾(주울 습)」자와의 구분에 주의하세요. 특히 뜻이 정반대이니 주의가 필요해요.

0916

令

4학년 | N2 | 728위

사람(人)들이 하나(一)같이 무릎 꿇게(卩) 명령하니		卩(巴): 무릎 꿇을 절
명령할 령		
5획 令 令 令 令 令		
음독	**れい** [1순위]	命令 명령 (めいれい)　　指令 지령 (しれい) 法令 법령 (ほうれい)

0917

冷

4학년 | N2 | 663위

얼음(冫) 같이 냉랭한 명령(令)은 차갑기 그지없으니		冫: 얼음 빙(氷)의 부수
차가울 랭		
7획 冷 冷 冷 冷 冷 冷 冷		
음독	**れい** [1순위]	冷静 냉정 (れいせい)　　冷房 냉방 (れいぼう) 冷凍 냉동 (れいとう)
훈독	[つめ]たい	冷(つめ)たい 차갑다
	[さ]める	冷(さ)める 식다
	[ひ]える	冷(ひ)える 식다, 차가워지다
	[ひ]やす	冷(ひ)やす 식히다, 차갑게 하다 → お冷(ひや) 찬물
	[ひ]やかす	冷(ひ)やかす 놀리다, 희롱하다

| 잠깐만요 |
- 「冷(さ)める」는 '저절로 온도가 낮아지게 두는 것'을 말합니다. 그렇기에 보통 뜨거운 것이 상온의 상태로 온도가 내려가는 것을 의미합니다. 반면 「冷(ひ)える」는 '인위적으로 온도를 낮추는 것'을 말합니다. 그렇기에 보통은 '기본 상태보다 온도를 낮춰 차게 하는 것'을 의미해요.
- 「冷(ひ)やかす」는 냉소하는 이미지를 떠올리면 알기 쉽습니다. 상대에게 냉소를 보내며 놀리고 희롱한다는 이미지로 쓰이는 단어입니다.

0918

命

3학년 | N2 | 245위

죄인(人)들을 한(一)마디 말(口)로 무릎 꿇게(卩)하여 목숨을 결정하는 명령이니		卩(巴): 무릎 꿇을 절
① 명령할 명　② 목숨 명		
8획 命 命 命 命 命 命 命 命		
음독	**めい** [1순위]	① 命令 명령 (めいれい)　　② 生命 생명 (せいめい) ② 運命 운명 (うんめい)
	みょう [3순위]	② 寿命 수명 (じゅみょう) ② *定命 정명 정해진 수명 (じょうみょう)
훈독	いのち	命(いのち) 목숨, 생명, 수명　　命綱(いのちづな) 생명줄 命取(いのちと)り 큰 위험을 동반하는 원인

| 잠깐만요 |
- 「定命(じょうみょう)」는 불교 용어로 '전생의 인연에 의해 정해진 수명'이라는 뜻이에요.

0919

領

5학년 | N2 | 493위

명령(令)을 내릴 때 우두머리(頁)는 지배하는 영역의 핵심적인 부분만 요령껏 지시하니

令: 명령할 령   頁: 머리 혈

① 우두머리 령·수령 령 ② 지배할 령 ③ 핵심 령·요령 령

14획 領領領領領領領領領領領領領領

음독	りょう	1순위	② 領土 영토 (りょうど) ② 領域 영역 (りょういき) ② 占領 점령 (せんりょう)
		2순위	① 首領 수령 (しゅりょう) ③ 要領 요령 (ようりょう) ① 大統領 대통령 (だいとうりょう)

| 잠깐만요 |
• 조직 등에서 높은 분들은 자신이 다스리는 영역 내에 있는 중간 간부에게 아주 핵심적인 것만 지시하고 자잘한 일은 모두 맡겨 버리죠?

---

209 云: 말할 운 ▶ 会絵芸伝転仁

0920

会

2학년 | N4 | 26위

사람(人)들이 서로 말하려고(云) 모이고 만나는 모습이니

모일 회·만날 회

6획 会 会 会 会 会 会

음독	かい	1순위	会談 회담 (かいだん) 会社 회사 (かいしゃ) 機会 기회 (きかい)
	え	2순위	*会得 회득이해 (えとく) *会釈 회석가볍게 인사함 (えしゃく) *一期一会 일기일회 (いちごいちえ)
훈독	[あ]う		会(あ)う 만나다 出会(であ)う 마주치다, (남녀가) 만나다

| 잠깐만요 |
• 「一期一会」는 '일생에 단 한 번뿐인 인연'이라는 의미입니다.

0921

絵

2학년 | N2 | 645위

실(糸) 같은 수많은 선들이 모이고 만나(会) 만들어지는 그림이니

그림 회

12획 絵 絵 絵 絵 絵 絵 絵 絵 絵 絵 絵 絵

음독	え	1순위	*絵 회그림 (え) *絵本 회본그림책 (えほん) *油絵 유회유화 (あぶらえ)
	かい	4순위	絵画 회화 (かいが)

0922

4학년 | N2 | 499위

그림은 풀(艹) 한 포기조차 대단하다고 서로 말하게(云) 되는 예술적인 재주와
기술이니

艹: 풀 초

재주 예 · 기술 예

7획 芸 芸 芸 芸 芸 芸 芸

| 음독 | げい | 1순위 | 芸術 예술 (げいじゅつ) | 芸能 예능 (げいのう) |
| | | | 文芸 문예 (ぶんげい) | |

| 잠깐만요 |
• 예전에는 난초, 꽃, 나무를 그려서 예술을 논했죠?
• 「芸(げい)」 단독으로도 하나의 단어로 자주 사용됩니다.
  예 芸(げい)를 習(なら)う 재주를 배우다
• 일본에서는 연예인은 「芸能人(げいのうじん)」, 개그맨은 「芸人(げいにん)」이라고 합니다.

0923

4학년 | N2 | 237위

사람(イ)이 대를 이어서 말(云)로 전하는 이야기이니

イ: 사람 인

이야기 전 · 전할 전

6획 伝 伝 伝 伝 伝 伝

음독	でん	1순위	伝言 전언 (でんごん)	伝達 전달 (でんたつ)
			宣伝 선전 (せんでん)	
훈독	[つた]わる		伝(つた)わる 전해지다	
	[つた]える		伝(つた)える 전하다	
	[つた]う		伝(つた)う 〜을 타고 이동하다, 따라 이동하다 예 梯子(はしご)を伝(つた)って登(のぼ)る 사다리를 타고 오르다 ラインを伝(つた)って走(はし)る 라인을 따라 달리다	
	예외		伝手(つて) ⓐ 인편 ⓑ 연줄	

0924

3학년 | N3 | 383위

수레(車)바퀴가 지휘관의 말(云)을 전하기 위해 데굴데굴 굴러가니

車: 수레 거 · 수레 차

구를 전

11획 転 転 転 転 転 転 転 転 転 転 転

음독	てん	1순위	回転 회전 (かいてん)	運転 운전 (うんてん)
			逆転 역전 (ぎゃくてん)	
훈독	[ころ]ぶ		転(ころ)ぶ 쓰러지다, 구르다	
	[ころ]がる		転(ころ)がる 구르다, 자빠지다	
	[ころ]げる		転(ころ)げる 구르다, 자빠지다	
	[ころ]がす		転(ころ)がす 굴리다, 넘어뜨리다	

0925

仁

6학년 | N1 | 1100위

사람(亻)이 둘(二)만 모여도 싸우지 않으려면 어진 마음을 갖추어야 하니

어질 인

4획 仁 仁 仁 仁

음독	じん	1순위	仁義 인의 (じんぎ)	*仁道 인도 어진 길 (じんどう)
			仁愛 인애 (じんあい)	
	に	4순위	仁王 인왕 금강신 (におう)	

| 잠깐만요 |
- 일반적으로 많이 쓰이는 것은 「仁義(인의)」라는 단어입니다. '인의'는 '사람이 마땅히 행해야 할 도덕 · 법칙 · 규칙' 등을 의미합니다.
- 「に」로 읽히는 경우는 불교의 금강역사 중 하나인 인왕(仁王) 정도입니다. 관련어로 두 발을 벌리고 당당히 선 자세를 「仁王立(におうだ)ち」(장승처럼 우뚝 버티어 섬)라고 하니 알아 두세요.

---

210 [侖]: 둥글 륜 ▶ 侖輪論

0926 ● 부수자

侖

사람(人)들이 한(一) 권의 책(冊)을 두고 둥글게 모인 모습이니　　冊: 책 책

둥글 륜

8획 侖 侖 侖 侖 侖 侖 侖 侖

| 잠깐만요 |
- 한 권의 책을 두고 토론하기 위해 둥글게 둘러앉아 있는 모습을 그린 거예요.

0927

輪

4학년 | N2 | 844위

수레(車)의 둥근(侖) 부분은 둥글게 도는 바퀴의 둘레이니

바퀴 륜 · 둘레 륜

15획 輪 輪 輪 輪 輪 輪 輪 輪 輪 輪 輪
輪 輪 輪 輪

음독	りん	1순위	輪郭 윤곽 (りんかく)	車輪 차륜 (しゃりん)
			年輪 연륜 (ねんりん)	
훈독	わ		輪(わ) ⓐ 고리, 원형 ⓑ 바퀴 ⓒ 테, 테두리	
			首輪(くびわ) 목걸이	

0928

論

6학년 | N3 | 265위

둥글게(侖) 모여 앉아 말(言)을 던지며 서로 논하니

논할 론

15획 論 論 論 論 論 論 論 論 論 論 論 論 論 論 論

| 음독 | ろん | 1순위 | 論文 논문 (ろんぶん) | 論争 논쟁 (ろんそう) |
| | | | 結論 결론 (けつろん) | *論(ろん)ずる 논하다 |

---

211 [僉]: 모두 다 첨 ▶ 僉検険験

0929 ● 부수자

僉

모두 합심(合)해서 사람(人)을 모조리 다 모으니

모두 다 첨

8획 僉 僉 僉 僉 僉 僉 僉 僉

0930

検

5학년 | N1 | 564위

혹여 나무(木)가 썩었을까 모조리 다(僉) 검사하고 살피니　　　　　　木: 나무 목

검사할 검

12획 検 検 検 検 検 検 検 検 検 検 検 検

| 음독 | けん | 1순위 | 検査 검사 (けんさ) | 検事 검사 (けんじ) |
| | | | 点検 점검 (てんけん) | |

| 잠깐만요 |
• 형사(刑事)·검사(検事)·판사(判事)는 「師(스승 사)」가 아니라 「事(일 사)」를 씁니다.

0931

険

5학년 | N2 | 677위

이 세상의 언덕(阝)이 모조리 다(僉) 모인 듯한 험한 모양새이니

阝: (왼편) 언덕 부·(오른편) 고을 읍

험할 험

11획 険 険 険 険 険 険 険 険 険 険 険

음독	けん	1순위	険悪 험악 (けんあく)	危険 위험 (きけん)
			保険 보험 (ほけん)	
훈독	[けわ]しい		険(けわ)しい 험하다, 험악하다, 험상궂다	

0932

4학년 | N3 | 513위

좋은 말(馬)을 선별하기 위해 모든(僉) 방법을 다 동원해 시험하는 데서　馬: 말 마

시험할 험

18획 驗 驗 驗 驗 驗 驗 驗 驗 驗 驗 驗 驗 驗 驗 驗 驗 驗 驗

| 음독 | けん | 1순위 | 試験 시험 (しけん)　　実験 실험 (じっけん)
経験 경험 (けいけん) |
| | げん | 3순위 | 霊験 영험 (れいげん / れいけん)
*修験者 수험자밀교식 수행자 (しゅげんじゃ) |

| 잠깐만요 |
• 음독 「げん」은 문어적으로 쓰입니다.

---

212 及: 이를 급 ▶ 及級吸

0933

중학 | N1 | 762위

사람(人)이 절벽(乀) 끝까지 이르러 도달함이니

乀: 여기서는 계단의 모습

이를 급 · 미칠 급

3획 及 及 及

음독	きゅう	1순위	普及 보급 (ふきゅう)　　波及 파급 (はきゅう) 言及 언급 (げんきゅう)
훈독	[およ]ぶ		及(およ)ぶ 달하다, 이르다, 끼치다
	[およ]ぼす		及(およ)ぼす 미치게 하다 → 及(およ)び ⓐ 및 ⓑ 또

0934

6학년 | N2 | 857위

공기가 입(口)에서 기도를 거쳐 폐에 이르도록(及) 들이마셔 흡입하니

들이킬 흡 · 흡입할 흡

6획 吸 吸 吸 吸 吸 吸

| 음독 | きゅう | 1순위 | 吸収 흡수 (きゅうしゅう)　　吸引 흡인 (きゅういん)
呼吸 호흡 (こきゅう) |
| 훈독 | [す]う | | 吸(す)う ⓐ (숨 · 액체 등을) 들이키다　ⓑ (담배를) 피우다 |

| 잠깐만요 |
• 맑은 공기나 담배 연기를 빨아들여서 기도(乛)를 거쳐 양쪽에 달린 폐(人)에 들어가는 이미지예요.

0935

3학년 | N1 | 810위

끝에 도달한(及) 이들의 순위를 실(糸)처럼 한 줄로 매긴 등급이니

등급 급

9획 級級級級級級級級級

| 음독 | きゅう | 1순위 | 高級 고급 (こうきゅう) | 学級 학급 (がっきゅう) |
| | | | 特級 특급 (とっきゅう) | |

⑵13 卒: 졸병 졸 ▶ 卒座衆

0936

4학년 | N2 | 1135위

우두머리(亠) 밑에서 싸우는 졸병들(人人)은 족히 십(十) 년은 지나야 징병 기간을 마치니

亠: 머리 두

① 졸병 졸 ② 마칠 졸 (③ 갑자기 졸)

8획 卒卒卒卒卒卒卒卒

음독	そつ	1순위	② 卒業 졸업 (そつぎょう) ① 兵卒 병졸 (へいそつ)
			② 新卒 신졸신규 졸업자 (しんそつ)
		4순위	③ *卒然 졸연돌연 (そつぜん)

| 잠깐만요 |
• '③ 갑자기 졸'은 「卒然(졸연)」「倉卒(창졸)」정도로 사용 빈도가 높지 않으니 참고만 하세요.

0937

6학년 | N2 | 401위

집(广)에 사람들(人人)이 바닥(土)에 앉아 있는 자리이니

广: 집 엄

앉을 좌 · 자리 좌

10획 座座座座座座座座座座

음독	ざ	1순위	座席 좌석 (ざせき)	座談会 좌담회 (ざだんかい)
			星座 성좌 (せいざ)	
훈독	[すわ]る		座(すわ)る 앉다	居座(いすわ)る 눌러앉다

0938

6학년 | N1 | 759위

혈연(血) 관계의 사람들(乑)이 무리 지어 있는 모습에서

血: 피 혈 乑: 나란히 설 음(사람 셋이 모인 모양)

무리 중

12획 衆衆衆衆衆衆衆衆衆衆衆衆

음독	しゅう	1순위	公衆 공중 (こうしゅう)	大衆 대중 (たいしゅう)
			観衆 관중 (かんしゅう)	
	しゅ	3순위	衆生 중생 (しゅじょう)	大衆 대중여러 승려 (だいしゅ)

| 잠깐만요 |
• 음독 「しゅ」는 '스님, 중생'을 의미합니다.

(정답은 509쪽에)

1 빈칸에 들어갈 한자로 적절한 것을 고르시오.

1. ___頭 (염두)　　　ⓐ 令　　　ⓑ 含　　　ⓒ 念

2. 宣___ (선전)　　　ⓐ 仁　　　ⓑ 転　　　ⓒ 伝

3. ___同 (합동)　　　ⓐ 合　　　ⓑ 含　　　ⓒ 舍

4. 車___ (차륜)　　　ⓐ 侖　　　ⓑ 論　　　ⓒ 輪

5. ___凍 (냉동)　　　ⓐ 令　　　ⓑ 冷　　　ⓒ 命

6. 危___ (위험)　　　ⓐ 驗　　　ⓑ 検　　　ⓒ 険

7. ___収 (흡수)　　　ⓐ 吸　　　ⓑ 級　　　ⓒ 及

8. 星___ (성좌)　　　ⓐ 坐　　　ⓑ 座　　　ⓒ 挫

2 다음 한자의 뜻을 ( )에 적고 일본 음독을 a, b, c 중에 하나 고르시오.

1. 答案 (　　　)　　ⓐ たっあん　　ⓑ とうあん　　ⓒ とあん

2. 古今 (　　　)　　ⓐ こきん　　　ⓑ こうきん　　ⓒ こうこん

3. 命令 (　　　)　　ⓐ めいれい　　ⓑ もうろう　　ⓒ みょうりょう

4. 収拾 (　　　)　　ⓐ しゅうしゅつ　ⓑ しゅうしゅ　ⓒ しゅうしゅう

5. 険悪 (　　　)　　ⓐ けんあく　　ⓑ げんあく　　ⓒ へんあく

6. 寿命 (　　　)　　ⓐ じゅめい　　ⓑ じゅうみょ　ⓒ じゅみょう

7. 公衆 (　　　)　　ⓐ こうしゅ　　ⓑ こうしゅう　ⓒ こんじゅん

8. 宣伝 (　　　)　　ⓐ せんでん　　ⓑ せんぜん　　ⓒ せんじょん

耂·女·兄·了의 파생 [28자]

214 老[耂]: 늙을 로 ▶ 考孝教

0939

2학년 | N3 | 118위

노인(耂)의 지혜는 번개 치듯(丂) 드는 생각을 깊게하여 여러 가지를 고려하는 데 있으니

丂: 번개가 내리치는 모습

깊이 생각할 고 · 고려할 고

6획 考 考 考 考 考 考

음독	こう [1순위]	考察 고찰 (こうさつ)　　考慮 고려 (こうりょ) 思考 사고 (しこう)
훈독	[かんが]える	考(かんが)える ⓐ 생각하다 ⓑ 고안하다 → 考(かんが)え 생각

0940

6학년 | N1 | 1297위

늙은(耂) 부모를 아들(子)이 업고 받드는 효도이니

효도 효

7획 孝 孝 孝 孝 孝 孝 孝

음독	こう [1순위]	孝行 효행 (こうこう)　　孝道 효도 (こうどう) 不孝 불효 (ふこう)

0941

2학년 | N1 | 124위

옛날 교육은 늙은(耂) 부모가 아들(子)의 종아리를 치며(攵) 가르치는 것이었으니

攵: 칠 복

가르칠 교 · 교육 교

11획 教 教 教 教 教 教 教 教 教 教 教

음독	きょう [1순위]	教育 교육 (きょういく)　　教養 교양 (きょうよう) 宗教 종교 (しゅうきょう)
훈독	[おし]える	教(おし)える 가르치다 → 教(おし)え 가르침
	[おそ]わる	教(おそ)わる 가르침을 받다, 배우다

0942

者

3학년 | N3 | 19위

늙어(耂) 가는 것은 태양(日) 아래 있는 모든 사람이니

사람 자 · 놈 자

8획 者 者 者 者 者 者 者 者

음독	しゃ [1순위]	学者 학자 (がくしゃ)	*役者 역자배우 (やくしゃ)
		*医者 의자의사 (いしゃ)	
훈독	もの	者(もの) 사람, 것	若者(わかもの) 젊은이
		悪者(わるもの) 악인	余所者(よそもの) 다른 지역 사람

0943

著

6학년 | N2 | 688위

초야(艹)에 묻혀 있던 사람(者)이 글을 지어 그 뛰어남이 드러나니   艹 : 풀 초

① 글 지을 저 · 저술할 저   ② 나타날 저 · 현저할 저

11획 著 著 著 著 著 著 著 著 著 著 著

음독	ちょ [1순위]	① 著者 저자 (ちょしゃ)	① 著述 저술 (ちょじゅつ)
		② 著名 저명 (ちょめい)	② 顕著 현저 (けんちょ)
훈독	[あらわ]す	著(あらわ)す 저술하다	
	[いちじる]しい	著(いちじる)しい 현저하다, 두드러지다	

0944

暑

3학년 | N3 | 1560위

해(日)가 사람(者) 바로 위에 떠 있어 무더우니

무더울 서

12획 暑 暑 暑 暑 暑 暑 暑 暑 暑 暑 暑 暑

음독	しょ [1순위]	寒暑 한서 (かんしょ)	酷暑 혹서무더운 여름 (こくしょ)
		避暑 피서 (ひしょ)	
훈독	[あつ]い	暑(あつ)い 덥다 ↔ 涼(すず)しい 서늘하다/寒(さむ)い 춥다	

0945

署

6학년 | N2 | 1281위

지역의 사람(者)들을 그물(罒) 친 듯 관리하기 위한 관청과 서명이니   罒 : 그물 망

① 관청 서   ② 서명 서

13획 署 署 署 署 署 署 署 署 署 署 署 署 署

| 음독 | しょ [1순위] | ② 署名 서명 (しょめい) | ① 警察署 경찰서 (けいさつしょ) |
| | | ① 部署 부서 (ぶしょ) | ②*自署 자서자필 서명 (じしょ) |

| 잠깐만요 |
• 관청에서 사람들의 서명으로 호적을 파악해서 그물망을 펼치듯이 관리하는 것을 생각해 보세요.

0946

6학년 | N2 | 646위

말(言) 한마디에 여러 사람(者)이 모두 반응하는 모습이니

모든 제 · 여러 제

15획 諸 諸 諸 諸 諸 諸 諸 諸 諸 諸 諸 諸 諸 諸 諸

| 음독 | しょ | 1순위 | 諸般 제반 (しょはん) | 諸君 제군·여러분 (しょくん) |
| | | | 諸説 제설 (しょせつ) | |

0947

3학년 | N3 | 288위

수많은 사람(者)들이 언덕 위 고을(阝)에 몰려 성을 쌓아 생긴 큰 도시이니

阝: (왼편) 언덕 부 · (오른편) 고을 읍

도시 도

11획 都 都 都 者 者 者 者 者 者 都 都

음독	と	1순위	都市 도시 (とし)	都城 도성 (とじょう)
			都会 도회·도시 (とかい)	
	つ	4순위	*都合 도합·형편, 사정 (つごう)	*都度 도도·그때마다 (つど)
훈독	みやこ		都(みやこ) ⓐ (역사적)수도, 도읍지 ⓑ (비유적)중심이 되는 도시	

---

216 女: 여자 여 ▶ 好姉妹奴努怒

0948

4학년 | N3 | 252위

여자(女)는 아이(子)를 특히 좋아하니

좋아할 호

6획 好 好 好 好 好 好

음독	こう	1순위	好感 호감 (こうかん)	好調 호조 (こうちょう)
			愛好 애호 (あいこう)	
훈독	[この]む		好(この)む 좋아하다, 즐기다 → 好(この)み 취향	
	[す]き		好(す)きだ 좋아하다	
			酒好(さけず)き 애주가	女好(おんなず)き 호색가

| 잠깐만요 |
- 일본에서는 사랑을 말할 때 일반적으로 '好(す)き' 혹은 '大好(だいす)き'라고 하지, "愛(あい)してる"라고 하지 않는 편이에요. 일본인에게 愛してる는 굉장히 무겁고 장대한 어휘라 일생일대의 결심이나 마음을 담아서 전달할 때나 써야한다는 느낌이랍니다.
- '好(す)く 좋아하다' 라는 동사도 있으나, 현대어에서는 주로 수동형과 부정형으로만 쓰입니다.
  (수동) ～に好(す)かれる ～에게 사랑받다, ～가 좋아해주다
    예 皆(みんな)に好(す)かれる人気者(にんきもの) 모두에게 사랑받는 인기인
  (부정) ～好(す)かない 싫다 → いけ好(す)かない 왠지 모르게 아주 싫다
    예 いけ好かない奴(やつ) 마음에 안 드는 놈

| 잠깐만요 |
好(す)く를 쓰는 일부 표현
- 好く好かないは～
  좋아하고 안하고는～
- 好いて好かれる
  서로 좋아하다

姉

2학년 | N3 | 998위

여자(女) 형제 중 도시/시장(市)에서 일하고 장 보는 건 언니 쪽이니   市 : 도시 시 · 시장 시

언니 자

8획 姉 姉 姉 姉 姉 姉 姉 姉

음독	し	1순위	姉妹 자매 (しまい)　　　*姉弟 자제 누나와 동생 (してい) *長姉 장자 큰누이 (ちょうし)
훈독	あね		姉(あね) 누나　　　姉分(あねぶん) 누님처럼 받드는 사람 姉貴(あねき) 누님　　　姉御(あねご) 여자 두목, 두목의 아내

妹

2학년 | N3 | 1143위

여자(女) 형제 중 아직 채 여물지 않은(未) 여동생이니   未 : 아직 아닐 미

여동생 매

8획 妹 妹 妹 妹 妹 妹 妹 妹

음독	まい	1순위	姉妹 자매 (しまい)　　　*弟妹 제매 남동생과 여동생 (ていまい) *義妹 의매 (ぎまい)
훈독	いもうと		妹(いもうと) 여동생 妹分(いもうとぶん) 누이동생으로 여기는 사람

| 잠깐만요 |
• 「義妹(ぎまい)」는 의붓 여동생이나 손아래 시누이(올케) 등 '의리로 맺은 여동생'을 말해요.

奴

중학 | N1 | 1183위

여자(女)들도 제 오른손(又)마냥 부려 먹던 노예이니   又 : 오른손 우

부려 먹을 노 · 노예 노

5획 奴 奴 奴 奴 奴

음독	ど	1순위	奴隷 노예 (どれい)　　　売国奴 매국노 (ばいこくど) 守銭奴 수전노 (しゅせんど)
훈독	やつ		奴(やつ) 녀석, 놈

努

4학년 | N2 | 1284위

요령 부리지 않고 노예(奴)처럼 젖 먹던 힘(力)까지 짜내 노력하고 애쓰니

애쓸 노 · 노력할 노

7획 努 努 努 努 努 努 努

음독	ど	4순위	努力 노력 (どりょく)
훈독	[つと]める		努(つと)める 힘쓰다, 일하다

| 잠깐만요 |
• 사용 빈도는 높지만 위 두 단어 외에는 쓰이지 않아요.

0953

중학 | N2 | 758위

노예(奴)처럼 부려질 때면 마음(心)이 끓어올라 분노하니

분노할 노

9획 怒 怒 怒 怒 怒 怒 怒 怒 怒

음독	ど	1순위	激怒 격노 (げきど)　　喜怒哀楽 희로애락 (きどあいらく) *怒鳴(どな)る 고함치다, 호통치다, 야단치다
훈독	[おこ]る		怒(おこ)る ⓐ 화내다 ⓑ 꾸짖다 → 怒(おこ)り 짜증, 화　怒(おこ)りん坊(ぼう) 잘 삐지는 사람
	[いか]る		怒(いか)る 노하다 → 怒(いか)り 분노 　　怒(いか)りの日(ひ) (기독교) 하느님이 최후의 심판을 하는 날

| 잠깐만요 |
• 「怒(おこ)る」는 사용 범위가 넓고 캐주얼한 표현입니다. 짜증 정도의 의미에서 화를 내는 의미까지 사용 범위가 넓어요. 반면 「怒(いか)る」는 예스런 뉘앙스가 있어서 다소 경직된 느낌입니다. 그래서 조금 더 진실된 분노나 높은 존재의 분노를 나타내는 경우가 많습니다.

---

217 妾: 첩 첩 ▶ 妾接

0954 ◐ 제부수

급수 외 | 2147위

옛날에는 옆에 서서(立) 시중을 드는 여자(女)는 본처보다 첩이었으니

첩 첩

8획 妾 妾 妾 妾 妾 妾 妾 妾

음독	しょう	3순위	妻妾 처첩 (さいしょう)　　愛妾 애첩 (あいしょう)
훈독	めかけ		妾(めかけ) 첩

0955

5학년 | N2 | 556위

집 안팎으로 손(扌)을 대는 첩(妾)은 가족 사이를 잘 이어 붙이고 사람들과도 많이 접하니

扌: 손 수

붙일 접 · 이을 접

11획 接 接 接 接 接 接 接 接 接 接 接

음독	せつ	1순위	接合 접합 (せつごう)　　接続 접속 (せつぞく) 直接 직접 (ちょくせつ)
훈독	[つ]ぐ		接(つ)ぐ 접목하다, 이어 붙이다

| 잠깐만요 |
• 옛날 첩의 지위는 본처, 남편, 시부모, 자녀들 사이에서 가족 사이의 관계를 잘 이어 붙이는 역할을 했고, 본처를 대신해서 하인이나 가벼운 바깥일, 자녀 교육 등을 위해 많은 사람들과 접하고, 손님을 접대하기도 했기 때문에 '첩의 손'이란 '잇다, 붙이다, 접하다'란 이미지를 지니게 되었어요.

0956 ◑ 제부수

옛날 여성(女)들은 항시 많은(十) 것들이 금지되어 해서는 아니 되었으니

十: 많을 십 · 열 십

毋

아니 될 무 · 말아야 할 무

4획 毋 毋 毋 毋

| 잠깐만요 |
- 많은(十) 것을 속에 담아 두고 입 밖으로 꺼내선 안 되던 여성(女)의 모습으로도 봅니다.
- 아래쪽에 삐침이 없는 「毌(꿸을 관)」 자와 구분에 주의하세요. 이 밖에도 「田(밭 전)」「母(어미 모)」와도 헷갈리지 마세요.

0957

每

2학년 | N4 | 669위

화살(ノ)은 항상 떨어지면 안 되는(毋) 소모품이라 매번 확인하니

ノ: 화살 시

항상 매 · 매번 매

6획 每 每 每 每 每 每

| 음독 | まい 1순위 | 毎年 매년 (まいとし) | *毎晩 매만 매일 밤 (まいばん) |
| | | 毎日 매일 (まいにち) | |

0958

梅

4학년 | N1 | 1147위

일본에서 매년 항상(毎) 열매를 먹는 나무(木)는 매화나무이니

① 매화나무 매 ② 장마 매

10획 梅 梅 梅 梅 梅 梅 梅 梅 梅 梅

음독	ばい 1순위	① 梅花 매화 (ばいか) ② *梅雨 매우 장마 (ばいう)
		② *入梅 입매 장마에 접어듦 (にゅうばい)
훈독	うめ	梅(うめ) 매화, 매실
		梅干(うめぼ)し 매실 절임 梅酒(うめしゅ) 매실주
	예외	梅雨(つゆ) 장마

| 잠깐만요 |
- 일본에서 매 식사마다 먹는 매실 절임(우메보시)을 만드는 나무는 매화나무죠?

海

2학년 | N3 | 154위

물(氵) 중에서 항상(毎) 그 자리에 존재하는 바다이니 　　　　氵: 물 수

바다 해

9획 海 海 海 海 海 海 海 海 海

음독	かい [1순위]	海洋 해양 (かいよう)	海外 해외 (かいがい)
		海岸 해안 (かいがん)	
훈독	うみ	海(うみ) 바다	海辺(うみべ) 해변, 해안
		内海(うちうみ) 내해	外海(そとうみ) 외해

| 잠깐만요 |
• 「内海」「外海」는 문어적으로 「ないかい」「がいかい」로도 읽습니다.
　◉ 内海文化(ないかいぶんか) 내해 문화

---

219 兄: 형 형 ▶ 祝競

0960

祝

4학년 | N2 | 1339위

결혼식에서 모두가 보는 앞에서 신(礻)에게 맹세하는 형(兄)의 모습을 축하하니

礻: 보일 시·신 시

축하할 축

9획 祝 祝 祝 祝 祝 祝 祝 祝 祝

음독	しゅく [1순위]	祝賀 축하 (しゅくが)	*祝日 축일공휴일 (しゅくじつ)
		祝杯 축배 (しゅくはい)	
	しゅう [3순위]	*祝言 축언축사 (しゅうげん)	*祝儀 축의축의금 (しゅうぎ)
훈독	[いわ]う	祝(いわ)う 축하하다 → お祝(いわ)い 축하	

| 잠깐만요 |
• 제단 앞에서 신께 결혼을 맹세하거나 높은 자리에 올라 인정받는 모습을 떠올려 주세요.

0961

競

4학년 | N2 | 599위

선(立) 채로 노려보며 형(兄)들이 경쟁하는 모습이니

경쟁할 경

20획 競

음독	きょう [1순위]	競争 경쟁 (きょうそう)	競技 경기 (きょうぎ)
		競合 경합 (きょうごう)	
	けい [4순위]	競輪 경륜 (けいりん)	競馬 경마 (けいば)
훈독	[きそ]う	競(きそ)う 다투다, 경쟁하다 → 競(きそ)い合(あ)い 경합	
	[せ]る	競(せ)る ⓐ 다투다, 경쟁하다 ⓑ 서로 다투어 값을 올리다	
		競(せ)り落(お)とす 경매에서 낙찰받다	

0962 ● 부수자

兌

형(兄)의 머리에 뿔(ソ)이 나 모습이 바뀌니

바뀔 태

7획 兌 兌 兌 兌 兌 兌 兌

0963

税

5학년 | N2 | 593위

벼(禾)로 바꾸어(兌) 국가에 내는 세금이니

세금 세

12획 税 税 税 税 税 税 税 税 税 税 税 税

음독	ぜい	1순위	税金 세금 (ぜいきん)	免税 면세 (めんぜい)
			納税 납세 (のうぜい)	

| 잠깐만요 |
• 예전에는 세금을 벼나 특산품으로 내곤 했어요.

0964

説

4학년 | N3 | 198위

말(言)로 감정과 생각을 바꾸도록(兌) 달래고 설명하는 것이니

① 설명할 설 ② 달랠 세

14획 説 説 説 説 説 説 説 説 説 説 説 説 説 説

음독	せつ	1순위	① 説明 설명 (せつめい) ① 解説 해설 (かいせつ)
			① 小説 소설 (しょうせつ)
	ぜい	4순위	② 遊説 유세 (ゆうぜい)
훈독	[と]く		説(と)く 설명하다, 설득하다
			口説(くど)く ⓐ 끈질기게 설득하다 ⓑ (이성을) 꼬시다

| 잠깐만요 |
• 예외적으로 「遊説(유세)」에서만 '설'이 아니라 '세'가 되고, 음독도 「ぜい」가 됩니다.
• 「遊説」는 자신의 의견 또는 소속 정당의 주장을 펼치며 돌아다니는 거예요.

0965

6학년 | N2 | 949위

생이 끝난(了) 조상의 뜻을 크건(>) 작건(<) 삼(三)대까지 받아들여 이어 가니

> < : 여기서는 부등호 모양

받아들일 승 · 이을 승

8획 承 了 了 孑 孑 承 承 承

음독	しょう [1순위]	承認 승인 (しょうにん)	*承知 승지알아들음 (しょうち)
		伝承 전승 (でんしょう)	
훈독	[うけたまわ]る	承(うけたまわ)る 삼가 듣다, 배청하다 〈聞く(듣다)의 겸양어〉	

| 잠깐만요 |
• 「承知(しょうち)」는 '알아들음' 외에 '승낙, 동의'라는 뜻도 있어요.

0966

6학년 | N2 | 1659위

약초(艹) 선별을 끝내고(了) 크고(>) 작은(<) 성분을 하나(一)라도 남기고자 불(灬)에 찌는 모습이니

艹 : 풀초　灬 : 불화

찔 증

13획 蒸 蒸 蒸 蒸 芽 苐 荸 荵 蒸 蒸 蒸 蒸 蒸

음독	じょう [1순위]	蒸気 증기 (じょうき)	蒸留 증류 (じょうりゅう)
		蒸発 증발 (じょうはつ)	
훈독	[む]す	蒸(む)す 무덥다, 찌다	
		→ 蒸(む)し暑(あつ)い 무덥다	
		蒸(む)し餃子(ぎょうざ) 찐만두	
	[む]らす	蒸(む)らす 뜸들이다	
	[む]れる	蒸(む)れる 뜸들다, 무덥다	

| 잠깐만요 |
• 이미지로 기억하실 분들은 불(灬) 위에 뚜껑(艹)이 덮인 채 양 손잡이가 달린 항아리(丞)를 연상하세요.
• 상용한자에 지정되지는 않았지만, 일상(요리)에서 빈번하게 사용되는 훈독으로 「ふかす(찌다)」가 있어요!
　－ 蒸(む)す: 뜨거운 수증기로 익혀서 조리하는 것 (계란, 호빵, 만두 등)
　　예 蒸し饅頭(むし・まんじゅう) 찐빵
　－ 蒸(ふ)かす: 특히 '생으로 먹기에는 딱딱한 것'을 쪄서 부드럽게 익히는 것 (감자, 고구마, 호박 등)
　　예 蒸かし芋(ふかし・いも) 찐고구마

(정답은 509쪽에)

1 빈칸에 들어갈 한자로 적절한 것을 고르시오.

1. ____察 (고찰) ⓐ 考 ⓑ 孝 ⓒ 教

2. 部____ (부서) ⓐ 著 ⓑ 暑 ⓒ 署

3. ____隷 (노예) ⓐ 奴 ⓑ 好 ⓒ 努

4. 学____ (학자) ⓐ 諸 ⓑ 者 ⓒ 都

5. ____続 (접속) ⓐ 妾 ⓑ 接 ⓒ 妻

6. 解____ (해설) ⓐ 兑 ⓑ 税 ⓒ 説

7. ____花 (매화) ⓐ 梅 ⓑ 海 ⓒ 毎

8. ____賀 (축하) ⓐ 好 ⓑ 奴 ⓒ 祝

2 다음 한자의 뜻을 ( )에 적고 일본 음독을 a, b, c 중에 하나 고르시오.

1. 孝行 (   ) ⓐ こうこう ⓑ ひょうこう ⓒ きょうこう

2. 伝承 (   ) ⓐ せんしょう ⓑ ぜんしょう ⓒ でんしょう

3. 著述 (   ) ⓐ ちょじゅつ ⓑ じょじゅつ ⓒ ちょうじゅつ

4. 免税 (   ) ⓐ めんぜ ⓑ めんせい ⓒ めんぜい

5. 都合 (   ) ⓐ とごう ⓑ とがつ ⓒ つごう

6. 激怒 (   ) ⓐ けきと ⓑ げきどう ⓒ げきど

7. 競争 (   ) ⓐ きょうそう ⓑ きょそう ⓒ けいそう

8. 姉妹 (   ) ⓐ しめい ⓑ しまい ⓒ じまい

ム·己의 파생 [24자]

222 [ム]: 사사로울 사 ▶ 仏弁参台始治

0967

5학년 | N2 | 704위

사람(イ)의 사사로운(ム) 번뇌를 떨쳐 내고자 믿고 의지하는 부처이니

부처 불

4획 仏 仏 仏 仏

음독	ぶつ	1순위	仏教 불교 (ぶっきょう)　　仏像 불상 (ぶつぞう) 念仏 염불 (ねんぶつ)
훈독	ほとけ		仏(ほとけ) 부처

0968

5학년 | N1 | 804위

변호는 사적(ム)인 말과 떠받들(廾) 듯 아첨하는 말을 잘 변별해서 말해야 하니
廾: 받들 공

① **변별할 변**　② **말할 변**　(③ **가림막 판**)

5획 弁 弁 弁 弁 弁

음독	べん	1순위	① 弁別 변별 (べんべつ)　　① 弁償 변상 (べんしょう) ① 弁護士 변호사 (べんごし)　③ 弁膜 판막 (べんまく) ② 雄弁 웅변 (ゆうべん)　　② *弁解(べんかい) 변해변명 ② 関西弁 관서변관서 사투리 (かんさいべん)

| 잠깐만요 |
• 「지역명+弁」은 '〜사투리'라는 의미로 쓰입니다. – 예 大阪弁(おおさかべん) 오사카 사투리
• 예외적인 사용으로는 「弁当(べんとう)」(도시락)가 있습니다. – cf 駅弁(えきべん) 역 도시락

0969

4학년 | N2 | 365위

본디 선비는 사적(ム)으로도 큰(大) 수염(彡)을 기른 현자의 강의에 참여해 그 말을 참고하니
彡: 터럭 삼

① **참여할 참**　② **참고할 참**

8획 参 参 参 参 参 参 参 参

음독	さん	1순위	① 参加 참가 (さんか)　　② 参考 참고 (さんこう) ① 持参 지참 (じさん)
훈독	[まい]る		参(まい)る 가다, 오다 〈行く·来る의 겸양어〉 → お参(まい)り (신불을) 참배함　墓参(はかまい)り 성묘

| 잠깐만요 |
• 수염을 기른 현자의 강의에 사적으로 참가해 수업 내용을 참고하는 것을 이미지해 주세요.

0970

2학년 | N3 | 354위

높은 이와 사적(厶)으로 만나 입(口)으로 하는 식사나 대화는 승진을 위한 토대가 되니

받쳐 들 대 · 받침 대

5획 台 台 台 台 台

음독	だい	1순위	土台 토대 (どだい)　　　　灯台 등대 (とうだい) 天文台 천문대 (てんもんだい)
	たい	2순위	台風 태풍 (たいふう)　　　　舞台 무대 (ぶたい) *屋台 옥대포장마차 (やたい)

| 잠깐만요 |
· 주먹(厶)으로 내리치는 받침(口)을 떠올려도 좋아요.

0971

3학년 | N3 | 303위

여성(女)이 싱크대/화장대(台) 앞에 서는 것은 일(화장/요리)의 시작이요 처음이니

처음 시 · 시작 시

8획 始 始 始 始 始 始 始 始

음독	し	1순위	始終 시종 (しじゅう)　　　原始 원시 (げんし) 開始 개시 (かいし)
훈독	[はじ]まる		始(はじ)まる 시작되다 → 始(はじ)まり 시작, 시초, 기원
	[はじ]める		始(はじ)める 시작하다 → 始(はじ)め (일의) 시작

0972

4학년 | N2 | 174위

물(氵)이야말로 국가와 생명을 받쳐 주는(台) 근원이라 항시 잘 다스려야 하니

① 다스릴 치　② 고칠 치 · 치료 치

8획 治 治 治 治 治 治 治 治

음독	ち	1순위	① 治安 치안 (ちあん)　　② 治療 치료 (ちりょう) ① 自治 자치 (じち)
	じ	3순위	① 政治 정치 (せいじ)　　① 退治 퇴치 (たいじ) ② 主治医 주치의 (しゅじい)
훈독	[おさ]まる		治(おさ)まる 수습하다, 해결되다
	[おさ]める		治(おさ)める 다스리다, 수습하다
	[なお]る		治(なお)る 낫다, 치유되다
	[なお]す		治(なお)す 고치다, 치료하다, 낫게 하다

| 잠깐만요 |
· 「じ」로 읽히는 단어는 그리 많지 않습니다. 단, 위의 세 단어는 사용 빈도가 높으니 예외로 익혀
　두세요.

0973

広

2학년 | N3 | 274위

집(广)에 구성원 모두의 사적(厶) 공간이 있을 만큼 넓으니 广: 집 엄

넓을 광

5획 広 広 広 広 広

음독	こう	1순위	広域 광역 (こういき)	広範囲 광범위 (こうはんい)
			広告 광고 (こうこく)	
	[ひろ]い		広(ひろ)い 넓다 → 広(ひろ)さ 넓이	
	[ひろ]まる		広(ひろ)まる (사람 사이에서) 퍼지다	
훈독	**[ひろ]める**		広(ひろ)める (사람 사이에서) 퍼뜨리다	
	[ひろ]がる		広(ひろ)がる (범위, 규모 등이) 확장되다, 퍼지다, 커지다	
	[ひろ]げる		広(ひろ)げる (범위, 규모 등을) 확장하다, 퍼뜨리다, 키우다	

| 잠깐만요 |
- 집에 구성원의 방이 모두는 있으면 그만큼 넓겠죠?
- 「ひろまる/ひろめる」는 주로 정보, 문화, 소문 등의 추상적인 것이 사람 사이에서 전파되어 널리 퍼지는 것을 뜻합니다. 반면 「ひろがる/ひろげる」는 강폭, 사업, 불, 병, 시야, 경치 등 물리적/추상적인 대상의 범위나 규모가 커지는 것을 의미합니다.

0974

鉱

5학년 | N2 | 1724위

금속(金)을 폭넓게(広) 아우르는 말은 광물이니

광물 광

13획 鉱 鉱 鉱 鉱 鉱 鉱 鉱 鉱 鉱 鉱 鉱 鉱 鉱

| 음독 | こう | 1순위 | 鉱物 광물 (こうぶつ) | 炭鉱 탄광 (たんこう) |
| | | | 鉄鉱 철광 (てっこう) | |

0975

拡

6학년 | N1 | 1061위

손(扌)으로 잡고 넓혀(広) 범위를 확장하니 扌: 손 수

넓힐 확 · 확장할 확

8획 拡 拡 拡 拡 拡 拡 拡 拡

| 음독 | かく | 1순위 | 拡散 확산 (かくさん) | 拡張 확장 (かくちょう) |
| | | | 拡大 확대 (かくだい) | |

0976

能

5학년 | N1 | 200위

재주가 뛰어나고 능한 곰(厶 주둥이, 月 몸, ヒヒ 네 발)의 모습을 본떠

뛰어날 능 · 능할 능

10획 能 能 能 能 能 能 能 能 能 能

음독	のう	1순위	能力 능력 (のうりょく)　效能 효능 (こうのう) 才能 재능 (さいのう)

| 잠깐만요 |
- 곰은 재주가 많아 묘기도 부리죠?

0977

熊

4학년 | N1 | 1141위

곰(能)의 실루엣이 불(灬)에 비친 모습으로 곰을 나타내니

灬: 불 화

곰 웅

14획 熊 熊 熊 熊 熊 熊 熊 熊 熊 熊 熊 熊 熊 熊

음독	ゆう	4순위	熊胆 웅담 (ゆうたん)
훈독	くま		熊(くま) 곰

| 잠깐만요 |
- 곰의 능력이 아니라 곰 자체를 나타내니 불빛에 비친 곰의 실루엣을 연상하세요.
- 고문서나 한방 용어 등이 아닌 한 훈독으로 쓰는 게 일반적입니다.

0978

態

5학년 | N1 | 367위

능력이 뛰어난(能) 이는 마음가짐(心)이 겉으로 드러난다 하여

겉 드러날 태 · 모습 태

14획 態 態 態 態 態 態 態 態 態 態 態 態 態 態

음독	たい	1순위	態度 태도 (たいど)　形態 형태 (けいたい) 事態 사태 (じたい)

0979

公

2학년 | N1 | 167위

이익을 나눌(八) 때에는 사리사욕(厶) 없이 공평하고 공정해야 하니　八: 나눌 팔·여덟 팔

공평할 공·공정할 공

4획 公 公 公 公

음독	こう	1순위	公共 공공 (こうきょう)　　公正 공정 (こうせい) 公私 공사 (こうし)
훈독	おおやけ		公(おおやけ) 정부, 공공 → 公(おおやけ)の場(ば) 공적인 자리 　公(おおやけ)にする 공표하다

0980

松

4학년 | N1 | 334위

나무(木) 중 사계절 모두 공평하게(公) 푸른 소나무이니

소나무 송

8획 松 松 松 松 松 松 松 松

음독	しょう	1순위	松柏 송백 소나무와 잣나무 (しょうはく) 老松 노송 (ろうしょう)　　青松 청송 (せいしょう)
훈독	まつ		松(まつ) 소나무
		예외	松明(たいまつ) 횃불

0981

総

5학년 | N2 | 326위

실(糸)로 묶듯 공평한(公) 마음(心)으로 모두를 거느리니

① 모두 총　② 거느릴 총

14획 総 総 総 総 総 総 総 総 総 総 総 総 総 総

음독	そう	1순위	② 総理 총리 (そうり)　　① 総合 총합·종합 (そうごう) ② 総務 총무 (そうむ)

[厶]: 감싸 안을 사 ▶ 厶育流充統

0982 ● 부수자

厶

아이의 머리(ㅗ)를 팔(厶)로 감싸 안은 모습에서
ㅗ: 머리 두 厶: 여기서는 안은 모습

감싸 안을 사

4획 ` ㅗ 厺 厶

0983

育

3학년 | N2 | 374위

아이의 머리(ㅗ)를 팔로 안아(厶) 몸(月)을 받치고 기르는 모습에서 月: 고기 육·달 월

기를 육

8획 育育育育育育育育

음독	いく	1순위	育児 육아 (いくじ)　育成 육성 (いくせい) 教育 교육 (きょういく)
훈독	[そだ]つ		育(そだ)つ 자라다, 성장하다 → 育(そだ)ち 성장, 성장 방식·환경
	[そだ]てる		育(そだ)てる 키우다, 기르다
	[はぐく]む		育(はぐく)む 기르다

| 잠깐만요 |
・「育む」는 보다 애정을 쏟아서 기르는 경우에 문어적인 표현으로 주로 씁니다.

0984

流

3학년 | N2 | 204위

물(氵)이 산과 바위를 감싸 안고(厶) 굽이치듯 내(川)를 흐르는 모습이니 氵: 물 수

흐를 류

10획 流流流流流流流流流流

음독	りゅう	1순위	流行 유행 (りゅうこう)　電流 전류 (でんりゅう) 一流 일류 (いちりゅう)
	る	3순위	流布 유포 (るふ)　流浪人 유랑인유랑자 (るろうにん)
훈독	[なが]す		流(なが)す 흘리다, 떠내려 보내다 → 聞(き)き流(なが)し 듣고 흘려 버림
	[なが]れる		流(なが)れる 흐르다, 떠내려가다 → 流(なが)れ星(ぼし) 유성
	예외		流行(はやり) 유행

充

중학 | N1 | 204위

누군가 머리를 감싸 안아(云) 주면 사람(儿)은 비로소 마음이 충만하니   儿 : 사람 인

채울 충 · 충만할 충

6획 充 充 充 充 充 充

음독	じゅう	1순위	充実 충실 (じゅうじつ) 充電 충전 (じゅうでん) 充足 충족 (じゅうそく)
훈독	[あ]てる		充(あ)てる ⓐ 충당하다(~을 …로/에 사용·활용하다) ⓑ (~을 …에게) 할당하여 맡기다

統

5학년 | N1 | 462위

실(糸)로 엮듯이 한 라인을 가득 채워(充) 하나로 통합해 거느리니

계통 통 · 거느릴 통

12획 統 統 統 統 統 統 統 統 統 統 統 統

음독	とう	1순위	統一 통일 (とういつ) 統計 통계 (とうけい) 統率 통솔 (とうそつ)
훈독	[す]べる		統(す)べる 총괄하다, 지배하다

| 잠깐만요 |
• 「総(모두 총, 거느릴 총)」과 구분에 주의하세요.

---

227 己: 자기 기 ▶ 記紀改配

記

2학년 | N2 | 161위

자신(己)에게 필요한 말(言)은 기록하고 기억하니

기록할 기 · 기억할 기

10획 記 記 記 記 記 記 記 記 記 記

음독	き	1순위	記録 기록 (きろく) 記憶 기억 (きおく) 記号 기호 (きごう) *記(き)する 기록하다
훈독	[しる]す		記(しる)す 적다, 기록하다

| 잠깐만요 |
• 음독에 「する」를 붙이면 「記(き)する」(기록하다)라는 동사가 됩니다. 문어적인 표현에 쓰여요.

5학년 | N1 | 461위

자신(己)을 실(糸)처럼 묶고 있는 시대의 규범이니

① 시대 기 ② 규범 기

9획 紀 紀 紀 紀 紀 紀 紀 紀 紀

음독	き	1순위	① 西紀 서기 (せいき)	② 風紀 풍기 (ふうき)
			② 軍紀 군기 (ぐんき)	

| 잠깐만요 |
· 공룡 시대를 의미하는 '백악기(白亜紀: はくあき)' 등의 용어로 많이 씁니다.

4학년 | N2 | 421위

자신(己)의 단점을 채찍질하며(攵) 고쳐서 개선해 가니

攵: 때릴 복

고칠 개 · 개선할 개

7획 改 改 改 改 改 改 改

음독	かい	1순위	改革 개혁 (かいかく)	改造 개조 (かいぞう)
			改善 개선 (かいぜん)	
훈독	[あらた]まる		改(あらた)まる · ⓐ 고쳐지다 ⓑ 정색하다, 격식을 차리다	
	[あらた]める		改(あらた)める 고치다, 개선하다	

3학년 | N2 | 309위

자신(己)과 술 항아리(酉)의 술을 나누어 주고받는 단짝이니

酉: 술 항아리 유

① 나누어 줄 배 ② 짝 배

10획 配 配 配 配 配 配 配 配 配 配

음독	はい	1순위	① 配達 배달 (はいたつ)	① 支配 지배 (しはい)
			① 分配 분배 (ぶんぱい)	
		2순위	② 配偶者 배우자 (はいぐうしゃ)	
			② 交配 교배 (こうはい)	
훈독	[くば]る		配(くば)る ⓐ 나누어 주다, 분배하다 ⓑ 배치하다	
			→ 気配(きくば)り 배려	

| 잠깐만요 |
· 단순히 나누는 것이 아니라 '나누어서 (상대에게) 보내다 · 주다'라는 방향의 의미까지 포함된 거예요.

1 빈칸에 들어갈 한자로 적절한 것을 고르시오.

1. ＿＿終 (시종)　　ⓐ 始　　ⓑ 治　　ⓒ 仏

2. 念＿＿ (염불)　　ⓐ 始　　ⓑ 治　　ⓒ 仏

3. ＿＿物 (광물)　　ⓐ 広　　ⓑ 鉱　　ⓒ 拡

4. 老＿＿ (노송)　　ⓐ 公　　ⓑ 総　　ⓒ 松

5. ＿＿胆 (웅담)　　ⓐ 能　　ⓑ 熊　　ⓒ 態

6. 世＿＿ (서기)　　ⓐ 記　　ⓑ 紀　　ⓒ 己

7. ＿＿実 (충실)　　ⓐ 充　　ⓑ 統　　ⓒ 流

8. 雄＿＿ (웅변)　　ⓐ 台　　ⓑ 参　　ⓒ 弁

2 다음 한자의 뜻을 (　　)에 적고 일본 음독을 a, b, c 중에 하나 고르시오.

1. 弁別 (　　)　　ⓐ べんべつ　　ⓑ へんべつ　　ⓒ ふんべつ

2. 灯台 (　　)　　ⓐ とうだい　　ⓑ とうたい　　ⓒ とうで

3. 広域 (　　)　　ⓐ こうえき　　ⓑ こういき　　ⓒ こうよく

4. 治療 (　　)　　ⓐ ちりょ　　ⓑ ちりょう　　ⓒ ちろう

5. 分配 (　　)　　ⓐ ふんぱい　　ⓑ ぶんばい　　ⓒ ぶんぱい

6. 態度 (　　)　　ⓐ たいど　　ⓑ だいど　　ⓒ ていど

7. 流布 (　　)　　ⓐ りゅうほう　　ⓑ りゅほう　　ⓒ るふ

8. 総合 (　　)　　ⓐ そうごう　　ⓑ しょうごう　　ⓒ ちょうごう

王·玉·主의 파생 [31자]

228 王: 임금 왕 ▶ 皇全聖程班后

0991

皇

6학년 | N1 | 385위

하얀(白) 법복까지 입은 왕(王)은 종교와 정치를 아우르는 황제이니

황제 황

9획 皇 皇 皇 皇 皇 皇 皇 皇 皇

| 음독 | こう | 1순위 | 皇帝 황제 (こうてい) 皇后 황후 (こうごう) *皇居 황거일왕의 거처 (こうきょ) |
| | おう | 4순위 | 皇女 황녀 (おうじょ) *法皇 법황교황 (ほうおう) |

0992

全

3학년 | N2 | 114위

국민(人)을 다스리는 왕(王)은 모든 것이 완전해야 하니

모두 전·완전 전

6획 全 全 全 全 全 全

음독	ぜん	1순위	全部 전부 (ぜんぶ) 全国 전국 (ぜんこく) 完全 완전 (かんぜん)
훈독	[すべ]て		全(すべ)て 전부, 모조리, 모두
	[まった]く		全(まった)く 완전히, 아주, 전혀

0993

聖

6학년 | 급수 외 | 897위

귀(耳)와 입(口)을 씻고 왕(王)조차 경건히 준비하는 성스러운 모습이니

성스러울 성

13획 聖 聖 聖 聖 聖 聖 聖 聖 聖 聖 聖 聖

| 음독 | せい | 1순위 | 聖人 성인 (せいじん) 聖母 성모 (せいぼ) 神聖 신성 (しんせい) *聖(せい)なる 성스러운 |

0994

程

5학년 | N2 | 636위

벼(禾)를 한 입(口) 먹는 데에도 왕실(王)에서는 그 정도가 규정으로 정해져 있으니

규정 정 · 정도 정

12획 程 程 程 程 程 程 程 程 程 程 程 程

| 음독 | てい | 1순위 | 程度 정도 (ていど) | 課程 과정 (かてい) |
| | | | 規程 규정 (きてい) | |

훈독	ほど	程(ほど) ⓐ 한계, 분수 ⓑ 가치 ⓒ 정도, 쯤, 만큼
		→ 身(み)の程(ほど) 자신의 분수
		余程(よほど) 상당히, 꽤　　後程(のちほど) 조금 뒤에

|잠깐만요|
• '규정'에는 「規程」과 「規定」이 있어요. 의미는 동일하지만 쓰임에 차이가 있어요. 「服務規程(ふくむきてい)」(복무 규정)처럼 관공서나 청사 등에서 내부 업무에 관한 규정에 한해서 사용돼요.

0995

班

6학년 | N1 | 1630위

각 무리의 왕들(王王) 사이를 칼(刂)로 나누어 각각의 반(그룹)을 만드니

나눌 반

10획 班 班 班 班 班 班 班 班 班 班

| 음독 | はん | 1순위 | 班長 반장 (はんちょう) | 班別 반별 (はんべつ) |
| | | | 首班 수반1인자 (しゅはん) | |

0996

后

6학년 | N1 | 1735위

굴바위(厂) 같은 머리 장식을 한 채 한 일(一) 자로 입(口)을 다물고 있는 왕후의 모습이니　　厂: 굴바위 엄

왕후 후

6획 后 后 后 后 后 后

| 음독 | こう | 1순위 | 后妃 후비제왕의 아내 (こうひ) | 王后 왕후 (おうこう) |
| | | | 太后 태후 (たいこう) | 皇后 황후 (こうごう) |

---

229 玉: 구슬 옥 ▶ 玉宝国

0997

玉

1학년 | N2 | 818위

왕(王)의 모자에 달린 구슬 장식(丶)을 강조해

구슬 옥

5획 玉 玉 玉 玉 玉

| 음독 | ぎょく | 1순위 | 玉 옥 (ぎょく) | 玉砕 옥쇄 (ぎょくさい) |
| | | | 宝玉 보옥보석 (ほうぎょく) | |

| 훈독 | たま | 玉(たま) 구슬 | 水玉(みずたま) 물방울 |

0998

6학년 | N2 | 1033위

지붕(宀) 밑에 소중히 보관하는 옥구슬(玉) 같은 보물이니　　宀: 집 면 · 지붕 면

보물 보

8획 宝宝宝宝宝宝宝宝

음독	ほう	1순위	宝石 보석 (ほうせき)	国宝 국보 (こくほう)
			*重宝 중보 귀중한 보물 (ちょうほう/じゅうほう)	
훈독	たから		宝(たから) 보물	宝(たから)くじ 복권
			宝物(たからもの) 보물	宝箱(たからばこ) 보물상자

0999

国

2학년 | N4 | 11위

구슬(玉) 같은 백성들을 성으로 둘러싸서(口) 지키는 나라이니　　口: 에워쌀 위

나라 국

8획 国国国国国国国国

음독	こく	1순위	国立 국립 (こくりつ)	国民 국민 (こくみん)
			国際 국제 (こくさい)	
훈독	くに		国(くに) 나라	国々(くにぐに) 여러 나라, 각국

---

230 主: 주인 주 ▶ 主注柱住往

1000

3학년 | N3 | 85위

(나라에 비해) 점(丶)처럼 작은 집의 왕(王)과도 같은 주인이니

주인 주

5획 主主主主主

음독	しゅ	1순위	主人 주인 (しゅじん)	主張 주장 (しゅちょう)
			民主 민주 (みんしゅ)	
	す	4순위	*座主 좌주 (ざす)	*坊主 방주 중 (ぼうず)
훈독	あるじ		〜の主(あるじ) 〜의 주인, 가장	家(いえ)の主(あるじ) 가장
	ぬし		主(ぬし) 소유자, 지배자	持(も)ち主(ぬし) 소유주
			家主(やぬし) 집주인, 가구수	株主(かぶぬし) 주주
	おも		主(おも)に 주로	主(おも)な 주요한

| 잠깐만요 |
· 「座主」는 불교 용어로 '절의 사무를 통할하는 수석 승려'를 뜻해요.
· 애니메이션에서 간혹 「お主(임자, 자네)」와 같은 표현이 등장합니다. 이는 옛말로 현대어에서는 쓰이지 않으니 참고만 하세요.

注

3학년 | N3 | 478위

식사 자리에서 그 자리의 주인(主)에게 물(氵)을 따라 주는 모습에서

氵: 물 수

① 기울일 주 · 따를 주   ② 주석 주

8획 注注注注注注注注

음독	ちゅう	1순위	① 注目 주목 (ちゅうもく) ① 注意 주의 (ちゅうい) ① 注射 주사 (ちゅうしゃ)
		2순위	② 注 주풀이 (ちゅう) ② 注釈 주석 (ちゅうしゃく) ② 脚注 각주 (きゃくちゅう)
훈독	[そそ]ぐ		注(そそ)ぐ 따르다, 흘러 들어가다

柱

3학년 | N2 | 1331위

굵은 나무(木)가 집을 주체적(主)으로 든든히 떠받치는 기둥이니

기둥 주

9획 柱柱柱柱柱柱柱柱柱

| 음독 | ちゅう | 1순위 | 脊柱 척주등뼈 (せきちゅう)   電柱 전주전신주 (でんちゅう)
円柱 원주 (えんちゅう) |
| 훈독 | はしら | | 柱(はしら) 기둥
大黒柱(だいこくばしら) 한 집안의 기둥, 중심 인물 |

住

3학년 | N3 | 289위

사람(亻)만이 삶의 주체(主)로서 삶을 살아가니

살 주 · 삶 주

7획 住住住住住住住

음독	じゅう	1순위	住所 주소 (じゅうしょ) 住居 주거 (じゅうきょ) 衣食住 의식주 (いしょくじゅう)
훈독	[す]む		住(す)む 살다, 거처하다 → 住(す)み込(こ)み 더부살이
	[す]まう		住(す)まう 살다, 살고 있다 → 住(す)まい 주거, 주소, 사는 일 　一人住(ひとりず)まい 독신 생활

往

5학년 | N1 | 1285위

걸어가는(彳) 방향을 주체적(主)으로 정해 나아가니

彳: 조금 걸을 척

갈 왕

8획 往往往往往往往往

| 음독 | おう | 1순위 | 往復 왕복 (おうふく)   往来 왕래 (おうらい)
往診 왕진 (おうしん) |

1005

素

5학년 | N1 | 416위

모든 색실의 주체(主)가 되는 실(糸)은 바탕이 물들지 않은 흰실이니

본바탕 소·흴 소

10획 素 素 素 素 素 素 素 素 素 素

음독	そ	1순위	素朴 소박 (そぼく)	素質 소질 (そしつ)
			要素 요소 (ようそ)	
	す	2순위	*素 소본연의 모습 (す)	*素肌 소기맨살 (すはだ)
			素性 소성천성 (すじょう)	
	예외		素人(しろうと) 풋내기, 비전문가 ↔ 玄人(くろうと) 전문가

| 잠깐만요 |
• 「素」는 '아직 아무것에도 물들거나 덧입혀지지 않은 본질적인 바탕'이라는 의미입니다.
• 「素(す)+신체」는 '맨~'이라는 의미로 쓰입니다. 예 素足(すあし) 맨발 素手(すで) 맨손

1006

毒

5학년 | N2 | 1123위

주체적(主)으로는 절대 입에 대지 말아야 할(毋) 독이니
毋: 아니 될 무·말아야 할 무

독 독

8획 毒 毒 毒 毒 毒 毒 毒 毒

| 음독 | どく | 1순위 | 毒 독 (どく) | 毒舌 독설 (どくぜつ) |
| | | | 毒殺 독살 (どくさつ) | 解毒 해독 (げどく) |

1007

麦

2학년 | N2 | 1491위

주인(主)은 쌀을 먹고 뒤이어(夊) 몸종이 먹는 것은 보리이니   夊: 뒤따라올 치·걸어올 치

보리 맥

7획 麦 麦 麦 麦 麦 麦 麦

음독	ばく	1순위	麦芽 맥아엿기름 (ばくが)	米麦 미맥쌀과 보리 (べいばく)
			精麦 정맥보리쌀 (せいばく)	
훈독	むぎ		麦(むぎ) 보리	
			麦粉(むぎこ) 맥분, 밀가루	小麦(こむぎ) 소맥, 밀

1008

青

1학년 | N3 | 449위

주체적(主)으로 몸(月)을 쓰는 이들은 푸르고 젊은 청년들이니

① 푸를 청 ② 젊을 청 · 청년 청

8획 青 青 青 青 青 青 青 青

음독	せい	1순위	② 青年 청년 (せいねん)　② 青春 청춘 (せいしゅん) ① 青龍 청룡 (せいりゅう)
	しょう	4순위	① 群青 군청군청색 (ぐんじょう)
훈독	あお		青(あお) 파란색, 청색 青空(あおぞら) 파란 하늘　青色(あおいろ) 청색
	[あお]い		青(あお)い ⓐ 파랗다 ⓑ 설익다, 미숙하다
	예외		真(ま)っ青(さお) 새파람

1009

清

4학년 | N2 | 486위

| 잠깐만요 |
• '청나라'의 의미일 때는
「しん」이라고 읽어요.
• 「しょう」로 읽는 것은
「清浄(청정)」정도예요.

물(氵)이 푸르도록(青) 맑고 깨끗하니　　　　　　　　　氵: 물 수

① 깨끗할 청 · 청량할 청 ② 청나라 청

11획 清 清 清 清 清 清 清 清 清 清 清

음독	せい	1순위	① 清掃 청소 (せいそう)　　① 清潔 청결 (せいけつ) ① *清濁 청탁맑음과 흐림 (せいだく)
	しん	3순위	② 日清戦争 일청전쟁청일전쟁 (にっしんせんそう) ② 清国 청국청나라 (しんこく)
	しょう	4순위	① 清浄 청정 (しょうじょう)
훈독	[きよ]い		清(きよ)い 맑다, (성품이) 청렴하다
	[きよ]まる		清(きよ)まる 맑아지다
	[きよ]める		清(きよ)める 깨끗이 하다, 부정을 없애다

1010

晴

2학년 | N2 | 819위

비가 그친 뒤 해(日)가 뜨고 하늘이 푸르게(青) 개는 모습에서

갤 청 · 풀릴 청

12획 晴 晴 晴 晴 晴 晴 晴 晴 晴 晴 晴 晴

음독	せい	1순위	晴天 청천 (せいてん)　　　*晴曇 청담맑음과 흐림 (せいどん) 快晴 쾌청 (かいせい)
훈독	[は]れる		晴(は)れる (하늘 · 괴로움 · 의심 등이) 풀리다, 개다
	[は]らす		晴(は)らす (불쾌감 · 의심 등을) 풀다, 성취하다

1011

情

5학년 | N2 | 116위

정감 어린 표정이야말로 둘의 마음(忄)이 푸르게(靑) 이어져 있다는 진짜 정보이니

忄: 마음 심

① 정 정   ② 사실 정·정보 정

11획 情 情 情 情 情 情 情 情 情 情 情

음독	じょう	1순위	① 情 정 (じょう) ① 表情 표정 (ひょうじょう)	① 情熱 정열 (じょうねつ)
		2순위	② 情報 정보 (じょうほう) ② 実情 실정 (じつじょう)	② 事情 사정 (じじょう)
훈독	[なさ]け		情(なさ)け 정 → 情(なさ)けない 한심하다, 정떨어지다	

| 잠깐만요 |
· 발음이 동일해도 단어 생산성에 따라 나누어 정리했어요.

1012

精

5학년 | N2 | 581위

쌀(米)알처럼 잘고 푸른(靑) 물처럼 맑고 깨끗함을 적어 정밀하고 근원적인 것을 나타내니

① 정밀할 정   ② 근원 정

14획 精 精 精 精 精 精 精 精 精 精 精 精

| 음독 | せい | 1순위 | ① 精密 정밀 (せいみつ)
 ① 精鋭 정예 (せいえい) | ① 精巧 정교 (せいこう)
 ② 精神 정신 (せいしん) |
| | しょう | 3순위 | ② 精進 정진수행 (しょうじん)
 ② *出不精 출부정외출을 싫어함 (でぶしょう) | |

| 잠깐만요 |
· 「しょう」는 불교 용어에서 쓰이는데, 주로 쓰이는 단어는 위의 두 개 정도뿐입니다.

1013

静

4학년 | N3 | 627위

냉정한(靑) 상태로 다투는(争) 고요하고 정적인 분위기이니

争: 다툴 쟁

고요할 정·정적일 정

14획 静 静 静 静 静 静 静 静 静 静 静 静 静 静

음독	せい	1순위	静的 정적 (せいてき) 冷静 냉정 (れいせい) 安静 안정 (あんせい)
	じょう	3순위	静脈 정맥 (じょうみゃく) 寂静 적정 (じゃくじょう)
훈독	[しず]か		静(しず)かだ 조용하다
	[しず]まる		静(しず)まる (조용히) 가라앉다, 안정되다
	[しず]める		静(しず)める 가라앉히다, 진정시키다

| 잠깐만요 |
· 조용하고 정적인 바둑대전을 상상해 보세요.
· 「じょう」는 거의 「静脈(정맥)」에만 쓰이고, 「寂静(적정)」이란 불교에서 말하는 해탈의 경지입니다.

1014

責

5학년 | N2 | 832위

주인(主)이 손해 본 돈(貝)에 대한 책임을 물어 꾸짖으니

꾸짖을 책·책임 책

11획 責責責責責責責責責責責

음독	せき	1순위	責任 책임 (せきにん)　　　責務 책무 (せきむ)
			問責 문책 (もんせき)
훈독	[せ]める		責(せ)める ⓐ 비난하다, 나무라다　ⓑ 재촉하다, 조르다
			ⓒ (육체적·정신적) 고통을 주다, 괴롭히다

1015

積

4학년 | N2 | 705위

곡물지기는 벼(禾)를 책임지고(責) 창고에 차곡차곡 쌓아 두니

쌓을 적·누적될 적

16획 積積積積積積積積積積積積積積積積

음독	せき	1순위	面積 면적 (めんせき)　　　体積 체적부피 (たいせき)
			容積 용적 (ようせき)
훈독	[つ]む		積(つ)む 쌓다, 싣다 → 積(つ)み重(かさ)ね 축적
	[つ]もる		積(つ)もる ⓐ 쌓이다　ⓑ 세월이 지나다
			→ 見積(みつも)り 견적, 어림짐작

1016

績

5학년 | N2 | 1252위

책임지고(責) 한 올 한 올 실(糸)을 짜내 하나씩 달성하는 성과이니

① 성과 적　② 실 짤 적

17획 績績績績績績績績績績績績績績績績績

| 음독 | せき | 1순위 | ① 成績 성적 (せいせき)　　　② 業績 업적 (ぎょうせき) |
| | | | ② 紡績 방적 (ぼうせき) |

1017

害

4학년 | N2 | 451위

집(宀) 주인(主)이라도 되는 양 입(口)만 나불대 모두에게 방해만 되니

宀: 집 면·지붕 면

해칠 해·방해할 해

10획 害 害 害 害 害 害 害 害 害 害

| 음독 | がい | 1순위 | 害 해 (がい) | 害虫 해충 (がいちゅう) |
| | | | 危害 위해 (きがい) | 被害 피해 (ひがい) |

1018

割

6학년 | N2 | 522위

방해(害)되는 것을 칼(刂)로 갈라 나눠 버리니

刂: 칼 도

가를 할·나눌 할

12획 割 割 割 割 割 割 割 割 割 割 割 割

음독	かつ	1순위	割愛 할애 (かつあい)	割腹 할복 (かっぷく)
			分割 분할 (ぶんかつ)	
훈독	わり		割(わり) ~할〈비율〉	割引(わりびき) 할인
			割合(わりあい) 비율	役割(やくわり) 역할
	[わ]る		割(わ)る 나누다, 쪼개다 → 割(わ)り算(ざん) 나눗셈	
	[わ]れる		割(わ)れる 갈라지다, 터지다, 깨지다 → 割(わ)れ目(め) 틈, 균열	
	[さ]く		割(さ)く ⓐ (칼로 베듯이)가르다 ⓑ (일부를) 나눠주다, 할애하다 ⓔⓐ 魚(さかな)を割(さ)く 생선의 배를 가르다 ⓑ わざわざ時間(じかん)を割(さ)く 일부러 시간을 내다	

1019

憲

6학년 | N1 | 972위

해(害)가 되는 것을 막는 그물(罒) 같은 법과 정의로운 마음(心)을 기록한 헌법이니

罒: 그물 망

헌법 헌

16획 憲 憲 憲 憲 憲 憲 憲 憲 憲 憲 憲 憲 憲 憲 憲 憲

| 음독 | けん | 1순위 | 憲法 헌법 (けんぽう) | 憲兵 헌병 (けんぺい) |
| | | | 改憲 개헌 (かいけん) | |

1020

契

중학 | N1 | 1266위

회사의 주인(主)이 단칼(刀)에 큰(大) 결심을 하여 계약을 맺는 모습이니

맺을 계·계약 계

9획 契 契 契 契 契 契 契 契 契

음독	けい	1순위	契約 계약 (けいやく)　　契機 계기 (けいき)
			*契印 계인간인 (けいいん)
훈독	[ちぎ]る		契(ちぎ)る 장래를 약속하다 → 契(ちぎ)り 부부의 연을 맺음

1021

潔

5학년 | N1 | 1694위

물(氵)로 주(主)된 더러움인 피가 묻은 칼(刀)을 씻어 실(糸)오라기 하나 남기지 않고 깨끗이 하니

깨끗할 결

15획 潔 潔 潔 潔 潔 潔 潔 潔 潔 潔 潔 潔 潔 潔 潔

음독	けつ	1순위	清潔 청결 (せいけつ)　　純潔 순결 (じゅんけつ)
			簡潔 간결 (かんけつ)
훈독	[いさぎよ]い		潔(いさぎよ)い 미련 없이 깨끗하다

(정답은 509쪽에)

1 빈칸에 들어갈 한자로 적절한 것을 고르시오.

1. ____帝 (황제)   ⓐ 王   ⓑ 聖   ⓒ 皇
2. 解____ (해독)   ⓐ 素   ⓑ 毒   ⓒ 麦
3. ____所 (주소)   ⓐ 住   ⓑ 往   ⓒ 柱
4. 容____ (용적)   ⓐ 責   ⓑ 積   ⓒ 績
5. ____密 (정밀)   ⓐ 清   ⓑ 情   ⓒ 精
6. ____来 (왕래)   ⓐ 柱   ⓑ 住   ⓒ 往
7. ____虫 (해충)   ⓐ 害   ⓑ 割   ⓒ 憲
8. 群____ (군청)   ⓐ 青   ⓑ 清   ⓒ 晴

2 다음 한자의 뜻을 (　　)에 적고 일본 음독을 a, b, c 중에 하나 고르시오.

1. 宝石 (　　　)   ⓐ ほせき   ⓑ ほうせき   ⓒ ぼうせき
2. 規程 (　　　)   ⓐ きゅうてい   ⓑ きせい   ⓒ きてい
3. 注目 (　　　)   ⓐ ちゅもく   ⓑ ちゅうもく   ⓒ じゅうもく
4. 被害 (　　　)   ⓐ ひがい   ⓑ ひはい   ⓒ きかい
5. 班長 (　　　)   ⓐ ばんちょう   ⓑ はんちょ   ⓒ はんちょう
6. 清潔 (　　　)   ⓐ せいけつ   ⓑ せっけつ   ⓒ ていけつ
7. 冷静 (　　　)   ⓐ れいしょう   ⓑ れせい   ⓒ れいせい
8. 契約 (　　　)   ⓐ けやく   ⓑ けいやく   ⓒ かいやく

士·臣·司·史의 파생 [27자]

236 士: 선비 사 ▶ 仕声志誌

1022

仕

3학년 | N3 | 195위

사람(亻)이 선비(士)가 되는 것이란 임금을 섬기고 명을 행하는 것이니

① 섬길 사 ② 행할 사

5획 仕 仕 仕 仕 仕

음독	し	1순위	② *仕事 사사일 (しごと)	② *仕方 사방방법/도리 (しかた)
			① 奉仕 봉사 (ほうし)	
	じ	3순위	① 給仕 급사 (きゅうじ)	② *色仕掛(いろじか)け 미인계
훈독	[つか]える		仕(つか)える 시중들다, 봉사하다, 섬기다	

1023

声

2학년 | N3 | 145위

선비(士)가 책을 읽으며 몸(尸) 속에 새겨 넣듯(丨) 입 밖으로 꺼내 외는 말소리이니

尸: 지친 몸 시 · 시체 시

말소리 성

7획 声 声 声 声 声 声 声

음독	せい	1순위	声明 성명 (せいめい)　　　発声 발성 (はっせい) 音声 음성 (おんせい)
	しょう	3순위	*声点 성점성조 표기점 (しょうてん) *大音声 대음성우렁찬 목소리 (だいおんじょう)
훈독	こえ		声(こえ) 목소리 泣(な)き声(ごえ) 우는 소리 地声(じごえ) 타고난 음성, 본래 목소리
	こわ		声音(こわね) 음성　　　声色(こわいろ) 음색

| 잠깐만요 |
· 「音(おと)」는 소리 전반을 의미하는 폭넓은 의미이고, 「声(こえ)」는 생물이 내는 소리를 의미하는 좁은 영역이에요.
· 음독 「しょう」는 불교 용어나 옛말의 4성조(평성 · 거성 · 입성 · 상성)를 나타낼 때 외에는 일반적으로는 쓰이지 않으니 참고만 하세요.

志

5학년 | N1 | 597위

선비(士)는 항시 마음(心)에 목표로 하는 뜻을 두니

목표할 지 · 뜻 둘 지

7획 志 志 志 志 志 志 志

음독	し	1순위	志望 지망 (しぼう)	志願 지원 (しがん)
			意志 의지 (いし)	
훈독	こころざし		志(こころざし) (마음속에 품은) 뜻, 마음, 각오	
	[こころざ]す		志(こころざ)す 뜻하다, 뜻을 두다, 목표로 삼다	

誌

6학년 | N2 | 711위

말(言)로 뜻을 둔(志) 분야의 정보를 기록한 책/잡지이니

책 지 · 잡지 지

14획 誌 誌 誌 誌 誌 誌 誌 誌 誌 誌 誌 誌 誌 誌

| 음독 | し | 1순위 | 雑誌 잡지 (ざっし) | 日誌 일지 (にっし) |
| | | | 同人誌 동인지 (どうじんし) | |

---

237 吉: 길할 길 ▶ 吉結喜樹

吉

중학 | N1 | 256위

선비(士)는 좋은 말만 입(口)에 올려 길하길 바라니

좋을 길 · 길할 길

6획 吉 吉 吉 吉 吉 吉

음독	きち	1순위	吉夢 길몽 (きちむ)	吉日 길일 (きちにち)
			大吉 대길 (だいきち)	
	きつ	4순위	不吉 불길 (ふきつ)	

| 잠깐만요 |
- 일본의 신사에서 보는 점인 오미쿠지에는 「小吉(しょうきち): 소길」「中吉(ちゅうきち): 중길」, 「末吉(すえきち): 말길」, 「大吉(だいきち): 대길」이 있습니다.
- 「きつ」는 「不吉」 정도에만 씁니다.

結

4학년 | N1 | 156위

운명의 실(糸)로 좋은(吉) 이와 묶여 맺어져 결실을 이루니

吉 : 좋을 길 · 길할 길

맺을 결 · 끝맺을 결

12획　結 結 結 結 結 結 結 結 結 結 結 結

음독	けつ	1순위	結合 결합 (けつごう)　　結末 결말 (けつまつ) 結論 결론 (けつろん)
훈독	[むす]ぶ		結(むす)ぶ 잇다, 묶다 → 結(むす)び 맺음, 매듭, 끝맺음 　　結(むす)び目(め) 매듭
	[ゆ]う		結(ゆ)う 묶다, (특히) 머리를 땋다 → 結(ゆ)い目(め) 매듭
	[ゆ]わえる		結(ゆ)わえる 매다, 묶다

喜

5학년 | N2 | 605위

몸에 좋은(吉) 약초(艹)를 입(口)에 넣고 씹으면 기쁘기 그지없으니

艹(艹): 풀 초

기쁠 희

12획　喜 喜 喜 喜 喜 喜 喜 喜 喜 喜 喜 喜

음독	き	1순위	喜劇 희극 (きげき)　　喜悦 희열 (きえつ) 喜怒哀楽 희노애락 (きどあいらく)
훈독	[よろこ]ぶ		喜(よろこ)ぶ ⓐ 기뻐하다 ⓑ 기꺼이 받아들이다 → 喜(よろこ)び 기쁨

樹

6학년 | N1 | 790위

나무(木) 중에서 좋은(吉) 잎(艹)을 가진 나무만 선별해 간격을 조금씩(寸) 두고 세우니

寸 : 마디 촌 · 아주 조금 촌

① (서 있는) 나무 수　② 세울 수

16획　樹 樹 樹 樹 樹 樹 樹 樹 樹 樹 樹 樹 樹 樹 樹 樹

음독	じゅ	1순위	① 樹液 수액 (じゅえき)　　① 樹木 수목 (じゅもく) ② 樹立 수립 (じゅりつ)

| 잠깐만요 |
• 가로수는 미관상 좋은 나무를 간격을 좁게 해서 세워 놓은 거죠?

1030

売

2학년 | N3 | 292위

선비(士) 같은 말솜씨로 덮어(冖)놓고 사람(儿)을 꼬드겨 물건을 파는 모습에서

冖: 덮을 멱 儿: 사람 인

팔 매

7획 売 売 売 売 売 売 売

음독	ばい	1순위	売買 매매 (ばいばい)　　　販売 판매 (はんばい) *商売 상매장사 (しょうばい)
훈독	[う]る		売(う)る 팔다 → 売(う)り 세일즈 포인트　　売(う)り買(か)い 사고 팖 　　売(う)り切(き)れ 품절, 매진
	[う]れる		売(う)れる ⓐ 잘 팔리다 ⓑ 널리 알려지다 → 売(う)れ筋(すじ) 잘 팔리는 상품

1031

読

2학년 | N4 | 306위

물건을 팔(売) 때처럼 말(言)을 소리내서 읽으니

① 읽을 독　② 구절 두

14획 読 読 読 読 読 読 読 読 読 読 読 読 読 読

음독	どく	1순위	① 読書 독서 (どくしょ)　　　① 朗読 낭독 (ろうどく) ① 購読 구독 (こうどく)
	とく	4순위	① 読本 독본 (とくほん)
	とう	4순위	② 句読点 구두점 (くとうてん)
훈독	[よ]む		読(よ)む ⓐ 읽다 ⓑ (숫자류를) 세다 → 読(よ)み書(か)き 읽기와 쓰기　　秒読(びょうよ)み 초 읽기

| 잠깐만요 |
- 「とく」는 「読本」 외에는 기본적으로 사용되지 않으니 예외 단어로 생각하세요.
- 「とう」는 예외적으로 한국어도 '두'로 읽고, '구두점' 외에는 거의 사용되지 않아요.

1032

続

4학년 | N2 | 230위

실(糸)타래가 풀리듯 판매(売)가 계속 이어지니

계속 속 · 이을 속

13획 続 続 続 続 続 続 続 続 続 続 続 続 続

음독	ぞく	1순위	続出 속출 (ぞくしゅつ)　　　持続 지속 (じぞく) 連続 연속 (れんぞく)
훈독	[つづ]く		続(つづ)く ⓐ 계속하다, 계속되다 ⓑ 뒤따르다 → 続(つづ)き 계속
	[つづ]ける		続(つづ)ける 계속하다

1033 ◐ 제부수

壬

급수 외 | 3047위

선비(士)는 항시 머릿속에 큰 고민(丿)을 짊어지고 사니

丿: 삐침 별 (여기서는 머릿속을 휘젓는 큰 고민)

짊어질 임

4획 壬 壬 千 壬

| 잠깐만요 |
• 옛날 천체와 시간을 계산하는데 쓰였던 육십갑자(六十甲子) 중 천간(갑을병정무기경신임계)의 9번째 글자로, 옛 방식으로 날짜나 시간을 지칭할 때만 단독으로 쓰입니다. 예를 들면 '임진왜란(壬辰倭乱)'은 임진년에 일어난 난을 의미하는데, 이때 '임진'은 「壬辰(じんしん)」이라고 읽습니다.

1034

任

5학년 | N2 | 390위

사람(亻)이 임무를 짊어지고(壬) 맡으니

맡을 임

6획 任 任 任 任 任 任

음독	にん	1순위	任務 임무 (にんむ)　責任 책임 (せきにん) 担任 담임 (たんにん)
훈독	[まか]す		任(まか)す 맡기다, 위임하다
	[まか]せる		任(まか)せる 맡기다, 일임하다 → 運任(うんまか)せ 운에 맡기는 것 　　力任(ちからまか)せ ⓐ 힘을 믿고 설침 ⓑ 힘껏 다함

1035

賃

6학년 | N1 | 1479위

무언가를 빌리거나 맡기는(任) 대가로 받는 돈(貝)이니

貝: 돈 패 · 조개 패

① 빌릴 임　② 품삯/보수 임

13획 賃 賃 賃 賃 賃 賃 賃 賃 賃 賃 賃 賃 賃

음독	ちん	1순위	賃金 임금 (ちんぎん)　運賃 운임 (うんちん) *家賃 가임:집세 (やちん)

1036

廷

중학 | N1 | 1458위

법관이 공정함을 짊어진(壬) 채 천천히 숙고하며 거니는(廴) 법정이니

廴: 길게 걸을 인

법정 정

7획 廷 廷 廷 廷 廷 廷 廷

음독	てい	1순위	法廷 법정 (ほうてい)　退廷 퇴정 (たいてい) 開廷 개정 (かいてい)

| 잠깐만요 |
• 「延(끌 연)」과의 구분에 주의하세요.

집(广) 안에 법정(廷)처럼 널찍한 뜰이니

广: 집 엄

뜰 정

10획 庭 庭 庭 庭 庭 庭 庭 庭 庭 庭

음독	てい	1순위	庭園 정원 (ていえん)　　家庭 가정 (かてい) 校庭 교정 (こうてい)
훈독	にわ		庭(にわ) 정원, 뜰, 마당

3학년 | N2 | 653위

전문가의 심사 전에 신하(臣)가 먼저 화살(ㅗ) 같은 눈으로 물품(品)과 직면하여
임시로 걸러 내니

ㅗ: 화살 시　品: 물건 품

① 직면할 림 · 임할 림　② 임시 림

18획 臨 臨 臨 臨 臨 臨 臨 臨 臨 臨 臨 臨 臨 臨 臨 臨 臨 臨

		1순위	① 臨終 임종 (りんじゅう)　① 臨場 임장 (りんじょう) ① 臨床 임상 (りんしょう)
음독	りん	2순위	② 臨時 임시 (りんじ) ② 臨休 임휴임시 휴업 (りんきゅう) ② 臨機応変 임기응변 (りんきおうへん)
훈독	[のぞ]む		臨(のぞ)む 임하다, 면하다, 향하다

6학년 | N1 | 1313위

왕이 먹기 전에 신하(臣)가 화살(ㅗ) 같은 눈초리로
한(一) 번씩 접시(皿)에 담긴 것들을 눈여겨보니

皿: 그릇 명

눈여겨볼 감 · 감시할 감

15획 監 監 監 監 監 監 監 監 監 監 監 監 監 監 監

음독	かん	1순위	監視 감시 (かんし)　　監督 감독 (かんとく) 監査 감사 (かんさ)

중학 | 급수 외 | 589위

1040

신하(臣)가 화살(ᅩ) 같은 눈초리로 한(一) 번씩 보며(見) 전체를 두루 둘러보니

두루 볼 람

17획 覽 覽 覽 覽 覽 覽 覽 覽 覽 覽 覽 覽 覽 覽 覽 覽 覽

음독	らん	1순위	観覧 관람 (かんらん)	博覧会 박람회 (はくらんかい)
			閲覧 열람 (えつらん)	

6학년 | N1 | 1541위

---

241 司: 맡을 사 ▶ 司詞飼

1041

명령에 허리 숙이고(ㄱ) '네'라는 한마디(一)만 입(口)에 담고 일을 맡아야 하는 벼슬이니

ㄱ: 여기서는 허리 숙인 모습

① 맡을 사 ② 벼슬 사

5획 司 司 司 司 司

음독	し	1순위	① 司会 사회 (しかい) ② 司書 사서 (ししょ)
			② 上司 상사 (じょうし)

4학년 | N1 | 559위

1042

임금의 말씀(言)을 기록하는 신하(司)가 후대에 전하는 글과 말이니

말 사 · 글 사

12획 詞 詞 詞 詞 詞 詞 詞 詞 詞 詞 詞 詞

음독	し	1순위	品詞 품사 (ひんし)	歌詞 가사 (かし)
			祝詞 축사 (しゅくし)	

6학년 | N1 | 1442위

1043

밥(食)도 주고 도맡아(司) 돌보며 먹여 기르니

食: 먹을 식

기를 사 · 사육할 사

13획 飼 飼 飼 飼 飼 飼 飼 飼 飼 飼 飼 飼 飼

음독	し	3순위	飼育 사육 (しいく)	飼料 사료 (しりょう)

훈독	[か]う	飼(か)う 기르다, 사육하다
		→ 飼(か)い主(ぬし) (기르는) 주인
		飼(か)い慣(な)らす 길들이다

5학년 | N1 | 1352위

1044

史

5학년 | N2 | 362위

입(口)에 오르내리는 사실을 붓으로 베어내듯(乂) 써 내려가는 역사이니

乂 : 벨 예 (여기서는 붓을 휘두르는 모양)

역사 사

5획 史 史 史 史 史

음독	し	1순위	史上 사상 (しじょう)	日本史 일본사 (にほんし)
			歷史 역사 (れきし)	

| 잠깐만요 |
• 역사는 중립적(中)인 견지에서 획(乀)을 더해서 쓰는 거죠?

1045 ◑ 제부수

吏

N1 | 2266위

한 줄(一)이라도 역사(史)에 관여하는 이는 관리이니

관리 리

6획 吏 吏 吏 吏 吏 吏

음독	り	4순위	官吏 관리 (かんり)

1046

使

3학년 | N3 | 180위

사람(亻)들이 관리(吏)를 마치 물건 쓰듯 부려대니

쓸 사 · 사용할 사

8획 使 使 使 使 使 使 使

음독	し	1순위	使用 사용 (しよう)	行使 행사 (こうし)
			大使 대사 (たいし)	
훈독	[つか]う		使(つか)う 사용하다, 쓰다	

1047

更

중학 | N2 | 1052위

틀린 곳을 한 번(一) 말하면(曰) 마음에 새겨(乂) 다시금 고쳐서 행하는 모습이니

① 다시금 갱 ② 고칠 경

7획 更 更 更 更 更 更 更

음독	こう	1순위	① 更新 갱신 (こうしん) ① 更生 갱생 (こうせい) ② 変更 변경 (へんこう)	
훈독	さら		更(さら) 물론임, 더할 나위 없음 → 更(さら)に 게다가, 더욱더 今更(いまさら) ⓐ 새삼스러움 ⓑ 이제 와서	
	[ふ]ける		更(ふ)ける (밤·계절이) 깊어지다	
	[ふ]かす		夜(よる)を更(ふ)かす 밤을 지새다 → 夜更(よふ)かし 밤을 지새움	

| 잠깐만요 |
- '다시(금)'이라는 의미는 단순히 반복을 의미하는 게 아니라 '중단된 것을 지속해서'나 '새로 고쳐서'라는 뉘앙스예요.
- 훈독에 쓰인 의미도 그런 것을 잘 생각하면 의미가 통하는 것을 알 수 있어요.

1048

便

4학년 | N3 | 907위

사람(亻)이 불편한 것을 고쳐서(更) 편안해지는 것이니

① 편할 편 ② 소식 편 ③ 변 변

9획 便 便 便 便 便 便 便 便 便

음독	びん	1순위	② 郵便 우편 (ゆうびん) ② 船便 배편 (ふなびん) ① 音便 음편 (おんびん)	
	べん	2순위	③ 便 변대소변 (べん) ① 便利 편리 (べんり) ① 便宜 편의 (べんぎ)	
훈독	[たよ]り		便(たよ)り ⓐ 소식, 편지 ⓑ 단서	

| 잠깐만요 |
- 생리적인 불편함을 고치는 것은 똥오줌을 누는 것이고, 외로움이란 불편함을 없애는 것은 소식이죠?

(정답은 509쪽에)

1 빈칸에 들어갈 한자로 적절한 것을 고르시오.

1. 雑＿＿＿ (잡지) ⓐ 声 ⓑ 志 ⓒ 誌
2. ＿＿＿悦 (희열) ⓐ 吉 ⓑ 喜 ⓒ 樹
3. 朗＿＿＿ (낭독) ⓐ 読 ⓑ 続 ⓒ 結
4. ＿＿＿園 (정원) ⓐ 賃 ⓑ 廷 ⓒ 庭
5. 上＿＿＿ (상사) ⓐ 司 ⓑ 詞 ⓒ 飼
6. ＿＿＿終 (임종) ⓐ 覧 ⓑ 臨 ⓒ 監
7. 歴＿＿＿ (역사) ⓐ 史 ⓑ 吏 ⓒ 使
8. ＿＿＿新 (갱신) ⓐ 吏 ⓑ 更 ⓒ 便

2 다음 한자의 뜻을 (   )에 적고 일본 음독을 a, b, c 중에 하나 고르시오.

1. 結末 (   ) ⓐ けつまつ ⓑ げつまつ ⓒ きつまつ
2. 音声 (   ) ⓐ おんせ ⓑ おんせい ⓒ おんしょう
3. 続出 (   ) ⓐ そくしゅつ ⓑ そくじゅつ ⓒ ぞくしゅつ
4. 歌詞 (   ) ⓐ かし ⓑ がし ⓒ かさ
5. 監視 (   ) ⓐ かんさ ⓑ かんし ⓒ けんし
6. 行使 (   ) ⓐ ぎょうさ ⓑ こうじ ⓒ こうし
7. 便宜 (   ) ⓐ へんい ⓑ こうぎ ⓒ べんぎ
8. 賃金 (   ) ⓐ ちんぎん ⓑ いんぎん ⓒ しんぎん

示·且·比·北·非의 파생 [28자]

244 [礻]: 신 시 ▶ 礼社申神

1049

礼

3학년 | N2 | 769위

신(礻)을 앞에 두고 부정한 언행과 생각을 숨겨(L) 드러내지 않도록 만든 예절이니

L: 숨을 은

예절 례

5획 礼 礼 礼 礼 礼

음독	れい	[1순위]	礼 예의 (れい)	礼儀 예의 (れいぎ)
			失礼 실례 (しつれい)	無礼 무례 (ぶれい)
	らい	[3순위]	礼拝 예배 (らいはい)	礼賛 예찬 (らいさん)

| 잠깐만요 |
• 「らい」는 불교 용어로 사용되는 경향이 강합니다. 특히 「礼拝(예배)」의 경우, 일반적인 예배는 「れいはい」로 읽지만, 부처에게 하는 예배는 「らいはい」로 구분해서 읽기도 해요.

1050

社

2학년 | N4 | 57위

토지(土)의 신(礻)에게 제사를 지내기 위해 신사에 모이니

礻: 신 시·보일 시

① 모일 사 ② 신사 사

7획 社 社 社 社 社 社 社

음독	しゃ	[1순위]	① 社会 사회 (しゃかい)	① 会社 회사 (かいしゃ)
			② 神社 신사 (じんじゃ)	
훈독	やしろ		社(やしろ) 신사	

1051

申

3학년 | N2 | 489위

말(曰)로 핵심을 꿰뚫어(|) 생각을 아뢰어 진술하니

아뢸 신·진술할 신

5획 申 申 申 申 申

음독	しん	[1순위]	申請 신청 (しんせい)	申告 신고 (しんこく)
			上申 상신 (じょうしん)	
훈독	[もう]す		申(もう)す 말하다 〈言う의 겸양어〉	
			申(もう)し込(こ)む 신청하다	
			物申(ものもう)す ⓐ 말을 하다 ⓑ 항변하다	

| 잠깐만요 |
• '미안하다'를 의미하는 「申(もう)し訳(わけ)ない」도 '변명할 여지가 없다'는 표현이 그대로 관용적으로 정착된 거예요.

1052

神

3학년 | N2 | 160위

신(ネ)은 말씀(申)으로만 그 존재를 나타내시는 정신체이니

申: 아뢸 신 · 진술할 신

① 신 신 ② 정신/마음 신

9획 神 神 神 神 神 神 神 神 神

음독	しん	1순위	① 神話 신화 (しんわ) ② 神秘 신비 (しんぴ) ② 精神 정신 (せいしん)
	じん	2순위	① 神社 신사 (じんじゃ) ① *魔神 마신악마 (まじん) ① *四神 사신사방의 신 (しじん)
훈독	かみ		神(かみ) 신 → 神業(かみわざ) 귀신 같은 솜씨
	[こうごう]しい		神神(こうごう)しい 숭엄하다, 성스럽다, 거룩하다

---

245 示: 신 시 ▶ 奈宗祭際察

1053

奈

4학년 | N1 | 786위

크게(大) 잘 보이는(示) 나락(지옥)이나 큰 도시(나라현)의 모습이니

示: 보일 시

나락 나 · 나라현 나

8획 奈 奈 奈 奈 奈 奈 奈 奈

| 음독 | な | 4순위 | 奈落 나락 (ならく) *奈良 나량나라현 (なら) |

| 잠깐만요 |
· 「奈良県(나라현)」에 사용되어 상용한자에 들어온 한자로, 의미와 상관없이 발음만 음차하여 쓰입니다. 사실상 사용은 '나라현'과 '나락'에서 발음을 음차하여 쓰는 정도입니다.

1054

宗

6학년 | N1 | 540위

집(宀)에서 신(示)을 모시는 것은 어느 종교건 종가의 일이니

宀: 집 면

종가 종 · 종교 종

8획 宗 宗 宗 宗 宗 宗 宗 宗

| 음독 | しゅう | 1순위 | 宗教 종교 (しゅうきょう) 宗派 종파 (しゅうは)
改宗 개종 (かいしゅう) |
| | そう | 2순위 | 宗家 종가 (そうけ) 宗主国 종주국 (そうしゅこく)
宗族 종족 (そうぞく) |

1055

3학년 | N2 | 1110위

달(月)을 향해 손(又)을 들어 올리며 신(示)께 감사를 전하는 축제/제사이니

又: 오른손 우

축제 제 · 제사 제

11획 祭 祭 祭 祭 祭 祭 祭 祭 祭 祭 祭

음독	さい	1순위	祭祀 제사 (さいし)	祭儀 제의제례 (さいぎ)
			文化祭 문화제 (ぶんかさい)	
훈독	[まつ]る		祭(まつ)る 제사 지내다 → 祭(まつ)り 제사, 축제	

1056

5학년 | N2 | 267위

축제(祭) 때 언덕(阝) 언저리에서 사람들이 많이 사귀니

阝: (왼편) 언덕 부 · (오른편) 고을 읍

① 사귈 제 ② 언저리 제

14획 際 際 際 際 際 際 際 際 際 際 際 際 際 際

음독	さい	1순위	① 国際 국제 (こくさい)	① 交際 교제 (こうさい)
			② 実際 실제 (じっさい)	
훈독	ぎわ		際(ぎわ) 언저리, 가장자리	水際(みずぎわ) 물가
			口際(くちぎわ) 입가	死(し)に際(ぎわ) 임종

| 잠깐만요 |
• 축제 때 사람들은 언덕 언저리에서 불꽃놀이도 보고 달도 보면서 사이가 돈독해지죠?

1057

4학년 | N2 | 515위

집(宀)에서 제사(祭)를 지낼 때는 여러 가지를 잘 살피니

宀: 집 면

살필 찰

14획 察 察 察 察 察 察 察 察 察 察 察 察 察 察

| 음독 | さつ | 1순위 | 観察 관찰 (かんさつ) | 視察 시찰 (しさつ) |
| | | | 考察 고찰 (こうさつ) | |

| 잠깐만요 |
• 제사는 원래 여러 가지를 따지고 살펴서 지내는 것이었습니다. 집에 어떤 나무가 심어져 있는지, 방위는 어떤지, 혹 조상신에게 해를 가하는 요소는 없는지 샅샅이 살펴보고 나서야 비로소 제사를 지냈어요.

246 **且: 거듭 차 ▶ 且組祖助査**

1058 ◑ 제부수

접시(一) 위에 쌓여 있는 음식(目)의 모습으로 또 더해진 것을 나타내니

또 차 · 거듭 차

5획 且 且 且 且 且

| 훈독 | [か]つ | 且(か)つ 동시에, 또한 |

427

1059

組

2학년 | N2 | 194위

실(糸)이 또 더해져(且) 짜여지고 조직화되니　　　　　糸 : 실 사

짤 조 · 조직할 조

11획 組 組 組 組 組 組 組 組 組 組 組

음독	そ	1순위	組織 조직 (そしき)　　　改組 개조 (かいそ) 労組 노조 (ろうそ)
훈독	くみ		組(くみ) ⓐ 조직 ⓑ ~파(폭력단), ~조직, 건설업체명 組合(くみあい) (노동)조합
	[く]む		組(く)む 짜다, 조직하다　　　仕組(しく)む 궁리해서 짜다 組(く)み立(た)てる 조립하다, 구성하다

1060

祖

5학년 | N2 | 901위

신적(礻) 존재 중 집안 어르신이 돌아가실 때마다 거듭(且) 늘어나는 조상들이니

어르신 조 · 조상 조

9획 祖 祖 祖 祖 祖 祖 祖 祖 祖

음독	そ	1순위	祖国 조국 (そこく)　　祖母 조모 (そぼ)　　始祖 시조 (しそ)

1061

助

3학년 | N2 | 240위

필요할 때마다 옆에서 거듭(且) 힘(力)을 보태어 돕는 조수이니

도울 조 · 조수 조

7획 助 助 助 助 助 助 助

음독	じょ	1순위	助言 조언 (じょげん)　　　助手 조수 (じょしゅ) 援助 원조 (えんじょ)
훈독	すけ		助(すけ) 도움, 조력, 가세　　助(すけ)っ人(と) 조력자 助番(すけばん) ⓐ 보조 당번 ⓑ 여두목
	[たす]け		助(たす)け 도움, 조력
	[たす]かる		助(たす)かる 구조되다, 원조를 받다
	[たす]ける		助(たす)ける 구조하다, 돕다 → 手助(てだす)け 도움, 원조

1062

査

5학년 | N2 | 411위

나무(木) 아래까지 거듭(且) 샅샅이 살펴 조사하니

살필 사 · 조사할 사

9획 査 査 査 査 査 査 査 査 査

음독	さ	1순위	検査 검사 (けんさ)　　　調査 조사 (ちょうさ) 捜査 수사 (そうさ)

1063

比

5학년 | N2 | 585위

팔다리를 앞으로 펴고 줄이 맞나 앞 사람과 비교하는 모습이니

견줄 비 · 비교할 비

4획 比 比 比 比

음독	ひ [1순위]	比較 비교 (ひかく)	比例 비례 (ひれい)
		対比 대비 (たいひ)	
훈독	[くら]べる	比(くら)べる 비교하다	

1064

批

6학년 | N1 | 1014위

양손(扌)에 물건을 나란히 들고 비교하며(比) 비평/비판하니

비평할 비 · 비판할 비

7획 批 批 批 批 批 批 批

음독	ひ [1순위]	批評 비평 (ひひょう)	批判 비판 (ひはん)
		批准 비준 (ひじゅん)	

1065

混

5학년 | N2 | 960위

물(氵)과 햇빛(日)이 많은 곳은 비교적(比) 생물이 혼잡하게 섞여 사니

섞을 혼 · 혼잡할 혼

11획 混 混 混 混 混 混 混 混 混 混 混

음독	こん [1순위]	混乱 혼란 (こんらん)	混雑 혼잡 (こんざつ)
		混合 혼합 (こんごう)	
훈독	[ま]じる	混(ま)じる 섞이다, 혼입하다	
	[ま]ざる	混(ま)ざる 섞이다	
	[ま]ぜる	混(ま)ぜる 혼합하다, 섞다	
	[こ]む	混(こ)む 붐비다, 혼잡하다	

| 잠깐만요 |

- 「まじる/まざる/まぜる」의 경우, 「混(섞을 혼)/雑(섞일 잡)/交(사귈 교)」를 씁니다. '섞어서 하나가 되어 구분이 안 되는 상태'일 때는 「混(섞을 혼)/雑(섞일 잡)」을 쓰고, '이것저것 섞여 있지만 각각의 것이 구분이 되는 상태'일 때는 「交(사귈 교)」를 씁니다.
- まじる VS まざる
  - まざる: 2종류 이상의 무언가가 하나로 섞이는 것, 섞인 후의 일체감이 강함
        (예 소금과 물, 비빔밥 등)
  - まじる: 어떤 것 속에 전혀 다른 종류의 무언가가 소량 섞이는 것. 섞인 후의 이물감이 강함
        (예 밥 안의 돌, 생각 속의 잡념)

1066

皆

중학 | N2 | 1139위

모두가 다 둘을 비교하면서(比) 흰(白)소리만 해대는 모습이니

모두 다 개

9획 皆 皆 皆 皆 皆 皆 皆 皆 皆

음독	かい	4순위	皆勤 개근 (かいきん)	*皆無 개무·전무 (かいむ)
훈독	みな		皆(みな) 모두, 전부 皆(みな)さん 여러분	皆殺(みなごろ)し 몰살

| 잠깐만요 |
• 둘을 세워 놓고 주변의 모든 사람들이 흰옷을 입고 잔소리해대는 이미지를 그려 보세요.

1067

階

3학년 | N2 | 537위

높은 언덕(阝)을 모두 다(皆)가 오를 수 있도록 만든 계단이니

阝 : (왼편) 언덕 부 · (오른편) 고을 읍

계단 계

12획 階 階 階 階 階 階 階 階 階 階 階 階

음독	かい	1순위	階段 계단 (かいだん) 階層 계층 (かいそう)	階級 계급 (かいきゅう)

1068

陛

6학년 | N1 | 1691위

높은 언덕(阝) 위에 주변과 비교해서(比) 높게 흙(土)을 다져 세운 궁궐이니

궁궐 폐

10획 陛 陛 陛 陛 陛 陛 陛 陛 陛 陛

음독	へい	4순위	陛下 폐하 (へいか)

| 잠깐만요 |
• '폐하'라는 말 외에는 거의 쓰이지 않으니 이것만 기억해 두세요.

248 北[业]: 북쪽 북 ▶ 北背並兆

1069

北/业

2학년 | N4 | 232위

서로 등을 맞대고 묶인(北) 패배자들은 북쪽으로 유배 가니

北: 여기서는 등을 맞대고 묶인 모습

① 북쪽 북 ② 패배 배

5획 北 北 北 北 北

음독	ほく	1순위	① 北東 북동 (ほくとう) ② 敗北 패배 (はいぼく)	① 北部 북부 (ほくぶ)
훈독	きた		北(きた) 북쪽 北風(きたかぜ) 북풍	西北(にしきた) 서북

| 잠깐만요 |
• '② 패배'의 의미는 「敗北(패배)」에만 쓰입니다.

1070

6학년 | N2 | 412위

북쪽(北)에서 불어오는 바람에 몸(月)을 돌려 등지는 모습이니　月: 고기 육·달 월

① 등 배　② 등질 배·배신할 배

9획 背背背背背背背背背

음독	はい [1순위]	① 背後 배후 (はいご)　① 背景 배경 (はいけい) ② *背徳 배덕 도리에 어긋남 (はいとく)
훈독	せ	背(せ) 등 背中(せなか) 등　背骨(せぼね) 등뼈, 척추 背負(せお)う 짊어지다　背(せ)の順(じゅん) 키 순
	せい	背(せい) 높이, 키　背比(せいくら)べ 키 대보기, 키 비교
	[そむ]く	背(そむ)く 등지다, 배반하다, 어기다
	[そむ]ける	背(そむ)ける 등을 돌리다, 외면하다

1071

6학년 | N2 | 675위

패배자들이 머리가 풀(艹)처럼 산발이 된 채 북쪽(业)으로 유배되어 나란히 실려 가는 모습이니　艹(艹): 풀 초

나란할 병·병렬 병

8획 並並並並並並並並

음독	へい [3순위]	並行 병행 (へいこう)　並列 병렬 (へいれつ) 並立 병립 (へいりつ)
훈독	なみ	並(なみ) 보통, 평균 → 月並(つきなみ) 평범함
	[なら]ぶ	並(なら)ぶ 한 줄로 서다 → 並(なら)びに 및, 또
	[なら]べる	並(なら)べる 늘어놓다, 나란히 하다

| 잠깐만요 |
• 일본의 덮밥집에 가면 "대, 중, 소, 특대"를 표시할 때, 「小-並-大-特」를 사용한답니다!
　예 小盛(こもり) – 並盛(なみもり) – 大盛(おおもり) – 特盛(とくもり)

1072

4학년 | N2 | 1325위

점치는 사람(儿)이 사방으로 쌀알(ン丶)을 던져 점을 쳐 징조를 보니　儿: 사람 인

① 징조 조　② 조 조

6획 兆兆兆兆兆兆

음독	ちょう [1순위]	① 前兆 전조 (ぜんちょう)　① *兆候 조후 징후 (ちょうこう) ② 億兆 억조 많은 수 (おくちょう)
훈독	[きざ]す	兆(きざ)す 일이 일어날 징조가 보이다 → 兆(きざ)し 조짐, 징조, 전조

1073

非

5학년 | N2 | 603위

비대칭인 갈비뼈(非)를 보고 정상이 아니라고 비난함을 나타내니

① 아닐 비   ② 나무랄 비 · 비난할 비

8획 非 非 非 非 非 非 非 非

음독	ひ	1순위	② 非難 비난 (ひなん) ① 非常識 비상식 (ひじょうしき)
			② 非行 비행 (ひこう)

1074

悲

3학년 | N2 | 829위

정상이 아니라고(非) 비난받으면 마음(心)이 슬프니

슬플 비

12획 悲 悲 悲 悲 悲 悲 悲 悲 悲 悲 悲 悲

음독	ひ	1순위	悲観 비관 (ひかん) 悲劇 비극 (ひげき)
			悲惨 비참 (ひさん)
훈독	[かな]しい		悲(かな)しい 슬프다 → 悲(かな)しさ 슬픔, 슬픈 정도
	[かな]しむ		悲(かな)しむ 슬퍼하다 → 悲(かな)しみ 슬픔

1075

俳

6학년 | N1 | 1444위

본인이 아닌(非) 것처럼 타인을 연기하는 사람(亻)은 배우이니   亻: 사람 인

배우 배

10획 俳 俳 俳 俳 俳 俳 俳 俳 俳 俳

음독	はい	1순위	俳優 배우 (はいゆう) *俳句 배구하이쿠 (はいく)

| 잠깐만요 |
• 「俳句(はいく)」는 5 · 7 · 5의 3구 17음으로 이루어진 일본의 정형시예요.

1076

罪

5학년 | N2 | 739위

그물(罒) 같은 법으로 안 된다(非) 정한 죄이니   罒: 그물 망

죄 죄

13획 罪 罪 罪 罪 罪 罪 罪 罪 罪 罪 罪 罪 罪

음독	ざい	1순위	*罪悪感 죄악감죄책감 (ざいあくかん)
			犯罪 범죄 (はんざい) 謝罪 사죄 (しゃざい)
훈독	つみ		罪(つみ) 죄 罪滅(つみほろ)ぼし 속죄

| 잠깐만요 |
• 일본에서는 '죄책감'을 「罪悪感(죄악감)」이라고 표현하니 주의하세요.

(정답은 509쪽에)

1 빈칸에 들어갈 한자로 적절한 것을 고르시오.

1. ____請 (신청)   ⓐ 申   ⓑ 神   ⓒ 社

2. 援____ (원조)   ⓐ 祖   ⓑ 助   ⓒ 組

3. ____祀 (제사)   ⓐ 祭   ⓑ 察   ⓒ 際

4. 対____ (대비)   ⓐ 兆   ⓑ 北   ⓒ 比

5. ____難 (비난)   ⓐ 非   ⓑ 悲   ⓒ 俳

6. 国____ (국제)   ⓐ 祭   ⓑ 際   ⓒ 察

7. ____下 (폐하)   ⓐ 混   ⓑ 階   ⓒ 陛

8. 前____ (전조)   ⓐ 兆   ⓑ 北   ⓒ 比

2 다음 한자의 뜻을 ( )에 적고 일본 음독을 a, b, c 중에 하나 고르시오.

1. 宗教 (   )   ⓐ しゅきょう   ⓑ そうきょう   ⓒ しゅうきょう

2. 精神 (   )   ⓐ せいしん   ⓑ ぜいしん   ⓒ ていしん

3. 調査 (   )   ⓐ ちょうさ   ⓑ そうさ   ⓒ じょうさ

4. 俳優 (   )   ⓐ ばいゆう   ⓑ はいゆう   ⓒ はんゆう

5. 考察 (   )   ⓐ こうさい   ⓑ こうそう   ⓒ こうさつ

6. 混乱 (   )   ⓐ こんらん   ⓑ こんなん   ⓒ くなん

7. 敗北 (   )   ⓐ はいぱい   ⓑ はいほく   ⓒ はいぼく

8. 階層 (   )   ⓐ がいそう   ⓑ かいそう   ⓒ けいそう

일곱째마디

●

동작·상태 II [138자]

十·廿·其의 파생 [19자]

250 十[ナ]: 열 십 ▶ 有右若左佐存在

1077

有

3학년 | N3 | 254위

많은(ナ) 고기(月)를 가지고 있는 모습이니

있을 유 · 가질 유

6획 有 有 有 有 有 有

음독	ゆう	1순위	有名 유명 (ゆうめい) 　　有效 유효 (ゆうこう) 所有 소유 (しょゆう)
	う	3순위	有無 유무 (うむ) 　　未曾有 미증유역사상 처음임 (みぞう) *有頂天 유정천너무 좋아서 어쩔 줄 모름 (うちょうてん)
훈독	[あ]る		有(あ)る 있다 → 有(あ)り無(な)し 유무 有(あ)り方(かた) 본연의 이상적인 상태

| 잠깐만요 |
- 옛날에 고기는 아주 값비싸고 상위 계층만 먹을 수 있었어요. 그래서 고기를 가지고 있는 것 자체가 '있다, 지니다'라는 의미성이 강해져 글자로 사용된 거예요.
- 「う」로 읽히는 경우도 단어 생산성이 높긴 하지만, 거의 대부분이 불교나 종교적인 색채를 띠는 용어들이라 일반적으로 별로 쓰이지 않습니다. 위의 세 단어 정도가 많이 쓰이는 단어들이니 참고하세요.

1078

右

1학년 | N4 | 341위

입(口)으로 많이(ナ) 가져가는 손은 오른손이니

오른 우

5획 右 右 右 右 右

음독	う	1순위	右翼 우익 (うよく) 　　*右折 우절우회전 (うせつ) 右方 우방오른쪽 (うほう)
	ゆう	4순위	左右 좌우 (さゆう) 　　*座右 좌우신변, 곁 (ざゆう) *座右(ざゆう)の銘(めい) 좌우명
훈독	みぎ		右(みぎ) 오른쪽 右手(みぎて) 오른손 　　右左(みぎひだり) 좌우

| 잠깐만요 |
- 「ゆう」는 위의 '좌우' 두 개만 자주 쓰입니다.

435

若

6학년 | N2 | 310위

무성한 풀(艹)을 오른손(右)에 약간의 힘만 주어도 뽑아내는 젊음이니   艹 : 풀 초

① 젊을 약   ② 약간 약

8획 若 若 若 若 若 若 若 若

음독	じゃく	1순위	② 若干 약간 (じゃっかん) ① 若年層 약년층젊은 층 (じゃくねんそう)
	にゃく	4순위	① *老若男女 노약남녀남녀노소 (ろうにゃくなんにょ)
	예외		般若 반약반야 (はんにゃ)
훈독	[も]し		若(も)し 만약 若(も)しくは 혹은, 또는, 그렇지 않으면
	[わか]い		若(わか)い 젊다 → 若者(わかもの) 젊은이

| 잠깐만요 |
• '젊다 → 나이가 조금/약간 어리다 → 약간, 조금의'라는 의미 확장이에요.
• 「若(も)し」처럼 옛날에는 접속사/조사 등에도 한자가 쓰였습니다. 하지만 현재에는 거의 쓰이지 않아요.

左

1학년 | N4 | 384위

수많은(ナ) 뛰어난 작품을 만들어 내는(工) 예술가/기술자들은 왼손잡이가 많으니

① 왼쪽 좌   ② 안 좋을 좌

5획 左 左 左 左 左

| 음독 | さ | 1순위 | ① 左派 좌파 (さは)   ① *左折 좌절좌회전 (させつ)
② 左遷 좌천 (させん) |
| 훈독 | ひだり | | 左(ひだり) 왼쪽
左利(ひだりき)き 왼손잡이   左向(ひだりむ)き 좌향 |

| 잠깐만요 |
• 옛날에는 왼손으로 무언가 하는 것을 '좋지 않은 것, 정도에서 벗어난 것'이라 여겼기 때문에 '좌천'과 같은 사용이 나왔어요.
• 「左」「右」의 글자 모양이 헷갈리면 대장장이를 떠올리세요. 왼손은 모루(工) 쪽에 두어 철을 고정하고, 오른손은 망치(口)를 들고 내리치죠? 의미로 암기가 잘 안 된다면 자기 나름대로 이미지화가 잘 되는 느낌을 찾는 것도 중요해요.

佐

4학년 | N1 | 455위

사람(亻)의 왼손(左)처럼 거들고 돕는 역할이니

도울 좌

7획 佐 佐 佐 佐 佐 佐 佐

| 음독 | さ | 3순위 | 補佐 보좌 (ほさ)   *大佐 대좌대령 (たいさ) |

| 잠깐만요 |
• 농구 만화 『슬램덩크』의 명대사 '왼손은 거들 뿐'을 떠올리세요.
• 실질적으로 인명/지명/관직명에서 사용되는 글자예요. 일반 어휘로 사용되는 경우는 「補佐(보좌)」정도밖에 없습니다.

6학년 | N2 | 358위

대문 앞에 막대기(丨)에 많은(ナ) 고추를 달아 아들(子)이 있음을 나타내니

있을 존

6획 存 存 存 存 存 存

음독	ぞん	1순위	*存命 존명살아 있음 (ぞんめい) 保存 보존 (ほぞん) 生存 생존 (せいぞん)	
	そん	2순위	存在 존재 (そんざい) 存続 존속 (そんぞく)	存立 존립 (そんりつ)

| 잠깐만요 |
• 옛날에는 출산 시 아들이 태어나면 문 앞에 고추를 잔뜩 달아 두는 풍습이 있었어요.

5학년 | N2 | 209위

흙(土)에 많은(ナ) 막대기(丨)를 꽂아 여기 무언가 있음을 나타내니

있을 재

6획 在 在 在 在 在 在

음독	ざい	1순위	在学 재학 (ざいがく) 滞在 체재 (たいざい)	現在 현재 (げんざい)

---

251 [廿] : 스물 입 ▶ 廿席度世葉

열 십 자를 두 개(十十) 엮어서 한(一) 덩어리가 되면 스물이니

十 : 열 십

스물 입

4획 廿 廿 廿 廿

4학년 | N2 | 629위

집(广) 안에 스무(廿) 개의 수건(巾)을 도톰히 깔아 만든 자리이니

巾 : 수건 건

자리 석

10획 席 席 席 席 席 席 席 席 席 席

음독	せき	1순위	席 석자리, 좌석 (せき) 欠席 결석 (けっせき)	座席 좌석 (ざせき) 即席 즉석 (そくせき)

1086

度

3학년 | N4 | 73위

집(广)에서 식사할 때는 스무(廿) 가지 이상의 경우를 헤아려 손(又)을 정도껏 활용해 법도대로 먹어야 하니

又: 오른손 우

① 법도 도 ② 정도 도 ③ 헤아릴 탁

9획 度 度 度 度 度 度 度

음독	ど	1순위	① 制度 제도 (せいど) ② 程度 정도 (ていど) ② 温度 온도 (おんど)
		2순위	② *一度 일도한 번 (いちど) ② *何度 하도몇 번 (なんど) ② *今度 금도이번 (こんど)
	たく	3순위	③ *支度 지탁채비, 준비 (したく) ③ *忖度 촌탁타인의 마음을 미루어 헤아려서 행동함 (そんたく)
	と	4순위	① *法度 법도금령 (はっと)
훈독	たび		度 (たび) 때, 번, 적

| 잠깐만요 |
- 귀족들은 식사 때 먹는 양이나 손을 움직이는 정도, 횟수 등을 법도에 맞춰서 격식 있게 먹었죠? 그런 이미지들을 떠올려 보세요.
- 「法度(はっと)」는 보통 「ご法度」로 쓰이며, 본래 무가에서 하면 안 된다고 내려진 규칙이나 금제를 의미합니다. 그래서 요즘에는 관습적/내부적으로 '절대 삼가야 하는 것'을 나타내는 용어로 쓰입니다.
- 「忖度(そんたく)」는 보통 직장에서 상사가 직접 말하지 않아도 알아서 상사를 위한 것들을 처리하는 것을 의미합니다.
- 「今度(こんど)」는 문맥에 맞춰서 '이번, 다음번'이 됩니다. 한국에서도 '이번에 온 사람(가까운 과거)'이나 '이번에 만날 때(가까운 미래)'는 각각 의미가 '이번, 다음번'이 되죠? 일본에서도 마찬가지로 문맥에 따라 의미가 정반대가 되니 알아 두세요.

1087

世

3학년 | N3 | 70위

옛날에는 스무(廿) 살이면 숨겨진(乚) 어른의 세상을 알아 한 세대를 이루니

乚: 숨을 은

① 세상 세 ② 시대 세 · 세대 세

5획 世 世 世 世 世

음독	せ	1순위	① 世界 세계 (せかい) ① 世間 세간 (せけん) ② 世帯 세대 (せたい)
	せい	2순위	② 世紀 세기 (せいき) ② 中世 중세 (ちゅうせい) ② 後世 후세 (こうせい)
훈독	よ		世 (よ) 세상 世 (よ) の中 (なか) 세상 世 (よ) の末 (すえ) 말세

葉

3학년 | N2 | 202위

높은 곳에 난 풀(艹)은 곧 한 세대(世)마다 피고 지며 나무(木)에서 자라는 잎을 의미하니

艹: 풀 초

잎 엽

12획 葉 葉 葉 葉 葉 葉 葉 葉 葉 葉 葉 葉

음독	よう	1순위	針葉樹 침엽수 (しんようじゅ)　紅葉 홍엽단풍 (こうよう)
			前頭葉 전두엽 (ぜんとうよう)
훈독	は		葉(は) 잎　　　　　　　　　葉書(はがき) 엽서
			落(お)ち葉(ば) 낙엽　　　　四(よ)つ葉(ば) 네 잎
	예외		紅葉(もみじ) 홍엽, 단풍

| 잠깐만요 |
• 「紅葉(단풍)」은 보통 「もみじ」라고 읽고, 문어적으로 사용할 때는 「こうよう」라고도 합니다.
• 紅葉: こうよう는 가을철 잎이 붉게 물드는 현상 자체를 말합니다. もみじ는 그런 현상과 단풍나무(楓:かえで)가 물든 모습을 모두 아울러서 말하는 개념입니다.

---

252 [世]: 서른 세 ▶ 世帯

● 부수자

열 십 자를 세 개(十十十) 엮어서 한(一) 덩어리가 되면 서른이니

서른 세

5획 世 世 世 世 世

4학년 | N2 | 574위

서른(世)이 넘으면 나온 배를 덮어(冖) 감추려 수건(巾)처럼 둘러 항시 차고다니던 띠이니

冖: 덮을 멱

① 띠 대　② 찰 대·함께할 대

10획 帯 帯 帯 帯 帯 帯 帯 帯 帯 帯

음독	たい	1순위	① 地帯 지대 (ちたい)　　　① *包帯 포대붕대 (ほうたい)
			① 熱帯 열대 (ねったい)
		2순위	② 携帯 휴대 (けいたい)　　② 世帯 세대 (せたい)
			② 連帯感 연대감 (れんたいかん)
훈독	おび		帯(おび) 천으로 된 띠 종류, 기모노 등에서 복부를 두르는 천
	[お]びる		帯(お)びる ⓐ 두르다, 차다 ⓑ 띠다, ~한 기미가 있다

| 잠깐만요 |
• '허리띠(붕대) → 차고 다닌다(휴대) → 함께한다(연대)'는 의미의 확장이에요. 굳이 의미를 따로 외우겠다는 생각보다는 왜 저런 의미가 생긴 것인지 고민해 보세요.

| 잠깐만요 |
• 「帯びる」의 '~기미가 있다'는 복부에 두르는 천처럼 주위의 분위기나 기색을 두르고 있다는 데서 온 의미예요.

1091

甘

중학 | N2 | 1045위

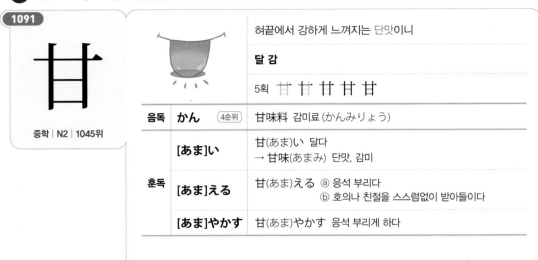

허끝에서 강하게 느껴지는 단맛이니

달 감

5획 甘 甘 廿 甘 甘

음독	かん	4순위	甘味料 감미료 (かんみりょう)
훈독	[あま]い		甘(あま)い 달다 → 甘味(あまみ) 단맛, 감미
	[あま]える		甘(あま)える ⓐ 응석 부리다 ⓑ 호의나 친절을 스스럼없이 받아들이다
	[あま]やかす		甘(あま)やかす 응석 부리게 하다

1092 ◑ 제부수

其

급수 외 | 1551위

단(甘) 음식은 접시(六)에 허끝만 대도 바로 그것임을 아니   八: 나눌 팔·여덟 팔

그 기

8획 其 其 甘 其 其 其 其 其

훈독	そ	其(そ)の 그 其(それ 그것 其処(そこ) 그곳

| 잠깐만요 |
• 옛날 책이 아니면 그, 그것, 그곳 등의 지시사는 한자로 쓰지 않으니 참고만 하세요.

1093

基

5학년 | N2 | 404위

그(其) 건물의 지반(土)은 건축의 기반이자 기초이니

(밑)바탕 기·기초 기

11획 基 基 基 基 基 基 其 其 基 基 基

음독	き	1순위	基礎 기초 (きそ) 基準 기준 (きじゅん) 基盤 기반 (きばん)
훈독	もと		基(もと) 근본, 토대, 기초
	[もと]づく		~に基(もと)づく ~에 의거하다, ~에 근거하다, ~에 기인하다

1094

3학년 | N2 | 187위

서로가 상정한 그(其) 달(月)의 모습이 될 때까지의 기간을 기준으로 기약했으니

① 기간 기 ② 기약할 기

12획 期 期 期 期 期 期 其 其 期 期 期 期

음독	き	1순위	① 期限 기한 (きげん)	① 時期 시기 (じき)
			① 延期 연기 (えんき)	
		2순위	② 期日 기일 (きじつ)	② 期待 기대 (きたい)
	ご	4순위	① *一期一会 일기일회 (いちごいちえ)	
			① *最期 최기최후 (さいご)	

| 잠깐만요 |
• 「一期一会(일기일회)」란 '일생에 한 번뿐인 소중한 만남'이라는 의미입니다.
• 「ご」의 경우는 '일기일회' 외에는 모두 '(시대나 생명의) 마지막 때'라는 의미로만 사용되고, 자주 쓰이는 단어도 위의 두 단어 정도예요.

1095

4학년 | N1 | 1232위

깃발(㫃) 그(其) 자체를 의미하니   㫃: 깃대 기

깃발 기

14획 旗 旗 旗 旗 旗 旗 旗 旗 旗 旗 旗 旗 旗 旗

음독	き	1순위	旗手 기수 (きしゅ)	国旗 국기 (こっき)
			軍旗 군기 (ぐんき)	
훈독	はた		旗(はた) 기, 깃발	
			旗色(はたいろ) 형세, 전황	白旗(しろはた) 백기

(정답은 509쪽에)

1 빈칸에 들어갈 한자로 적절한 것을 고르시오.

1. ＿＿干 (약간)　　ⓐ 若　　ⓑ 右　　ⓒ 存

2. 補＿＿ (보좌)　　ⓐ 佐　　ⓑ 左　　ⓒ 在

3. ＿＿界 (세계)　　ⓐ 葉　　ⓑ 廿　　ⓒ 世

4. 紅＿＿ (홍엽)　　ⓐ 廿　　ⓑ 世　　ⓒ 葉

5. ＿＿限 (기한)　　ⓐ 其　　ⓑ 期　　ⓒ 旗

6. 包＿＿ (붕대)　　ⓐ 帯　　ⓑ 台　　ⓒ 丗

7. ＿＿礎 (기초)　　ⓐ 旗　　ⓑ 期　　ⓒ 基

8. ＿＿名 (유명)　　ⓐ 右　　ⓑ 有　　ⓒ 左

2 다음 한자의 뜻을 (　　)에 적고 일본 음독을 a, b, c 중에 하나 고르시오.

1. 有無 (　　　)　　ⓐ ゆうむ　　ⓑ うぶ　　ⓒ うむ

2. 左右 (　　　)　　ⓐ さゆう　　ⓑ さゆ　　ⓒ さう

3. 存在 (　　　)　　ⓐ ぞんざい　　ⓑ ぞんぜい　　ⓒ そんざい

4. 程度 (　　　)　　ⓐ ていどう　　ⓑ ていど　　ⓒ せいど

5. 最期 (　　　)　　ⓐ さいご　　ⓑ さいこう　　ⓒ さいこ

6. 座席 (　　　)　　ⓐ ざそく　　ⓑ させき　　ⓒ ざせき

7. 保存 (　　　)　　ⓐ ほぞん　　ⓑ ほうぞん　　ⓒ ぼぞん

8. 右折 (　　　)　　ⓐ ゆうせつ　　ⓑ うせつ　　ⓒ ゆせつ

大·中·小의 파생 [24자]

254 大: 클 대 ▶ 太因恩

1096

2학년 | N3 | 176위

아주 커서(大) 다른 이가 발아래 점(丶)처럼 보일 만큼 크니

클 태

4획 太 太 太 太

음독	たい	1순위	太陽 태양 (たいよう)	*太鼓 태고북 (たいこ)
			太古 태고 (たいこ)	
	た	3순위	*太刀 태도큰 칼 (たち)	*丸太 환태통나무 (まるた)
훈독	[ふと]い		太(ふと)い 굵다	
	[ふと]る		太(ふと)る 살이 찌다, (재산 등이) 늘어나다	

| 잠깐만요 |
• 「犬(개 견)」과의 구분에 주의하세요.

1097

5학년 | N2 | 821위

결과는 주위를 에워싼(囗) 커다란(大) 상황이 원인이 되어 기인한 것이니   囗: 에워쌀 위

원인 인 · 기인할 인

6획 因 因 因 因 因 因

음독	いん	1순위	因果 인과 (いんが)	原因 원인 (げんいん)
			起因 기인 (きいん)	
훈독	[よ]る		〜に因(よ)る 〜에 기인하다, 의거하다	

| 잠깐만요 |
• 「囚(가둘 수)」와의 구분에 주의하세요.

1098

5학년 | N1 | 1371위

도움받은 데 기인하여(因) 생기는 마음(心)을 은혜라 하니   心: 마음 심

은혜 은

10획 恩 恩 恩 恩 恩 恩 恩 恩 恩 恩

| 음독 | おん | 1순위 | *恩 은은혜 (おん) | 恩人 은인 (おんじん) |
| | | | 謝恩 사은 (しゃおん) | |

| 잠깐만요 |
• '은혜'로 쓸 때에는 「恩返(おんがえ)し: 보은」 「恩(おん)に着(き)る: 은혜를 받다」 등으로 쓰입니다.

255 [夭]: 크고 높을 태 ▶ 夭春奏奉棒

1099 ● 부수자

夭

5획

구름(二)을 뚫을 만큼 크고(大) 높이 솟으니

二: 두 이(여기서는 하늘의 구름 조각)

크고 높을 태

5획 夭 夭 夭 夭 夭

1100

春

2학년 | N4 | 494위

크고 높이(夭) 떠오르는 태양(日)에 생명이 태동하고 따뜻해지는 봄이니

봄 춘

9획 春 春 春 春 春 春 春 春 春

음독	しゅん [1순위]	春夏秋冬 춘하추동 (しゅんかしゅうとう) 青春 청춘 (せいしゅん)　　思春期 사춘기 (ししゅんき)
훈독	はる	春(はる) 봄　　　　　　　　春先(はるさき) 초봄 春雨(はるさめ) ⓐ 봄비 ⓑ 당면

1101

奏

6학년 | N1 | 1337위

악기 소리가 크고 높게(夭) 하늘(天) 위로 울려 퍼지는 연주이니

연주할 주

9획 奏 奏 奏 奏 奏 奏 奏 奏 奏

음독	そう [1순위]	演奏 연주 (えんそう)　　合奏 합주 (がっそう) 吹奏 취주 (すいそう)
훈독	[かな]でる	奏(かな)でる 연주하다

1102

奉

중학 | N1 | 921위

크고 높은(夭) 분께 아랫사람이 양손으로 받쳐들어(廾→キ) 무언가 갖다 바치는 모습에서

廾: 받쳐들 공

바칠 봉

8획 奉 奉 奉 奉 奉 奉 奉 奉

음독	ほう [1순위]	奉仕 봉사 (ほうし)　　奉公 봉공 (ほうこう) 奉納 봉납 (ほうのう)
	ぶ [4순위]	奉行 봉행 (ぶぎょう)
훈독	[たてまつ]る	奉(たてまつ)る 바치다, 헌상하다, 드리다

| 잠깐만요 |
- 「ぶ」는 「奉行」 외에는 거의 쓰이지 않으니 예외 음으로 외워 두세요.
- 「奉行(ぶぎょう)」는 '명을 받들어 행함, 무사 시대 각 부처의 장관직'을 뜻합니다.

1103

棒

6학년 | N2 | 1198위

나무(木) 중 양손으로 받쳐들(奉) 수 있는 가늘고 곧게 뻗은 막대이니

① 막대 봉 (② 그은 줄 봉)

12획 棒棒棒棒棒棒棒棒棒棒棒棒

음독	ぼう	1순위	① 棒 봉막대기/줄 (ぼう) ① 鉄棒 철봉 (てつぼう)
			① 綿棒 면봉 (めんぼう) ① *相棒 상봉파트너 (あいぼう)
		4순위	② *棒線 봉선직선 (ぼうせん)
			② *棒読(ぼうよ)み 억양 없이 읽어 내림

| 잠깐만요 |
• 곧게 뻗고 적당히 가는 '막대기'를 의미했는데, 그것이 종이 위에 직선으로 그은 '줄'과 같은 모양이라 하여 '굽지 않고 곧은 선'의 의미로도 쓰입니다.
• 「棒読み」는 '소리의 높낮이 없이 직선으로 읽는 것'이라는 의미로 그냥 국어책 읽기식의 감정이나 억양 없는 읽기를 말합니다.

256 夭: 예쁠 요 ▶ 夭笑送

1104 ◑ 제부수

夭

긴 머리(丿)를 늘어뜨린 젊은 여자가 아주(大) 예쁜 모습에서

① 예쁠 요 ② 젊을 요

4획 夭夭夭夭

| 음독 | よう | 1순위 | ② 夭折 요절 (ようせつ) ② *夭死 요사요절 (ようし) |

1105

笑/关

4학년 | N2 | 212위

대나무(⺮)가 휘듯 입꼬리가 예쁘게(夭) 휘며 웃으니   ⺮: 대나무 죽

웃을 소

10획 笑笑笑笑笑笑笑笑笑笑

음독	しょう	1순위	失笑 실소 (しっしょう) 爆笑 폭소 (ばくしょう)
			冷笑 냉소 (れいしょう)
훈독	[わら]う		笑(わら)う 웃다
	[え]む		笑(え)む ⓐ 미소짓다
			ⓑ 꽃봉오리가 벌어지다, 열매가 익어 벌어지다
			微笑(ほほえ)む 미소 짓다 微笑(ほほえ)み 미소

| 잠깐만요 |
• 笑む는 'ⓑ 꽃봉오리가 벌어지다'로, 명사형인 笑(え)み는 'ⓐ 미소'의 의미로 쓰입니다.
⑩ 花笑(はなえ)む 꽃봉오리가 벌어지다 満面(まんめん)の笑(え)み 만면의 미소

웃으며(笑→关) 떠나가도록(辶) 보내니 关(笑): 웃을 소

보낼 송

9획 送送送送送送送送送

음독	そう	1순위	送別 송별 (そうべつ)　　　送金 송금 (そうきん) 配送 배송 (はいそう)
훈독	[おく]る		送(おく)る 보내다 → 送(おく)り手(て) 보내는 사람

3학년 | N3 | 329위

---

257 中: 가운데 중 ▶ 仲沖忠

두 사람(亻)의 가운데(中), 즉 사람 사이에서 중개하는 것을 나타내니

사람 사이 중·중개할 중

6획 仲仲仲仲仲仲

음독	ちゅう	1순위	仲裁 중재 (ちゅうさい)　　　仲介 중개 (ちゅうかい)
훈독	なか		仲(なか) 사이, 관계　　　　仲間(なかま) 동료 仲直(なかなお)り 화해　　　恋仲(こいなか) 사랑하는 사이
	예외		仲人(なこうど) 중매쟁이

4학년 | N2 | 656위

물(氵)의 한가운데(中)는 육지에서 먼 바다이니 氵: 물 수

먼 바다 충

7획 沖沖沖沖沖沖沖

음독	ちゅう	4순위	沖積層 충적층 (ちゅうせきそう)
훈독	おき		沖(おき) 먼 바다, 물가에서 멀리 떨어진 물 沖縄(おきなわ) 오키나와〈지명〉

4학년 | N1 | 1085위

| 잠깐만요 |
• '충적층'이란 물이 멀리 흘러가면서 쌓인 퇴적층을 말해요.

유혹 속에서도 중심(中)을 잡고 흔들리지 않는 마음(心)은 충직함이니

충직할 충

8획 忠忠忠忠忠忠忠忠

음독	ちゅう	1순위	忠実 충실 (ちゅうじつ)　　　忠誠 충성 (ちゅうせい) 忠告 충고 (ちゅうこく)

6학년 | N1 | 859위

1110

映

6학년 | N3 | 335위

해(日)가 떠올라 호수 한가운데(央)에 비춰지는 모습에서

비출 영

9획 映 映 映 映 映 映 映 映 映

음독	えい	1순위	映画 영화 (えいが)	映像 영상 (えいぞう)
			反映 반영 (はんえい)	
훈독	[うつ]る		映(うつ)る 반영하다, 비치다	
	[うつ]す		映(うつ)す 비추다, 투영하다	
	[は]える		映(は)える (빛을 받아) 빛나다	
			→ インスタ映(ば)え 인스타그램에 사진이 멋지게 보이는 것	

1111

英

4학년 | N3 | 439위

잔디밭(艹) 같은 푸른 바다 가운데(央)에 솟아서 뛰어남을 뽐내는 영국 같은 모습이니

艹: 풀 초

① 뛰어날 영 ② 영국 영

8획 英 英 英 英 英 英 英 英

| 음독 | えい | 1순위 | ① 英才 영재 (えいさい) | ① 英雄 영웅 (えいゆう) |
| | | | ② 英語 영어 (えいご) | |

1112 ● 부수자

夬

가운데(央)의 한쪽이 터진 모습이니

터질 쾌

4획 夬 夬 夬 夬

1113

快

5학년 | N2 | 912위

마음(忄) 한가운데 답답하던 것이 터져(夬) 상쾌한 모습이니

忄: 마음 심

상쾌할 쾌

7획 快 快 快 快 快 快 快

음독	かい	1순위	快感 쾌감 (かいかん)	快適 쾌적 (かいてき)
			快挙 쾌거 (かいきょ)	
훈독	[こころよ]い		快(こころよ)い 유쾌하다, 상쾌하다	

1114

막힌 물길(氵)의 한쪽을 터뜨려(夬) 물길의 방향과 흐름을 결정하니

① 터질 결 ② 정할 결

決

3학년 | N2 | 175위

7획 決決決決決決決

음독	けつ	1순위	① 決裂 결렬 (けつれつ) ② 決定 결정 (けってい) ② 解決 해결 (かいけつ)
훈독	[き]まる		決(き)まる 정해지다, 결정되다 → 決(き)まり 규칙, 습관 決(き)まり文句(もんく) 상투어, 틀에 박힌 말
	[き]める		決(き)める 정하다, 결정하다 → 決(き)めセリフ 명대사

---

260 小[⺌]: 작을 소 ▶ 肖消

1115 ◐ 제부수

肖

N1 | 2115위

아주 작은(⺌) 사이즈로 신체(月)를 축소해 만드는 피규어는 대상을 똑 닮게 만드니

⺌(小): 작을 소   月: 고기 육·달 월

닮을 초

7획 肖肖肖肖肖肖肖

음독	しょう	4순위	肖像画 초상화 (しょうぞうが)
훈독	[あやか]る		肖(あやか)る ⓐ (부러움을 느끼는 상대와) 닮다 ⓑ 그로 인해 덕을 보다

|잠깐만요|
• 단독으로는 「肖像画(초상화)」「肖像権(초상권)」 정도에만 사용되고, 실질적으로는 「削/鎖/消」 등에 부수로 쓰여요.

1116

消

3학년 | N2 | 389위

깨끗한 물(氵)과 성질이 닮은(肖) 것들은 불이나 번뇌를 사라지게 말소하는 것이니

불 끌 소 · 사라질 소

10획 消消消消消消消消消消

음독	しょう	1순위	消滅 소멸 (しょうめつ) 消火 소화 (しょうか) 消毒 소독 (しょうどく)
훈독	[き]える		消(き)える ⓐ 꺼지다 ⓑ 사라지다
	[け]す		消(け)す ⓐ 끄다 ⓑ 없애다 → 消(け)しゴム 지우개 取(と)り消(け)す 취소하다

1117

省

2학년 | N2 | 591위

실수가 적어지게(少) 내면으로 눈(目)을 돌려 반성하고 불필요한 과정을 생략하니

① 살필 성·반성 성 ② 덜 생·생략 생 ③ 기관명 성

9획 省省省省省省省省省

음독	せい [1순위]	① 省察 성찰 (せいさつ/しょうさつ) ① 反省 반성 (はんせい) ① 内省 내성 (ないせい)
	しょう [2순위]	② 省略 생략 (しょうりゃく) ③ 文科省 문과성문부과학성 (もんかしょう) ③ 外務省 외무성 (がいむしょう)
훈독	[かえり]みる	省(かえり)みる ⓐ 반성하다 ⓑ 돌이켜보다
	[はぶ]く	省(はぶ)く 덜다, 생략하다

| 잠깐만요 |
- '① 살피다·반성하다'로 쓰이는 경우는 보통 「せい」로 읽습니다.
- '② 덜다·생략하다'의 경우는 음독에서는 「省略(생략)」 뿐입니다.
- '③ 기관의 종류'는 한국의 교육부/문체부 등의 '부'에 해당하는 곳으로, 「しょう」로 읽히는 대부분은 기관을 의미합니다.

1118

秒

3학년 | N2 | 1627위

벼(禾)를 온 식구가 먹어 적어지는(少) 것은 초의 시간만큼 눈 깜짝할 새니

시간 초

9획 秒秒秒秒秒秒秒秒秒

음독	びょう [1순위]	秒 초 (びょう) 秒速 초속 (びょうそく) 毎秒 매초 (まいびょう) *秒読(びょうよ)み 초 읽기

1119

砂

6학년 | N2 | 1059위

돌(石)이 깨지고 깨져 적은(少) 수의 알갱이만 남고 변한 모래이니

모래 사

9획 砂砂砂砂砂砂砂砂砂

음독	さ [1순위]	砂漠 사막 (さばく) *砂糖 사탕설탕 (さとう) 砂丘 사구 (さきゅう)
	しゃ [2순위]	土砂 토사 (どしゃ) 硼砂 붕사 (ほうしゃ)
훈독	すな	砂(すな) 모래 砂浜(すなはま) 모래사장, 모래톱

(정답은 510쪽에)

1 빈칸에 들어갈 한자로 적절한 것을 고르시오.

1. ____陽 (태양)　　ⓐ 太　　ⓑ 犬　　ⓒ 大

2. 鉄____ (철봉)　　ⓐ 奏　　ⓑ 奉　　ⓒ 棒

3. ____金 (송금)　　ⓐ 送　　ⓑ 笑　　ⓒ 咲

4. 解____ (해결)　　ⓐ 夬　　ⓑ 快　　ⓒ 決

5. ____裁 (중재)　　ⓐ 中　　ⓑ 仲　　ⓒ 沖

6. 毎____ (매초)　　ⓐ 少　　ⓑ 抄　　ⓒ 秒

7. ____火 (소화)　　ⓐ 肖　　ⓑ 消　　ⓒ 削

8. 青____ (청춘)　　ⓐ 春　　ⓑ 奏　　ⓒ 泰

2 다음 한자의 뜻을 (　　)에 적고 일본 음독을 a, b, c 중에 하나 고르시오.

1. 奉納 (　　　)　　ⓐ ほうのう　　ⓑ ぼうのう　　ⓒ ほんのう

2. 原因 (　　　)　　ⓐ げんいん　　ⓑ げんにん　　ⓒ げんぎん

3. 仲介 (　　　)　　ⓐ ちゅかい　　ⓑ ちゅうかい　　ⓒ じゅうかい

4. 冷笑 (　　　)　　ⓐ れいそ　　ⓑ れいしょう　　ⓒ れいしょ

5. 映像 (　　　)　　ⓐ げいぞう　　ⓑ えいぞ　　ⓒ えいぞう

6. 反省 (　　　)　　ⓐ はんせい　　ⓑ はんしょう　　ⓒ はんそう

7. 消毒 (　　　)　　ⓐ そうどく　　ⓑ しょどく　　ⓒ しょうどく

8. 省略 (　　　)　　ⓐ せいやく　　ⓑ しょりゃく　　ⓒ しょうりゃく

48

高·尚·長의 파생 [17자]

262 高: 높을 고 ▶ 高橋

1120

高
古

2학년 | N4 | 65위

		누각이나 탑의 가장 높은 부분을 본떠
		높을 고
		10획 高高高高高高高高高高
음독	こう [1순위]	高低 고저(こうてい)　　　高級 고급(こうきゅう) 高校 고교(こうこう)
훈독	たか	高(たか) ⓐ 높음 ⓑ 생산량/수입액 ⓒ 정도 ⓐ 高値(たかね) 고가　　　ⓐ 高低(たかひく) 고저 ⓐ 円高(えんだか) 엔고 ↔ 円安(えんやす) 엔저 ⓑ 生産高(せいさん・だか) 생산량 ⓑ 売上(うりあ)げ高(だか) 매상액 ⓒ 高(たか)が 겨우 ⓒ 高(たか)が知(し)れる 정도가 뻔하다
	[たか]い	高(たか)い 높다
	[たか]まる	高(たか)まる 높아지다
	[たか]める	高(たか)める 높이다

1121

橋

3학년 | N2 | 497위

		나무(木)를 예쁘게(夭) 다듬어 높은(高) 곳에 연결한 다리의 모습이니 夭: 예쁠 요·젊을 요
		다리 교
		16획 橋橋橋橋橋橋橋橋橋橋橋橋橋橋橋橋
음독	きょう [1순위]	橋梁 교량(きょうりょう)　　鉄橋 철교(てっきょう) *歩道橋 보도교육교(ほどうきょう)
훈독	はし	橋(はし) 다리

1122

京

2학년 | N3 | 201위

높은(㐅) 곳에서 보면 작은(小) 집들이 수없이 펼쳐진 수도/서울이니

서울 경 · 수도 경

8획 京 京 京 京 京 京 京 京

음독	きょう [1순위]	*京 경서울/수도 (きょう)	上京 상경 (じょうきょう)
		*京都 경도교토 (きょうと)	東京 동경도쿄 (とうきょう)
	けい [4순위]	*京阪 경판교토와 오사카 (けいはん)	
		*京葉 경엽도쿄와 지바 (けいよう)	
	きん [4순위]	北京 북경베이징 (ぺきん)	

| 잠깐만요 |
• 옛 수도였던 「京都(교토)」의 대명사로 자주 쓰입니다. 특히 「けい」로 읽히는 경우는 대부분 교토의 머리글자를 따서 단축어를 만들 때 사용됩니다.

1123

景

4학년 | N2 | 492위

햇빛(日)이 서울(京)에 내리쬐는 경치이니

경치 경

12획 景 景 景 景 景 景 景 景 景 景 景 景

음독	けい [1순위]	背景 배경 (はいけい)	夜景 야경 (やけい)
		風景 풍경 (ふうけい)	
	け [4순위]	*景色 경색경치 (けしき)	

| 잠깐만요 |
• 음독 「け」는 「景色(경치)」 정도에만 쓰이니 예외적으로 외워 두세요.

1124

#

6학년 | N1 | 1023위

서울(京)에서 수많은(ナ) 이들이 숨겼던(乚) 꿈(ˊ)을 좇아 이루어내니

ナ(十): 많을 십 · 열 십　乚: 숨을 은　ˊ: 여기서는 하늘의 별 같은 꿈

이룰 취 · 좇을 취

12획 就 就 就 就 就 就 就 就 就 就 就 就

음독	しゅう [1순위]	就職 취직 (しゅうしょく)	就任 취임 (しゅうにん)
		就業 취업 (しゅうぎょう)	
	じゅ [4순위]	成就 성취 (じょうじゅ)	
훈독	[つ]く	就(つ)く ⓐ (자리 · 직위에) 오르다　ⓑ (입장 · 사람을) 따르다	
	[つ]ける	就(つ)ける ⓐ 종사하게 하다　ⓒ 지도받게 하다	

| 잠깐만요 |
• 음독 「じゅ」는 「成就(성취)」 정도에만 쓰이니 예외 어휘로 기억해 두세요.
• 이미지로 외우고 싶으면 '서울(京)로 꿈을 좇아 땀 흘리며 달려가는(尤) 모양'으로 외워도 돼요.

1125

享

중학 | N1 | 2078위

높은(亠) 사람의 자식(子)은 많은 것을 누리니

누릴 향 · 향유할 향

8획 享 享 享 享 享 享 享 享

| 음독 | きょう | 1순위 | 享有 향유 (きょうゆう) | 享受 향수 (きょうじゅ) |
| | | | 享楽 향락 (きょうらく) | |

1126

熟

6학년 | N1 | 1330위

권력을 누리던(享) 이가 나이 들며 모난 성격이 둥글어지고(丸) 불(灬) 같은 심성이
성숙해지는 모습이니
丸: 둥글 환 灬: 불 화

익을 숙 · 익숙할 숙

15획 熟 熟 熟 熟 熟 熟 熟 熟 熟 熟 熟 熟 熟 熟 熟

음독	じゅく	1순위	熟成 숙성 (じゅくせい)	熟考 숙고 (じゅっこう)
			未熟 미숙 (みじゅく)	
훈독	[う]れる		熟(う)れる 익다, 여물다	

1127

亭

중학 | N1 | 1322위

높은(亠) 자리를 덮고(冖) 못(丁) 박히듯 지어진 정자이니
冖: 덮을 멱 丁: 못 정

정자 정

9획 亭 亭 亭 亭 亭 亭 亭 亭 亭

| 음독 | てい | 1순위 | *亭主 정주집주인 (ていしゅ) | *旅亭 여정여관 (りょてい) |
| | | | 料亭 요정 (りょうてい) | |

| 잠깐만요 |
• '〜정'이라는 가게들은 '정자'처럼 운치가 느껴지는 가게, 즉 '고급진 느낌이 드는 가게'의 뉘앙스를
지닙니다.

1128

停

5학년 | N2 | 1165위

바삐 살던 사람(亻)이 정자(亭)에 머무르며 잠시 일을 멈추니

머무를 정 · 멈출 정

11획 停 停 停 停 停 停 停 停 停 停 停

| 음독 | てい | 1순위 | 停止 정지 (ていし) | 停留 정류 (ていりゅう) |
| | | | 停電 정전 (ていでん) | |

1129

尚

중학 | N1 | 1356위

작은(ʼʼ) 진영(冂)을 짠 소수 정예의 입(口)에서 나오는 기세와 함성이 오히려 더욱 높으니

ʼʼ(小): 작을 소

오히려 상 · 더 높을 상

8획 尚 尚 尚 尚 尚 尚 尚 尚

음독	しょう [1순위]	高尚 고상 (こうしょう)　　和尚 화상 (おしょう/かしょう) 時期尚早 시기상조 (じきしょうそう)
훈독	なお	尚(なお) 또한, 더구나, 오히려 尚更(なおさら) 게다가　　尚且(なおか)つ 또한, 게다가

| 잠깐만요 |
• 「向(향할 향 · 방향 향)」과의 구분에 주의하세요.
• 「和尚(화상)」이란 수행을 쌓은 훌륭한 승려를 높여 부르는 말입니다.

1130

常

5학년 | N2 | 313위

남보다 높은(尚) 사람은 수건(巾) 하나조차 언제나와 다름없이 항상 깨끗한 게 정상이니

巾: 수건 건

다름없을 상 · 항상 상 · 정상 상

11획 常 常 常 常 常 常 常 常 常 常 常

음독	じょう [1순위]	常識 상식 (じょうしき)　　異常 이상 (いじょう) 日常 일상 (にちじょう)
훈독	つね	常(つね) 늘, 항상 常(つね)に 항상　　常日頃(つねひごろ) 늘, 평소
	とこ	常(とこ) 변함없음 常世(とこよ) 영원 불변(함) 常闇(とこやみ) 영원한 어둠, 세상이 어지러움

| 잠깐만요 |
• 단순하게 '항상' '정상'이라고 외우기보다는 '다름없다'는 이미지를 잘 기억하세요. '언제나와 다름없다'에서 '항상, 일상' 등의 의미가 나오고, '세상의 일반적인 기준과 다름없다'에서 '상식, 정상'이라는 의미가 나옵니다.

1131

賞

5학년 | N2 | 667위

결과가 남보다 더 높은(尚) 이에게 돈(貝)을 내리며 주는 상이니

상 줄 상

15획 賞 賞 賞 賞 賞 賞 賞 賞 賞 賞 賞 賞 賞 賞 賞

음독	しょう [1순위]	賞 상 (しょう)　　　　賞金 상금 (しょうきん) 賞品 상품 (しょうひん)　　賞状 상장 (しょうじょう)

1132

堂

5학년 | N3 | 651위

지대보다 더 높이(尚) 흙(土)을 쌓아 올려 지은 건물은 그 모습이 위풍당당하니

① 건물 당　② 당당할 당

11획　堂 堂 堂 堂 堂 堂 堂 堂 堂 堂 堂

| 음독 | どう | 1순위 | ② 堂々 당당 (どうどう)　① 食堂 식당 (しょくどう)
① 礼拝堂 예배당 (れいはいどう) |

| 잠깐만요 |
• 옛날에는 큰 건물을 지을 때 흙을 높게 다져서 지대를 높이고 건물을 크게 올려 위풍당당한 위압감을 주게끔 했어요.

1133

党

6학년 | N2 | 355위

더 높은(尚) 이를 중심으로 아랫사람들(儿)이 뭉쳐 만든 무리이니　儿: 사람 인

무리 당 · 정당 당

10획　党 党 党 党 党 党 党 党 党 党

| 음독 | とう | 1순위 | 与党 여당 (よとう)　政党 정당 (せいとう)
野党 야당 (やとう)　残党 잔당 (ざんとう) |

| 잠깐만요 |
• 권력자를 중심으로 손발처럼 움직이는 아랫사람들이 뭉쳐서 만들어진 것이 파벌이고 정당이죠?

---

265 長: 길 장 ▶ 長張帳

1134

長

2학년 | N4 | 40위

길다란 모자(⊨)를 쓰고 책상 앞에 양반다리(⬭)를 하고서 긴 시간 앉아 있는 집안의 장이니

① 길 장　② 어른 장 · 윗사람 장　③ 뛰어날 장

8획　長 長 長 長 長 長 長 長

음독	ちょう	1순위	① 長身 장신 (ちょうしん)　①③ 長短 장단 (ちょうたん) ① 延長 연장 (えんちょう)
		2순위	② 長老 장로 (ちょうろう)　③ 長男 장남 (ちょうなん) ② 部長 부장 (ぶちょう)
훈독	[なが]い		長(なが)い 길다

| 잠깐만요 |
•「長短(ちょうたん)」은 '① 긴 것과 짧은 것' '③ 장점과 단점'의 2가지 의미를 지닙니다.
• 장점/단점은 한국어와 다르게 표현하기 때문에 주의가 필요합니다.
　－ 장점: (○) 長所(ちょうしょ) 장소　　(×) 長点(ちょうてん) 장점
　－ 단점: (○) 短所(たんしょ) 단소　　(×) 短点(たんてん) 단점

張

5학년 | N1 | 296위

활(弓) 시위를 길게(長) 당겼다 놓으면 화살이 앞으로 쭉 뻗쳐 나가니

쭉 뻗칠 장·펼칠 장

11획 張 張 張 張 張 張 張 張 張 張 張

음독	ちょう [1순위]	主張 주장 (しゅちょう) 拡張 확장 (かくちょう) 緊張 긴장 (きんちょう)
훈독	[は]る	張(は)る ⓐ 확장하다(뻗다, 펼치다, 덮이다 등) 　　　 ⓑ 부풀다, 팽팽해지다, 땡땡해지다 ⓒ 강하게 ~하다 등 → 張(は)り ⓐ 팽팽함 ⓑ 생기, 활력, 힘참, 의욕 張(は)り切(き)る ⓐ 팽팽하다 ⓑ 힘이 넘치다 欲張(よく・ば)る 욕심부리다 見張(み・は)る ⓐ 눈을 크게 뜨다 ⓑ 망보다, 파수하다

| 잠깐만요 |
• はる는 자동사/타동사를 겸하는 동사로 굉장히 많은 의미로 파생됩니다. 꼭 사전을 참조해 주세요!

帳

3학년 | N1 | 1253위

천(巾)을 길게(長) 두른 장막 안에서 안 보이게 쓰는 장부이니　　　巾: 수건 건·천 건

① 장부 장 ② 장막 장

11획 帳 帳 帳 帳 帳 帳 帳 帳 帳 帳 帳

음독	ちょう	1순위	① 帳簿 장부 (ちょうぼ)　　① *帳場 장장카운터 (ちょうば) ① 通帳 통장 (つうちょう)
		4순위	② 帳幕 장막 (ちょうまく) ② *緞帳 단장무대의 비단 장막 (どんちょう)
훈독	とばり		帳(とばり) 장막, 커튼

| 잠깐만요 |
• '② 장막'의 의미로 음독은 사용되지 않는 편입니다. 극장의 「緞帳(단장)」 정도가 사용되고 있고
　그 외의 음독은 대부분 '① 장부'로 사용됩니다.

(정답은 510쪽에)

1 빈칸에 들어갈 한자로 적절한 것을 고르시오.

1. ___校 (고교)　　　ⓐ 敲　　　ⓑ 橋　　　ⓒ 高

2. 上___ (상경)　　　ⓐ 享　　　ⓑ 京　　　ⓒ 常

3. ___老 (장로)　　　ⓐ 長　　　ⓑ 張　　　ⓒ 帳

4. 食___ (식당)　　　ⓐ 常　　　ⓑ 堂　　　ⓒ 党

5. ___電 (정전)　　　ⓐ 景　　　ⓑ 享　　　ⓒ 停

6. 未___ (미숙)　　　ⓐ 停　　　ⓑ 就　　　ⓒ 熟

7. ___楽 (향락)　　　ⓐ 京　　　ⓑ 享　　　ⓒ 熟

8. ___簿 (장부)　　　ⓐ 長　　　ⓑ 帳　　　ⓒ 張

2 다음 한자의 뜻을 (　　)에 적고 일본 음독을 a, b, c 중에 하나 고르시오.

1. 橋梁 (　　　)　　　ⓐ きょりょう　　ⓑ こうりょう　　ⓒ きょうりょう

2. 背景 (　　　)　　　ⓐ はいけい　　　ⓑ へいけい　　　ⓒ ほうけい

3. 停留 (　　　)　　　ⓐ せいりゅう　　ⓑ ぜいりゅう　　ⓒ ていりゅう

4. 就職 (　　　)　　　ⓐ しゅしょく　　ⓑ しゅうしょく　ⓒ ちゅうしょく

5. 高尚 (　　　)　　　ⓐ こうそう　　　ⓑ こうしょ　　　ⓒ こうしょう

6. 料亭 (　　　)　　　ⓐ りょうてい　　ⓑ りょうせい　　ⓒ りょうせん

7. 与党 (　　　)　　　ⓐ ようと　　　　ⓑ よとう　　　　ⓒ よどう

8. 拡張 (　　　)　　　ⓐ かくちょう　　ⓑ かくちょ　　　ⓒ かくしょう

49

止·艮의 파생 [23자]

266 止: 멈출 지 ▶ 歯歩延誕

1137

歯

3학년 | N2 | 1065위

씹기를 멈추고(止) 벌린 입속(凵)에 쌀알(米)처럼 늘어선
이빨이니   凵: 위 뚫릴 감

이 치 · 치아 치

12획	歯 歯 歯 歯 歯 歯 歯 歯 歯 歯 歯 歯

음독	し	1순위	歯科 치과 (しか)	乳歯 유치 (にゅうし)
			義歯 의치 (ぎし)	
훈독	は		歯(は) 이빨, 치아	歯医者(はいしゃ) 치과의사
			歯車(はぐるま) 톱니바퀴	虫歯(むしば) 충치

1138

歩

2학년 | N3 | 271위

멈추었다(止) 조금씩(少) 발을 디뎌 걸으니   少: 적을 소

① 걸을 보   (② 수치 보)

8획	歩 歩 歩 歩 歩 歩 歩 歩

음독	ほ	1순위	① 歩道 보도 (ほどう) ① 徒歩 도보 (とほ)
			① 進歩 진보 (しんぽ)
	ぶ	3순위	② *歩合 보합돈의 비율/수수료 (ぶあい)
훈독	[ある]く		歩(ある)く 걷다, (때를) 보내다, 지내다
	[あゆ]む		歩(あゆ)む 한 발씩 전진하다

| 잠깐만요 |
- 장기말의 「歩」는 예외적으로 「ふ」라고 합니다.
- '② 수치'의 의미는 부가적인 사용법이니 참고만 하세요.
- 歩く와 歩む는 의미상 차이는 거의 없지만, 주로 사용되는 장면에 차이가 있습니다.
  - 歩く: 물리적 동작을 나타내는 데 주로 사용, 구어적
    예 道路を歩く 도로를 걷다   本を持ち歩く 책을 들고 걷다
  - 歩む: 추상적인 비유로 '일의 진행, 시간·상황의 흐름'에 주로 사용, 문어적
    예 苦難の道を歩む 고난의 길을 걷다   歩んできた人生 걸어 온 인생

延

6학년 | N2 | 1039위

발길(丿)을 멈추었다(止) 걸어가다(廴) 하며 거리나 시간을 늘이고 늦추니

丿: 삐침 별(여기서는 발을 의미) 廴: 길게 걸을 인

길게 늘일 연 · 연장할 연

8획 延 延 延 延 延 延 延 延

음독	えん	1순위	延期 연기 (えんき)	延長 연장 (えんちょう)
			延滞 연체 (えんたい)	
훈독	[の]びる		延(の)びる 길어지다, 연기되다, 늘어나다	
	[の]べる		延(の)べる 펴다, 늦추다	
	[の]ばす		延(の)ばす 연장시키다, 연기시키다, 길게 늘이다	

誕

6학년 | N1 | 1323위

울음(言)을 길게 늘이면서(延) 태어나는 탄생의 순간이니

태어날 탄 · 탄생 탄

15획 誕 誕 誕 誕 誕 誕 誕 誕 誕 誕 誕 誕 誕 誕 誕

| 음독 | たん | 1순위 | *誕生日 탄생일생일 (たんじょうび) |
| | | | *聖誕祭 성탄제성탄절 (せいたんさい) |

| 잠깐만요 |

• 아기가 태어날 때 처음 뱉는 말은 길게 빼서 우는 울음이죠?

267 正: 올바를 정 ▶ 正政整証

正 / ㇏正

1학년 | N3 | 135위

동작 하나(一)도 절도 있게 멈추는(止) 올바른 자세이니

올바를 정

5획 正 正 正 正 正

음독	せい	1순위	正確 정확 (せいかく)	正常 정상 (せいじょう)
			公正 공정 (こうせい)	
	しょう	2순위	正直 정직 (しょうじき)	正月 정월설 (しょうがつ)
			正面 정면 (しょうめん)	
훈독	[ただ]しい		正(ただ)しい 옳다, 바르다	
	[ただ]す		正(ただ)す ⓐ 바로잡다 ⓑ (시비를) 가리다	
	まさ~		正(まさ)に 실로, 틀림없이, 확실히	
			正夢(まさゆめ) 사실과 부합되는 꿈, 맞는 꿈	

政

5학년 | N2 | 94위

일이 올바르게(正) 진행되게끔 때려서(攵) 바로잡아 다스리니

攵: 칠 복

다스릴 정

9획 政 政 政 政 政 政 政 政 政

음독	せい	1순위	政治 정치 (せいじ)	政府 정부 (せいふ)
			行政 행정 (ぎょうせい)	
	しょう	4순위	摂政 섭정 (せっしょう)	

| 잠깐만요 |
・「しょう」로 읽는 단어는 「摂政(せっしょう)」 정도이니 예외로 알아 두세요.

整

3학년 | N1 | 757위

들쑥날쑥한 나무를 묶고(束) 삐져나온 끝을 쳐내어(攵) 바르게(正) 정리한 모습이니

束: 묶을 속

정리할 정

16획 整 整 整 整 整 整 整 整 整 整 整 整 整 整 整 整

음독	せい	1순위	整理 정리 (せいり)	整備 정비 (せいび)
			調整 조정 (ちょうせい)	
훈독	[ととの]う		整(ととの)う 가지런해지다, 정돈되다	
	[ととの]える		整(ととの)える 가다듬다, 정돈하다	

証

5학년 | N1 | 444위

말한(言) 것이 옳고 바름(正)을 보여 주는 것을 증명이라 하니

증명 증

12획 証 証 証 証 証 証 証 証 証 証 証 証

| 음독 | しょう | 1순위 | 証拠 증거 (しょうこ) | 証明 증명 (しょうめい) |
| | | | 免許証 면허증 (めんきょしょう) | |

1145

定

3학년 | N2 | 93위

사람과 물건은 집(宀) 안에서 올바른(㝎) 자리가 정해져 있으니　　宀: 집 면·지붕 면

정할 정

8획 定 定 定 定 定 定 定 定

음독	てい	1순위	予定 예정 (よてい)	決定 결정 (けってい)
			測定 측정 (そくてい)	
	じょう	2순위	*定規 정규자 (じょうぎ)	*勘定 감정계산 (かんじょう)
훈독	[さだ]か		定(さだ)か(だ) 명확한 모양, 분명함	
	[さだ]める		定(さだ)める 정하다, 안정시키다, 확정하다	
	[さだ]まる		定(さだ)まる 정해지다, 안정되다	

1146

是

중학 | N1 | 1477위

말(曰) 한마디도 올바르게(㝎) 지키는 것이 옳으니

옳을 시

9획 是 是 是 是 是 是 是 是 是

| 음독 | ぜ | 3순위 | 是正 시정 (ぜせい) | 是非 시비옳고 그름 (ぜひ) |
| | | | 是認 시인 (ぜにん) | |

| 잠깐만요 |
• '是非(시비)'는 '시시비비'의 줄임말로 이때는 '옳고 그름'이라는 뜻입니다. 이외에 부사의 의미로 '아무쪼록, 제발, 꼭'이라는 뜻으로도 쓰입니다.

1147

提

5학년 | N1 | 543위

아이디어에 손(扌)을 대서 보다 옳게(是) 고치고 정리해 내놓아 제시하니

내놓을 제·제시할 제

12획 提 提 提 提 提 提 提 提 提 提 提 提

음독	てい	1순위	提示 제시 (ていじ)	提供 제공 (ていきょう)
			前提 전제 (ぜんてい)	
훈독	[さ]げる		提(さ)げる (손에) 들다	

1148

題

3학년 | N3 | 192위

내용을 옳게(是) 알 수 있도록 제시하는 머리글(頁)인 제목이자 문제이니　　頁: 머리 혈

제목 제·문제 제

18획 題 題 題 題 題 題 題 題 題 題 題 題 題 題 題 題 題 題

| 음독 | だい | 1순위 | 題名 제명제목 (だいめい) | 主題 주제 (しゅだい) |
| | | | 問題 문제 (もんだい) | |

1149 ◑ 제부수

艮

신하가 허리를 숙이고 뿌리내린 듯 움직임을 멈추고 기다리는 모습이니

멈출 간

6획 艮 艮 艮 艮 艮 艮

1150

限

5학년 | N2 | 523위

언덕(阝) 앞에서 멈추어(艮) 영역을 그어 범위의 한계를 나타내니

阝 : (왼편) 언덕 부 · (오른편) 고을 읍

한계 한

9획 限 限 限 限 限 限 限 限 限

음독	げん	1순위	限界 한계 (げんかい)　　　限度 한도 (げんど) 制限 제한 (せいげん)
훈독	[かぎ]る		限(かぎ)る 제한하다, 한정하다 → 限(かぎ)り ~한, 끝, 한계

| 잠깐만요 |
• 보통 영역은 언덕이나 산을 기준으로 범위가 한정되죠? 언덕 앞에서 멈추게 되는 곳이 영역의 한계라는 이미지예요.
• 일본에서는 '1교시'라는 단위로 「限(げん)」을 사용해요.
　예 一限(いちげん) 1교시

1151

眼

5학년 | N1 | 504위

눈(目)의 깜빡임이 멈추어야(艮) 온전히 보이는 눈동자이니

눈(동자) 안

11획 眼 眼 眼 眼 眼 眼 眼 眼 眼 眼 眼

음독	がん	1순위	眼球 안구 (がんきゅう)　　　眼科 안과 (がんか) 肉眼 육안 (にくがん)
	げん	3순위	*法眼 법안 (ほうげん) 開眼 개안 (かいげん / かいがん)
훈독	まなこ		眼(まなこ) 눈알, 눈

| 잠깐만요 |
• 음독 「げん」은 모두 불교 용어에 쓰입니다.
• '개안'이란 것도 원래 불교 용어였기에 본디 「げん」이었지만 그 사용이 빈번해지면서 「がん」으로도 쓰이게 되었습니다.
• 「眠(잠잘 면)」과 구분에 주의하세요.

1152

根

3학년 | N2 | 397위

폭풍 속에서도 나무(木)를 멈춰(艮) 있게 하는 뿌리이니

뿌리 근

10획 根 根 根 根 根 根 根 根 根 根

음독	こん [1순위]	根拠 근거 (こんきょ) 根気 근기끈기 (こんき)	根性 근성 (こんじょう)
훈독	ね	根(ね) 뿌리 垣根(かきね) 울타리	根回(ねまわ)し 사전 교섭 屋根(やね) 지붕

1153

退

6학년 | N2 | 601위

하던 일을 멈추고(艮) 천천히 물러나며(辶) 후퇴하는 모습이니　　　辶 : 쉬어 갈 착

물러설 퇴 · 후퇴할 퇴

9획 退 退 退 退 退 退 退 退 退

음독	たい [1순위]	退学 퇴학 (たいがく) 後退 후퇴 (こうたい)	退治 퇴치 (たいじ)
훈독	[しりぞ]く	退(しりぞ)く 물러나다, 물러서다	
	[しりぞ]ける	退(しりぞ)ける 물리치다	

1154

郷

6학년 | N1 | 914위

어릴(幺) 때 뿌리내리고(艮) 살던 언덕배기 고을(阝)의 시골/고향이니

幺 : 작을 유 · 어릴 유　　阝 : (오른편) 고을 읍

시골 향 · 고향 향

11획 郷 郷 郷 郷 郷 郷 郷 郷 郷 郷 郷

음독	きょう [1순위]	郷土 향토 (きょうど) 故郷 고향 (こきょう)	*異郷 이향타향 (いきょう)
	ごう [3순위]	*近郷 근향가까운 마을 (きんごう) 在郷軍人 재향군인 (ざいごうぐんじん)	

---

270 良: 어질 량 ▶ 良朗食飯飮

1155

良

4학년 | N2 | 427위

한 점(丶) 흔들림 없이 바르게 멈추어(艮) 있는 어질고 좋은 상태이니

좋을 량 · 어질 량

7획 良 良 良 良 良 良 良

음독	りょう [1순위]	良好 양호 (りょうこう) 改良 개량 (かいりょう)	良心 양심 (りょうしん)
훈독	[よ]い	良(よ)い 좋다 → 良(よ)し悪(あ)し 좋고 나쁨	

463

6학년 | N1 | 1405위

좋은(良) 달(月)처럼 근심과 어둠을 밝혀 주니

月: 달 월·고기 육

밝을 랑

10획 朗 朗 朗 朗 朗 朗 朗 朗 朗 朗

음독	ろう _{1순위}	朗読 낭독 (ろうどく)	朗報 낭보 (ろうほう)
		明朗 명랑 (めいろう)	
훈독	[ほが]らか	朗(ほが)らか(だ) (날씨·성격이) 맑고 활기참	

2학년 | N4 | 142위

| 잠깐만요 |
매끼 식사 표현은
「朝食(ちょうしょく)」
「昼食(ちゅうしょく)」
「夕食(ゆうしょく)」
「夜食(やしょく)」예요.

사람(人)이기에 맛 좋고(良) 몸에 좋은 것만 먹으니

먹을 식

9획 食 食 食 食 食 食 食 食 食

음독	しょく _{1순위}	食事 식사 (しょくじ)	食品 식품 (しょくひん)
		夜食 야식 (やしょく)	
	じき _{3순위}	断食 단식 (だんじき)	乞食 걸식거지 (こじき)
		*餌食 이식먹이 (えじき)	
훈독	[た]べる	食(た)べる 먹다	
		→ 食(た)べ物(もの) 음식	
		食(た)べ歩(ある)き (현지 음식을 찾아) 돌아다니며 먹는 것	
	[く]う	食(く)う (잡아)먹다	
		→ 食(く)いしん坊(ぼう) 먹보	
		共食(ともぐ)い 동족상잔	
		立(た)ち食(ぐ)い 서서 먹는 것	
		面食(めんく)い 외모가 뛰어난 사람을 좋아하는 사람	
	[く]らう	食(く)らう 먹다, 먹고 살다	

4학년 | N4 | 968위

식사(食) 때마다 주걱으로 이리저리 뒤집어(反) 퍼 담는 밥이니

反: 반대 반·젖힐 반

밥 반

12획 飯 飯 飯 飯 飯 飯 飯 飯 飯 飯 飯 飯

음독	はん _{1순위}	*炊飯器 취반기밥솥 (すいはんき)	
		*夕飯 석반저녁밥 (ゆうはん)	*ご飯(はん) 밥
훈독	めし	飯(めし) 밥, 식사	昼飯(ひるめし) 점심밥
		朝飯前(あさめしまえ) 아주 쉬움	

| 잠깐만요 |
• 매끼 식사 표현은 「食」 대신 「飯」을 써서 「朝飯(あさめし)/昼飯(ひるめし)/晩飯(ばんめし)」
또는 「朝飯(あさはん)/昼飯(ひるはん)/夕飯(ゆうはん)」이라고도 합니다.

飲

3학년 | N4 | 549위

식사(食) 때 목이 막혀 부족한(欠) 물을 마시는 모습에서

欠: 모자랄 결 · 없을 결

마실 음

12획 飲 飲 飲 飲 飲 飲 飲 飲 飲 飲 飲 飲

음독	いん [1순위]	飲酒 음주 (いんしゅ) 飲食 음식 (いんしょく) 試飲 시음 (しいん)
훈독	[の]む	飲(の)む 마시다 → 飲(の)み物(もの) 음료 飲(の)み会(かい) 술자리 立(た)ち飲(の)み 선 채 마시는 것

| 잠깐만요 |
• 「飲む」는 한국처럼 '액체류를 마시다'라는 표현보다는 '씹지 않고 목구멍을 통해 꿀떡 넘기는 것' 전반에 쓰입니다. 그래서 일본에서는 '약을 먹다'를 「薬(くすり)を飲む」라고 합니다.

(정답은 510쪽에)

1 빈칸에 들어갈 한자로 적절한 것을 고르시오.

1. ___長 (연장)　　ⓐ 庭　　　ⓑ 延　　　ⓒ 誕
2. 徒___ (도보)　　ⓐ 歩　　　ⓑ 歯　　　ⓒ 渉
3. ___治 (정치)　　ⓐ 証　　　ⓑ 整　　　ⓒ 政
4. 前___ (전제)　　ⓐ 是　　　ⓑ 提　　　ⓒ 題
5. ___球 (안구)　　ⓐ 根　　　ⓑ 限　　　ⓒ 眼
6. 故___ (고향)　　ⓐ 退　　　ⓑ 郷　　　ⓒ 根
7. ___好 (양호)　　ⓐ 良　　　ⓑ 朗　　　ⓒ 食
8. 夜___ (야식)　　ⓐ 食　　　ⓑ 飯　　　ⓒ 飲

2 다음 한자의 뜻을 (　　)에 적고 일본 음독을 a, b, c 중에 하나 고르시오.

1. 延長 (　　　)　　ⓐ えんちょう　　ⓑ えんちょ　　ⓒ えんしょう
2. 義歯 (　　　)　　ⓐ ぎし　　　　ⓑ ぎじ　　　　ⓒ ぎち
3. 正直 (　　　)　　ⓐ せいじき　　ⓑ しょじき　　ⓒ しょうじき
4. 故郷 (　　　)　　ⓐ こきょ　　　ⓑ こきょう　　ⓒ こひょう
5. 提供 (　　　)　　ⓐ せいきょう　ⓑ ぜいきょう　ⓒ ていきょう
6. 証拠 (　　　)　　ⓐ しょうこう　ⓑ しょうきょ　ⓒ しょうこ
7. 飲食 (　　　)　　ⓐ いんしょく　ⓑ おんしょく　ⓒ いんしき
8. 調整 (　　　)　　ⓐ ちょうぜい　ⓑ ちょうせい　ⓒ ちょうてい

50 巳·立의 파생 [31자]

271 [巳]: 무릎 꿇을 절 ▶ 犯厄危

1160

5학년 | N2 | 620위

무릎 꿇은(巳) 범죄자에게 법을 어긴 죄를 물어 개(犭)로 하여금 범하게 하는 모습이니

巳: 무릎 꿇을 절 犭: 개 견

범할 범 · 어길 범

5획 犯 犯 犯 犯 犯

음독	はん	1순위	犯罪 범죄 (はんざい) 犯人 범인 (はんにん) 犯行 범행 (はんこう)
훈독	[おか]す		犯(おか)す 범하다, 어기다

1161

중학 | N1 | 1942위

굴바위(厂) 아래로 굴러 떨어져 웅크리고(巳) 있는 모습으로 불운과 불길을 나타내니

厂: 굴바위 엄

불운할 액 · 불길할 액

4획 厄 厄 厄 厄

음독	やく	1순위	厄年 액년 (やくどし) *厄介 액개성가심, 신세 (やっかい) *厄払(やくばら)い 액땜

1162

6학년 | N3 | 668위

칼(ク)을 쓸 때 불운한(厄) 일이 생기는 것은 위험하다는 것을 의미하니

ク: 칼 도

위험할 위

6획 危 危 危 危 危 危

음독	き	1순위	危険 위험 (きけん) 危機 위기 (きき) 危害 위해 (きがい)
훈독	[あぶ]ない		危(あぶ)ない ⓐ 위험하다, 위태롭다 ⓑ 불안하다, 미덥지 않다
	[あや]うい		危(あや)うい 위태롭다
	[あや]ぶむ		危(あや)ぶむ 위험스럽게 여기다, 위태로워하다

| 잠깐만요 |
· 危ういより는 일반적으로 危ない 쪽이 훨씬 자주 사용됩니다. 단, 「危うく〜するところ だった 〜할 뻔했다」「危うく〜する 간신히 〜하다」는 자주 사용되니 체크해주세요.

467

1163

即

중학 | N1 | 1250위

불호령에 곧바로 하던 일을 멈추고(艮) 즉시 무릎을 꿇는(卩) 모습에서 　　艮: 멈출 간

바로 즉 · 즉시 즉

7획　即 即 即 即 即 即 即

음독	そく	1순위	即 즉바로 (そく)	即席 즉석 (そくせき)
			即死 즉사 (そくし)	即答 즉답 (そくとう)
훈독	[すなわ]ち		即(すなわ)ち 즉, 곧, 단적으로	

1164

節

4학년 | N1 | 842위

대나무(竹)임을 즉시(即) 알 수 있는 특징은 그 마디이니 　　竹: 대나무 죽

① 마디 절　② 정도 절 · 조절 절

13획　節 節 節 節 節 節 節 節 節 節 節 節 節

음독	せつ	1순위	① 節 절단락/마디 (せつ)	① 季節 계절 (きせつ)
			① 関節 관절 (かんせつ)	
		2순위	② 節約 절약 (せつやく)	② 調節 조절 (ちょうせつ)
			② 忠節 충절 (ちゅうせつ)	
	せち	4순위	① お節料理 (せちりょうり) 설에 먹는 특별 요리	
훈독	ふし		節(ふし) ⓐ 마디　ⓑ 옹이	
			節穴(ふしあな) ⓐ 옹이 구멍　ⓑ 그런 눈	
			節目(ふしめ) ⓐ 마디　ⓑ 단락, 고비	

| 잠깐만요 |
- 「せち」는 「お節料理」 정도에 쓰입니다. 그 외에도 설날을 의미하는 단어에 쓰이나 그 수가 매우 적고 잘 사용되지 않아요.
- 발음이 동일해도 단어 생산성이 다른 경우는 나누어서 정리했어요.

1165

印

4학년 | N2 | 3005위

손끝(E)으로 무릎 꿇고(卩) 문서에 찍는 도장이니 　　E(爪): 손톱 조

① 도장 인　② 찍을 인

6획　印 印 印 印 印 印

음독	いん	1순위	① 印 인도장 (いん)	① 印鑑 인감 (いんかん)
			② 印刷 인쇄 (いんさつ)	② 印象 인상 (いんしょう)
훈독	しるし		印(しるし) 표시, 표지	目印(めじるし) 표시, 표지

1166

6학년 | N2 | 1507위

생선이나 곤충의 알집(卯)에 들어 있는 알(丶)을 본떠

알 란

7획 卵 卵 卵 卵 卵 卵 卵

음독	らん	1순위	卵巣 난소 (らんそう)	受精卵 수정란 (じゅせいらん)
			産卵 산란 (さんらん)	
훈독	たまご		卵(たまご) 달걀, 알	

| 잠깐만요 |
• 본래 풀에 달라붙은 사마귀의 알집이나 명란 같은 생선의 알집 속에 들어 있는 알의 모습을 본떠서 만든 글자예요.

---

273 立: 바로 설 립 ▶ 位泣

1167

4학년 | N2 | 381위

지위에 맞춰 사람(亻)이 서(立) 있게끔 지정된 **위치**이니 亻: 사람 인

위치 위

7획 位 位 位 位 位 位 位

음독	い	1순위	位置 위치 (いち)	地位 지위 (ちい)
			単位 단위 (たんい)	
훈독	くらい		位(くらい) ⓐ 지위, 계급 ⓑ 품격, 품위, 관록	

1168

4학년 | N1 | 943위

눈물(氵)이 선(立) 듯 세로로 뚝뚝 흘리며 우니 氵: 물 수

울 읍

8획 泣 泣 泣 泣 泣 泣 泣 泣

음독	きゅう	3순위	泣訴 읍소 (きゅうそ)	*号泣 호읍 대성통곡 (ごうきゅう)
훈독	[な]く		泣(な)く 울다	
			→ 泣(な)き虫(むし) 울보	
			泣(な)き寝入(ねい)り 울다가 잠듦, 불만이지만 단념함	

| 잠깐만요 |
• 鳴(な)く는 동물/곤충/새 등이 우는 것, 泣(な)く는 눈물을 흘리며 우는 것입니다. 차이를 구분해 두세요!

1169

音

1학년 | N3 | 221위

| 잠깐만요 |
「声(こえ)」는 생물이 내는
목소리, 「音(おと)」는 소리
전반을 의미합니다.

일어서서(立) 자세를 잡고 크게 말하듯(曰) 내는 소리이니

曰: 아뢸 왈·말할 왈

소리 음

9획 音 音 音 音 音 音 音 音 音

음독	おん	1순위	音楽 음악 (おんがく) 音量 음량 (おんりょう) 音声 음성 (おんせい)
	いん	2순위	母音 모음 (ぼいん) 子音 자음 (しいん) 訃音 부음죽었다는 기별 (ふいん)
훈독	おと		音(おと) 소리 足音(あしおと) 발소리 物音(ものおと) (어떤) 소리 音沙汰(おとさた) 소식, 편지, 연락
	ね		音(ね) 소리, 음성 音色(ねいろ) 음색 本音(ほんね) 본심 弱音(よわね) 약한 소리, 나약한 말

1170

暗

3학년 | N3 | 701위

해(日)가 사라지고 소리(音)만 들릴 만큼 어두운 암흑이니

어두울 암 · 암흑 암

13획 暗 暗 暗 暗 暗 暗 暗 暗 暗 暗 暗 暗 暗

| 음독 | あん | 1순위 | 暗黒 암흑 (あんこく) 暗示 암시 (あんじ)
明暗 명암 (めいあん) |
| 훈독 | [くら]い | | 暗(くら)い 어둡다 → 暗闇(くらやみ) 어둠 |

1171

意

3학년 | N3 | 82위

소리(音)에는 마음(心)속으로 생각하는 뜻이 드러나니

뜻 의

13획 意 意 意 意 意 意 意 意 意 意 意

| 음독 | い | 1순위 | 意味 의미 (いみ) 意志 의지 (いし) 合意 합의 (ごうい) |

1172

億

4학년 | N2 | 824위

사람(イ)이 품은 뜻(意)은 저마다 달라 (수십)억 개는 되니

イ: 사람 인

억 억

15획 億 億 億 億 億 億 億 億 億 億 億

| 음독 | おく | 1순위 | 億万 억만 (おくまん) 億兆 억조 (おくちょう)
一億 일억 (いちおく) |

1173

짧은 소리(音)가 열(十) 개 정도 모여 만들어진 문장이니

문장 장·글 장

11획 章 章 章 章 章 章 章 章 章 章 章

| 음독 | しょう [1순위] | 文章 문장 (ぶんしょう) | 序章 서장처음 장 (じょしょう) |
| | | 勲章 훈장 (くんしょう) | |

3학년 | N2 | 690위

1174

언덕(阝) 표지판에 경고성 문장(章)을 붙여 진입을 막으니　　阝: (왼편 위치) 언덕 부

막을 장

14획 障 障 阝 障 阝 障 阝 障 障 障 障 障 障 障 障

음독	しょう [1순위]	障害 장해장애 (しょうがい)	支障 지장 (ししょう)
		故障 고장 (こしょう)	
훈독	[さわ]る	障(さわ)る 방해되다, 지장이 있다	
		→ 気障(きざわ)り 마음에 걸림, 언짢음	

6학년 | N1 | 751위

---

275 竟: 끝날 경 ▶ 竟境鏡

1175 ◑ 제부수

높은 누각에서 소리(音)를 내어 일하는 사람들(儿)에게 마침내 일이 끝났음을 알리니

儿: 사람 인

마침내 경·끝날 경

11획 竟 竟 竟 竟 竟 竟 竟 竟 竟 竟 竟

| 음독 | きょう [4순위] | 畢竟 필경결국 (ひっきょう) | *究竟 구경마지막 (くきょう) |

| 잠깐만요 |
• 음독이 존재하지만 거의 사용되지 않습니다.

1176

땅(土)이 끝난(竟) 경계에 선 이들의 상태이니

① 경계 경　② 상태 경

14획 境 境 境 境 境 境 境 境 境 境 境 境 境 境

음독	きょう [1순위]	① 境界 경계 (きょうかい)	① 国境 국경 (こっきょう)
		② 環境 환경 (かんきょう)	② 心境 심경 (しんきょう)
	けい [4순위]	① 境内 경내 (けいだい)	
훈독	さかい	境(さかい) 경계	境目(さかいめ) 경계

5학년 | N2 | 533위

| 잠깐만요 |
• 「けい」로 읽는 경우는 절이나 신사의 범위일 때만 해당됩니다.

1177

鏡

4학년 | N1 | 1077위

쇠(金)를 빛날 때까지 끝까지(竟) 닦아 만든 거울이니

거울 경

19획 鏡 鏡 鏡 鏡 鏡 鏡 鏡 鏡 鏡 鏡 鏡 鏡 鏡 鏡 鏡 鏡 鏡 鏡 鏡

음독	きょう [1순위]	鏡台 경대화장대 (きょうだい) 内視鏡 내시경 (ないしきょう) 望遠鏡 망원경 (ぼうえんきょう)	
훈독	かがみ	鏡 (かがみ) 거울	手鏡 (てかがみ) 손거울
	예외	眼鏡 (めがね) 안경	

---

276 [音]: 갈라질 부 ▶ 音部倍

1178 ● 부수자

音

8획

지휘관이 단상에 서서(立) 입(口)으로 외치는 말 한마디에 부대별로 모두 갈라지니

갈라질 부

8획 音 音 音 音 音 音 音 音

| 잠깐만요 |
• 「音(소리 음)」은 입(口)에서 나오는 소리(一) 그 자체를, 「音(갈라질 부)」는 입 모양(口) 하나로 이리저리 갈라지는 모양을 이미지화하세요.

1179

部

3학년 | N2 | 46위

서로 갈라져(音) 다투는 언덕 위 고을(阝)들을 편을 나누어서 관리하니

阝: (오른편) 고을 읍

나눌 부 · 관리할 부

11획 部 部 部 部 部 部 部 部 部 部 部

음독	ぶ [1순위]	部分 부분 (ぶぶん) 全部 전부 (ぜんぶ)	部署 부서 (ぶしょ)
훈독	예외	部屋 (へや) 방	

1180

倍

3학년 | N2 | 961위

사람(亻)이 자식을 낳아 갈라지면(音) 가족의 수가 곱절이 되니

亻: 사람 인

곱절 배

10획 倍 倍 倍 倍 倍 倍 倍 倍 倍 倍

음독	ばい [1순위]	倍率 배율 (ばいりつ) 二倍 2배 (にばい)	*倍増 배증배가 (ばいぞう)

472

1181 ● 부수자

商

굳건히 서 있는 성(冂+立 →商)이 오래도록(古) 버티게 하는
근원은 깊이 박힌 밑동이니 　　　　　　冂: 단단한 모양 경

근원 적·밑동 적

11획 商 商 商 商 商 商 商 商 商 商 商

1182

敵

6학년 | N1 | 659위

분노의 근원(商)이자 쳐내야(攵) 할 적을 나타내니 　　　　攵: 칠 복

적 적 · 원수 적

15획 敵 敵 敵 敵 敵 敵 敵 敵 敵 敵 敵 敵 敵 敵 敵

음독	てき [1순위]	敵 적 (てき)	敵意 적의 (てきい)
		敵対 적대 (てきたい)	無敵 무적 (むてき)
훈독	かたき	敵 (かたき) 적, 적수, 경쟁자	

1183

適

5학년 | N2 | 908위

근본적(商)으로 나와 맞는 길을 가는(辶) 것이 알맞고 적당하니 　　辶: 쉬어 갈 착

알맞을 적 · 적당할 적

14획 適 適 適 適 適 適 適 適 適 適 適 適 適 適

| 음독 | てき [1순위] | 適切 적절 (てきせつ) | 適正 적정 (てきせい) |
| | | 適当 적당 (てきとう) | *適 (てき)する 알맞다 |

1184

商

3학년 | N2 | 448위

성(冖) 안에서 사람들(儿)이 가격을 부르고(口) 발로 뛰며 장사하는 모습이니

장사 상

11획 商 商 商 商 商 商 商 商 商 商 商

음독	しょう [1순위]	商人 상인 (しょうにん)	商業 상업 (しょうぎょう)
		商品 상품 (しょうひん)	
훈독	[あきな]う	商 (あきな)う 장사하다, 매매하다	
		→ 商 (あきな)い 장사, 상업　商人 (あきんど) 상인, 장사치	

1185

辛

중학 | N2 | 1235위

매운 고추를 머금고 서서(立) 오래(十) 버티듯 쓰리고 괴롭고 매우니

① 괴로울 신·쓰릴 신 ② 매울 신

7획	辛 辛 辛 辛 辛 辛 辛		
음독	しん [1순위]	① 辛辣 신랄 (しんらつ) ② 香辛料 향신료 (こうしんりょう)	① *辛苦 신고쓰라린 고생 (しんく)
훈독	[から]い	辛(から)い 맵다 → 辛口(からくち) 매운맛 塩辛(しおから)い (감칠맛 있게) 짜다	
	[つら]い	辛(つら)い 괴롭다	
	예외	辛(かろ)うじて 겨우, 간신히	

1186

幸

3학년 | N2 | 545위

괴로움(辛)과 행복은 백지 한(一) 장 차이이니

행복 행

8획	幸 幸 幸 幸 幸 幸 幸 幸	
음독	こう [1순위]	幸運 행운 (こううん) 幸福 행복 (こうふく) 不幸 불행 (ふこう)
훈독	[しあわ]せ	幸(しあわ)せ 행복
	[さいわ]い	幸(さいわ)い 다행(히), 행복 不幸中(ふこうちゅう)の幸(さいわ)い 불행 중 다행
	さち	幸(さち) 행복, 행운, 자연에서 얻은 음식 海幸(うみさち) 바다에서 나는 것, 해산물 山幸(やまさち) 산에서 채취한 나물이나 열매

1187

報

5학년 | N2 | 147위

행복(幸)이란, 성공을 알려 나를 무릎 꿇게(卩) 한 자에게는 보복을, 손(又) 내민 이에게는 보은하는 것이니

卩: 무릎 꿇을 절 又: 오른손 우

① 알릴 보 ② 갚을 보

12획	報 報 報 報 報 報 報 報 報 報 報 報	
음독	ほう [1순위]	① 報告 보고 (ほうこく) ② 報復 보복 (ほうふく) ① 情報 정보 (じょうほう)
훈독	[むく]いる	報(むく)いる 보답하다, 보복하다 → 報(むく)い ⓐ 응보 ⓑ 보답

배움을 행복(幸)으로 여기며 오직 한(一) 길만 걸어(辶) 그 분야에 통달하여 진리에 도달하니

辶: 쉬어 갈 착

① 도달할 달 ② 통달할 달

12획 達 達 達 達 達 達 達 達 達 達 達 達

음독	たつ [1순위]	② 達人 달인 (たつじん)	① 到達 도달 (とうたつ)
		① 配達 배달 (はいたつ)	② 発達 발달 (はったつ)
훈독	たち	~達(たち) ~들〈복수〉	
		→ 友達(ともだち) 친구	私達(わたしたち) 우리

---

279 亲: 친할 친 ▶ 新親

우뚝 서(立) 있는 나무(木)를 도끼(斤)로 베는 것은 새로운 무언가를 만들기 위함이니

새로울 신

13획 新 新 新 新 新 新 新 新 新 新 新 新

음독	しん [1순위]	新人 신인 (しんじん)	新規 신규 (しんき)
		更新 갱신/경신 (こうしん)	
훈독	[あたら]しい	新(あたら)しい 새롭다	
	[あら]た	新(あら)たな 새로운	新(あら)たに 새로이
	にい~	新(にい)~ 새~	新潟(にいがた) 니가타〈지명〉
		新妻(にいづま) 새댁	新枕(にいまくら) 결혼 첫날밤

| 잠깐만요 |
• 「新(にい)」의 경우는 고풍스런 표현으로 일부 단어에만 쓰이니 예시 단어 정도만 알아 두세요.

우뚝 서(立) 있는 나무(木)처럼 나를 지켜봐(見) 주는 가장 친한 이는 부모이니

친할 친 · 부모 친

16획 親 親 親 親 親 親 親 親 親 親 親 親 親 親

음독	しん [1순위]	親友 친우친구 (しんゆう)	親近感 친근감 (しんきんかん)
		両親 양친 (りょうしん)	
훈독	[した]しい	親(した)しい 친하다	
	[した]しむ	親(した)しむ 친하게 지내다	
	おや	親(おや) 부모	
		母親(ははおや) 어머니	父親(ちちおや) 아버지

1 빈칸에 들어갈 한자로 적절한 것을 고르시오.

1. ＿＿置 (위치)　　ⓐ 立　　ⓑ 位　　ⓒ 泣

2. 明＿＿ (명암)　　ⓐ 障　　ⓑ 暗　　ⓒ 億

3. ＿＿界 (경계)　　ⓐ 竟　　ⓑ 鏡　　ⓒ 境

4. 無＿＿ (무적)　　ⓐ 商　　ⓑ 適　　ⓒ 敵

5. ＿＿増 (배증)　　ⓐ 音　　ⓑ 倍　　ⓒ 部

6. 情＿＿ (정보)　　ⓐ 適　　ⓑ 報　　ⓒ 商

7. ＿＿罪 (범죄)　　ⓐ 犯　　ⓑ 厄　　ⓒ 危

8. 季＿＿ (계절)　　ⓐ 印　　ⓑ 即　　ⓒ 節

2 다음 한자의 뜻을 (　　)에 적고 일본 음독을 a, b, c 중에 하나 고르시오.

1. 障害 (　　　)　　ⓐ しょがい　　ⓑ しょうがい　　ⓒ そうがい

2. 即答 (　　　)　　ⓐ ぞくとう　　ⓑ そくとう　　ⓒ そうとう

3. 報復 (　　　)　　ⓐ ほふく　　ⓑ ほうふく　　ⓒ ぼうふく

4. 境内 (　　　)　　ⓐ きょうない　　ⓑ けいない　　ⓒ けいだい

5. 両親 (　　　)　　ⓐ りょうちん　　ⓑ りょうしん　　ⓒ りょうじん

6. 厄年 (　　　)　　ⓐ やくどし　　ⓑ あくどし　　ⓒ えきどし

7. 産卵 (　　　)　　ⓐ さんらん　　ⓑ さんなん　　ⓒ さんあん

8. 号泣 (　　　)　　ⓐ ごうゆう　　ⓑ ごうきゅ　　ⓒ ごうきゅう

夂·癶·彳·走의 파생 [24자]

280 [夂]: 뒤따라올 치 ▶ 処条冬終降夏

1191

6학년 | N2 | 600위

방에 머무르며 걷다가(夂) 책상(几)에 앉았다 하면서 일을 처리하는 모습이니

夂: 뒤따라올 치   几: 책상 궤

① 처리할 처   ② 머무를 처

5획 処 処 処 処 処

음독	しょ	1순위	① 処理 처리 (しょり)	① 処罰 처벌 (しょばつ)
			① 処置 처치 (しょち)	
		3순위	② 処世 처세 (しょせい)	② 処女 처녀 (しょじょ)

| 잠깐만요 |
• 본 의미는 '머무르다'가 원류에 가깝지만, 현재 쓰이는 단어들 대부분은 '처리하다'의 의미로 쓰이고 있고, 일부 단어들만이 '머무르다'의 의미로 사용돼요.

1192

条

5학년 | N1 | 479위

뒤따라올(夂) 내용을 나무판자(木)에 정리한 조목/조항이니

조항 조·조목 조

7획 条 条 条 条 条 条 条

음독	じょう	1순위	条件 조건 (じょうけん) 条約 조약 (じょうやく)
			信条 신조 (しんじょう)

| 잠깐만요 |
• 뒤에 시작될 내용들을 요약해서 보기 쉽게 정리한 것들이 조목·조항이죠?

1193

2학년 | N3 | 986위

한 해의 끄트머리에 뒤따라와(夂) 얼음(冫)이 어는 계절인 겨울이니

冫: 얼음 빙

겨울 동

5획 冬 冬 冬 冬 冬

음독	とう	1순위	冬眠 동면 (とうみん) 越冬 월동 (えっとう)
			春夏秋冬 춘하추동 (しゅんかしゅうとう)
훈독	ふゆ		冬(ふゆ) 겨울 冬着(ふゆぎ) 겨울옷
			冬空(ふゆぞら) 겨울 하늘 真冬(まふゆ) 한겨울

실낱(糸)같던 생명이 겨울(冬)이 되어 끝나니

끝날 종

11획 終 終 終 終 終 終 終 終 終 終 終

음독	しゅう [1순위]	終了 종료 (しゅうりょう)　　*終始 종시시종 (しゅうし) 最終 최종 (さいしゅう)
훈독	[お]わる	終(お)わる 끝나다 → 終(お)わり 끝
	[お]える	終(お)える 끝마치다

終

3학년 | N3 | 311위

降

6학년 | N2 | 530위

언덕(阝) 위에서 뒤따라(夂) 걸어와(㐄) 화살과 돌을 비처럼 떨구어 항복시키니

阝 : (왼편) 언덕 부　夂 : 뒤따라올 치　㐄 : 걸을 과

① 내릴 강·하강 강　② 항복할 항

10획 降 降 降 降 降 降 降 降 降 降

음독	こう	[1순위]	① 降水 강수 (こうすい)　　① *以降 이강이후 (いこう) ① 下降 하강 (かこう)
		[2순위]	② 降伏 항복 (こうふく)　　② 投降 투항 (とうこう)
훈독	[ふ]る		降(ふ)る (비·눈 등이 하늘에서) 내리다
	[お]りる		降(お)りる (탈것에서) 내리다 ↔ 乗(の)る 타다
	[お]ろす		降(お)ろす (지위나 역할에서) 내리다

| 잠깐만요 |
· 절벽에서 화살과 돌이 비처럼 '떨어져 내리는(하강하는)' 이미지와 그로 인해 '항복하는' 이미지를 떠올리세요.

夏

2학년 | N3 | 708위

양산(一)을 스스로(自) 들고 천천히 걸을(夂) 정도로 더운 여름이니

여름 하

10획 夏 夏 夏 夏 夏 夏 夏 夏 夏 夏

음독	か [3순위]	夏季 하계 (かき)　　*初夏 초하초여름 (しょか)
	げ [4순위]	夏至 하지 (げし)
훈독	なつ	夏(なつ) 여름　　　　　　　夏日(なつび) 강렬한 여름의 태양 夏場(なつば) 여름철　　　　夏休(なつやす)み 여름 방학

| 잠깐만요 |
· 거의 대부분 훈독으로 쓰입니다.

1197

各

3학년 | N3 | 325위

뒤따라오는(夊) 이들의 각각의 특성에 따라 들어가는 입구(口)가 제각기 다르니

夊: 뒤따라올 치 口: 입 구

각각 각 · 제각기 각

6획 各 各 各 各 各 各

음독	かく	1순위	各自 각자 (かくじ) 各地 각지 (かくち)	各国 각국 (かっこく)
훈독	おのおの		各々(おのおの) 각각, 각기	

| 잠깐만요 |
• 「名(이름 명)」과의 구분에 주의하세요.

1198

格

5학년 | N3 | 343위

나무(木)를 잘라서 제각각(各)인 것들을 바로잡도록 만든 규격과 틀이니

틀 격 · 격식 격

10획 格 格 格 格 格 格 格 格 格 格

음독	かく	1순위	格 격 (かく) 規格 규격 (きかく)	格差 격차 (かくさ) 合格 합격 (ごうかく)
	こう	4순위	格子 격자 (こうし)	

1199

路

3학년 | N3 | 399위

발(足)로 뛰어 각각(各)의 목적지로 갈 수 있게 만든 길이니

길 로 · 도로 로

13획 路 路 路 路 路 路 路 路 路 路 路 路 路

음독	ろ	1순위	路上 노상 (ろじょう) 線路 선로 (せんろ)	道路 도로 (どうろ)
훈독	～じ		～路(じ) ～길 家路(いえじ) 귀갓길	海路(うなじ) 해로, 뱃길

479

1200

5학년 | N2 | 718위

略

논(田) 주인들끼리 각각(各)의 계략으로 땅을 빼앗아 경쟁자를 줄여 지도 표기를 간략하게 하니

① 줄일 략·간략할 략 (② 책략 략·계략 략 ③ 침략할 략)

11획 略 略 略 略 略 略 略 略 略 略 略

음독	りゃく	1순위	① 略式 약식 (りゃくしき) ① 省略 생략 (しょうりゃく) ① 簡略 간략 (かんりゃく)
		2순위	③ 略奪 약탈 (りゃくだつ) ② 計略 계략 (けいりゃく) ② 策略 책략 (さくりゃく)
훈독	ほぼ		略(ほぼ) 대략, 거의, 대부분

| 잠깐만요 |

• '줄인다'는 의미에서 파생되었어요. '많은 생각 중에서 쓸데없는 것을 줄이고 줄인 것'이 책략이고 계략이죠? 또 '상대 영토의 크기를 줄이기 위한 것'이 침략이죠? 의미의 세분화를 위해 예를 많이 넣었지만, 결국 줄인다는 기본 의미에서 파생된 것이랍니다.

• 발음이 동일해도 단어 생산성이 다른 경우는 나누어서 정리했어요.

1201

3학년 | N3 | 247위

落

풀잎(艹)이 빗물(氵)처럼 제각각(各) 흩날리며 떨어져 내리는 모양이니   艹: 풀 초   氵: 물 수

떨어질 락

12획 落 落 落 落 落 落 落 落 落 落 落 落

음독	らく	1순위	落第 낙제 (らくだい) 転落 전락 (てんらく) 脱落 탈락 (だつらく)
훈독	[お]ちる		落(お)ちる 떨어지다 → 落度(おちど) 잘못, 과실, 실수 落(お)ち着(つ)く ⓐ 정착하다 ⓑ 안정되다
	[おと]す		落(おと)す 떨어뜨리다 → 落(おと)し物(もの) 분실물, 유실물 見落(みおと)す 간과하다

1202

6학년 | N1 | 977위

閣

부문(門)별로 각각(各)의 관료가 관리하는 내각과 관료가 있는 높은 누각이니   門: 문 문

내각 각·누각 각

14획 閣 閣 閣 閣 閣 門 門 門 閣 閣 閣 閣 閣 閣

| 음독 | かく | 1순위 | 閣下 각하 (かっか)   閣僚 각료 (かくりょう) 内閣 내각 (ないかく) |

1203

주인의 뒤를 따라서(夂) 집(宀)의 입구(口)로 들어서는 이는 손님이니 宀: 집 면 · 지붕 면

손님 객

9획 客 客 客 客 客 客 客 客 客

음독	きゃく [1순위]	客 객손님 (きゃく) 観客 관객 (かんきゃく)	客席 객석 (きゃくせき)
	かく [2순위]	旅客 여객 (りょかく) 論客 논객 (ろんかく)	食客 식객 (しょっかく)

| 잠깐만요 |
· 「きゃく」는 말 그대로 '손님' 그 자체를 의미하는 경우가 많고, 「かく」는 '(손님처럼) ~하는 사람'의 의미로 쓰이는 경우가 많습니다.

1204

손님(客)의 머릿(頁)수를 이마 개수로 계산한 액수이니 頁: 머리 수

① 이마 액 ② 액수 액

18획 額 額 額 額 額 額 額 額 額 額 額 額 額 額 額 額 額

음독	がく [1순위]	② 額 액액수 (がく) ② 総額 총액 (そうがく)	② 全額 전액 (ぜんがく) ① 額面 액면 (がくめん)
훈독	ひたい	額(ひたい) 이마 猫(ねこ)の額(ひたい) (고양이의 이마처럼) 작은 범위	

| 잠깐만요 |
· 일본의 상투머리나 중국의 변발을 떠올리세요. 사람의 머릿수를 셀 때는 결국 이마에서 머리에 이르는 민머리 부분을 세겠죠?
· 훈독으로는 '① 이마', 음독으로는 '② 액수'를 주로 의미합니다.

282 [癶]: 나아갈 발 ▶ 登発

1205

산길을 나아가(癶) 사람이 콩(豆) 만하게 보일 정도로 높이 올라가니 豆: 콩 두

오를 등

12획 登 登 登 登 登 登 登 登 登 登 登 登

음독	とう [1순위]	登校 등교 (とうこう) 登録 등록 (とうろく)	登場 등장 (とうじょう)
	と [3순위]	登山 등산 (とざん)	登坂 등판언덕을 오름 (とはん)
훈독	[のぼ]る	登(のぼ)る (산/나무 등을) 타다, 오르다	

| 잠깐만요 |
· 「と」로 읽히는 경우는 「登山」 「登坂」 정도이고, 그 외에는 거의 「とう」로 읽힙니다.

発

3학년 | N3 | 64위

군대에서 앞으로 걸어 나온(癶) 두(二) 사람(儿)이 활을 쏘면 전쟁이 시작되니

儿: 사람 인

① 쏠 발 · 시작할 발　② 나아갈 발 · 발전할 발

9획　発 発 発 発 発 発 発 発 発

음독	はつ	1순위	① 発 발발신 (はつ)	① 発音 발음 (はつおん)
			① 発射 발사 (はっしゃ)	① 連発 연발 (れんぱつ)
		2순위	② 発展 발전 (はってん)	② 啓発 계발 (けいはつ)
	ほつ	4순위	② 発願 발원 (ほつがん)	① *発心 발심 (ほっしん)
훈독	[た]つ		発(た)つ 출발하다, 떠나다	

| 잠깐만요 |
- 양 진영의 두 사람이 나아가 활을 쏘는 이미지예요. 활을 쏜다는 것은 곧 '무언가가 일어난다. 시작한다'는 의미로, 화살이 앞으로 나아가는 이미지에서 '쏜다 – 나아간다 – 성행한다, 발전한다' 등으로 확장되어 다양하게 쓰입니다.
- 「ほつ」로 읽히는 경우는 대부분이 불교 용어이고, 그 쓰임이 굉장히 한정적입니다.
- 「発心」은 '하겠다는 마음이 생김, 부처에 대한 믿음이 생김'이라는 뜻이에요.
- 발음이 동일해도 단어 생산성에 따라 나누어서 정리했어요.

---

283 [彳]: 조금 걸을 척 ▶ 従縱行韋衛

従

6학년 | N1 | 652위

앞서 걸어가는(彳) 선구자를 두 눈(丷)으로 똑바로(疋) 보며
뒤를 좇아 따르니

彳: 조금 걸을 척

따를 종 · 좇을 종

10획　従 従 従 従 従 従 従 従 従 従

음독	じゅう	1순위	従来 종래 (じゅうらい)　従事 종사 (じゅうじ)　服従 복종 (ふくじゅう)
	しょう	4순위	従容 종용 (しょうよう)　追従 추종 (ついしょう)
훈독	[したが]う		従(したが)う 따르다, 좇다
	[したが]える		従(したが)える ⓐ 따르게 하다, 복종시키다　ⓑ 데리고 가다, 거느리다

1208

縦

6학년 | N1 | 1578위

실(糸)을 따라(從) 세로로 늘어선 모습에서

糸: 실 사

세로 종

16획 縦 縦 縦 縦 縦 縦 縦 縦 縦 縦 縦 縦 縦 縦 縦

음독	じゅう	1순위	縦横 종횡 (じゅうおう)　　縦断 종단 (じゅうだん) 操縦 조종 (そうじゅう)
훈독	たて		縦(たて) 세로 縦書(たてが)き 세로쓰기　　縦軸(たてじく) 세로축

1209

行

2학년 | N4 | 18위

사거리를 지나면서(彳) 못질(丁)하듯 일을 하나씩(一) 확실히 행하니

丁: 못 정

① 갈 행　② 행할 행

6획 行 行 行 行 行 行

음독	こう	1순위	② 行動 행동 (こうどう)　　② 行為 행위 (こうい) ① 通行 통행 (つうこう)
	ぎょう	2순위	① 行列 행렬 (ぎょうれつ)　　② 行政 행정 (ぎょうせい)
	あん	4순위	① 行宮 행궁임금의 나들이용 별궁 (あんぐう) ① 行脚 행각승려의 여행 (あんぎゃ)
훈독	[い]く/[ゆ]く		行(い)く/行(ゆ)く 가다 →行先(いきさき/ゆきさき) 목적지　行(い)き来(き) 왕래
	[おこな]う		行(おこな)う 행하다 → 行(おこな)い 행실, 행동

1210 ● 부수자

韋

적을 둘러싸고(口) 발자국(舛)을 찍고 다니며 에워싸니

舛: 걸을 과

에워쌀 위

10획 韋 韋 韋 韋 韋 韋 韋 韋 韋 韋

1211

衛

5학년 | N1 | 178위

에워싸서(韋) 돌아다니며(行) 지키니

지킬 위

16획 衛 衛 衛 衛 衛 衛 衛 衛 衛 衛 衛 衛 衛 衛 衛

음독	えい	1순위	衛星 위성 (えいせい)　　自衛 자위 (じえい) 防衛 방위 (ぼうえい)

1212

땅(土)을 발(止)로 박차고 팔을 휘저으며 달리는 모습에서

土 : 흙 토 止 : 여기서는 발 모양

달릴 주

7획	走 走 走 走 走 走 走	
음독	そう [1순위]	走行 주행 (そうこう)　　完走 완주 (かんそう) 逃走 도주 (とうそう)
훈독	[はし]る	走(はし)る 달리다 → 走(はし)り 달리기

2학년 | N3 | 445위

1213

자신(己)의 목표를 향해 달려가기(走) 위해 일어나서 준비를 시작하니

走 : 달릴 주

일어날 기 · 시작할 기

10획	起 起 起 起 起 起 起 起 起 起	
음독	き [1순위]	起立 기립 (きりつ)　　起動 기동 (きどう) 起因 기인 (きいん)
훈독	[お]きる	起(お)きる 일어나다 → 早起(はやお)き 일찍 일어남, 일찍 깸
	[お]こる	起(お)こる 발생하다
	[お]こす	起(お)こす 일으키다, 깨우다

3학년 | N3 | 258위

1214

한곳을 향해 나아가면 결국 걷는(彳) 이도 달리는(走) 이도 같은 무리이고 동류이니

彳 : 조금 걸을 척

① 무리 도 · 제자 도　(② 걸을 도　③ 맨손 도　④ 헛될 도)

10획	徒 徒 徒 徒 徒 徒 徒 徒 徒 徒	
음독 と	[1순위]	① *生徒 생도중고생 (せいと)　　① *門徒 문도제자 (もんと) ① 使徒 사도 (しと)
	[4순위]	② 徒歩 도보 (とほ)　　③ 徒手 도수맨손 (としゅ) ④ 無為徒食 무위도식 (むいとしょく)

4학년 | N2 | 1006위

| 잠깐만요 |
· 4순위 음독 단어들은 파생적 의미로 쓰이는 단어들이니 예외적인 것들로 외워 두세요.
· 발음이 동일해도 단어 생산성에 따라 나누어서 정리했어요.

(정답은 510쪽에)

1 빈칸에 들어갈 한자로 적절한 것을 고르시오.

1. ＿＿件 (조건)　　　ⓐ 条　　　ⓑ 冬　　　ⓒ 終

2. 規＿＿ (규격)　　　ⓐ 各　　　ⓑ 格　　　ⓒ 路

3. ＿＿季 (하계)　　　ⓐ 処　　　ⓑ 冬　　　ⓒ 夏

4. 省＿＿ (생략)　　　ⓐ 格　　　ⓑ 路　　　ⓒ 略

5. ＿＿僚 (각료)　　　ⓐ 客　　　ⓑ 閣　　　ⓒ 額

6. 操＿＿ (조종)　　　ⓐ 衛　　　ⓑ 従　　　ⓒ 縦

7. ＿＿音 (발음)　　　ⓐ 発　　　ⓑ 登　　　ⓒ 溌

8. ＿＿立 (기립)　　　ⓐ 走　　　ⓑ 起　　　ⓒ 徒

2 다음 한자의 뜻을 (　　)에 적고 일본 음독을 a, b, c 중에 하나 고르시오.

1. 処理（　　　）　　ⓐ しょり　　ⓑ ちょうり　　ⓒ しょうり

2. 下降（　　　）　　ⓐ かかん　　ⓑ かごう　　ⓒ かこう

3. 格差（　　　）　　ⓐ かくさ　　ⓑ きゃくさ　　ⓒ けきさ

4. 客席（　　　）　　ⓐ かくせき　　ⓑ きゃくせき　　ⓒ きょくせき

5. 全額（　　　）　　ⓐ せんあく　　ⓑ ぜんかく　　ⓒ ぜんがく

6. 発展（　　　）　　ⓐ はつでん　　ⓑ ばつでん　　ⓒ はってん

7. 生徒（　　　）　　ⓐ せいど　　ⓑ せいと　　ⓒ せいとう

8. 縦横（　　　）　　ⓐ じゅおう　　ⓑ じゅうおう　　ⓒ じょうおう

사람 이름은 도무지 알 수가 없어요!

일본어 한자 학습과는 별개로 일본인들조차 예측하기 힘든 한자 읽기가 존재해요. 바로 '이름'을 읽는 법이랍니다. 일반적으로 오랫동안 자주 사용된 이름의 경우는 음독이나 훈독대로 읽는 경향이 있기 때문에 어느 정도는 유추가 가능해요. 예를 들면 「京子(きょうこ)」「一郎(いちろう)」「次郎(じろう)」처럼 음독대로 읽는 이름이나 「幸(さち)」「鈴(すず)」「花(はな)」「進(すすむ)」「治(おさむ)」처럼 훈독대로 읽는 이름이 대표적인 예가 되겠죠.

하지만 한자 표기만으로는 어떻게 읽어야 하는지 감을 잡기 어려운 이름이나 성들도 상당수 존재한답니다. 성씨 중에서는 「服部(はっとり)」「五十嵐(いがらし)」「木部(きべ)」처럼 읽는 법을 미리 알아 두지 않으면 알기 힘든 성들도 상당수 존재하니 주의가 필요해요.

더 큰 문제는 이름입니다. 이름의 경우는 정말 예측 불가인 경우가 많기 때문에 일본인들도 본인에게 직접 물어보지 않는 한 한자만 보고는 확신할 수 없는 「難読名前(읽기 힘든 이름)」가 상당수 존재하고, 해마다 늘어나고 있어요. 특히 2010년대 후반부터 극단적으로 읽기 힘든 이름들이 「キラキラ・ネーム(반짝반짝 이름)」라고 명명되면서 유행해 신문·방송에서 우려를 표하고 있답니다. 대표적인 예를 몇 가지를 소개할게요.

도무지 읽을 수 없는 이름(キラキラ・ネーム)

男 남	→	あだむ 아담	紅葉 홍엽(단풍)	→	めいぷる 메이플
天音 천음(하늘의 소리)	→	そぷら 소프라	黄熊 황웅(노란 곰)	→	ぷー (곰돌이) 푸
永恋 えいれん	→	えれん 에렌 *소릿값 차용	頼音 らいおん	→	らいおん 라이온(사자) *소릿값 차용

이런 식으로 본래의 훈음과 상관없이 음이나 뜻만 빌려서 한자를 끼워 맞추는 것을 「当て字」라고 해요. 옛날 유행했던 일본의 한 음료 광고에서 폭주족 선생님이 칠판에 「吐露非狩古鬱」라고 쓰고 「トロピカル・フルーツ(tropical fruits)」라고 읽는 장면이 있는데, 이 또한 当て字의 한 예랍니다.

*吐(토: と음독)＋露(로: ろ음독)＋非(비: ひ음독)＋狩(수: かる훈독)＋古(고: ふるい훈독)＋鬱(울: うつ음독)

일본의 이름에는 이런 当て字가 활용되기 때문에 한자만 보고는 명확히 그 이름을 읽을 수 없는 경우가 많습니다. 그래서 일본의 명함은 거의 대부분 이름 위에 작게 히라가나로 어떻게 읽는지가 표기되어 있어요. 그러니 여러분들이 일본의 지명이나 인명을 읽을 수 없는 건 공부가 부족한 게 아니라 지극히 당연한 거랍니다.

한일 한자음
대응관계 24법칙

유튜브 강의

들어가며

한국 한자음을 알면 일본 한자음이 보인다!

일본어 한자가 학습자에게 큰 고통을 주는 이유 중 하나는 **발음이 너무 많다**는 점일 것입니다.

훈독이야 그렇다 치고 비슷한 발음일 것이라고 생각한 음독마저 도무지 종잡을 수가 없다 보니 고통은 가중되죠. 하지만 공부를 하면 할수록 한국의 발음과 일본의 음독이 비슷하다는 생각을 버릴 수가 없는 것도 사실이에요. 공부하면서 느끼셨죠? 山(산▶さん), 目(목▶もく), 車(차▶しゃ)처럼 '어? 이거 발음이 비슷하잖아?' 하는 것들이 있는가 하면, 月(월▶げつ), 兄(형▶けい)처럼 전혀 생뚱맞은 발음들도 있다 보니 혼란만 가중될 뿐이에요. 이렇듯 여러분들이 한자를 읽는 데 헤매는 이유는 이 한자를 읽는 방법이 '일반적인 것'이라서 법칙을 통해서 감각적으로 접근 가능한 것인지, 아니면 '특수한 것'이라서 따로 외워야 하는 것인지를 아직 구별하지 못하기 때문입니다.

그런데 그런 혼란스러운 가운데에서도 **높은 확률로 적중하는 '법칙'**이 존재한다면 어떨까요? 한일 한자음은 큰 틀에서 본래의 중국 발음을 당시의 한일어가 어떻게 받아들였는지, 또 역사적인 과정 속에서 어떻게 바뀌었는지에 따라 달라지지만, 그 속에는 많은 공통점들이 존재한답니다. 이번 장에서는 적중률이 60%~99%에 해당하는, 말하자면 법칙만 알아도 절반 이상의 확률로 들어맞는 24가지 법칙을 제시했어요.

모든 것을 '법칙'만으로 접근하는 것은 사실 옳은 방식이 아닙니다. 언어는 그렇게 호락호락하지 않으니까요. 하지만 '꽤나 높은 확률로 들어맞는 법칙'을 알고 이해하면서 학습해 나가는 것과 무작정 외우는 것 사이에는 효율성 면에서 큰 차이가 난답니다.

무작정 '이렇게 되는 거니까 외워!'가 아니라 '왜?' 그렇게 되는가에 대한 여러 가지 지식을 담았습니다. 단순 암기가 아니라 복잡하고 어려웠던 '읽는 법'을 좀 더 받아들이기 쉽게 하기 위한 학습의 장이에요.

*한일 한자음의 대응관계에 관한 내용은 아래의 문헌을 참고하여, 학습자가 이해하기 쉽도록 내용과 표현을 재구성하였습니다.

참고문헌
· 이경철(2006). 『日本漢字音의 理解』 책사랑.
· 兼若逸之(2011). 『漢字のハングル読みをマスターする40の近道』アルク.
· 강진문(2017). 「일본 常用漢字音의 韓国漢字音과의 대응 관계 고찰: 한국 한자음의 頭子音을 중심으로」
　　　　　　『국제언어문학』(36). 285–330.
· 우찬삼(2007). 「韓国漢字音의 받침과 日本漢字音과의 比較: 日本語漢字教育의 観点에서」『日語教育』(42). 31–56.
· 장금례(2003). 「일본어 표기용 한자에 대한 연구: 고등학교 일본어 한자를 중심으로」. 한남대학교(석사학위논문).

꼭 알아야 하는 한자 음독의 기본 틀

이 장에서는 한국어를 통해서 유추할 수 있는 일본어 한자를 읽는 기본 법칙을 제시하려고 해요. 시작하기 앞서 일본 한자음에는 벗어날 수 없는 일정한 틀이 존재한다는 점을 알아야 해요.

> **일본 한자음(음독)의 절대 법칙**
>
> 1. 한 글자의 일본 한자는 히라가나로 1~2자로만 읽을 수 있다. (한자 → ○ or ○○)
> 2. 머리에는 ん과 ぱ행은 올 수 없다.
> 3. 일본어의 두 번째 글자(○●)에는 한정된 글자만 올 수 있다.
>   ① 자음이 있을 경우에는 k・t 만 올 수 있다.
>   ② 모음은 u・i 만 올 수 있다.
>   ③ 그리고 ん이 올 수 있다.
>   ▶ 즉, 'O+う/い・く/き・つ/ち・ん'만이 두 번째 글자로 올 수 있어요!
> 4. 한국어 발음은 일본어의 '음독'과 어느 정도 법칙적으로 대응한다.
>   예 山 : 산 ▶ ㅅ+ㅏ+ㄴ → s+a+N ▶ さん
> 5. 종성(받침)＞초성(두자음)＞중성(모음) 순으로 법칙을 따를 확률이 높다.

앞으로 많은 한자를 익힐 때 한국어로 한자 읽는 법만 알아도 어느 정도 일본 한자음을 유추할 수 있도록 법칙을 통해 감각적인 부분을 훈련하세요. **중요한 것은 법칙 그 자체를 외우는 것이 아니에요.** 그것들을 훑어보고 감각적으로 받아들일 수 있도록 한자들을 외워 가는 것이라는 점을 명심하고 학습에 임해 주세요.

> **학습 Point**
>
> ① 제시된 법칙과 예시 한자들을 외우려고 하지 않는다.
> ② 한자에 대한 압박에서 잠시 벗어나 **한글(한국 한자음)이 일본어(일본 한자음)와 어떻게 대응하는지**에 집중한다.
> ③ 묵묵히 쓰면서 암기하지 말고 **머리로 이해하고 입으로 말해 보면서 감각적으로 받아들인다.**

이렇게 감각을 익혀 수많은 한자들을 효율적으로 공부할 토대를 마련하는 것이 이 장의 목적입니다. 그러니 여기에 너무 많은 시간을 들이지 말고 이해를 목적으로 읽고 넘기세요. 그런 다음 한 번씩 뒤적여 보면서 다시 확인하는 방법으로 학습해 나가시기 바랍니다.

기본 두자음 대응 ① : 두자음 ㅇ은 기본적으로 자음이 없는 모음이 돼요.

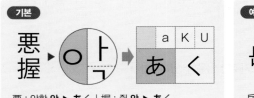

悪 : 악할 **악** ▶ **あく** │ 握 : 쥘 **악** ▶ **あく**

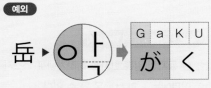

岳 : 큰산 **악** ▶ **がく**

소리 내어 말해 보세요!

운영(運営)	영원(永遠)	영웅(英雄)	응원(応援)	양육(養育)	용액(溶液)	*야외(野外)	*언어(言語)
うんえい	**えいえん**	**えいゆう**	**おうえん**	**よういく**	**ようえき**	**やがい**	**げんご**

주의
단, 일부는 が행(22%), ざ행(7%)・な행(7%)・か행(3%)으로 읽어요.
어▷ ご(語・御)/ぎょ(魚) │ 의▷ ぎ(義・儀・議・疑) │ 월▷ げつ (月) 등
양▷ じょう(嬢・醸・譲・壌) │ 인▷ にん(忍・認) │ 완▷ かん(完・緩) 등

질문 있어요

왜 '月(월▶げつ)'처럼 두자음 ㅇ이 모음이 아니라
が로 대응되는 경우가 있나요?

한국어에서 두자음 ㅇ, 즉 모음으로 발음하는 한자들 중 약 20% 정도는 일본어에서 が행으로 발음됩니다. 언뜻 생각하면 좀 이해가 안 되는 대응이죠? 사실 그런 단어들의 대다수는 **옛 중국의 발음이 '비탁음(ŋ)'이었기 때문**이에요. 비탁음이란 콧소리가 들어간 탁음이에요. 입이 아니라 코로 앙 하는 소리를 내려고 하면 입과 코 사이의 천장이 진동하고, 코를 통해서 코맹맹이 비슷한 소리가 나오는 것을 느낄 거예요. 그런 영어의 [ŋ]에 가까운 발음이 비탁음이에요.

한자 도입 당시의 중국어에는 그러한 비탁음으로 발음하는 한자들이 있었는데, 이런 한자들의 경우 한국어에는 비탁음을 표현할 길이 없었기 때문에 가장 유사한 소릿값인 모음 즉, 두자음 ㅇ으로 이러한 소리들을 받아들일 수밖에 없었어요. 마치 영어 [p]와 [f] 발음을 어쩔 수 없이 모두 ㅍ으로 받아들인 것과 같은 맥락이죠. **반대로 일본의 경우는 비탁음으로 が행이 존재했어요**(지금도 연배가 있는 NHK 아나운서들은 어중・어미의 が를 비탁음으로 구사하는 특징이 있어요). 그렇기에 일본인의 입장에서는 비탁음 [ŋ]과 가장 유사한 が행으로 한자음을 받아들이게 된 거예요.

기본 두자음 대응 ② : 두자음 ㄱㅋㅎ은 기본적으로 か행이 돼요.

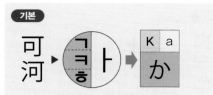

可 : 가능할 **가** ▶ **か** ┃ 河 : 강 **하** ▶ **か**

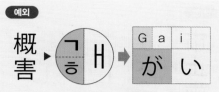

槪 : 모두 **개** ▶ **がい** ┃ 害 : 방해할 **해** ▶ **がい**

소리 내어 말해 보세요!

결혼(結婚)	개강(開講)	쾌거(快挙)	쾌감(快感)	한국(韓国)	항공(航空)	해고(解雇)	해협(海峡)
けっこん	かいこう	かいきょ	かいかん	かんこく	こうくう	かいこ	かいきょう

주의
- ㄱㅎ의 경우, が행으로 읽히는 한자들도 일정 수 이상 있어요. 하지만 그 비율은 낮은 편이에요.
  ㄱ▶ 구▷ぐ (具) ┃ 군▷ ぐん (軍・郡・群) ┃ 개▷ がい (概・慨) 등
  ㅎ▶ 해▷ がい (害・該・骸) ┃ 현▷ げん (現・玄) ┃ 환▷ げん (幻) ┃ 후▷ ご (後) ┃ 호▷ ごう (号・豪) 등
- ㅎ의 경우, 다음 7자에서는 모음(あ행 및 わ)으로 읽는 경우가 존재하니 주의해 주세요.
  和(화) わ, 賄(회) わい, 惑(혹) わく, 恵(혜) え, 会(회) かい・え, 横(횡) おう, 黄(황) おう
- ㅋ는 快(쾌▶かい) 한 글자뿐이니 어휘적으로 외워 두세요.

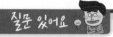

왜 두자음 ㅎ이 일본어에서 は행이 아니라 か행이 되나요?

옛 일본어의 は행 발음은 '하히후헤호'가 아니었기 때문이에요. 한자를 받아들일 당시 일본어 は행의 자음은 ㅂㅍㅎ의 중간 발음, 알기 쉽게 말하면 [f] 발음에 가까웠어요. 그래서 당시의 일본어에는 어두에서 h음에 해당하는 발음이 없었죠. 당시 일본어의 は행[f]은 양 입술을 활용하는 발음이었고, 발음 시 입술을 사용하지 않는 h(ㅎ) 음은 조음법상 k(ㄱ)에 가까운 발음이었기 때문에 중국인들이 말하는 h음가를 가장 비슷하게 흉내 낼 수 있었던 か행(k의 음가)으로 받아들이게 되었답니다.

기본 두자음 대응 ③ : 두자음 ㅅㅈㅊ은 기본적으로 さ행이 돼요.

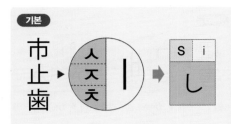

기본

市 : 도시 **시** ▶ **し** │ 止 : 멈출 **지** ▶ **し** │
歯 : 이 **치** ▶ **し**

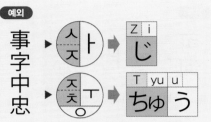

예외

事 : 일 사 ▶ **じ** │ 字 : 글자 **자** ▶ **じ** │
中 : 가운데 **중** ▶ **ちゅう** │ 忠 : 충직할 **충** ▶ **ちゅう**

소리 내어 말해 보세요!

산소(酸素)	선생(先生)	서적(書籍)	신청(申請)	전쟁(戰爭)	제작(制作)	친척(親戚)	최초(最初)
さんそ	**せんせい**	**しょせき**	**しんせい**	**せんそう**	**せいさく**	**しんせき**	**さいしょ**

[주의]

ㅅㅈㅊ의 경우는 기본 대응 법칙의 적중 확률이 약 60% 정도로 낮은 편이랍니다. 그래서 아래의 경우를 꼭 확인해야 해요.

• ㅅㅈ의 경우, ざ행이 되는 한자들도 일정 수(약 15~20%) 이상 있어요.

　ㅅ ▶ 사 ▷ じ (辭·事·似) │ 상 ▷ じょう (常·上·状) │ 속 ▷ ぞく (続·俗·属) │ 선 ▷ ぜん (善·禅) 등
　ㅈ ▶ 자 ▷ じ (字·自·慈) │ 증 ▷ ぞう (増·贈·憎) │ 장 ▷ じょう (場) / ぞう (蔵) 등

• ㅊㅈ의 경우, た행(특히 ち)으로 읽히는 한자들도 일정 수(약 18~25%) 이상 존재해요.

　ㅈ ▶ 장 ▷ ちょう (長·帳·張·腸) │ 조 ▷ ちょう (鳥·朝·調·釣·兆·眺) │ 지 ▷ ち (地·知·池)
　ㅊ ▶ 치 ▷ ち (致·稚·置·痴·恥) │ 추 ▷ ちゅう (抽) │ 초 ▷ ちょう (超) │ 충 ▷ ちゅう (忠) 등
　– 단, ㅈ/ㅊ이 모음 'ㅓ·ㅔ'와 결합할 때는 た행(특히 て○)으로도 많이 됩니다.
　저 ▷ てい (低·底·抵·邸) │ 전/점 ▷ てん (典·転·展 / 点·店) │ 천/첨 ▷ てん (天·添) 등

왜 '가운데 중(中 ▶ ちゅう)' '하늘 천(天 ▶ てん)'처럼 ㅈㅊ인 한자음이 た행에 대응되는 경우가 있나요?

[주의]에서 밝혔듯이 두자음이 ㅈㅊ인 한자들의 18% 이상은 た행에 대응해요. 이것은 한국어의 한자음이 역사적으로 변화했기 때문이에요. 한자를 받아들일 당시 중국어의 자음이 [t]에 해당했기 때문에 ㄷㅌ으로 받아들였던 한자음이 시간이 지나며 구개음화라는 음운 현상을 겪으면서 ㅈㅊ으로 바뀐 거랍니다. 원래 ㄷㅌ이었기 때문에 일본어에서는 た행과 대응되는 것이죠.

	天(하늘 천)	中(가운데 중)
한국 한자음의 사적 변화	텬 → 쳔 → 천	듕 → 즁 → 중
일본 한자음의 사적 변화	てん → てん	ちう → ちゅう

기본 두자음 대응 ④ : 두자음 ㄷㅌ은 기본적으로 た행이 돼요.

기본	예외
多 他 ▸ ㄷㅌㅏ ➡ Ta た	度 土 ▸ ㄷㅌㅗ ➡ Do ど
多 : 많을 다 ▸ た | 他 : 다를 타 ▸ た	度 : 법도 도 ▸ ど | 土 : 흙 토 ▸ ど/と

소리 내어 말해 보세요!

대등(対等)	대두(台頭)	단도(短刀)	담당(担当)	특등(特等)	*탈퇴(脱退)	*대담(大胆)	*대담(対談)
たいとう	たいとう	たんとう	たんとう	とくとう	だったい	だいたん	たいだん

주의

だ행이 되는 한자들도 일정 수(약 20%) 이상 있어요. 특히, '도(道 계열)·독·동(同動 계열)'의 경우가 상당수이니 특히 주의하세요.

ㄷ ▸ 대▷ だい (大・代・台) \| 도▷ ど (度) / どう (道・導) \| 독▷ どく (毒・読・独) \|
　　동▷ どう (同・銅・胴・動・童) 등
ㅌ ▸ 타▷ だ (打・妥) \| 탁▷ だく (濁) \| 탈▷ だつ (脱・奪) \| 토▷ ど (土) 등

기본 두자음 대응 ⑤ : 두자음 ㄴ은 な행, ㄹ은 ら행이 돼요.

기본 : ㄴ일 경우	기본 : ㄹ일 경우
内 ▸ ㄴㅐ ➡ Nai ない	来 ▸ ㄹㅐ ➡ Rai らい
内 : 안 내 ▸ ない	来 : 올 래 ▸ らい

소리 내어 말해 보세요!

내란(内乱)	내륙(内陸)	능력(能力)	능률(能率)	내(래)년(来年)	낙(락)농(酪農)	낙(락)뢰(落雷)	*노력(努力)
ないらん	ないりく	のうりょく	のうりつ	らいねん	らくのう	らくらい	どりょく

주의

ㄴ의 경우, だ행이 되는 소수의 한자가 있어요.
　난▷ だん (暖) \| 남▷ だん (男) \| 노▷ ど (努) 등

기본 두자음 대응 ⑥ : 두자음 ㅂㅍ은 기본적으로 は행이 돼요.

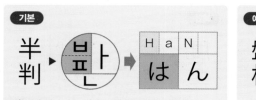

半 : 반 **반** ▶ は**ん** | 判 : 판단할 **판** ▶ は**ん**

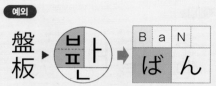

盤 : 소반 **반** ▶ ば**ん** | 板 : 널빤지 **판** ▶ ば**ん**

소리 내어 말해 보세요!

부부(夫婦)	방법(方法)	배포(配布)	풍부(豊富)	풍파(風波)	피부(皮膚)	*분별(分別)	*품평(品評)
ふうふ	ほうほう	はいふ	ほうふ	ふうは	ひふ	ふんべつ	ひんぴょう

주의

· ㅂ은 ば행이 되는 한자들도 일정 수(약 10~15%, 특히 方 계열과 倍 계열) 이상 있어요.
  방▷ ぼう (房·防·坊·紡·妨) | **배**▷ ばい (倍·培·賠) | **벌**▷ ばつ (罰·伐) |
  부▷ ぶ (部)/ぼ (簿) | **비**▷ び (備·鼻) 등
· ㅍ은 다음 7자에서는 ば행으로 읽는 경우가 존재하니 주의해 주세요
  婆(파) ば, 判·板(판) はん·ばん, 膨(팽) ぼう, 便(편) べん·びん, 平(평) ひょう·びょう, 爆(폭) ばく

기본 두자음 대응 ⑦ : 두자음 ㅁ은 기본적으로 ま행 혹은 ば행이 돼요.

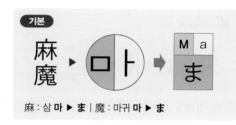

麻 : 삼 **마** ▶ **ま** | 魔 : 마귀 **마** ▶ **ま**

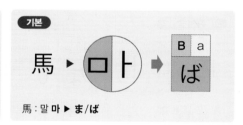

馬 : 말 **마** ▶ **ま/ば**

소리 내어 말해 보세요!

묘미(妙味)	면목(面目)	멸망(滅亡)	망막(網膜)	매매(売買)	문물(文物)	문명(文明)	망명(亡命)
みょうみ	めんぼく	めつぼう	もうまく	ばいばい	ぶんぶつ	ぶんめい	ぼうめい

주의

다른 자음과 달리 ㅁ은 ま행과 ば행이 비슷한 양으로 나타나고, 하나의 한자에 둘 다 나타나는 한자도 많은 편이에요.
그래서 학습 때 특히 주의해야 해요.
  예 **목**▷ もく/ぼく (木·目) | **막**▷ まく/ばく (幕)

03 모음의 기본 대응 10+1법칙

모음의 기본 대응 법칙 1 : ㅏ와 관련된 모음은 あ(a)

기본 모음 대응 ① : ㅏ/ㅘ는 기본적으로 あ가 돼요.

→ 받침이 없으면 あ로 읽히고, 받침이 있으면 'あ+받침 대응자'가 됩니다.

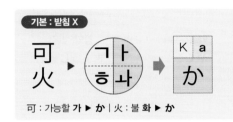

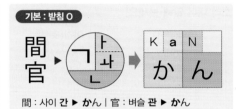

可 : 가능할 **가** ▶ **か** | 火 : 불 **화** ▶ **か**

間 : 사이 **간** ▶ **かん** | 官 : 벼슬 **관** ▶ **かん**

소리 내어 말해 보세요!

타파(打破)	과다(過多)	악마(悪魔)	참가(参加)	완화(緩和)	산화(酸化)	가산(加算)	과감(果敢)
だは	かた	あくま	さんか	かんわ	さんか	かさん	かかん

[주의]

'사/자/차'는 し/じ 또는 しゃ로 읽히는 게 일반적이니 주의하세요.
- **사** ▷ し (使・死・史・師・詞) | じ (事・寺・辞・似) | しゃ (社・写・謝)
- **자** ▷ し (資・姿・子) | じ (自・字・磁) 등 | **차** ▷ しゃ (車) 등
- 예외발음 3글자: 家(가) か・**け**, 下・夏(하) か・**げ**, 化(화) か・**け**

기본 모음 대응 ② : ㅐ/ㅙ/ㅚ는 기본적으로 あい가 돼요.

→ 받침이 없으면 あい로 읽히고, 받침이 있으면 'あ+받침 대응자'가 됩니다.

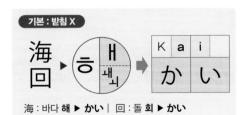

海 : 바다 **해** ▶ **かい** | 回 : 돌 **회** ▶ **かい**

核 : 핵심 **핵** ▶ **かく** | 画 : 그을 **획** ▶ **かく**

소리 내어 말해 보세요!

대개(大概)	대회(大会)	애매(曖昧)	최대(最大)	택배(宅配)	백미(白米)	분쇄(粉砕)	쾌속(快速)
たいがい	たいかい	あいまい	さいだい	たくはい	はくまい	ふんさい	かいそく

기본 모음 대응 ③ : ㅑ는 기본적으로 や가 돼요.

→ 받침이 없으면 や로 읽히고, 받침이 있으면 'や+받침 대응자'가 됩니다.

소리 내어 말해 보세요!

야외(野外)	야간(夜間)	약속(約束)	강약(強弱)
やがい	やかん	やくそく	きょうじゃく

모음의 기본 대응 법칙 2 : ㅓ와 관련된 모음은 え(e)

기본 모음 대응 ④ : ㅓ/ㅔ/ㅐ/ㅝ/(ㅕ)는 기본적으로 えい가 돼요.

→ 받침이 없으면 えい로 읽히고, 받침이 있으면 'え+받침 대응자'가 됩니다.

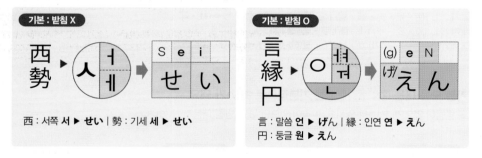

소리 내어 말해 보세요!

서양(西洋)	계획(計画)	선서(宣誓)	선언(宣言)	권한(権限)	석권(席巻)	*언어(言語)	*세력(勢力)
せいよう	けいかく	せんせい	せんげん	げんげん	せっけん	げんご	せいりょく

주의
- ㅓ 중에는 대응 법칙에 따르지 않고 よ가 되는 한자도 많아요. 특히 '서/거'에서 많답니다.
  서▷ しょ (署・書・庶) | 거▷ きょ (巨・居・去・挙) 등
- ㅔ 중 일부는 あい로 읽는 것들이 있으니 주의해주세요.
  세▷ さい (細・歳) | 제▷ だい (題・弟・第), さい (済), ざい (剤) | 체▷ たい (体・替), さい (切) 등
- ㅐ 중에서 '계/폐'는 あい로 읽히는 것들도 많으니 주의하세요.
  계▷ かい (階・界・械・戒) | 폐▷ はい (肺・廃) 등

기본 모음 대응 ⑤ : ㅕ는 받침이 없으면 よ로 읽히고, 받침이 있으면 'え+받침 대응자'가 돼요.

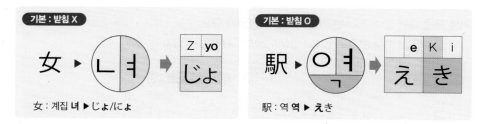

女 : 계집 녀 ▶ じょ/にょ

駅 : 역 역 ▶ えき

소리 내어 말해 보세요!

남녀(男女)	경력(経歴)	열연(熱演)	명령(命令)	평면(平面)
だんじょ	けいれき	ねつえん	めいれい	へいめん

주의
- 받침 발음이 있는 한자가 대부분이니 기본 음은 받침이 있는 것으로 외워 두세요.
- 모음의 가짓수가 적은 경상도 방언에서도 ㅕ를 ㅔ로 발음하는 경우가 많아요. '경제 ▶ 겡제'라고 발음하죠?

모음의 기본 대응 법칙 3 : ㅣ와 관련된 모음은 い(i)

기본 모음 대응 ⑥ : ㅣ/ㅢ/ㅟ/ㅞ는 기본적으로 い가 돼요.

→ 받침이 없으면 い로 읽히고, 받침이 있으면 'い+받침 대응자'가 됩니다.

異 : 다를 이 ▶ い | 医 : 의원 의 ▶ い

帰 : 돌아갈 귀 ▶ き | 軌 : 돌아갈 궤 ▶ き

소리 내어 말해 보세요!

기지(基地)	시기(時期)	의미(意味)	의식(意識)	시립(市立)	위기(危機)	귀신(鬼神)	궤도(軌道)
きち	じき	いみ	いしき	しりつ	きき	きしん	きどう

모음의 기본 대응 법칙 4 : ㅗ와 관련된 모음은 お(o)

기본 모음 대응 ⑦ : ㅗ/ㅡ는 기본적으로 **お(う)**가 돼요.

→ 받침이 없으면 お나 おう로 읽히고, 받침이 있으면 'お+받침 대응자'가 됩니다.

소리 내어 말해 보세요!

고도(高度)	도로(道路)	고등(高等)	고속(高速)	목록(目録)	극악(克悪)	*소득(所得)	*공공(公共)
こうど	どうろ	こうとう	こうそく	もくろく	こくあく	<u>しょ</u>とく	こう<u>きょう</u>

> **주의**
> • 특히 ㅗ는 お와 おう의 2가지 방식 모두 많이 쓰이므로 주의가 필요해요.
> • '소/조'의 ㅗ는 よう로도 상당수가 읽혀요.
>   소▷ しょう(小・少・笑) | 조▷ ちょう(朝・鳥・調) 등
> • '복'은 ふく로 읽히는 경우가 오히려 많으니 예외로 외워 두세요.
>   복▷ ふく(福・服・腹・伏・復) 등
> • '금/근'의 경우는 きん으로, '은'의 경우는 いん으로 읽혀, 모음이 い와 대응하는 것이 일반적이니 확인해 두세요.
>   금▷ きん(金・禽) | 근▷ きん(筋・勤) | 음▷ いん(陰・飲・音) | 은▷ いん(隠)/ぎん(銀)

기본 모음 대응 ⑧ : ㅛ는 기본적으로 **よう**가 돼요.

→ 받침이 없을 때는 よう로 읽히고, 받침이 있을 때에는 'よ+받침 대응자'가 됩니다.

소리 내어 말해 보세요!

요일(曜日)	교육(教育)	요리(料理)	욕망(欲望)	욕실(浴室)
ようび	きょういく	りょうり	よくぼう	よくしつ

모음의 기본 대응 법칙 5 : ㅜ와 관련된 모음은 う(u)

기본 모음 대응 ⑨ : ㅜ는 기본적으로 う가 돼요.

→ 받침이 없을 때는 う로 읽히고, 받침이 있을 때에는 'う+받침 대응자'가 됩니다.

無 : 없을 무 ▶ む/ぶ | 務 : 힘써 임할 무 ▶ む

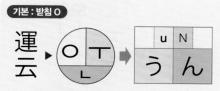

運 : 운반할 운 ▶ うん | 云 : 말할 운 ▶ うん

소리 내어 말해 보세요!

무운(武運)	군부(軍部)	문물(文物)	수술(手術)	*부부(夫婦)	*우울(憂鬱)	*분수(分数)	*우주(宇宙)
ぶうん	ぐんぶ	ぶんぶつ	しゅじゅつ	ふうふ	ゆううつ	ぶんすう	うちゅう

주의
- 단 ㅅㅈㅊ가 두자음일 경우에는 しゅ/じゅ로 대응돼요.
- ㅜ의 경우는 대응 법칙에서 벗어나 おう나 うい로 읽히는 등 변칙적인 부분도 많아요.
  수▷ すい (水・垂) | 추▷ すい (推) | 구▷ こう (講・構) | 투▷ とう (投・透・闘) 등

기본 모음 대응 ⑩ : ㅠ는 기본적으로 ゆう가 돼요.

→ 받침이 없을 때는 ゆう로 읽히고, 받침이 있을 때에는 'い+받침 대응자'가 됩니다.

遊 : 풀어놓을 유 ▶ ゆう | 有 : 있을 유 ▶ ゆう

律 : 법칙 률 ▶ りつ | 率 : 비율 률 ▶ りつ

소리 내어 말해 보세요!

유학(留学)	유수(有数)	법률(法律)	비율(比率)	균등(均等)	육지(陸地)	윤리(倫理)	*육류(肉類)
りゅうがく	ゆうすう	ほうりつ	ひりつ	きんとう	りくち	りんり	にくるい

변화 법칙 I : 두자음 ㅅㅈㅊ이 오면 모음이 '요음화(ゃ·ゅ·ょ)+う'가 되기 쉽다?

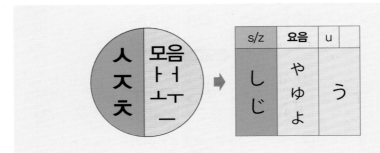

학습을 하다 보면 유독 두자음이 ㅅㅈㅊ일 때 ゃ·ゅ·ょ음이 많다는 것을 알 수 있을 거예요. 이는 한국 한자음이 과거에는 '샤셔쇼슈' 등이었던 것이 시간이 흐르면서 발음 편의상 모두 'ㅏㅓㅗㅜ' 등으로 통합되었기 때문입니다. 특히 1933년 한글 맞춤법 통일안으로 인해서 현실 발음에 맞춰 ㅅㅈㅊ음 뒤의 모든 'ㅑㅠㅛㅕ' 계통의 소리는 단모음으로 통일되었어요.

반면, 일본의 한자음은 과거의 발음을 계승했어요. 그러다 보니 한국 한자음에서 ㅅㅈㅊ을 두자음으로 갖는 한자 중 일정 수 이상은 일본어에서 しゃ·しゅ·しょ가 되기 쉬워요.

	社	手	書
한국 한자음의 사적 변화	샤 → 사	슈 → 수	셔 → 서
일본 한자음	しゃ	しゅ	しょ

물론, 이런 현상은 ㅅㅈㅊ뿐만 아니라 다른 자음군에서도 산발적으로 나타나기 때문에 항상 법칙을 벗어나는 발음들이 생깁니다. 역사적인 틀 속에서 바라보면 이해가 가지만, 지금의 한국 한자음만으로는 어떤 한자가 예전 발음에서 변형된 것인지 알 수 없으니 말이죠.

받침의 기본 대응 법칙 1 : 간단한 일대일 대응이 되는 ㄱ/ㄹ/ㄴ·ㅁ

기본 받침 대응 ① : 받침 ㄱ은 기본적으로 모두 く가 돼요.

→ 단, 모음이 ㅓ/ㅕ일 때는 え き가 되는 경향이 강해요.

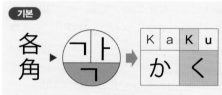

各 : 각각 **각** ▶ かく | 角 : 뿔 **각** ▶ かく

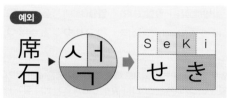

席 : 자리 **석** ▶ せき | 石 : 돌 **석** ▶ せき

소리 내어 말해 보세요!

착목(着目)	약속(約束)	속박(束縛)	극악(極惡)	객석(客席)	목적(目的)	면역(免疫)	*지역(地域)
ちゃくもく	やくそく	そくばく	ごくあく	きゃくせき	もくてき	めんえき	ちいき

기본 받침 대응 ② : 받침 ㄴ/ㅁ은 기본적으로 모두 ん이 돼요.

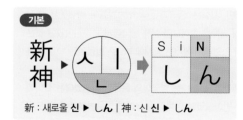

新 : 새로울 **신** ▶ しん | 神 : 신 **신** ▶ しん

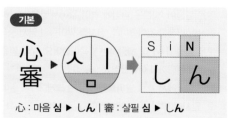

心 : 마음 **심** ▶ しん | 審 : 살필 **심** ▶ しん

소리 내어 말해 보세요!

온존(温存)	안전(安全)	근본(根本)	빈곤(貧困)	감금(監禁)	금품(金品)	점검(点検)	관심(関心)
おんぞん	あんぜん	こんぽん	ひんこん	かんきん	きんぴん	てんけん	かんしん

기본 받침 대응 ③ : 받침 ㄹ은 기본적으로 모두 つ가 돼요.

切 : 끊을 절 ▶ せつ | 節 : 마디 절 ▶ せつ

소리 내어 말해 보세요!

발발(勃発)	**일탈**(逸脱)	**열렬**(熱烈)	**돌발**(突発)	**실질**(實質)	**절실**(切実)	***일렬**(一列)	***일몰**(日没)
ぼっぱつ	いつだつ	ねつれつ	とっぱつ	じっしつ	せつじつ	いちれつ	にちぼつ

[주의]
일부 한자들은 ち가 되기도 해요. 그런 한자들은 수가 적으니 예외로 기억해 두세요.
일 ▷ いつ/いち (一・日) | 칠 ▷ しち/しつ (七) | 팔 ▷ はち/はつ (八) | 길 ▷ きち/きつ (吉) | 물 ▷ もち(勿)

질문 있어요

왜 '血(혈▶けつ)'처럼 받침 ㄹ을 つ로 발음하나요?

많은 분들이 '일본은 받침에 ㄹ이 없어서'라고 생각하지만, 사실은 '중국과 한국의 ㄹ받침이 바뀌어서' 이런 현상이 발생한 것이랍니다. 한자를 받아들일 당시 중국의 발음을 살펴보면 현재 한국에서 ㄹ받침이었던 것은 모두 종성 t[~t]에 해당하는 발음이었어요. 이때 받침이 없던 일본에서는 당시에 [tu]로 발음하던 つ로 받아들여서 현대까지 이어졌어요.

반면 한국에서 ㄹ로 받아들인 이유는 크게 2가지 설이 존재해요. 하나는 한국어의 음운이 바뀌었다는 설이에요. 당시에 받침 [t]로 받아들이지 못했거나, 혹은 [t]로 받아들였던 발음이 한국어의 발음변화로 인해 모두 'ㄹ'로 바뀌었다는 이야기죠. 더욱 유력한 설은 원나라 시기 변화된 발음의 영향이라는 설이에요. 중국은 북송 이후 나라가 바뀌면서 발음이 급격히 바뀌었어요. 기록상 당시 통역관들이 말이 통하지 않아 새로 배워야 했다고 할 정도예요. 특히 원나라 무렵에는 이전까지 [~t]로 발음되던 것들이 [~r]이 되었다고 해요. 고려에서 이때의 발음을 받아들여서 받침 'ㄹ'이 후대에 정착된 것이라는 것이죠.

	(당시) 중국 발음	한국 한자음	일본 한자음
血	Kʰuet → Kʰuer	혈(ㅎㅕㄹ)	けつ(KeTu)
殺	ʃat → ʃar	살(ㅅㅏㄹ)	さつ(SaTu)

＊ㅇ과 ㅂ은 앞의 모음 뒤에서 장음화되기 때문에 앞 모음과의 연관성을 잘 기억해야 해요.
앞의 모음이 あ/う/お류이면 う가 되고, え이면 い가 되는 것을 모음의 장음화라고 해요.

기본 받침 대응 ④ : 받침 ㅂ은 기본적으로 모두 장음화(모음 う/い) 돼요.

① 모음이 ㅏ일 때는 おう가 돼요.　　　② 모음이 ㅓ/ㅕ일 때는 よう가 돼요.
③ 모음이 ㅣ/ㅡ일 때는 ゆう가 돼요.

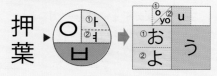

押 : 누를 압 ▶ **おう** | 葉 : 잎 엽 ▶ **よう**

集 : 모일 집 ▶ **しゅう** | 汁 : 즙 즙 ▶ **じゅう**

소리 내어 말해 보세요!

① 잡목(雜木) ぞうき	① *접합(接合) せつごう	①③ 삽입(挿入) そうにゅう	①③ 납입(納入) のうにゅう	①③ 답습(踏襲) とうしゅう	②② 협업(協業) きょうぎょう	③① 집합(集合) しゅうごう	③③ 급습(急襲) きゅうしゅう

[주의]
일부 한자들은 'あ/い/え단+つ'가 되기도 해요. 그런 한자들은 수가 적고, 대부분은 장음화 법칙과 혼용되어 쓰이니 예
외로 기억해 두세요.
압▷ あつ (圧) | 잡▷ ざつ (雜) | 합▷ がっ (合) | 납▷ なっ (納)
습▷ しつ (湿) | 집▷ しつ (執) | 립▷ りつ (立) | 섭▷ せつ (摂) | 접▷ せつ (接)

'ㅗ/ㅜ+ㅇ'의 일부 한자들은 'う단+う'가 되기도 해요.
공▷ くう (空) | 통▷ つう (通・痛) | 봉▷ふう (封) | 숭▷ すう (崇)

왜 받침 ㅇ/ㅂ이 장음화(모음화) 되는 거죠?

원래 일본어에서는 한국어의 받침 ㅂ에 해당하는 중국 음을 ふ로 받아들였답니다. 그렇지만 역사적인 흐름
속에서 は행의 자음이 지금의 발음인 h음, 즉 '하히후헤호'로 점점 바뀌게 되었어요. 범언어적으로 어중의 h는
묵음되는 경향이 강한데, 종래에는 ○ふ라는 발음 속의 h음도 묵음화되어 ○う로 장음화되었답니다.

	(당시) 중국 발음	한국 한자음	일본 한자음
塔	Tʰap	탑(ㅌㅏㅂ)	たふ → たう → とう
協	Hep	협(ㅎㅕㅂ)	けふ → けう → きょう

기본 받침 대응 ⑤ : 받침 ㅇ은 기본적으로 모두 장음화(모음 う/い) 돼요.

→ 받침이 ㅇ일 때 모음 종류에 따라서 뒤에 붙는 것이 바뀌어요. 1차적으로는 모음이 ㅓ/ㅕ인 경우만 い가
되고, 나머지는 모두 う가 된다고 생각하면 돼요. 좀 더 자세히는 앞의 모음과의 연계를 살펴봐야 해요.

① ㅏ/ㅗ/ㅣ류 중 ㅏ/ㅐ/ㅙ/ㅚ/ㅗ/ㅡ에 받침이 ㅇ이면 おう가 되는 경향이 강해요.

② ㅏ/ㅗ/ㅣ류 중 ㅣ/ㅑ/ㅛ에 받침이 ㅇ이면 よう가 되는 경향이 강해요.

③ ㅜ류 중 ㅜ/ㅠ에 받침이 ㅇ이면 ゆう가 되는 경향이 강해요.

④ ㅓ류인 ㅓ/ㅕ에 받침이 ㅇ이면 えい가 되는 경향이 강해요.

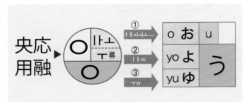

央 : 중앙 **앙 ▶ おう** | 応 : 답할 **응 ▶ おう**
用 : 쓸 **용 ▶ よう** | 融 : 녹을 **융 ▶ ゆう**

声 : 소리 **성 ▶ せい** | 英 : 뛰어날 **영 ▶ えい**

소리 내어 말해 보세요!

① ① **상상**(想像) **そうぞう**	① ② **응용**(応用) **おうよう**	*② **상징**(象徴) <u>しょ</u>うちょう	③ ① **중앙**(中央) **ちゅうおう**	*① **경쟁**(競争) <u>きょ</u>うそう	④ ① **정당**(政党) **せいとう**	④ ④ **경영**(経営) **けいえい**	④ ④ **성형**(成形) **せいけい**

| 반드시 알아 두어야 할 모음과 받침의 결합 시 생기는 발음 변화 |

변화 법칙 II : 'ㅏ 계열 모음+받침 ㅇ'은 おう가 된다?!

ㅏ/ㅘ와 같은 ㅏ 계열 모음은 일본어로 あ가 되죠? 그런데 왜 ああ나 あう가 되지 않는 걸까요?
사실 あう라는 발음은 말하는 데 에너지를 쓰는 비효율적인 발음이에요. あ는 입을 크게 벌리고 う는 입
을 오므리죠? 이렇게 입 모양을 크게 바꾸어야 하는 발음을 연속으로 하는 것은 어렵기 때문에 효율적으
로 발음하기 위해서 중간 정도로 입을 조금 벌리게 되면서 あう(au)는 おう(ou)가 되었어요.
일본 발음의 사적 변화를 살펴보면 다음과 같답니다.

	央(앙)	**方(방)**	**王(왕)**	**光(광)**
일본 발음의 사적 변화	あう → おう	はう → ほう	わう → おう	くゎう → かう → こう

이런 현상은 전 세계 언어에서 자주 나타나는 범언어적인 현상이랍니다. 그래서 모음 법칙에서 あう가 될
것이라 예상되는 한자는 모두 おう가 되는 거예요.

● 특별 부록 ●

확인문제 정답

첫째 마당

01 숫자

1 1.ⓐ 2.ⓑ 3.ⓒ 4.ⓑ 5.ⓐ 6.ⓒ 7.ⓐ 8.ⓐ

2 1.백만 – ⓐ　　2.십자가 – ⓒ　　3.만사 – ⓑ

4.유일 – ⓐ　　5.구월 – ⓒ　　6.사계 – ⓐ

7.십일 – ⓒ　　8.일곱 가지 맛 향신료 – ⓐ

02 자연

1 1.ⓐ 2.ⓐ 3.ⓑ 4.ⓒ 5.ⓑ 6.ⓐ 7.ⓑ 8.ⓒ

2 1.평일 – ⓒ　　2.산림 – ⓐ　　3.토지 – ⓐ

4.월광 – ⓒ　　5.파편 – ⓐ　　6.토목 – ⓒ

7.석탄 – ⓑ　　8.대두 – ⓑ

03 동물

1 1.ⓐ 2.ⓑ 3.ⓑ 4.ⓒ 5.ⓐ 6.ⓑ 7.ⓒ 8.ⓒ

2 1.상징 – ⓒ　　2.연극 – ⓒ　　3.각도 – ⓑ

4.마력 – ⓒ　　5.발아 – ⓑ　　6.조건 – ⓐ

7.어패 – ⓐ　　8.어부 – ⓒ

04 신체

1 1.ⓐ 2.ⓑ 3.ⓒ 4.ⓑ 5.ⓐ 6.ⓑ 7.ⓐ 8.ⓑ

2 1.면목 – ⓐ　　2.이비인후과 – ⓒ

3.심신 – ⓐ　　4.포착 – ⓑ　　5.자기 – ⓒ

6.육체 – ⓒ　　7.피혁 – ⓐ　　8.부족 – ⓐ

05 동작

1 1.ⓑ 2.ⓒ 3.ⓐ 4.ⓑ 5.ⓑ 6.ⓐ 7.ⓒ 8.ⓑ

2 1.견학 – ⓐ　　2.암시 – ⓑ　　3.운운 – ⓑ

4.제창 – ⓒ　　5.시사 – ⓐ　　6.전언 – ⓒ

7.출입 – ⓒ　　8.중지 – ⓐ

06 도구

1 1.ⓑ 2.ⓐ 3.ⓒ 4.ⓑ 5.ⓒ 6.ⓑ 7.ⓐ 8.ⓐ

2 1.용법 – ⓐ　　2.실력 – ⓐ　　3.간과 – ⓐ

4.자전거 – ⓒ　　5.방향 – ⓐ　　6.천장 – ⓑ

7.문호 – ⓑ　　8.공업 – ⓒ

07 사회

1 1.ⓐ 2.ⓑ 3.ⓑ 4.ⓒ 5.ⓑ 6.ⓐ 7.ⓐ 8.ⓑ

2 1.노인 – ⓑ　　2.남녀 – ⓒ　　3.부부 – ⓒ

4.왕자 – ⓒ　　5.형제 – ⓑ　　6.신민 – ⓐ

7.박사 – ⓒ　　8.모성 – ⓑ

08 상태

1 1.ⓑ 2.ⓐ 3.ⓐ 4.ⓑ 5.ⓒ 6.ⓑ 7.ⓑ 8.ⓐ

2 1.중앙 – ⓒ　　2.다소 – ⓑ　　3.대저 – ⓒ

4.상하 – ⓒ　　5.불가 – ⓐ　　6.원활 – ⓐ

7.가부 – ⓑ　　8.일환 – ⓒ

둘째 마당

09 日·夕의 파생

1 1.ⓑ 2.ⓑ 3.ⓐ 4.ⓐ 5.ⓒ 6.ⓒ 7.ⓒ 8.ⓐ

2 1.광명 – ⓐ　　2.열탕 – ⓑ　　3.선전 – ⓐ

4.신구 – ⓒ　　5.악몽 – ⓒ　　6.외국 – ⓑ

7.안이 – ⓒ　　8.혈맹 – ⓑ

10 ⧺의 파생

1 1.ⓐ 2.ⓒ 3.ⓒ 4.ⓑ 5.ⓑ 6.ⓒ 7.ⓐ 8.ⓒ

2 1.편승 – ⓒ　　2.순수 – ⓑ　　3.우편 – ⓐ

4.폭발 – ⓒ　　5.공공 – ⓒ　　6.횡포 – ⓑ

7.차용 – ⓐ　　8.폭로 – ⓐ

11 木·氏의 파생

1 1.ⓑ 2.ⓐ 3.ⓑ 4.ⓒ 5.ⓐ 6.ⓐ 7.ⓒ 8.ⓑ

2 1.음력 – ⓐ 2.책략 – ⓑ 3.역사 – ⓑ
4.해저 – ⓒ 5.자극 – ⓐ 6.결말 – ⓒ
7.산맥 – ⓐ 8.보존 – ⓑ

12 禾·米의 파생

1 1.ⓒ 2.ⓐ 3.ⓑ 4.ⓐ 5.ⓐ 6.ⓒ 7.ⓑ 8.ⓒ

2 1.미로 – ⓐ 2.평화 – ⓑ 3.사유 – ⓒ
4.무료 – ⓒ 5.장래 – ⓒ 6.과학 – ⓑ
7.번호 – ⓐ 8. 춘하추동 – ⓐ

13 田의 파생

1 1.ⓑ 2.ⓐ 3.ⓐ 4.ⓒ 5.ⓑ 6.ⓐ 7.ⓒ 8.ⓑ

2 1.중량 – ⓒ 2.노동 – ⓒ 3.복지 – ⓑ
4.소굴 – ⓐ 5.표리 – ⓐ 6.종류 – ⓑ
7.용량 – ⓑ 8.풍부 – ⓒ

14 土·金·気·火의 파생

1 1.ⓐ 2.ⓐ 3.ⓒ 4.ⓑ 5.ⓒ 6.ⓐ 7.ⓑ 8.ⓑ

2 1.압력 – ⓒ 2.방법 – ⓑ 3.육지 – ⓒ
4.가열 – ⓐ 5.협조 – ⓐ 6.강철 – ⓐ
7.염증 – ⓐ 8.연소 – ⓑ

15 水·雨·谷·泉의 파생

1 1.ⓒ 2.ⓒ 3.ⓒ 4.ⓑ 5.ⓐ 6.ⓐ 7.ⓑ 8.ⓑ

2 1.염색 – ⓑ 2.염원 – ⓐ 3.욕망 – ⓒ
4.습기 – ⓐ 5.원천 – ⓑ 6.농후 – ⓐ
7.지구 – ⓑ 8.내용 – ⓒ

16 牛·羊의 파생

1 1.ⓒ 2.ⓒ 3.ⓐ 4.ⓐ 5.ⓑ 6.ⓒ 7.ⓑ 8.ⓐ

2 1.세안 – ⓐ 2.광고 – ⓐ 3.제조 – ⓑ
4.일생 – ⓒ 5.미담 – ⓐ 6.혹성 – ⓒ
7.의의 – ⓒ 8.차이 – ⓑ

17 兎·巴·也의 파생

1 1.ⓒ 2.ⓑ 3.ⓐ 4.ⓐ 5.ⓒ 6.ⓒ 7.ⓑ 8.ⓑ

2 1.면세 – ⓐ 2.근면 – ⓑ 3.비만 – ⓐ
4.지방 – ⓑ 5.색채 – ⓐ 6.무색 – ⓒ
7.지진 – ⓑ 8.전지 – ⓒ

18 隹·羽·鳥·虫의 파생

1 1.ⓐ 2.ⓒ 3.ⓒ 4.ⓐ 5.ⓒ 6.ⓑ 7.ⓑ 8.ⓐ

2 1.추진 – ⓒ 2.획득 – ⓐ 3.연습 – ⓒ
4.권력 – ⓑ 5.흥분 – ⓐ 6.요일 – ⓑ
7.공명 – ⓒ 8.고독 – ⓑ

19 貝의 파생

1 1.ⓐ 2.ⓑ 3.ⓐ 4.ⓑ 5.ⓒ 6.ⓒ 7.ⓒ 8.ⓑ

2 1.부채 – ⓑ 2.학비 – ⓒ 3.매매 – ⓑ
4.관통 – ⓑ 5.찬성 – ⓒ 6.유언 – ⓒ
7.위원 – ⓑ 8.전당포 – ⓐ

20 宀·頁·首의 파생

1 1.ⓐ 2.ⓐ 3.ⓒ 4.ⓑ 5.ⓒ 6.ⓐ 7.ⓒ 8.ⓑ

2 1.도로 – ⓑ 2.망각 – ⓒ 3.망자 – ⓐ
4.두통 – ⓒ 5.유도 – ⓑ 6.순응 – ⓑ
7.우울 – ⓒ 8.안면 – ⓒ

21 目의 파생

1 1.ⓐ 2.ⓑ 3.ⓒ 4.ⓑ 5.ⓒ 6.ⓐ 7.ⓒ 8.ⓑ

2 1.간판 – ⓐ 2.계산 – ⓒ 3.현상 – ⓒ
4.법규 – ⓑ 5.가치 – ⓐ 6.진실 – ⓐ
7.배치 – ⓑ 8.현지사 – ⓒ

22 言·曰의 파생

1 1.ⓑ 2.ⓒ 3.ⓐ 4.ⓐ 5.ⓐ 6.ⓒ 7.ⓑ 8.ⓒ

2 1.극비 – ⓐ 2.개인 – ⓐ 3.묘사 – ⓒ
4.조종 – ⓑ 5.회화 – ⓒ 6.곡선 – ⓐ
7.계획 – ⓐ 8.전형 – ⓒ

23 手·크의 파생

1 1.ⓑ 2.ⓑ 3.ⓐ 4.ⓐ 5.ⓒ 6.ⓑ 7.ⓒ 8.ⓐ

2 1.검거 – ⓐ   2.군중 – ⓑ   3.자필 – ⓐ
4.건강 – ⓒ   5.사전 – ⓒ   6.담당 – ⓐ
7.건립 – ⓑ   8.전쟁 – ⓒ

24 又·皮의 파생

1 1.ⓒ 2.ⓐ 3.ⓑ 4.ⓑ 5.ⓐ 6.ⓒ 7.ⓒ 8.ⓐ

2 1.우정 – ⓐ   2.모반 – ⓐ   3.파동 – ⓑ
4.취재 – ⓒ   5.반대 – ⓐ   6.경로 – ⓒ
7.등판 – ⓑ   8.최초 – ⓐ

25 爪[爫]·勹의 파생

1 1.ⓐ 2.ⓐ 3.ⓑ 4.ⓒ 5.ⓒ 6.ⓑ 7.ⓒ 8.ⓐ

2 1.채집 – ⓐ   2.수수 – ⓒ   3.한난 – ⓐ
4.경고 – ⓒ   5.여권 – ⓑ   6.균등 – ⓐ
7.화물 – ⓑ   8.재원 – ⓒ

26 寸·才의 파생

1 1.ⓑ 2.ⓑ 3.ⓒ 4.ⓐ 5.ⓑ 6.ⓒ 7.ⓐ 8.ⓐ

2 1.재정 – ⓐ   2.어촌 – ⓑ   3.지참 – ⓐ
4.납부 – ⓒ   5.동등 – ⓑ   6.주사 – ⓒ
7.지갑 – ⓑ   8.부재중 – ⓐ

27 尸·骨·歹·心의 파생

1 1.ⓒ 2.ⓑ 3.ⓒ 4.ⓐ 5.ⓐ 6.ⓑ 7.ⓒ 8.ⓐ

2 1.이자 – ⓒ   2.쇄신 – ⓒ   3.주거 – ⓐ
4.비밀 – ⓐ   5.아연 – ⓑ   6.혐오 – ⓑ
7.전시 – ⓐ   8.행렬 – ⓒ

28 力·刀의 파생

1 1.ⓐ 2.ⓒ 3.ⓑ 4.ⓐ 5.ⓒ 6.ⓑ 7.ⓒ 8.ⓐ

2 1.측량 – ⓐ   2.목차 – ⓐ   3.심각 – ⓒ
4.빈곤 – ⓑ   5.판단 – ⓐ   6.적절 – ⓐ
7.초대 – ⓒ   8.축하 – ⓑ

29 弓·矢의 파생

1 1.ⓒ 2.ⓑ 3.ⓒ 4.ⓐ 5.ⓑ 6.ⓒ 7.ⓐ 8.ⓐ

2 1.강약 – ⓐ   2.정오 – ⓒ   3.장단 – ⓐ
4.부활 – ⓑ   5.기후 – ⓐ   6.강탈 – ⓑ
7.복잡 – ⓑ   8.어젯밤 – ⓒ

30 弋의 파생

1 1.ⓐ 2.ⓐ 3.ⓐ 4.ⓒ 5.ⓒ 6.ⓑ 7.ⓐ 8.ⓒ

2 1.성불 – ⓑ   2.매장 – ⓑ   3.성의 – ⓑ
4.잔업 – ⓐ   5.번성 – ⓐ   6.재판 – ⓑ
7.직업 – ⓒ   8.무술 – ⓒ

31 爻의 파생

1 1.ⓑ 2.ⓑ 3.ⓐ 4.ⓒ 5.ⓐ 6.ⓒ 7.ⓑ 8.ⓐ

2 1.문서 – ⓑ   2.의도 – ⓐ   3.파문 – ⓐ
4.도면 – ⓒ   5.변제 – ⓐ   6.흥근 – ⓒ
7.승패 – ⓑ   8.유목 – ⓒ

32 干·矛·斤의 파생

1 1.ⓒ 2.ⓐ 3.ⓑ 4.ⓑ 5.ⓒ 6.ⓐ 7.ⓐ 8.ⓒ

2 1.투수 – ⓑ   2.상쇄 – ⓐ   3.유학 – ⓒ
4.근무 – ⓐ   5.무역 – ⓑ   6.용감 – ⓒ
7.연안 – ⓐ   8.설비 – ⓐ

33 宀의 파생

1 1.ⓐ 2.ⓒ 3.ⓒ 4.ⓒ 5.ⓑ 6.ⓐ 7.ⓑ 8.ⓐ

2 1.가택 – ⓐ   2.본가 – ⓑ   3.용궁 – ⓐ
4.원조 – ⓐ   5.사옥 – ⓐ   6.추구 – ⓐ
7.우주 – ⓑ   8.창 밖 – ⓐ

34 門·戶·片의 파생

1 1.ⓐ 2.ⓒ 3.ⓒ 4.ⓐ 5.ⓒ 6.ⓐ 7.ⓑ 8.ⓐ

2 1.창졸 – ⓐ   2.세간 – ⓒ   3.편집 – ⓒ
4.간단 – ⓐ   5.장비 – ⓐ   6.창작 – ⓑ
7.형상 – ⓐ   8.의상 – ⓑ

35 几·酉·皿·匕·臼의 파생

1 1.ⓑ 2.ⓑ 3.ⓒ 4.ⓐ 5.ⓐ 6.ⓒ 7.ⓑ 8.ⓒ

2 1.투표 – ⓒ   2.중요 – ⓑ   3.존중 – ⓐ
4.음주 – ⓒ   5.화장 – ⓐ   6.이익 – ⓑ
7.흥미 – ⓒ   8.보통 사람 – ⓐ

36 幺·衣의 파생

1 1.ⓐ 2.ⓑ 3.ⓒ 4.ⓒ 5.ⓑ 6.ⓐ 7.ⓑ 8.ⓒ

2 1.유아 – ⓒ   2.직후 – ⓐ   3.자양 – ⓒ
4.능률 – ⓐ   5.분포 – ⓒ   6.경솔 – ⓒ
7.폐암 – ⓐ   8.씨름판 – ⓑ

37 丁·工·尺의 파생

1 1.ⓐ 2.ⓒ 3.ⓐ 4.ⓒ 5.ⓐ 6.ⓐ 7.ⓒ 8.ⓒ

2 1.관청 – ⓑ   2.하천 – ⓑ   3.기숙 – ⓐ
4.삭제 – ⓐ   5.진흥 – ⓒ   6.부하 – ⓑ
7.저축 – ⓐ   8.의역 – ⓐ

38 井·用의 파생

1 1.ⓐ 2.ⓑ 3.ⓐ 4.ⓒ 5.ⓑ 6.ⓒ 7.ⓒ 8.ⓒ

2 1.농경 – ⓐ   2.인형 – ⓑ   3.납입 – ⓒ
4.원형 – ⓐ   5.통감 – ⓑ   6.도박 – ⓐ
7.수강 – ⓐ   8.출납 – ⓒ

39 車·方·占의 파생

1 1.ⓒ 2.ⓑ 3.ⓒ 4.ⓑ 5.ⓐ 6.ⓐ 7.ⓑ 8.ⓒ

2 1.군대 – ⓑ   2.운항 – ⓐ   3.방송 – ⓑ
4.지휘 – ⓐ   5.격변 – ⓑ   6.수입 – ⓐ
7.유사 – ⓒ   8.유세 – ⓑ

40 人의 파생

1 1.ⓒ 2.ⓒ 3.ⓐ 4.ⓒ 5.ⓑ 6.ⓒ 7.ⓐ 8.ⓑ

2 1.답안 – ⓑ   2.고금 – ⓐ   3.명령 – ⓐ
4.수습 – ⓒ   5.험악 – ⓐ   6.수명 – ⓒ
7.공중 – ⓑ   8.선전 – ⓐ

41 孝·女·兄·了의 파생

1 1.ⓐ 2.ⓒ 3.ⓐ 4.ⓑ 5.ⓑ 6.ⓒ 7.ⓐ 8.ⓒ

2 1.효행 – ⓐ   2.전승 – ⓒ   3.저술 – ⓐ
4.면세 – ⓒ   5.사정 – ⓒ   6.격노 – ⓒ
7.경쟁 – ⓐ   8.자매 – ⓑ

42 厶·己의 파생

1 1.ⓐ 2.ⓒ 3.ⓑ 4.ⓒ 5.ⓑ 6.ⓑ 7.ⓐ 8.ⓒ

2 1.변별 – ⓐ   2.등대 – ⓐ   3.광역 – ⓑ
4.치료 – ⓑ   5.분배 – ⓐ   6.태도 – ⓐ
7.유포 – ⓒ   8.총합 – ⓐ

43 王·玉·主의 파생

1 1.ⓒ 2.ⓑ 3.ⓐ 4.ⓑ 5.ⓒ 6.ⓒ 7.ⓐ 8.ⓐ

2 1.보석 – ⓑ   2.규정 – ⓒ   3.주목 – ⓑ
4.피해 – ⓐ   5.반장 – ⓒ   6.청결 – ⓐ
7.냉정 – ⓒ   8.계약 – ⓑ

44 士·臣·司·史의 파생

1 1.ⓒ 2.ⓐ 3.ⓐ 4.ⓒ 5.ⓐ 6.ⓑ 7.ⓐ 8.ⓑ

2 1.결말 – ⓐ   2.음성 – ⓑ   3.속출 – ⓒ
4.가사 – ⓐ   5.감시 – ⓑ   6.행사 – ⓒ
7.편의 – ⓒ   8.임금 – ⓐ

45 示·且·比·北·非의 파생

1 1.ⓐ 2.ⓑ 3.ⓐ 4.ⓒ 5.ⓐ 6.ⓑ 7.ⓒ 8.ⓐ

2 1.종교 – ⓒ   2.정신 – ⓐ   3.조사 – ⓐ
4.배우 – ⓑ   5.고찰 – ⓒ   6.혼란 – ⓐ
7.패배 – ⓐ   8.계층 – ⓑ

46 十·廿·其의 파생

1 1.ⓐ 2.ⓐ 3.ⓒ 4.ⓒ 5.ⓑ 6.ⓐ 7.ⓒ 8.ⓑ

2 1.유무 – ⓒ   2.좌우 – ⓐ   3.존재 – ⓐ
4.정도 – ⓑ   5.최후 – ⓐ   6.좌석 – ⓒ
7.보존 – ⓐ   8.우회전 – ⓑ

47 大·中·小의 파생

1 1.ⓐ 2.ⓒ 3.ⓐ 4.ⓒ 5.ⓑ 6.ⓒ 7.ⓑ 8.ⓐ

2 1.봉납 – ⓐ   2.원인 – ⓐ   3.중개 – ⓑ

4.냉소 – ⓑ   5.영상 – ⓒ   6.반성 – ⓐ

7.소독 – ⓒ   8.생략 – ⓒ

48 高·尚·長의 파생

1 1.ⓒ 2.ⓑ 3.ⓐ 4.ⓑ 5.ⓒ 6.ⓒ 7.ⓑ 8.ⓑ

2 1.교량 – ⓒ   2.배경 – ⓐ   3.정류 – ⓒ

4.취직 – ⓑ   5.고상 – ⓒ   6.요정 – ⓐ

7.여당 – ⓑ   8.확장 – ⓐ

49 止·艮의 파생

1 1.ⓑ 2.ⓐ 3.ⓒ 4.ⓑ 5.ⓒ 6.ⓑ 7.ⓐ 8.ⓐ

2 1.연장 – ⓐ   2.의치 – ⓐ   3.정직 – ⓒ

4.고향 – ⓑ   5.제공 – ⓒ   6.증거 – ⓒ

7.음식 – ⓐ   8.조정 – ⓑ

50 卩·효의 파생

1 1.ⓑ 2.ⓑ 3.ⓒ 4.ⓒ 5.ⓑ 6.ⓑ 7.ⓐ 8.ⓒ

2 1.장해 – ⓑ   2.즉답 – ⓑ   3.보복 – ⓑ

4.경내 – ⓒ   5.양친 – ⓑ   6.액년 – ⓐ

7.산란 – ⓐ   8.대성통곡 – ⓒ

51 夂·夊·彳·走의 파생

1 1.ⓐ 2.ⓑ 3.ⓒ 4.ⓒ 5.ⓑ 6.ⓒ 7.ⓐ 8.ⓑ

2 1.처리 – ⓐ   2.하강 – ⓒ   3.격차 – ⓐ

4.객석 – ⓑ   5.전액 – ⓒ   6.발전 – ⓒ

7.학생 – ⓑ   8.종횡 – ⓑ

학습진도표

상세 버전의 학습 스케줄 표는 길벗 홈페이지(www.gilbut.co.kr)에서 다운 받으실 수 있습니다.

Day 01	Day 02	Day 03	Day 04	Day 05
01 숫자 **01**～**02** **02** 자연 **03**～**07**	**03** 동물 **08**～**13**	**04** 신체 **14**～**19**	**05** 동작 **20**～**22** **06** 도구 **23**～**25**	**06** 도구 **26**～**31** **07** 사회 **32**～**35**
Check! ☐	Check! ☐	Check! ☐	Check! ☐	Check! ☐

Day 06	Day 07	Day 08	Day 09	Day 10
08 상태 **36**～**39**	**09** 日·夕의 파생 **40**～**45**	**10** 艹의 파생 **46**～**51**	**11** 木·氏의 파생 **52**～**58**	**11** 木·氏의 파생 **59**～**60** **12** 禾·米의 파생 **61**～**64**
Check! ☐	Check! ☐	Check! ☐	Check! ☐	Check! ☐

Day 11	Day 12	Day 13	Day 14	Day 15
13 田의 파생 **65**～**70**	**14** 土·金·気·火의 파생 **71**～**76**	**15** 水·雨·合·泉의 파생 **77**～**84**	**16** 牛·羊의 파생 **85**～**88** **17** 兎·巴·也의 파생 **89**～**91**	**18** 隹·羽·鳥·虫의 파생 **92**～**97** **19** 貝의 파생 **98**～**99**
Check! ☐	Check! ☐	Check! ☐	Check! ☐	Check! ☐

Day 16	Day 17	Day 18	Day 19	Day 20
20 宀·頁·首의 파생 **100**～**102** **21** 目의 파생 **103**～**105**	**22** 言·曰의 파생 **106**～**112**	**23** 手·크의 파생 **113**～**118**	**24** 又·皮의 파생 **119**～**123**	**25** 爪[爫]·勹의 파생 **124**～**129**
Check! ☐	Check! ☐	Check! ☐	Check! ☐	Check! ☐

일본어 한자는 한두 번 본다고 완벽히 외워지지 않습니다.
공부해도 기억이 나지 않는다고 좌절하실 필요는 없어요.
雨垂れ石を穿つ(낙숫물이 돌을 뚫는다)라고 했어요.
당장은 눈에 보이지 않아도, 여러분의 노력은 한자의 벽을 조금씩 뚫어내고 있답니다.

권경배